Wolfgang Schmid-Oumard & Michael Nahler
Lehren mit Leib und Seele
Neurolinguistisches Programmieren in der pädagogischen Praxis

Reihe
Pragmatismus & Tradition
Band 28
Herausgegeben
von Thies Stahl

Wolfgang Schmid-Oumard & Michael Nahler

Lehren mit Leib und Seele

Neurolinguistisches Programmieren
in der pädagogischen Praxis

Junfermann Verlag · Paderborn
1993

© Junfermannsche Verlagsbuchhandlung, Paderborn 1993
Cover-Abbildung: Amelie Holtfreter-Glienke

Alle Rechte vorbehalten.
Nachdruck oder Vervielfältigung des Buches oder von Teilen daraus nur mit ausdrücklicher Genehmigung des Verlages.

Druck: PDC – Paderborner Druck Centrum

CIP-Titelaufnahme der Deutschen Bibliothek
Schmid-Oumard, Wolfgang:
Lehren mit Leib und Seele: Neurolinguistisches Programmieren in der pädagogischen Praxis/Wolfgang Schmid-Oumard; Michael Nahler.
– Paderborn: Junfermann, 1993
   (Reihe Pragmatismus & Tradition; Bd. 28)
   ISBN 3-87387-115-7
NE: Nahler, Michael:; GT

ISBN 3-87387-115-7

INHALT

Vorwort von J. Kluczny		9
Einleitung: Das ungenutzte Curriculum oder die verdeckten Seiten des Lernens		12
1.	Die berufliche Matrix der Lehrerin	20
1.1.	Die "innere Landkarte"	20
1.1.1.	Repräsentationssysteme (Sinnesmodalitäten)	21
1.1.2.	Prozeßmechanismen	23
1.1.3.	Prozeßfilter	24
1.2.	Das P-U-S-T-E-Modell der Veränderung	26
1.2.1.	Wahrnehmungsperspektiven	27
1.2.2.	Logische Ebenen der Veränderung im NLP	28
1.3.	Der Zusammenhang zwischen Komponenten der "inneren Landkarte" und Belastungsfaktoren	29
1.3.1.	Belastungen im Lehrerinnenberuf	29
1.3.2.	Lehrerin als "Rollenjongleuse"	30
1.3.3.	Streß und Burnout im Lehrerinnenberuf	33
1.3.4.	Nützliche Vorannahmen für die pädagogische Praxis	35
2.	Die Motivationsstruktur des Buches und der Übungen	36
3.	Mentale Basisfähigkeiten für effektives Unterrichten	39
3.1.	Dissoziation - eine Einführung	39
3.1.1.	Übungseinheit: Komponenten der Erinnerung	55
3.1.2.	Übungseinheit: Bestandteile der Wahrnehmung	66
3.1.3.	Übungseinheit: Wenn ich mir begegne	85
3.1.4.	Übungseinheit: Aufdecken dissoziativer Fähigkeiten	99
3.1.5.	Übungseinheit: 1+1 macht neu	118
3.1.6.	Übungseinheit: Ich baue meine Welt	125
3.1.7.	Übungseinheit: Zukunftsperspektiven	133
4.	Vom Wunsch zur Wirklichkeit - Die Planung meiner beruflichen Zukunft	141
4.1.	Von der "Problemphysiologie" zur "Zielphysiologie"	145
4.2.	Merkmale wohlgeformter Ziele	148
4.3.	Die berufliche Entwicklung	150
4.4.	Die erwünschte berufliche Zukunft	153
4.5.	Die Verfeinerung des Ziels	155
4.6.	Der sinnliche Feinschliff des Ziels	156
4.7.	Die Zeitdimension und die Ökologie des Ziels	157
5.	Die Fähigkeit der Nutzung von "Ankern" im Unterricht	160
5.1.	Kontextabhängigkeit	167
5.2.	Körperliche Beteiligung	168
5.3.	Zeitliche Dramaturgie	169

5.4.	Übungseinheit: Entdecken aktueller Anker	174
5.5.	Übungseinheit: Löschen unproduktiver Anker	178
5.6.	Das Setzen von Ankern in der Unterrichtspraxis	180
5.6.1.	Einfache Interventionen zur Unterbrechung störenden Verhaltens	180
5.6.2.	Komplexere Strategien der Verhaltenssteuerung	182
5.6.3.	Beispiele effektiver Anker in der Unterrichtspraxis	188
5.6.3.1.	Sonnenanker	188
5.6.3.2.	Entspannungsanker	189
5.6.3.3.	Ressourcenwand	189
5.6.3.4.	Zielanker	190
5.6.3.5.	Die "Problempuppe" und die "Lösungspuppe"	190
5.6.3.6.	Farbanker	191
5.6.3.7.	Begrüßungsanker	191
6.	Der Umgang mit Suggestionen	193
6.1.	Wirkung positiver Suggestionen	198
6.2.	Umwandlung negativer Zuschreibungen in positive Suggestionen	199
6.3.	Das suggestive Repertoire	202
6.4.	Wie motivieren Sie sich?	203
6.5.	Beispiele positiver Suggestionen im Unterricht	204
7.	Talente und Ressourcen	206
7.1.	Aktivierung persönlicher Kraftquellen	209
7.2.	Berufliche Selbsteinschätzung	214
7.3.	Aufbau eines Ressourcezustandes: der "Talent-Teppich"	216
7.4.	Neue Sichtweisen entwerfen und Wahlmöglichkeiten schaffen	219
8.	Modelle und Strategien für Veränderungen im Unterricht	223
8.1.	Rapportstrategien für die Lerngruppe	223
8.1.1.	Den Rapport wahrnehmen	225
8.1.2.	Persönliche Rapportstrategien aufdecken	227
8.1.3.	Anregungen für den Schulalltag	229
8.2.	Interessenbildung an der Schülerin	234
8.2.1.	Die gegenwärtige Beziehung	236
8.2.2.	Die Beziehung aus den Augen der anderen	238
8.2.3.	Entwicklung von Zielen	240
8.2.4.	Eine Reise in die Zukunft	241
8.3.	Das Verhandlungsmodell (Konflikt-Integrations-Modell)	244
8.3.1.	Konfliktverhandlung als Rollenspiel	251
8.4.	Streß-Immunisierungs-Training	254
8.5.	"Prima Klima" - Das Unterrichtsklima als Metapher	263
8.6.	Strategien für die Trennung von Arbeit und Freizeit	272

8.6.1.	Maßnahmen im privat-organisatorischen Bereich	274
8.6.2.	Schnelles Umschalten innerhalb der Sinneskanäle	277
8.6.3.	Eigene Fähigkeiten utilisieren	279
8.6.4.	Komplexe mentale Strategien	280
8.6.4.1.	Das visuelle Aus- und Einblenden	280
8.6.4.2.	Das akustische fading-out / fading-in	281
8.6.5.	Mentale Zeremonien	282
8.7.	Vom Üben zur Praxis, der Transfer in die Wirklichkeit	284
	Nachwort und Ausblick	287

Anhang (mit einigen Standardtechniken)

I.	Kurzanleitung für die Einrichtung des Erlebensraumes	288
II.	New behavior generator	289
III.	Persönliche Lebensplanung und Effektivitätskontrolle	291
IV.	Die Methode der kollabierenden Anker	293
V.	Notfallmaßnahme bei Reorientierungsstörungen	295
VI.	Günstige Bedingungen des Lernens	296
VII.	Kurz-Entspannungsmethode "Tiefenatmung"	297
VIII.	Drei weitere Wege zur Entspannung	298
IX.	Methode des Kopf-frei-Machens	301
X.	Kurzfassung "Zielbestimmung"	302
XI.	Antwortmöglichkeiten zur Übung: Negative in positive Botschaften verwandeln	303
XII.	Entstehungsprozeß einer inneren Landkarte (Schaubild)	306
XIII.	Wahrnehmungspositionen	307
Literatur		308

Vorwort

> Es gibt keine Fäden,
> an denen ich hänge.
> Pinocchio

Die beiden Städte im Tal zwischen den Bergen waren nur durch einen Flußlauf voneinander getrennt, über den eine alte Brücke führte. Die Bewohner sowohl der einen wie der anderen Seite nutzten diese Übergangsmöglichkeit für gegenseitige Besuche, Versorgung und Handel.

Mit der zunehmenden Nutzung und Belastung dieser Brücke durch Wagen, Automobile und Fußgänger wurde sie zu schmal und brüchig, und es war an der Zeit, in den Rathäusern über einen passenden Ersatz nachzudenken.

Ein Teil der Bevölkerung der Städte wollte die alte Brücke erhalten und verstärken, ein anderer Teil plädierte für den Neubau einer breiteren, stabileren und zeitgemäßen Konstruktion. Nach vielen zeitraubenden Versammlungen war die Entscheidung für eine neue Brücke gefallen.

Der Bau nahm mehrere Jahre in Anspruch, und viel Durcheinander und Unregelmäßigkeit mußte durch die Baustelle und die Umleitungen in Kauf genommen werden. Die Vertreter für die neue, moderne Lösung sahen ihre Entscheidung dadurch immer wieder bestätigt; den Verfechtern für den Erhalt der alten Brücke reichte die Konfusion als Argument, darauf hinzuweisen, daß es besser gewesen wäre, die traditionelle Verbindung zu erhalten.

Schließlich, eines Tages, konnte die neue Brücke eingeweiht werden. Die Bevölkerung beider Städte war erschienen, um zu feiern, sich zu begegnen und den breiten, schönen Übergang zu bewundern. Viele Kommentare und Reden waren zu hören, die die Funktion und das Aussehen der Brücke lobten.

In der Zeit danach erlebten die Bewohner die Erleichterung, die die neue Brücke mit sich brachte, die Besuche, der Verkehr und der Kommerz nahmen zu, so daß die beiden Städte und ihre Bewohner aus diesem Vorteil auch ihren persönlichen Nutzen ziehen konnten.

Die alte Brücke hatte ihren Zweck erfüllt und wurde abgerissen, nichtsdestotrotz gab es noch Bewohner, die immer wieder versuchten, dort den Fluß zu überqueren, wo die alte Brücke früher gestanden hatte.

Dem aufmerksamen Beobachter erscheint mitunter die Entwicklung effektiver Unterrichtsmethoden und deren Etablierung, insbesondere in öffentlichen Bildungseinrichtungen, wie die Beziehung der Bewohner dieser Städte zu ihrer verbindenden Brücke.

Das Neuro-Linguistische-Programmieren (NLP), ehemals aus dem Studium der Arbeiten und Fähigkeiten bedeutender Kommunikatoren und Psychotherapeuten entstanden, hat im Zeitraum der letzten Dekade eine Vielzahl neuer Methoden zur interpersonalen Kommunikation, persönlichen Einstellungsveränderung, Personalentwicklung und Verhaltensveränderung hervorgebracht.

Im Verlauf ihrer praktischen Anwendung in den Bereichen von Psychotherapie und Gesundheit, Erziehung, Training und Lernen, Management und Führungsverhalten, sowie Kreativität und Innovation rufen die dadurch erreichten Ergebnisse und veränderten Gestaltungsmöglichkeiten zum Teil überschäumende Begeisterung bei ihren qualifizierten Anwendern hervor, die sich in einem immer weiter steigenden Bedarf an NLP-Ausbildungsangeboten und vielfältigen Neuerscheinungen festmachen läßt.

Der vorliegende Band von Wolfgang Schmid-Oumard und Michael Nahler zu "NLP in der pädagogischen Praxis" wird diesen Siegeszug mit weiteren Handlungsmöglichkeiten, erlernbaren Fähigkeiten, pädagogischen und persönlichen Kompetenzen und ressourcevollen Erlebnissen kolorieren.

Vergegenwärtigen wir uns den Stand der veröffentlichten NLP-Literatur zu Erziehung und Lernen, so finden wir, bis auf wenige Ausnahmen, eine immer wiederkehrende Wiederholung von Grundfertigkeiten des NLP (Rapport, Lernmuster, Ankertechniken, Rechtschreibstrategien etc.) auf das Geschehen in Unterricht und Schule angewendet.

Nicht so das Buch, das Sie in den Händen halten. Hier wird eine Brücke geschlagen zu Ihren persönlichen Stärken, den Möglichkeiten, Ihre erwünschten Ergebnisse und Zukunftsvisionen zu entwickeln, beruflichen

Belastungen zu begegnen und vielen, vielen Handlungsanweisungen, Übungen, Unterrichtsmethoden, Metaphern und Beispielen aus der Unterrichtspraxis.

Es spricht für die Autoren, daß sie Kommunikationsmethoden und Interventionstechniken des NLP entwickeln, erweitern und nutzen, um den vielen gegebenen (auch individuellen) Anforderungen der Lehrer und Schüler im Sinne einer persönlichen Zufriedenheit begegnen zu können. Persönliche und interpersonelle Veränderungen haben den Vorrang, ohne zu vergessen, daß Schule als Institution eingebunden ist in gesellschaftlich-politische Abläufe, die ebenfalls eines Wandels bedürfen.

Die grundlegende Einstellung in diesem Buch ist geprägt von dem Zutrauen der Veränderungsfähigkeit der Lehrkräfte und der Schüler, sowie der Möglichkeit der Gestaltung der Organisation des Lehrens, Lernens und der pädagogischen Kommunikation.

Die Leistung der Autoren wird darin deutlich, ein hervorragendes Beispiel dargelegt zu haben, wie NLP als (Meta)Modell für menschliche Kommunikation von seinen Grundannahmen bis zu komplexen Strategien zur Konfliktlösung und Programmen kreativ genutzt wird, um immer neue Sichtweisen, Metaphern, Übungen und Handlungsanweisungen zu entwickeln, die für die pädagogische Praxis formuliert und nutzbar gemacht werden.

Dem Buch ist es zu wünschen, daß es nicht nur gelesen, sondern daß die darin enthaltenen praktischen Vorschläge angewendet werden, damit der Wert der Beispiele und Übungen nicht auf schulische Prozesse und Pädagogik beschränkt bleibt, sondern auch für Selbstentwicklung und persönliche Veränderungsprozesse wirkungsvoll eingesetzt werden.

Berlin, im Mai 1993
Johann W. Kluczny
NLP-Institut Berlin

Einleitung

Das ungenutzte Curriculum oder die verdeckten Seiten des Lernens

Die Schule als Ort geruhsamen Lernens wird zusehends in Frage gestellt. Die aktuellen Themen Gewalt und Ethnozentrismus, überfüllte Klassen und genervtes Lehrpersonal, Bildungsabstinenz und zukünftige Arbeitslosigkeit, mangelnde Freizeitangebote und mediale Überfütterung bestimmen den Kommunikationsstil. Die drängenden politischen Themen schlagen auf die Institution Schule zurück und hinterlassen unübersehbare Spuren. Wie kann unter solchen Bedingungen denn sinnvolle, zukunftsbezogene Wissensaufnahme stattfinden, die zudem noch Neugier, Kreativität und Toleranz begünstigen soll? Die Aufgabenstellung ist vertrackt, doch es besteht auch Anlaß zur Hoffnung.

Wir, die Autoren, die sich mit Lernprozessen wie auch mit der Optimierung der persönlichen Lebensgestaltung befassen, sind der Überzeugung, daß strukturelle Umformungen großen Stils erst auf dem Hintergrund beruflicher, individueller Zufriedenheit in Gang gesetzt werden können. Nicht die riesigen, idealisierten Entwürfe garantieren erfolgreiche Ergebnisse, sondern vielmehr die innere Gewißheit, daß Mann, Frau und Kind das Potential an tiefgreifender, substantieller Veränderung in sich tragen.

Dieses Potential gilt es zu entdecken, zu entfalten, es wachsen zu lassen. Die Neuro-Wissenschaften bestätigen in den letzten Jahren mit der gebotenen Vorsicht, daß in uns Prozesse ablaufen, die noch vor kurzem unvorstellbar waren. Die Hirnforschung und angrenzende Wissenschaften werden uns zeigen, wie wir unsere körpereigenen Systeme begreifen und beeinflussen können. Wir stehen erst am Anfang, und dieser ist vielversprechend.

Die Methodik und die Grundannahmen des Neuro-Linguistischen-Programmierens bieten aus unserer Sicht schon jetzt genügend Anhaltspunkte, sich unbedingt mit effektiven Wachstumsprozessen intra- und interindividueller Art befassen zu müssen. Wir glauben, daß der pädagogische Bereich in Zukunft noch stärker von systemischen Überlegungen hinsichtlich der Steuerung von Lern- und Kommunikationsabläufen bestimmt sein wird als bisher, und daß NLP darin eine maßgebliche Rolle einnehmen wird.

Uns sind behelfsmäßige Umschreibungen von schwer kalkulierbaren Lernprozessen, die quasi nebenher laufen, nichtsdestoweniger bedeutsamen Einfluß auf Wissensakkumulation und kommunikatives Verhalten nehmen, recht geläufig. Wir reden von individueller Lehrplangestaltung, von "hidden agenda", von der Beliebtheit bestimmter Lehrerinnen und wir meinen nur das Eine: Es geschehen Dinge im Unterricht, die mit einem linearen Verständnis von Lernen nicht mehr zu erfassen sind. Daß wir dafür eine andere Art von Verständnis, und, konkreter, ein anderes Instrumentarium zum Erkennen und zur sinngebenden Verwendung dieser "paracurricularen" Verhaltensaktiva benötigen, liegt auf der Hand. Wir greifen ein Negativbeispiel heraus und möchten verdeutlichen, welche Macht unbewußt verwendete Strategien im Schulalltag haben können:

Studienrätin Frau S. fängt an einer neuen Schule an, sie übernimmt als Klassenleiterin die 7. Jahrgangsstufe. Sie hospitiert einige Male in der Klasse, um die Stimmung aufzugreifen und um ihre Entscheidung, ob sie für die Klasse und die Klasse für sie geeignet sei, sicherer zu machen. Sie entscheidet sich dafür, geht voller Optimismus an die Arbeit, macht eine vorzügliche Stundenvorbereitung, spricht diese noch einmal mit einer Kollegin ab und betritt am nächsten Tag den Klassenraum. Sie fängt mit dem Unterricht an, spürt waches Interesse, wird aber zunehmend irritierter, als sie bemerkt, daß der Spannungsbogen, die Aufmerksamkeit nahezu aller Schüler erheblich nachläßt.

Auf Nachfragen erhält sie keine befriedigende Antwort, sie verschärft das Tempo, erzählt noch bildhafter, gibt sich noch mehr Mühe und, weil sie aus dem Hintergrund eine Stimme hört, die so etwas wie "Mann, ist das langweilig..." von sich gibt, wird ihr Mund trocken, sie verhaspelt sich, sieht nicht mehr einzelne Kinder vor sich, sondern nur noch eine Nebelwand... und sie fängt an zu weinen. Kommt Ihnen das bekannt vor? Gottseidank nicht?

Sie haben Glück! Leider ist das in dieser oder in ähnlicher Form geradezu normal. Aber noch nicht genug. Die besagte Studienrätin bereitet sich natürlich auf ihre nächste Stunde noch besser vor, arbeitet noch verbissener in die Nacht hinein, wird natürlich immer unsicherer, verhaut den nächsten Unterricht komplett und beginnt, sich zu überlegen, wie sie diesem Druck entgehen kann, denkt an Krankschreibung, Kündigung etc. Sie entschließt sich zum Durchhalten, ihr Unterrichtsstil wird rigider, der Stoff kompakter, die Schülerinnen und Schüler unwilliger, die Zensuren schlechter und so weiter...

Sie wissen, wie die Geschichte ausgeht? Wir bieten Ihnen einmal einige realiter (d.h. in einem psychotherapeutischen Kontext) behandelte Varianten dieses Erlebnisses an:
- Die Lehrerin wird von der Klassenelternversammlung fertig gemacht, weil sich das Leistungsniveau einiger gutwilliger Kinder rapide verschlechtert hat.
- Mehrere Kinder verlassen die Klasse, lassen sich umschulen.
- Einzelne Kinder werden in der Klasse auffällig, der Lehrerin wird ein Beratungslehrer zugeordnet.
- Eine partnerschaftliche Beziehung geht wegen der Überlastung in die Brüche usw.

Solange die Kollegin keine griffige Erklärung hat und solange sie nicht weiß, mit welchen Mitteln sie diese Kette unterbrechen kann und etwas Neues entwickeln kann, das ihr und den ihr anvertrauten Kindern Spaß macht und die Lehr- und Lernmotivation fördert, solange wird sie sich als Spielball von unbegreiflichen Einflüssen fühlen.

Die Lehrerinnen, die sich nach solch einer Erfahrung, und nicht erst nach Jahrzehnten permanenter Angst und Absicherung, sofort beraten lassen, haben eine große Chance, daß sie ihr "Versagen" in eine fruchtbare Gegenstrategie verwandeln können. Andere, die diese Chance nicht haben oder nicht nutzen, werden sich mit Selbstzweifeln und Gefühlen der Hilf- und Hoffnungslosigkeit weiter herumschlagen müssen. Die Verschärfung des innenpolitischen Klimas, die Arbeitsmarktlage und die trüben sozialen Bedingungen tun ein übriges dazu, sie werden diesen Normalfall noch häufiger eintreten lassen.

Wie sind denn nun aber diese unbewußten Strategien beschaffen? Unter welchen Bedingungen und in welchem Umfang bestimmen sie uns? Warum reagiert die Kollegin in der Nachbarklasse auf eine ähnliche Konstellation und unter ähnlichen sozialen Bedingungen in einer völlig verschiedenen Art und Weise? Können wir diese Prozesse beeinflussen?

Einen ersten hilfreichen Ansatz bietet die Kommunikationsforschung und die Psycholinguistik, auch anthropologische Untersuchungen. Wir wissen mittlerweile, sehr zum Leidwesen ausschließlich sprachlich orientierter Pädagoginnen, daß der Transport bedeutungsvoller Inhalte nur etwa zu 7% über das gesprochene Wort erfolgt. Nach A. ROBBINS (1986) werden weitere 38% der Information über para-linguale Phänomene (Modulation, Sprechgeschwindigkeit, Lautstärke usw.) und etwa 55% über non-verbale Kanäle übermittelt.

Dieser größte Anteil partnerbezogener Botschaften, der sich in eben den para-verbalen Mustern, in physiologischen Veränderungen (Atmung, Hautkolorit, Schweißbildung etc), in Gestik, Mimik und Kinesik (Bewegung im Raum) äußert, wird in der Regel als LEHR-LERN-KANAL nicht absichtsvoll genutzt, und das ist absolut unökonomisch. Es entspricht etwa der Auffassung, daß zur Betreibung einer einzelnen Glühbirne ein Kleinkraftwerk mit einem 10%igen Nutzungskoeffizienten vonnöten sei.

Eine kleine Abschweifung in unsere Vergangenheit läßt es sinnfällig erscheinen, daß lediglich unsere besondere Ausstattung mit einem hoch verdichteten zerebralen Neuronennetzwerk gegenüber anderen Primaten es ermöglicht hat, daß wir *zusätzlich* Worte bilden können.

KOLB, B. und WHISHAW, I.Q. (1985) vermuten, daß die Sprache sich aus Gesten und zunehmender Kontrolle der Gesichtsmuskulatur entwickelt habe. Läßt sich das im einzelnen auch nicht post-hoc nachprüfen, so ist es jedoch gut belegt, daß, nimmt man die Beschaffenheit des Kehlkopfes und des Halsraumes als Maßstab, das vokale Sprechen erst seit etwa 60.000 Jahren möglich geworden ist (Neandertalerzeit) und daß die ersten Schriftzeichen vor ca. 30.000 Jahren auftauchten (s.a. BIRBAUMER/SCHMIDT 1990).

Sie erinnern sich vielleicht an die Berichterstattung während des Golfkrieges: Starken emotionalen Nachhall - und damit wurde deutlich, daß eine Botschaft angekommen ist - hatten vor allem auch die Bilder sterbender, vom Öl bedeckter Seevögel. Es stellte sich hinterher heraus, daß dieses Archivbilder waren, die eingesetzt wurden, um eine bestimmte Phase des Krieges zu "er-läutern". Kein einziges Wort war nötig, um eine bedrohliche Situation "griffig und verständlich" darzustellen, sie politisch-taktisch zu verwerten.

Fragen Sie in Ihrem Bekanntenkreis einmal, wieviel von einer bestimmten Nachrichtensendung "hängen geblieben" ist, und Sie werden feststellen, daß wahrscheinlich weniger als 10% Wortmaterial reproduziert werden kann. Aber zurück zu Sprache und Sprechkontext.

Einer der renommierten Psycholinguisten der Heutzeit, H. HÖRMANN, schreibt: "Kommunikation ist raumbezogen. Das heißt, wenn keine äußeren Einschränkungen vorliegen, nehmen Sender und Empfänger (um dieses vereinfachende Schema zu benutzen) ganz bestimmte Positionen zueinander ein: sowohl der Abstand der beiden Partner als auch die Orientierung ihrer Kopf-Schulter-Partie zu-einander ist nicht beliebig, sondern hängt von kulturellen Normen wie auch von der Art der Kommunikation ab, die intendiert bzw. geführt wird. So stehen z.B. arabische Studenten bei einer Unterhaltung ihrem Partner auf kürzerer Distanz gegenüber als europäische oder nordamerikanische, sie berühren ihren Gesprächpartner häufiger, sie sehen ihn während des Gesprächs häufiger an...
Wollen zwei amerikanische Kommunikationspartner sich an einen rechteckigen Tisch setzen, um eine freundliche Unterhaltung zu führen, so wird einer eine Schmalseite wählen und der andere sich über Eck in seine Nähe an die Längsseite setzen. Ist intime Kooperation das Ziel, so werden sich die beiden Partner nebeneinander an eine Längsseite setzen; handelt es sich eher um Wettbewerb oder Opposition, so werden gegenüberliegende Plätze an den Längsseiten gewählt... Was hier zunächst als amüsante Aperçu erscheinen mag, zeigt sich bei genauerer Betrachtung als Manifestationen eines ausgedehnten Netzes 'nichtverbaler Kommunikation', welches das verbale Geschehen vorbereitet, durchzieht, stützt und beeinflußt". (s.a.: v. CRANACH 1971; DUNCAN 1969; WIENER et al.1972)

Spätestens seit WATZLAWICK (1974) wissen wir, daß Kommunikation eben nicht nur das gesprochene Wort ist, sondern daß jede Form des "In-Kontakt-Tretens" Kommunikation bedeutet, auch wenn zwei Personen im selben Raum beschließen, sich nicht anzuschauen. Der Leitsatz, daß wir nicht Nicht-Kommunizieren können, meint auch: Ich beeinflusse Dich permanent, ebenso, wie Du mich beeinflußt.

Jede Botschaft verbaler, para- oder nonverbaler Art, die von der sendenden Person zur empfangenden Person geht (wechselseitige Botschaften werden mit "Interaktion" gleichgesetzt), **läßt sich unter 2 Hauptaspekten betrachten**. Der eine Aspekt betrifft den **INHALT der Botschaft**, der zweite die **Art der BEZIEHUNGSGESTALTUNG**.

Um dies an einem Beispiel zu erläutern: Nehmen wir an, die Frau sitzt am Steuer des Autos und hält vor der roten Ampel. Der Mann neben ihr sagt zu ihr, als die Ampel umspringt: "Die Ampel ist grün." Der Inhalt dieser Botschaft heißt demnach: "Die Ampel leuchtet gerade zu der Zeit, zu der ich zu Dir spreche, grün auf."

Der Beziehungsaspekt? Sie können spekulieren. Von "Bist Du blind oder was?" bis zu "Laß mich lieber fahren, Frauen sind sowieso bescheuerte Autofahrer". Wenn wir uns schon beständig gegenseitig manipulieren, dann, bitte schön, gleich richtig.

Wenden wir diese scheinbar bittere Sentenz mal ins Positive und übertragen sie auf unseren Arbeitsplatz, auf den Platz also, an dem Kommunikation das Arbeitsmittel schlechthin ist. Als Lehrende können wir uns nicht mehr die Frage stellen, wie wir unseren persönlichen Einfluß auf die Wissensempfängerinnen minimieren oder gar eliminieren können, sondern wir fragen uns realistischerweise, wie wir unseren Einfluß optimieren und zum gegenseitigen Nutzen verwenden können.

Es ist doch schon erstaunlich, daß Lehrerinnen sowenig erfahren, wie man effektiv lernt und lehrt und sich trotzdem wohlfühlen kann. VESTER (1985) bringt es auf den Begriff: "Unsere Gehirntätigkeit, das Denken und Lernen, ist jedoch nicht etwas rein Geistiges, sondern immer eng mit zellulären, hormonellen, biochemischen und biophysikalischen, also mit materiellen Vorgängen verknüpft.

Es ist daher ein Unding zu glauben, daß sich die Erkenntnis unserer Welt und eine vernünftige Handhabung unserer Mittel lediglich mit den paar Neuronen unseres kognitiven Gehirnbereichs bewerkstelligen ließe... Deshalb müssen wir, nachdem wir jenen kognitiven Bereich und seine Logik so großartig entwickelt haben, auch die anderen, mehr unbewußten Gehirnpartien der Mustererkennung, der bildhaften und analog arbeitenden Bereiche, der emotionalen und intuitiven Vorgänge und damit den Gesamtorganismus wieder in unser Denken und Handeln einbeziehen. Bereiche, die wir - ohne in die Unbewußtheit des paradiesischen Menschen zurückzufallen - mit denen der verbal-logischen Denkvorgänge zu einem besseren, weil durch zusätzliche Wahrnehmungen ergänzten Verständnis der Wirklichkeit vereinen sollten."

Die Ergebnisse der neueren Hirnforschung und angelagerter Wissenschaftszweige (die Psycho-Neuro-Immunologie beispielsweise) zeigen auf, wie sehr Lernprozesse an unsere emotionalen Befindlichkeiten angekoppelt sind. Propositionen (= Bedeutungsinhalte, Worte, Wortgruppen) und bildhafte Vorstellungen sind dergestalt miteinander verknüpft, daß starke assoziative Verbindungen im neuronalen Netzwerk eine höhere Wahrscheinlichkeit haben, als motorische, physiologische und emotionale Muster erinnert und durch äußere Reize aktiviert zu werden.

Das besagt in **Kurzform: In einem guten Zustand lernt es sich leichter, der Inhalt wird besser behalten und kann schneller und zielgenauer reaktiviert werden.** *In einem negativen Zustand (Unlust, Angst) lernt man nur, Angst zu vermeiden* (LANG, P.J., MILLER, G.A., LEVIN, P.N. 1983).

Wir wissen aufgrund eigener und vermittelter Erfahrungen, daß NLP ein Weg sein kann, um kleine und große Änderungen zu bewirken. Wir möchten erreichen, daß Sie wieder (oder noch mehr) Freude an Ihrem Beruf bekommen, daß Sie Ihre eigenen Potentiale nicht nur anzapfen sondern sie durch heftigen Gebrauch beständig anwachsen lassen und daß Sie darüber erstaunt sind, welche persönlichen Entwicklungschancen sich Ihnen eröffnen können.

In diesem Sinne: Lernen als Pädagogin kann beginnen, es darf Spaß bereiten und Ihr Unterrichtsstil wird - deswegen - höchst effektiv sein. Ihr Lieblingsfach wird das Lehren selbst werden.

☼ Zum Gebrauch dieses Buches und der Übungen ☼

Das Buch ist als Anregung gedacht, die Übungen sollen Appetit machen, sich näher mit effizientem Lernen zu befassen. Es kann hilfreich sein, sich diejenigen Übungsteile herauszugreifen, die aktuell zur Lösung von Problemen beitragen oder aber die Neugier auf die eigene Person beflügeln. Die einzelnen Kapitel bieten ausgesuchte Übungsbeispiele in begrenzter Anzahl an. Die Lesbarkeit des Buches würde unter einer Anhäufung von Übungen leiden. Für spezielle Pädagoginnentrainings, für Supervisions- und Ausbildungsgruppen wurden weitere Übungen mit unterschiedlichem Schwierigkeitsgrad entwickelt. Für solide Umstrukturierungen, die weitreichende persönliche und berufliche Konsequenzen nach sich ziehen können, ist es wahrscheinlich unerläßlich, daß grundlegende Techniken in einem von NLP-Fachleuten geleiteten Training erworben werden.

Wer zum erstenmal mit NLP in Kontakt kommt und die Sprache und die Methodik näher kennenlernen möchte, der hat die Möglichkeit, sich durch Grundlagenliteratur sachkundig zu machen oder sich in Practitioner-Kursen und Aufbaukursen das nötige Wissen anzueignen.

Zur Verwendung geschlechtsgebundener, auf Menschen bezogener Substantive und Personalpronomina: Wir bemühen uns, durchgängig im Text die weibliche Form zu nutzen (Lehrerinnen; Schülerinnen usw.), und wir schließen damit den männlichen Teil der Welt ein. Wer sich auf seinen männlichen Schlips getreten fühlt, bekommt eine Ahnung davon, wie Sprache diskriminieren kann (auch eine Form der Neuro-Linguistischen-Programmierung). Außerdem liest es sich flüssiger als die ansonsten obligatorische Doppelnennung (Lehrerinnen und Lehrer) oder die verkürzte, sprachlich und optisch ungünstige Behelfsform (LehrerInnen).

1. Die berufliche Matrix der Lehrerin
1.1. Die "innere Landkarte"

In den letzten Jahren wurden unter dem Begriff "Neuro-Linguistisches Programmieren" (**NLP**) eine Vielzahl wirkungsvoller Methoden zur Verbesserung der zwischenmenschlichen Kommunikation entwickelt. Es beginnt sich abzuzeichnen, daß diese Methoden auch für die Steuerung des Unterrichtsprozesses in Zukunft eine entscheidende Rolle spielen werden. Diejenigen Lehrerinnen, die schon jetzt diese Techniken im Unterricht anwenden, berichten von einem deutlichen Zuwachs an pädagogisch-didaktischer Kompetenz und, damit einhergehend, von einer Steigerung der persönlichen und beruflichen Zufriedenheit. Diese Erfahrungen bestätigen unsere Überlegungen hinsichtlich der Notwendigkeit einer Systematisierung von NLP-Methoden und deren Aufarbeitung für die Unterrichtspraxis.

Ausgehend von VON HENTIGS Aussage; daß das wichtigste Curriculum die Person der Lehrerin ist (vgl. MEYER 1990, Didaktische Landkarte Nr.4), steht die soziale Handlungskompetenz der Lehrerin im Mittelpunkt unseres Vorhabens. Unter **sozialer Handlungskompetenz** verstehen wir grundlegende mentale und kommunikative Fähigkeiten, die sowohl für eine zufriedenstellende berufliche Entwicklung der Lehrerin als auch für die Steuerung des Lehr- und Lernprozesses von zentraler Bedeutung sind. Die Festigung und Erweiterung dieser Basisfähigkeiten, wie z.B. die Fähigkeiten der Dissoziation und der bewußten Nutzung nonverbaler Aspekte in der Kommunikation mit den Schülerinnen, sind der Grundstock sowohl für die Aneignung der beschriebenen Strategien für langfristige Veränderungen im Unterricht als auch für die Anwendung kurzfristiger Bewältigungsstrategien des schulischen Alltags.

Die in diesem Buch dargestellten Veränderungsmodelle und -methoden sind anwendbar auf eine Vielzahl unterschiedlicher Bereiche pädagogischer Praxis. Es können damit Veränderungen angestrebt werden,
- die den Kontakt mit der gesamten Lerngruppe betreffen
- die den Kontakt mit einzelnen Schülerinnen betreffen
- die die Person der Lehrerin betreffen.

Lassen Sie uns zunächst das diesem Buch zugrundeliegende "Modell der Welt" etwas näher betrachten. Jede Lehrerin hat die Institution Schule bereits aus unterschiedlichen Perspektiven erlebt: als Schülerin, als

Studentin, vielleicht als Elternteil, als Lehrerin. Diese vielschichtigen Erfahrungen haben die individuelle Erlebenswelt über Schule entscheidend geprägt. Im NLP werden diese individuellen Erlebenswelten als die persönlichen "**inneren Landkarten**" bezeichnet und umfassen die im Verlauf der persönlichen und beruflichen Lebensgeschichte erworbenen Wahrnehmungs- und Denkgewohnheiten, Einstellungen, Überzeugungen und Handlungsmuster, mit denen sich eine Lehrerin auf ihrem beruflichen Gebiet orientiert. Die "inneren Landkarten" sind jedoch nicht das Gebiet selbst, vielmehr sind dies *höchst subjektive Abbildungen der beruflichen Realität*, in denen sich Vergangenheit, Gegenwartspraxis und Zukunftsvisionen als bewußte und unbewußte Erinnerungsspuren festgesetzt und die beruflichen Einstellungen, Haltungen, Überzeugungen und Wertvorstellungen geprägt haben. In der Unterrichtsdidaktik und -methodik wird in diesem Zusammenhang von "*Unterrichtsbildern*" (MEYER 1990, S. 30) bzw. "*heimlicher Unterrichtstheorie*" (GRELL 1975, S. 67) gesprochen, denen eine entscheidende *Steuerungsfunktion für das methodische Handeln* zugesprochen wird. Die folgende Geschichte verdeutlicht Ihnen das Gesagte:

Ein indischer Fürst ließ einen Elefanten in einen dunklen Raum bringen. Eine Gruppe seiner hervorragendsten Wissenschaftler sollte den Elefanten untersuchen. Einer betastete das Ohr und sagte, dieses Wesen sei wie ein Baum. Ein anderer beschäftigte sich mit dem Schwanz des Elefanten und kam zu dem Schluß, der Elefant habe das Wesen eines Aals. Dem widersprach der Erforscher des Rückens, dem der Elefant einer Schlange gleich sei. Voller Trauer über die Geistesgestörtheit seiner Kollegen wandte sich der Erforscher des Stoßzahnes ab, hatte er doch erkannt, daß der elfenbeinartige Charakter dieses Wesens ein untrügliches Zeichen der Göttlichkeit dieses Wesens war. Als dann der Narr mit der Laterne auftauchte, war die Diskussion komischerweise noch längst nicht beendet. Einige forderten ihn auf, das Licht wieder auszuknipsen! (ORNSTEIN 1990)

1.1.1. Repräsentationssysteme (Sinnesmodalitäten)

Die Repräsentationssyseme (Sinnesmodalitäten) sind das "menschliche Tor zur Welt". Durch sie nehmen wir Informationen aus der Umwelt auf, speichern und verarbeiten diese Informationen zu subjektiven "inneren Landkarten". Im NLP unterscheidet man die *analogen Repräsenta-*

tionssysteme vom digitalen *Repräsentationssystem.* Den analogen (nichtsprachlichen, sensorischen) Repräsentationssystemen entsprechen die **fünf Sinnesmodalitäten:** *Visuell* (= sehen), *auditiv* (= hören), *kinästhetisch/propriozeptiv, taktil* (= Empfindungen und Gefühle), *olfaktorisch* (= Geruch) und *gustatorisch* (= Geschmack). Die Informationsaufnahme durch die Sinnesmodalitäten kann sowohl auf *externe* Ereignisse gerichtet sein, als auch auf die Wahrnehmung *interner* Vorstellungen (z.B. Tagträume, bildhafte Erinnerungen an die Vergangenheit, Zukunftsvisionen) oder körperlicher Empfindungen (z.B. sensorischer Empfindungen auf der Haut oder körperinterne Empfindungen).

Wie jemand diese fünf Sinne nutzt und einsetzt, entscheidet darüber, welche Fähigkeiten er sich innerlich und äußerlich zugänglich macht, um sich in dem jeweiligen Kontext seinen Wünschen und Zielen entsprechend orientieren und verhalten zu können. Ein Beispiel zur Illustration:

Herr B. betritt das Klassenzimmer. Er **sieht und hört,** *wie die Schülerinnen in kleinen Gruppen miteinander reden und lachen. Auf sein "Guten Morgen!" wenden sich ihm einige Schülerinnen kurz zu, erwidern seinen Gruß und reden dann mit ihren Mitschülerinnen weiter. Herr B.* **spürt,** *wie ihm innerlich heiß und äußerlich kalt wird und die Empörung über die Nichtbeachtung der Schülerinnen ihm in den Kopf steigt. Gereizt nimmt er den* **Geruch** *der nahegelegenen Toiletten wahr,* **ihm steigt die Galle hoch** *und er denkt bei sich: "Das kann ja heiter werden, der Tag beginnt ja genauso blöde wie gestern." Dabei ballt er die Faust seiner rechten Hand und während er in die Runde schaut, tauchen vor seinem inneren Auge zahlreiche Situationen auf, in denen es ihm ähnlich erging... der Tag war gelaufen.*

DILTS vergleicht die Art und Weise der Benutzung der Sinnesmodalitäten mit dem Telefonieren, wobei die Repräsentationssysteme mit den Ziffern der Wählscheibe vergleichbar sind. "Die Art und Weise, in der wir die Aktivität dieser Repräsentationssysteme in eine Reihenfolge und Ordnung bringen, führt uns zu verschiedenen Resultaten, genauso wie uns verschiedene Zahlenkombinationen auf dem Telefon mit verschiedenen Orten und Menschen in Verbindung bringen" (DILTS 1985, S. 59). Das *digitale* (verbale) Repräsentationssystem ermöglicht es uns, über die Sprache unsere Erfahrungen aus den sensorischen Repräsentationssystemen in "einem einheitlichen System darzustellen, miteinander zu verknüpfen, zu bewerten und zu einer umfassenden individuellen *Landkarte* zusammenzufassen, und zum anderen all dies bzw. ausgewählte Teile davon extern anderen Menschen mitzuteilen" (WEERTH 1992, S. 53). Wir verzichten an dieser Stelle auf eine umfassende Darstellung weiterer Elemente und Aspekte der Repräsentationsyssteme, da diese in den entsprechenden Kapiteln des Praxisteils eingebaut sind. Stattdessen gehen wir auf die Prozeßmechanismen und -filter ein, die bei der Entstehung der "inneren Landkarten" beteiligt sind.

1.1.2. Prozeßmechanismen

Unsere individuelle Wahrnehmungsfähigkeit ist begrenzt. Wir können nicht mehr als 7 plus/minus 2 Informationseinheiten gleichzeitig aufnehmen. Die Prozeßmechanismen steuern die *Auswahl* und die *innere Ausgestaltung* der auf unsere Wahrnehmungsorgane einströmenden Reize. Die Wahrnehmungsmechanismen "sind per se wertfrei; sie führen je nach ihrem Ausprägungsgrad und ihrem Zusammenwirken zu mehr oder weniger brauchbaren Modellen des jeweiligen Sachverhaltes" (WEERTH 1992, S. 20). Diese lassen sich kurz wie folgt charakterisieren:

Die Prozeßmechanismen: Selektion, Generalisierung, Tilgung, Verzerrung

SELEKTION: eine bewußte Auswahl treffen unter Berücksichtigung individueller Kriterien.

GENERALISIERUNG: aus einer oder mehreren Erfahrungen werden Verallgemeinerungen, Regeln und Einschätzungen abgeleitet und als Richtschnur auf weitere Erfahrungen angewendet.

TILGUNG: eine eher unbewußt stattfindende Steuerung der Aufmerksamkeit auf bestimmte Merkmale oder Ausschnitte einer Erfahrung zur Vermeidung einer Informationsüberhäufung. Beispiel: die Einschränkung der Wahrnehmungsfähigkeit in Streßsituationen.

VERZERRUNG: alle Phantasien, Vergangenheits- und Zukunftsvorstellungen und kreative Gestaltungen beruhen auf einer Verzerrung der Realität.

Die in den folgenden Äußerungen enthaltenen Tilgungen, Verzerrungen und Generalisierungen spiegeln die unterschiedlichen "inneren Landkarten" wider, mit denen sich die Betroffenen in ihrem beruflichen Alltag orientieren:

- *"Schülerinnen sind wie eine Horde Wilder, die ich Stunde für Stunde bändigen muß. Ansonsten machen sie mit mir, was sie wollen."*
- *"Auseinandersetzungen und Konflikte mit meinen Schülerinnen sind manchmal ganz schön nervenaufreibend. Trotzdem sehe ich diese Auseinandersetzungen als eine wertvolle Chance für mein persönliches Wachstum und das der Schülerinnen."*

Wie Sie sich vorstellen können, haben beide Sichtweisen unterschiedliche Lehr- und Kommunikationsstile zur Folge. Was vermuten Sie z.B. über das Verhalten der Betroffenen ihren Schülerinnen gegenüber, über deren Flexibilität in Konfliktsituationen oder deren berufliches Wohlbefinden?

1.1.3. Prozeßfilter

Die Prozeßfilter (Glaubenssätze und Überzeugungen, Werte und Meta-Programme) sind diejenigen Verarbeitungsfilter, die darüber entscheiden, "was jeder Mensch von seiner Umwelt wahrnimmt und zu einem speicherbaren Modell weiterverarbeitet" (WEERTH 1992, S. 22). Wir ersparen uns an dieser Stelle eine ausführliche Darstellung aller Prozeßfilter und verweisen auf die Literatur, in der diese in ihrer Gesamtheit ausführlich dargestellt sind (siehe in: WEERTH 1992; JAMES/WOODSMALL 1991). Für die Zwecke dieses Buches wollen wir noch einige *Meta-Programme* darstellen, die wir für den schulischen Kontext als besonders wichtig erachten.

Meta-Programme sind "meist unbewußte individuelle Filter während der Verarbeitung äußerer Wahrnehmungen zu inneren Repräsentationen" (KLUCZNY 1991, S. 2). Anhand der Meta-Programme erfahren wir, wie jemand Informationen tilgt und verzerrt, um bestehende Werte, Überzeugungen, Glaubenssysteme, also generalisierte Aussagen über sich selbst und die anderen, für sich zu bestätigen oder in Frage zu stellen. Meta-Programme lassen sich mit den Programmen eines Radios vergleichen. Welche Wellen Sie über den Empfänger aufnehmen hängt davon ab, welchen Sender Sie eingeschaltet haben. Meta-Programme sind variabel und abhängig von unserem Befinden und dem jeweiligen

Kontext. Für den schulischen Kontext beschränken wir uns auf die Darstellung folgender Meta-Programme:

Die *Richtungsfilter* "Weg von negativ" und "Hin zu positiv" zeigen an, ob Sie sich als Lehrerin eher "weg von negativen Situationen" oder "hin zu erwünschten Ergebnissen" bewegen. So ist z.b. in der Aussage *"Ich möchte mich nicht mehr über Schülerinnen aufregen"* das Meta-Programm "Weg von negativ" wirksam, während in der Aussage *"Ich möchte in kritischen Unterrichtssituationen den Überblick behalten und mit den Schülerinnen gemeinsam nach Lösungswegen suchen"* das Meta-Programm "Hin zu positiv" erkennbar ist. Für die Bewältigung Ihres schulischen Alltags, für die Herstellung einer ansprechenden Lernatmosphäre und für die Entwicklung einer erwünschten beruflichen Zukunftsperspektive halten wir es für wichtig, daß Sie wissen, worauf Sie und Ihre Schülerinnen sich zubewegen.

Die *Wahrnehmungsfilter* "assoziiert" und "dissoziiert" zeigen Ihnen an, wie Sie Ihre tägliche Unterrichtsarbeit erleben. Erleben Sie sich im Unterricht mitten im Geschehen (= assoziiert), oder gelingt es Ihnen in Streßsituationen Abstand zu sich und den Schülerinnen zu gewinnen (= dissoziiert). Wir halten die Fähigkeit, zwischen den einzelnen Wahrnehmungspositionen wechseln zu können für eine berufliche Basisfähigkeit einer Lehrerin.

Die *Beziehungsfilter* "Selbst" und "Andere" geben Ihnen an, ob Sie Ihre Aufmerksamkeit vorwiegend auf die eigene Person ausrichten oder auf die anderen, d.h. die Schülerinnen, Kolleginnen, Vorgesetzten etc. Für die Bewältigung der beruflichen Anforderungen ist ein ausgewogenes Verhältnis zwischen den beiden Beziehungsfiltern erstrebenswert.

Die *Chunk-Filter* "chunk-up" und "chunk-down" zeigen Ihnen an, wie groß die "Portionen" sind, die Sie wahrnehmen. Nehmen Sie große Portionen wahr (*"In den letzten Tagen waren die Schülerinnen zum Kotzen"* = **chunk-up**) oder differenzieren Sie in Ihrer Wahrnehmung (*"In den letzten Tagen haben mich die Schülerinnen so manches Mal ganz schön genervt, doch es gab auch Unterrichtsstunden, die so richtig Spaß gemacht haben"* = **chunk down**).

Die **Zeitfilter** "**Vergangenheit**", "**Gegenwart**" und "**Zukunft**" zeigen an, ob Sie in Ihrer Wahrnehmung eher auf die **Vergangenheit** ausgerichtet sind (*"Früher waren die Schülerinnen wesentlich motivierter und unproblematischer"*), auf die **Gegenwart** (*"Zur Zeit macht mir das Unterrichten in meiner Klasse großen Spaß"*) oder auf die **Zukunft** (*"Ich kann mir nicht vorstellen, in den nächsten Jahren an meinem Unterricht etwas zu ändern"*).

Die *Erfolgsfilter* "**externe Referenz**" und "**interne Referenz**" sind die Gradmesser Ihrer Erfolgseinschätzungen. Reicht es Ihnen aus, z.B. von Ihren Schülerinnenn zu erfahren, daß Sie eine gute Lehrerin sind oder haben Sie eher einen persönlichen inneren Standard, nach dem Sie Ihren Erfolg einschätzen und bewerten?

Der gesamte Prozeß der Modellbildung vom externen Ereignis bis zur Entstehung der individuellen "inneren Landkarte" wird in der Abbildung "Entstehungsprozeß einer inneren Landkarte" im Anhang und im Kapitel "Bestandteile der Wahrnehmung" näher beschrieben. Im nächsten Abschnitt werden wir nun ein umfassendes Modell der Veränderung vorstellen, das für die später dargestellten Strategien und Methoden als Grundlage dient.

1.2. DAS P-U-S-T-E-Modell der Veränderung

R. DILTS (1991) hat mit der "Unified field theory" ein Strukturmodell der Veränderung entwickelt, das die zahlreichen Methoden und Techniken des NLP in einen umfassenden Rahmen einbettet. Wir nutzen die im DILTschen S-C-O-R-E-Modell enthaltenen Veränderungsschritte, haben aber aus sprachlichen Gründen dafür die Abkürzung *P-U-S-T-E-Modell* gewählt. Es kann als eine Problemlösestruktur verstanden werden, die jene Elemente umfaßt, die für ein Voranschreiten vom *gegenwärtigen* zum *erwünschten Zustand* berücksichtigt werden sollten. Im einzelnen sind dies folgende Elemente:

P - das *Problem* oder der gegenwärtige Zustand
U - die *Ursachen* des Problems
S - die *Strukturziele* oder der erwünschte Zustand
T - persönliche *Talente* und Ressourcen
E - die *Effekte* der Veränderung in der Zukunft

Neben diesen Veränderungsschritten umfaßt das P-U-S-T-E-Modell weitere bedeutende Merkmale, die bei der Planung und Durchführung erwünschter Veränderungen zu berücksichtigen sind. Es sind dies die *"Wahrnehmungsperspektiven"* und die *"Logischen Ebenen der Veränderung"*.

1.2.1. Wahrnehmungsperspektiven

Im NLP werden im wesentlichen zwei *Wahrnehmungspositionen* unterschieden:
- die **assoziierte** Betrachtungsweise und
- die **dissoziierte** Betrachtungsweise.

Das **assoziierte Erleben** von Ereignissen bedeutet, daß es *mit allen Sinnen* (mit den eigenen Augen sehend, mit den eigenen Ohren hörend, in der eigenen Haut steckend) und den dazugehörigen *Emotionen* erlebt wird. Assoziiert erlebt werden können sowohl *externe* Ereignisse (z.B. einen Waldspaziergang im Frühling mit allen Sinnen genießen) als auch *interne* Erinnerungen, Vorstellungen und Phantasien (z.B. die Erinnerung an die letzte aufreibende Auseinandersetzung mit einer Schülerin), und zwar so, als ob Sie diese Auseinandersetzung *jetzt* erleben. Wichtigstes Merkmal der assoziierten Erlebensform ist die *fehlende emotionale Distanz* zu dem Ereignis. Beim **dissoziierten Erleben** wird das Ereignis hingegen mit Abstand und mit geringer emotionaler Beteiligung erlebt. Man sieht und hört sich von außerhalb zu und erlebt das Geschehen wie eine außenstehende Betrachterin, die über die eigene Person einen Film betrachtet. Die dissoziierte Betrachtungsweise nutzt zudem die mentale Fähigkeit, sich in eine andere Person hineinzuversetzen ("mit den Schuhen des anderen zu gehen", "in die Haut des anderen schlüpfen"), und aus dessen Perspektive die eigene Person zu betrachten. Im Kapitel "Dissoziation" werden Sie diese Fähigkeit aufgreifen und anhand zahlreicher Übungen erweitern. An dieser Stelle möchten wir uns deshalb auf den Hinweis beschränken, daß die Fähigkeit, die Wahrnehmungsperspektive zu wechseln, sich selbst aus unterschiedlichen Positionen zu betrachten, eine Voraussetzung für psychische Gesundheit ist.

1.2.2. Logische Ebenen der Veränderung im NLP

Die "Logischen Ebenen" der Veränderung stellen ein praxisbezogenes Modell dar, das verschiedene Ebenen des Denkens und Erlebens umfaßt, nämlich **Umgebung, Verhalten, Fähigkeiten, Glaubenssysteme/Werte, Identität, Mission/Auftrag.** Unter Berücksichtigung des schulischen Kontextes lassen sich die verschiedenen Ebenen wie folgt charakterisieren:

Übersicht: Beschreibung der Logischen Ebenen in bezug auf...

- **Umgebung**: der *äußere Kontext*, die äußeren Bedingungen, die den Lehr- und Lernprozeß beeinflußen (Helligkeit, Farben, Lautstärke, Raumtemperatur, Raumausstattung mit Bildern, Medien, Material etc.).

- **Verhalten**: alle *beobachtbaren* **verbalen** und **nonverbalen** *Verhaltensweisen* (Stimme, Sprechgeschwindigkeit, Tonfall, Körperhaltung, Bewegungen im Raum etc.) der Lehrerin und der Schülerinnen.

- **Fähigkeiten**: die *inneren, mentalen und geistigen Strategien,* die Lehrerinnen und Schülerinnen entwickeln, um bestimmte Verhaltensweisen zu steuern.

- **Glaubenssysteme/Werte:** *Persönliche Überzeugungen* von Lehrerin und Schülerinnen über sich selbst, den Unterricht, das Lernen, die Beziehungen untereinander etc. *Persönliche Wertvorstellungen* der Lehrerin und Schülerinnen, was persönlich erstrebenswert ist (Selbständigkeit, Freiheit, Erfolg, Kooperation mit Kolleginnen, Anerkennung etc.).

- **Identität**: Die Vorstellungen der Lehrerin und der Schülerinnen, wie sie sich als "Berufsmensch" bzw. als "Lernende" einschätzen und bewerten (z.B. "Ich bin eine engagierte Lehrerin").

- **Mission/Auftrag**: Die aus der Zugehörigkeit zum Gesamtsystem (Familie, Schule, Gesellschaft, Universum) abgeleiteten persönlichen Vorstellungen der Lehrerin über ihren beruflichen Auftrag.

In Verbindung mit dem P-U-S-T-E-Modell werden die Logischen Ebenen verwendet, um herauszufinden, auf welcher Ebene ein Problem angesiedelt ist. Sie können z.B. an der *Betonung* in der Aussage einer Schülerin erkennen, auf welcher Logischen Ebene sie mit Ihnen kommuniziert:

- "Ich kann das **hier** nicht lernen" (die Betonung verweist auf die *Ebene der Umgebung*)
- "Ich **kann** das nicht lernen" (die Betonung verweist auf die *Ebene des Verhaltens*)
- "Ich kann das nicht **lernen**" (die Betonung verweist auf die *Ebene der Fähigkeiten*)
- "Ich **kann** das **nicht lernen**" (die Betonung verweist auf die *Ebene der persönlichen Überzeugungen bzw. Glaubenssysteme*)
- "**Ich** kann das nicht lernen" (die Betonung verweist auf die *Ebene der Identität*).

Die logischen Ebenen sind *hierarchisch angeordnet*, d.h., daß die jeweils höhere Ebene die darunterliegenden Ebenen kontrolliert. Beschränken sich z.B. die Probleme der Schülerin auf eine zu laute Lernumgebung, lassen sich diese durch Veränderungen auf der Ebene der Umgebung lösen. Sind die Schwierigkeiten hingegen auf der Ebene der persönlichen Glaubenshaltungen und Überzeugungen angesiedelt, wird allein eine Veränderung der Lernumgebung keine dauerhaften Veränderungen bewirken. Vielmehr gilt es dann, die Schülerin darin zu unterstützen, ihre generalisierten Aussagen über sich selbst zu revidieren, indem sie z.B. mit Erfahrungen konfrontiert wird, die ihren negativen Überzeugungen über sich selbst widersprechen. Auf diese Weise werden Lernbedingungen geschaffen, die es der Schülerin ermöglichen, ein positives Selbstbild zu entwickeln. Das NLP stellt für Veränderungen auf allen logischen Ebenen zahlreiche Methoden zur Verfügung. Die Auswahl geeigneter Methoden zur Realisierung erwünschter Veränderungen setzt jedoch voraus, daß erkannt wird, auf welcher logischen Ebene diese angesiedelt sind.

1.3. Der Zusammenhang zwischen Komponenten der "inneren Landkarte" und Belastungsfaktoren

1.3.1. Belastungen im Lehrerinnenberuf

Der Beruf der Lehrerin ist ein Beruf mit **hohem Streßrisiko**. Gesellschaftliche Veränderungen (z.B. die Zunahme von "broken families", die Zunahme der Gewaltbereitschaft in der Gesellschaft, die Aufdeckung sexueller Mißbrauchstaten an Kindern, die mangelnden Zukunftsperspektiven von Kindern und Jugendlichen aufgrund der globalen Umweltzerstörung, steigender Drogenkonsum etc.) wirken sich auf die Arbeitsbedingungen in der Schule aus. Es ist eine steigende Zahl von Schülerinnen mit Lern-, Leistungs- und Verhaltensproblemen, Disziplin- und Motivationsproblemen im Unterricht, wie auch eine zunehmende Gewaltbereitschaft bei Konfliktlösungen zu registrieren. Hinzu kommen Befürchtungen der Lehrerinnen, ihre vorhandenen beruflichen Kompetenzen reichten nicht aus zur Bewältigung dieser Anforderungen. Wir gehen davon aus, daß Selbstentfaltung und Selbstverwirklichung zentrale berufliche Werte darstellen. Sind die beruflichen Bedingungen jedoch so gestaltet, daß eine Erfüllung dieser Werte nicht mehr oder nur noch partiell möglich ist, führt dies zu Streß- und Burn-out-Effekten. Mit diesem Buch versuchen wir, an der Nahtstelle zwischen den veränderten Arbeitsbedingungen und der beruflichen Kompetenz anzusetzen. Die von uns dargestellten und erlernbaren Methoden können Sie anregen, Ihre beruflichen Fähigkeiten für die Bewältigung der veränderten Arbeitsbedingungen zu erweitern.

1.3.2. Lehrerin als "Rollenjongleuse"

Die berufliche Situation einer Lehrerin ist zu vergleichen mit der einer Jongleuse, deren artistische Fertigkeiten sie dazu befähigen, mit mehreren Bällen gleichzeitig zu jonglieren, ohne daß ihr diese aus der Hand gleiten. Die Bewältigung von **Rollenkonflikten** gehört für fast jede Lehrerin zum Alltagsgeschäft. Aufgrund der vielfältigen, sich zum Teil widersprechenden Erwartungen, denen sie tagtäglich ausgesetzt ist, sind Konflikte in diesem Beruf geradezu vorprogrammiert. Schwerwiegende Beeinträchtigungen des psychischen und physischen Wohlbefindens können entstehen, wenn die Betroffene die an sie gestellten Erwartungen als miteinander unvereinbar erlebt.

In der Übersicht sind die vielschichtigen Erwartungen skizziert, die von verschiedenen Personenkreisen, den sog. Erwartungsträgern, an diesen Beruf gestellt werden, aus denen sich unterschiedliche Lehrerinnenrollen ableiten lassen.

Übersicht: Erwartungen an die Lehrerin (vgl. BARTH 1992, S. 94)

Erwartungen	Lehrerinnenrollen
Erwartungsträger *Schülerinnen*:	
- Wissensvermittlung	Fachfrau, Wissende
- Beratung, Hilfe	Beraterin, Helferin
- Versorgung	"Mutterrolle"
- Führung	"Vaterrolle"
- Orientierung	Vorbild
- Freundschaft	Freundin, Kumpel
- Sexualität	Geschlechtsrolle
Erwartungsträger *Eltern*:	
- Wissensvermittlerin	Fachfrau
- Zusammenarbeit	Bündnispartnerin
- Beratung, Hilfe	Ratgeberin, Helferin
- Entlastung, Verwahrung	Erziehungsfachfrau
Erwartungsträger *Kolleginnen*:	
- Anteilnahme	Interessentin, Freundin
- Unterstützung, Entlastung, Hilfe	Mithelferin, Beraterin
- Solidarität	Mitstreiterin
Erwartungsträger *Vorgesetzte*:	
- Alles soll "funktionieren"	Verwalterin, Kontrolleurin,
- Aufsicht	Organisatorin, Detektivin,
- Entlastung der Arbeit des Vorgesetzten	Verwalterin, Hilfskraft
- Unterstützung	Postenübernehmerin
- Legitimation der Schule	Imagepflegerin, Berichter-statterin
Erwartungsträger *Öffentlichkeit*:	
- Wissensvermittlerin	Fachfrau
- Selektion	Beurteilerin, Selektiererin
- Beratung	Schullaufbahnberaterin
	Berufsberaterin
- Anpasssung	Erzieherin
- Verwahrung und Wiederherstellung	Verwahrerin, Therapeutin

Aus der Sicht des NLP stellen diese Rollen verschiedene berufliche "*Teilpersönlichkeiten*" dar. Je nachdem, in welche Rolle Sie gerade schlüpfen, beziehen Sie sich auf eine andere "innere Landkarte", die Ihr Erleben und Ihre Sichtweise über den jeweiligen Kontext bestimmen. Diese beruflichen Teilpersönlichkeiten stehen in Verbindung mit spezifischen **physiologischen Zuständen (Atmung, Körperhaltung, Stimm-**

qualität etc.), Verhaltensmustern, internalen Strategien, Fähigkeiten, persönlichen Überzeugungen, Wertmaßstäben und persönlichen Ressourcen. Wenn Sie sich z.B. während der Einführung in ein neues Thema in der Rolle der "Wissensvermittlerin" befinden, verhalten Sie sich anders, sprechen Sie anders und werden anders auf die Schülerinnen eingehen, als wenn Sie als "Beraterin" einer einzelnen Schülerin konzentriert zuhören und ihr bei der Lösung eines wichtigen Problems zur Seite stehen. Aus den beschriebenen Erwartungshaltungen können zahlreiche den einzelnen belastende Konfliktkonstellationen entstehen, von denen an dieser Stelle nur zwei genannt seien:
- die helfende, auf die einzelnen Schülerinnen eingehende Rolle vs. die auf Gleichbehandlung aller Schülerinnen ausgerichtete Rolle und
- die Persönlichkeit der Schülerinnen fördern vs. Organisations- und Verwaltungsaufgaben erledigen.

Das NLP stellt Methoden zur Verfügung, die es ermöglichen, Konflikte zwischen diesen beruflichen Persönlichkeitsteilen zu lösen. Da diese jedoch eingehende Erfahrungen im Umgang mit NLP-Methoden erfordern, werden wir erst in Band 2 ausführlich darauf eingehen.

Nach Selbsteinschätzungen von Lehrerinnen liegen weitere Hauptbelastungsfaktoren
- in der *Steuerung des Unterrichtsablaufes* (zahlreiche, gleichzeitig ablaufende Interaktionen in der Lerngruppe beobachten und steuern). Als besonders stark belastend wird dies erlebt, wenn die Schülerinnen nicht das tun, was sie tun sollen, also bei Disziplinierungs- und Motivationsproblemen
- in der *Kontrolle von Gefühlen* (ständig im Mittelpunkt zu stehen, Vorbildsein, Beherrschung von Gefühlen trotz persönlicher Betroffenheit)
- im erhöhten *Verantwortungsdruck*
- in der *Daueranspannung und -aufmerksamkeit*
- in dem *Druck, der durch Lehrpläne und Lernziele* vorgegeben ist
- im *Entscheidungszwang* unter Zeitdruck (vgl. RÜHMANN, H./BUBB, H. 1981).
 Bezogen auf den Bereich "Unterrichten" konnten folgende Situationen ermittelt werden, die als besonders bedrohlich eingeschätzt werden:
- Die Schülerinnen lehnen die Mitarbeit ab.
- Die Lehrerin fühlt sich als Unterrichtsexpertin bedroht.
- Die Schülerinnen halten sich nicht an die Regeln oder entwerten Sanktionen.

- Die Lehrerin fühlt sich als Respektperson bedroht.
- Die Lehrerin befürchtet unangemessenen Umgang mit Machtmitteln.
- Die Lehrerin fürchtet sich vor einem negativen Image bei den Schülerinnen.
- Die Lehrerin enttäuscht die Beziehungserwartungen der Schülerinnen (BARTH, A.-R. 1992, S.100).

1.3.3. Streß und Burnout im Lehrerinnenberuf

Im Gegensatz zu den USA wird hierzulande das Thema Streß und Burnout bei Lehrerinnen erst allmählich zum Gegenstand wissenschaftlicher Untersuchungen. In einer ersten systematischen Burnout-Studie bei Lehrerinnen in Deutschland wurde festgestellt, daß sich **ca. 22-30% der Lehrerinnen im Endstadium des Burnout befinden.** Der Zustand dieser Lehrerinnen ist gekennzeichnet durch
- hochgradiges *körperliches Erschöpftsein* (Energiemangel, chronische Ermüdung, Muskelverspannungen, Schlafstörungen, erhöhte Einnahme von Medikamenten und Alkohol etc.)
- *emotionales und geistiges Erschöpftsein* (niedriges Selbstwertgefühl, Gefühle von Hilflosigkeit und Hoffnungslosigkeit, Pessimismus, Rigidität im Denken und Handeln etc.)
- eine ausgeprägte *negative Bewertung der eigenen Arbeit* (Unzufriedenheit mit den eigenen beruflichen Leistungen), wobei auch das Privatleben stark darunter leidet
- eine starke Neigung zu *zynischen und negativen Einstellungen* den Schülerinnen gegenüber. (Vgl. BARTH 1992, S.18)

Burnout ist ein Prozeß, in dessen Verlauf sich aufgrund von Streß und Beanspruchung, berufliches Engagement in geistige und körperliche Erschöpfung verwandelt. Dies tritt dann ein, wenn die vorhandenen persönlichen Ressourcen nicht mehr ausreichen, um die externen und internen beruflichen Anforderungen (z.B. die Lehrpläne einhalten bzw. überzogene persönliche Ansprüche an sich selbst stellen) zu erfüllen. Gelingt es den Betroffenen nicht, diese Diskrepanz durch Veränderungen der direkten Streßquellen oder durch Veränderung persönlicher Einstellungen zu verringern, entsteht ein Gefühl der Unkontrollierbarkeit. Die einzige Möglichkeit, sich selbst davor zu schützen, besteht in einem innerlichen Rückzug. Über einen längeren Zeitraum hinweg führen diese erfolglosen Bewältigungen zu den beschriebenen Burnout-Effekten. Wie kann man sich eine ausgebrannte Lehrerin vorstellen?

"- In Ferien und Freizeit will er nichts von der Schule hören.
- Am Nachmittag tut er nur das Nötigste, um dann bis zum nächsten Morgen ja nichts mehr von der Schule zu hören.
- Er greift, wann immer möglich, auf alte Unterrichtsvorbereitungen zurück, er verändert nichts, er probiert nichts Neues aus.
- Er kümmert sich nicht mehr um die Person der Schüler, er ist reiner Wissensvermittler.
- Er organisiert keine außerschulischen Veranstaltungen oder keine freiwilligen Klassenfahrten...mehr.
- In den Pausen oder am Nachmittag ist er für die Schülerinnen nicht zu erreichen" (BARTH 1992, S. 25).

STRESS UND BURN-OUT

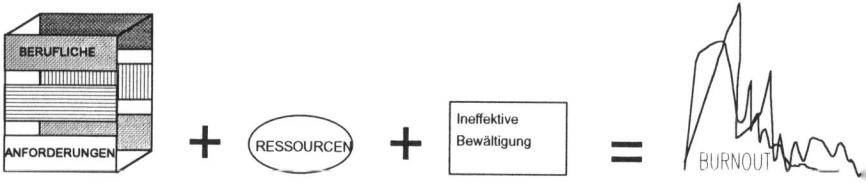

BEWÄLTIGUNG BERUFLICHER ANFORDERUNGEN

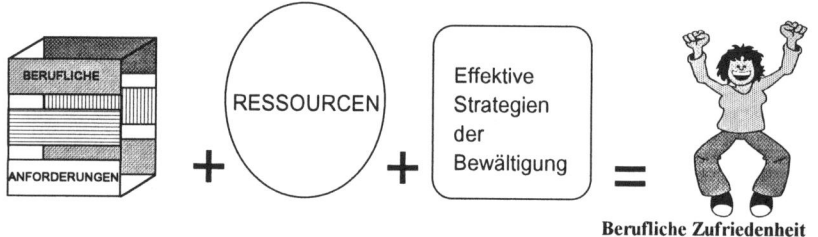

Berufliche Zufriedenheit

Legt man das skizzierte Streßmodell zugrunde, **können die in diesem Buch dargestellten Modelle und Methoden in hohem Maße streßreduzierend wirken**, da sie
- die *internen Talente und Ressourcen* der Lehrerin für die Bewältigung schulischer Probleme nutzbar machen

- die *Selbstmotivation* der Lehrerin durch die Präzisierung lang- und kurzfristiger beruflicher Ziele erhöhen
- die *Fähigkeit zur Dissoziation* erweitern und damit die Übernahme neuer Verhaltensmuster ermöglichen
- die *kommunikative Kompetenz* der Lehrerin im Umgang mit der Lerngruppe und einzelnen Schülerinnen festigen und erweitern und
- *Strategien zur Bewältigung alltäglicher Streß- und Konfliktsituationen* vermitteln.

1.3.4. Nützliche Vorannahmen für die pädagogische Praxis

Der "inneren Landkarte" der Autoren liegen folgende Vorannahmen zugrunde:

1. Das persönliche Wohlbefinden der Lehrerin liegt in ihren eigenen Händen.
2. Die Lehrerin hat alle Talente und Ressourcen für erwünschte Veränderungen zur Verfügung.
3. Lernen findet auf einer **bewußten** Ebene (der "offizielle" Lehrplan) und auf einer **unbewußten** Ebene (der "heimliche" Lehrplan) statt.
4. Sowohl das Lehren als auch das Lernen ist abhängig vom mentalen und körperlichen Zustand (körperlich, emotional und kognitiv) der Beteiligten. Diese Zustände beeinflussen sowohl den Lehrstil der Lehrerin, als auch den Lernstil und den Lernerfolg der Schülerinnen.
5. Die Erwartungen der Lehrerin an die Schülerinnen und an den Unterrichtsstoff beeinflussen die Lernmotivation und die Lernergebnisse.
6. Als Lehrerin können Sie nicht **nicht** kommunizieren.
7. Die Vermittlung der Lerninhalte findet auf einer **Sachebene** und auf einer **Beziehungsebene** statt.
8. In der Kommunikation mit den Schülerinnen ist das Feedback von Bedeutung. Wenn die Schülerinnen die erwünschten Lernziele nicht erreicht haben, bedeutet dies lediglich, daß die Lehrerin mit den praktizierten Methoden nicht das erwünschte Ergebnis erreicht hat.
9. Das gegenwärtige Verhalten der Lehrerin und der Schülerinnen ist die derzeit bestmögliche Art, die ihnen zur Verfügung steht.
10. Hinter jedem Verhalten der Lehrerin und der Schülerin steckt eine positive Funktion, eine systemerhaltende Absicht. Das geäußerte Verhalten hat die Aufgabe, der Absicht zum Erfolg zu verhelfen. Das schließt Verhaltensalternativen nicht aus.

2. Die Motivationsstruktur des Buches und der Übungen

METAPHER / BEISPIEL
Hier werden unbewußte Suchprozesse in Gang gesetzt, indem der Verlauf des folgenden Übungsprozesses auf relevanten Sinneskanälen vorgeführt wird

INHALT. WORUM GEHT ES?
Das Anliegen der Übung wird in Worte gefaßt

MOTIVATION. WARUM IST ES FÜR SIE WICHTIG?
Die mögliche Bedeutung für die Anwenderin wird herausgearbeitet

STRATEGIEN. WIE KÖNNEN SIE ES ERREICHEN?
Das Instrumentarium wird bereitgestellt

ÜBUNG   **METHODE**

ERFAHRUNGEN. WIE WAR ES?
Es werden Anregungen gegeben, wie die Erfahrungen zu sortieren sind, welche Bedeutung sie haben könnten

UNERWARTETE EFFEKTE
Veränderungen in einem Bereich können Auswirkungen auf andere Lebensbereiche haben und das kann Verunsicherungen provozieren. Hier wird darauf verwiesen

ABHILFEN
Hier werden Maßnahmen für unerwartete Effekte beschrieben, für die Sie noch keine brauchbaren Sortierschemata besitzen

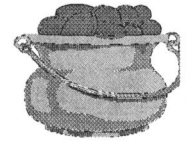
NUTZEN
Es werden Anwendungsbereiche angesprochen, die Ihnen den Sinn der Übung noch einmal deutlich machen

RAHMEN / AUSBLICK
WAS HAT ES MIT DEM GANZEN ZU TUN?
Die Übung wird in einen größeren Bedeutungszusammenhang gestellt

Die Symbole sollen helfen, an vielen Stellen im Text den Überblick zu behalten. Die Reihenfolge der Elemente, von der Metapher zum Ausblick, ist nicht willkürlich, sondern sie entspricht in einigen Teilen dem von John GRINDER entwickelten Präsentationsformat für Lernstoff (erwähnt in KLUCZNY 1991). Die eigentliche Übung oder Methode ist im Grunde "eingewickelt" in ein Motivationspaket von:

- sinnesspezifischen und symbolhaften Informationen (Metapher) über den gesamten Ablauf dessen, was erst erlernt werden wird, auch feedforward genannt
- kognitiv orientierten, umfassenden Informationen für die deduktiven Lerner (Inhalt)
- aktivieren individueller Motivationsfelder und Talente/Ressourcen (Motivation)
- Bereitstellen von Werkzeugen und know how (Strategien)
- Auswertung individueller Erfahrungen und etablieren zukunftsorientierter Beurteilungsmuster (Erfahrungen)
- verankern hilfreicher Glaubenssysteme, hier insbesondere das Verweisen auf "normale" Abweichungen von Wunschergebnissen, die Reduktion zu hoher Erwartungen, das Vertrautmachen mit unerwarteten körperlichen und emotionellen Erlebnissen etc. (unerwartete Effekte, Fallstricke)
- bereitstellen zusätzlicher Hilfen für unerwartete Effekte (Abhilfen)
- Suche nach Transfermöglichkeiten in berufliche und private Belange (Nutzen)
- hinführen auf den Gesamtrahmen, um die Einordnung des Gelernten zu erleichtern (Rahmen, Ausblick).

Dieses Format kann und sollte selbstverständlich auch im Unterricht eingesetzt werden, denn es macht den eigentlichen Lernstoff appetitlich und leicht verdaulich (um es mal mit einer kinästhetischen Metapher zu umschreiben).

ÜBER DEN UMGANG MIT DEN ÜBUNGEN SELBST

Der Erfolg einer Übung hängt nicht von einem brillanten Ergebnis, nicht von einer umwerfenden und außergewöhnlichen Erfahrung ab (obwohl das durchaus passieren kann), sondern von ihrer Akzeptanz. Das will heißen, wenn die Übung Ihnen wichtig und wiederholenswert vorkam, dann wird sie *langfristig* eine stärkere Wirkung haben.

Wir bitten Sie deshalb, daß Sie das Gelingen oder Nicht-Gelingen einer Übung nicht zu einer Frage Ihrer Identität machen, Sie also beim Ausbleiben eines erwarteten Ergebnisses nicht die Schicksalsfrage stellen: Bin ich generell dafür ungeeignet oder ähnliches. Die logische Konsequenz in diesem Fall wäre dann, daß Sie die Übung bescheuert finden, dann das ganze Kapitel in Frage stellen und sich zum Schluß ärgern, daß Sie dieses Buch überhaupt gekauft haben. Das wollen wir nun wiederum aus verständlichen Gründen nicht so gern. Begreifen Sie die Übungen als Spiel, als eine Vorlage, die Ihnen Erkenntnisse vermitteln kann aber nicht muß.

Wählen Sie sich Ihre Übungen aus, legen Sie sie zur Seite, wenn es unbequem wird. Niemand zwingt Sie, die Übung zu machen, und niemand hat ein Interesse daran, daß Sie unzufrieden sind oder daß Sie sich ärgern müssen, weil etwas nicht so klappt, wie Sie es sich vorgestellt haben. Häufig wird eine Übung vorschnell zur Seite gelegt, weil die innere Überzeugung besteht, es seien keine dafür ausreichenden Fähigkeiten vorhanden. Das ist lediglich ein hinderliches Glaubenssystem (s. im entsprechenden Kapitel "Logische Ebenen"), das Ihnen den Weg versperrt.

Lassen Sie sich im Gegenteil mal in die Übung hineinfallen, gehen Sie unbefangen heran wie ein Kind, das neugierig ist, und mischen Sie die Umsicht des erwachsenen Menschen hinzu, der weiß, wann er genug hat.

Begreifen Sie die Übungen lediglich als Angebot, verändern Sie sie nach Ihrem Geschmack. Trainieren Sie lieber öfter in kleinen Portionen als einmal mit großer Anstrengung. Bei zu viel Anstrengung ist das einzige, was gelernt wird, Vermeidungsverhalten.

Wenn Sie eine Übung zu Ihrer Zufriedenheit abgeschlossen haben, gönnen Sie sich eine kleine Pause, lehnen sich zurück und lassen die Übung noch einmal Revue passieren, intensivieren Sie dabei die kinästhetischen Empfindungen (Wärmegefühl, Energiestrom im Rücken o.ä.). Diese Konsolidierungsphase ist wichtig, da in der Zeit Ihr Gehirn die neuen Erfahrungen substantiell durch den Aufbau neuer synaptischer Verbindungen einspeichert.

3. Mentale Basisfähigkeiten für effektives Unterrichten
3.1. Dissoziation - eine Einführung

Wir haben uns immer wieder gefragt, warum es denn so unendlich lange Zeit benötigt, die überaus brauchbaren Modelle fortschrittlicher Lehrtätigkeit in die Tat umzusetzen. Wenn die Rede davon ist (MEYER, H. 1990), daß noch heute 79% des Unterrichts im Frontalunterricht wie zu Kaisers Zeiten abgehalten wird, dann muß gefragt werden, wie diese Diskrepanz zwischen Anspruch und Realität zu erklären ist. Sind die zahlreichen Weiterbildungsmaßnahmen umsonst gewesen? Unter welchen Bedingungen wird auf alte, nur in Grenzen bewährte Unterrichtsformen zurückgegriffen?

In der Vorbereitung dieser Arbeit sind wir ausschließlich auf bereitwillige, veränderungswillige, neugierige Lehrerinnen gestoßen, die allesamt frustriert waren. Unglaublich. Wir haben im näheren Bekannten- und Kolleginnenkreis recherchiert, es stimmt: Bereitschaft allerorten, Wißbegier und Begeisterung für neue Konzepte und Modelle der Unterrichtsplanung und -gestaltung. Es ist schon verrückt. Um es einmal salopp zu formulieren: Die Leute hängen in den Startlöchern, bekommen die leckersten Unterrichtstechniken auf Fachseminaren usw. vorgeführt, versuchen sie in ihrer eigenen Praxis einzuführen und... Frust, Frust, Frust.

Was ist faul? Unserer Meinung nach werden zwei elementare Gewißheiten nicht genügend berücksichtigt:

A: Es wird vergessen, daß alle Kompetenzen apriori bei der Lehrerin liegen. Jede von ihnen bringt alle Voraussetzungen für tiefgreifende Veränderungen mit, jede von ihnen ist von Hause aus mit mehr als ausreichenden Ressourcen und Talenten ausgestattet, um hervorragend zu kommunizieren und Wissen zu vermitteln. Keine von ihnen hat nach Abschluß des 2. Staatsexamens beschlossen, für immer auf Neulernen zu verzichten.

B: Es wird übersehen, daß alle griffigen Beschulungskonzepte, so gut sie auch sein mögen, solange nichts taugen, wie sie nicht in kleinen, überschaubaren und übertragbaren Häppchen anleiten, wie was zu geschehen hat und wie was zu verändern ist, wenn es nicht so funktioniert, wie es anfänglich intendiert war. Das kann nicht ideell und appellativ erfolgen, sondern es muß praktisch vermittelt werden, als

Bestandteil der Weiterbildungsmaßnahme, für eine Unterrichtsminute, für eine Unterrichtsstunde, für den nächsten Tag.

Wenn wir die beiden Einwände zusammenfassen, bleibt als Fazit bestehen: Wir, die Autoren, haben uns zu bemühen, daß wir Ihnen schrittweise, praxisbezogen und lehrerinnenzentriert nachweisen, daß Sie alle Fähigkeiten schon besitzen und Sie von uns lediglich eine Systematik für die Umsetzung und erweiternde Anwendung sowohl im Unterricht wie in Freizeit- und sonstigen Bereichen dazu erhalten, und vielleicht noch ein Stückchen aufbauende Motivation als Starthilfe gewissermaßen.

Die Fähigkeit zur Dissoziierung ist etwas in der Art. Sie bringen alle Voraussetzungen dafür mit (ohne es vielleicht gewußt zu haben), wir zeigen Ihnen, wie Sie Ihr Potential "ent"wickeln können, um sich Ihr Lehrerinnenleben angenehmer gestalten zu können.

Fangen wir also an. Sie haben im Laufe Ihres Lebens unbewußt schon eine ganze Reihe von nützlichen Schätzen angesammelt. Nun geht es darum, diese Schätze zu sortieren und sie für weitere sinnvolle Tätigkeiten einzusetzen. Im Verlaufe der einzelnen Übungen wird Ihr Repertoire an Alternativen wachsen, die Sie in die Lage versetzen,

a) flexibel auf streßerzeugende Situationen im schulischen Alltag und im außerschulischen Bereich reagieren zu können,

b) Ihre Vergangenheit sowohl nach Blockaden, Einschränkungen und ungünstigen familiären Konstellationen wie aber auch nach günstigen Entwicklungsbedingungen analysieren zu können und

c) Ihr Potential für Zukunftsaufgaben in beruflicher und privater Hinsicht aktivieren zu können. Das kann zur Folge haben, und wir wünschen es Ihnen sehr, daß Sie Ihren Arbeitsplatz mehr noch als bisher als Experimentierfeld für lustvolles Lernen peu à peu erschließen.

Ein weiterer Nutzen wird sein, daß Sie Appetit bekommen auf neue Formen der Wahrnehmung, auf Formen, die bisher in Ihrem Repertoire noch nicht angelegt bzw. blockiert waren. Das läßt sich auch unter dem Stichwort "persönliche Entwicklung" zusammenfassen.

Wozu ist die Fähigkeit, dissoziieren können, eigentlich gut?

Ein Abstecher zur Psychologie sei erlaubt. Sie verwendet synonym den Begriff des "locus of control", oder sie spricht auch vom Dezentrierungsphänomen. Das heißt nichts anderes, als daß von dem handelnden Individuum ein Wechsel der Beobachtungsposition vorgenommen werden kann. Es kann sich "ganz innen" fühlen, oder es kann sich "von außen" bei seinen Handlungen zuschauen und sich zuhören. Wir sprechen lieber vom assoziierten und dem dissoziierten Zustand und der Metaposition, denn wir begreifen den Menschen, analog zu dem zur Zeit vorherrschenden Bild über die innere Struktur und die mentalen Prozesse des Menschen, als ein Ensemble von "Teilmenschen" (R. ORNSTEIN spricht von innerer Kohorte), als Menschen, die zu unterschiedlichen Zeiten ihres Lebens, angelagert an ihre konstitutionelle und genetische Ausstattung, ganz unterschiedliche Erfahrungen gemacht haben, unterschiedliche Talente mitgebracht und Glaubenssysteme und "Teil"-Identitäten entwickelt haben.

Oder wie ließe es sich sonst erklären, daß jemand gleichermaßen eine überaus fähige Pädagogin und eine engagierte Sexualpartnerin sein kann. Dafür sind wir mit einer jeweils für einen bestimmten Teilbereich gültigen Identität ausgestattet oder sind gerade dabei, sie zu entwickeln. Was liegt näher, als die Summe der Teilidentiäten, das Ensemble, als assoziiert (lat: associare = "beigesellen, verbinden, vereinigen") zu bezeichnen und den Status des beobachtenden, also von seinem Körper getrennten Menschen dis-assoziiert zu nennen. Andere konzeptuelle Beschreibungen wären "Akteursstatus und Beobachterstatus", "Selbstbild und Fremdbild" und etliches andere mehr.

Interessanterweise wurde diese Fähigkeit des Dissoziierens, lange bevor überhaupt an NLP zu denken war, als die zentrale Kompetenz für Interaktionsfähigkeit und als Voraussetzung für psychische Gesundheit angesehen (WERNER, H. & KAPLAN, B. 1963; FEFFER, M. & SUCHOTLIFF, L. 1966).

"Unbestritten ist bei allen Autoren die Tatsache, die sich auch bei alltagspsychologischer Betrachtung aufdrängt, daß die Dezentrierungsfähigkeit von allergrößter Bedeutung nicht nur für die kognitive Entwicklung des Menschen ist, sondern daß sie einen der wichtigsten Punkte darstellt für die Entwicklung dessen, was in der Literatur - oft austauschbar - als das "Selbst" oder das "Ich", die "reife Persönlichkeit" u.ä.m. bezeichnet wird (JAEGGI, E. 1979).

Aus grundsätzlichen Überlegungen heraus und in der Tradition der NLP-Strategien haben wir diese Dichotomisierung zwischen assoziiert und dissoziiert weiter aufgefächert. Es sprechen einige praktische Gründe dafür, dies zu tun. Zunächst einmal ist bekannt, daß auch in extrem körperfernen Zuständen, kurz gesagt in körperlich und psychischen Ausnahmezuständen, beispielsweise bei Ohnmachten, Anästhesien unter Operationsbedingungen und "Verrückt"werden (also aus dem Körper befristet heraustreten, weil der assoziierte Zustand nicht mehr gehalten werden kann) auch Zustandsbeschreibungen möglich sind und Gefühle gespürt werden können.

Es ist mittlerweile gängige psychotherapeutische Praxis - wenigstens bei den kognitiv orientierten Verfahren und den Methoden, die die physiologischen, neuroanatomischen und immunologischen Erkenntnisse der letzten Jahre in ihren Behandlungsansatz integrieren konnten - daß aus der inneren Distanz zu emotional stark belastenden Erlebnissen (Phobien, Vergewaltigungen) erfolgreich gearbeitet werden kann. Eine Methode, dies zu gewährleisten, ist die der Dissoziation, des körperfernen Erlebens aus einer Meta-Position heraus, solange, bis das Ereignis auch wieder aus der Nähe ertragbar wird und mit rekonstruierenden Methoden bearbeitet werden kann.

Je weiter wir uns von dem assoziierten Erleben entfernen, je mehr Zwischenschritte wir dissoziativ einlegen, desto umfassender wird der Überblick über das Ursprungsereignis, desto nachhaltiger können wir Kontrolle über unsere Zustände ausüben.
Zur Veranschaulichung der verschiedenen Positionen haben wir im Anhang das Schaubild "Wahrnehmungspositionen" hinzugefügt.

Jede dieser Positionen, primär bezogen auf die visuellen, akustischen und kinästhetischen Komponenten der Wahrnehmung, kann in der **Vergangenheit, gerade jetzt oder in der Zukunft** eingenommen werden, so daß folgende Variationen möglich sind (Beispielsaussagen):

Position Ia (Assoziiert, nach innen gerichtet)

Ich erinnere mich, wie ich gestern dieses Kribbeln im Bauch hatte.	Kinästhetisch-Erinnert
Meine Nase ist im Augenblick stark sensibilisiert.	Olfaktorisch
Wenn ich an morgen denke, schmecke ich das Salz auf der Zunge.	Gustatorisch-Konstruiert

Position Ib (Assoziiert, nach außen gerichtet)

Wenn ich mir vorstelle, wie ich als 8jährige mir die Regenwürmer angeschaut habe...	Visuell-Erinnert
Ich höre Dir zu.	Akustisch-Tonal
Ich habe eine Ahnung davon, wie der Sonnenuntergang am nördlichen Polarkreis aussehen könnte.	Visuell-Konstruiert

Position IIa (Dissoziiert, wahrnehmungsbezogen)

Gestern im Unterricht, ich sehe richtig, wie ich vor Aufregung rote Wangen hatte.	Visuell-Erinnert-Dissoziiert
Wenn ich an Deiner Stelle wäre, hätte ich schon längst etwas zu meinem ständigen Husten gesagt.	Akustisch-Tonal-Dissoziiert
Ich sehe schon, wie ich mich morgen mit meiner Unterrichtseinheit sicher und locker meinen Schülerinnen präsentiere.	Visuell-Konstruiert-Dissoziiert

Position IIb (Dissoziiert, beurteilungsbezogen)

Letzte Woche bei diesem schrecklichen Unglück, mir ist jetzt noch schlecht. Wenn ich mir aber vorstelle, ich schaue von oben aus dem 5. Stock zu und sehe mich dort unten, dann merke ich richtig ein Gefühl der Erleichterung.	Kinästhetisch-assoziiert im visuell-dissoziierten Zustand
Mein Gott, geht's mir schlecht, wenn ich mich so sitzen sehe, wie ausgelutscht, dabei fühl´ ich mich eigentlich ganz wohl.	Visuell dissoziiert und kinästhetischer Wechsel zwischen 2 assoziierten Zuständen
In 3 Wochen ist es soweit, Winterurlaub, wir beide im Schnee und mit roten Ohren und mit Gebrüll die Abfahrt runter, ich seh´ schon die Flocken auf mich zufliegen, es wird herrlich werden.	Visuell und akustisch dissoziiert, gleichzeitig visuell assoziiert

Position III (Metaposition, Entscheidungsfindung)	
Witzig neulich die Übung: Ich unterhalte mich mit mir selber, einmal als Ankläger, einmal als Verteidiger, wie im Kino, am liebsten war mir die Verteidigerrolle.	Doppelte Dissoziierung, kinästhetisch assoziiert
Ich höre mir im Unterricht zu und schaue mir zu, wie ich die Kinder diszipliniere. Das Ganze betrachte ich mir mal von oben, von der Zimmerdecke her, ich könnte langsamer reden, ruhiger atmen und die Arme stärker besänftigend einsetzen...	Meta-Position wie oben, in Gegenwart
Ich mach´ mir mal einen ganz ruhigen Abend, ich seh´ mich schon im Theater sitzen, nein, Jazzkeller ist besser, da kann ich meine alten 68er-Klamotten mal wieder austragen. Was hätten die drei, die Lehrerin, der Theaterfreak und die Oldie sich eigentlich zu sagen. Ich laß´ die mal in einer Kneipe aufeinandertreffen und miteinander quatschen, mal sehen, was dabei herauskommt.	3-fache Dissoziation in der Zukunft

Wenn Sie beliebig hin- und herspazieren können, vom vollen assoziierten Erleben zum Beobachten Ihrer Person, einen Schritt weiter zur Metaposition, aus der Sie sich selbst sehen und hören können, wie Sie sich beobachten, dann erreichen Sie einen Grad an Unabhängigkeit, daß Sie anfangen können, Ihr pädagogisches Dasein neu zu planen.

Starke Emotionen, akuter Streß und Sackgassengefühle werden damit steuerbar, Sie gewinnen die Kontrolle über Ihre Zustände. Dies ist vergleichbar mit folgender Situation:

Sie beobachten einen Unfall auf der Straße. Das blutende Opfer liegt zu Ihren Füßen, ringt um Atem, ist nahezu bewußtlos. Ein professioneller Helfer kümmert sich um das Verkehrsopfer. Falls Sie sich mit dem Opfer identifizieren (assoziiert erleben), dann werden Sie auch bald Hilfe brauchen, denn Ihr Atem wird sich verändern, Ihnen wird vielleicht flau im Magen und Sie könnten bewußtlos werden. Identifizieren Sie sich hingegen mit dem Helfer, dann werden Sie zwar auch assoziiert erleben, diesmal jedoch mit anderen physiologischen Parametern. Ihre Metaposition erlaubt es Ihnen, sich die günstigste Position aussuchen zu können und den Überblick zu behalten.

Pier-Luigi quält sich das letzte Stückchen Focaccia in den Mund. Er ist mit sich und der Welt unzufrieden. Nun gut, sein Unterricht ist sicher nicht der schlechteste, aber er kommt so langsam in den Ruf eines Kollegen, der nur das Nötigste macht, sich kein Bein ausreißt, der sein Pulver verschossen hat. Ringsherum bemerkt er ähnliche Ermüdungserscheinungen, vor allem bei Kolleginnen und Kollegen seiner Generation. Aber keiner spricht darüber, niemand hat den Mut zu sagen, mir geht es leidlich dreckig, wie geht`s Dir? Mit seinen 45 Jahren sollte er eigentlich in voller Manneskraft stehen, geistreich, einfallsreich, mitziehend, begeisternd sein. Na ja, diese Besonderheiten hebt er sich für Evelina auf, für gelegentliche Besuche in Discos, in denen auch mittelalterliche Menschen ihre Chance haben. Wie konnte es nur dazu kommen?

Er kann das Gefühl, wie der Lebenssaft aus seinem Körper hinausrinnt, nicht einmal hassen. Es erschreckt ihn nur, wie gleichgültig es ihn läßt. Früher war das anders... Früher? Ist er schon so weit, daß er zu vergreisen droht, sein Altgedächtnis bemühen muß, um überhaupt am Leben teilnehmen zu können? Wann hat er denn überhaupt das letzte Mal über sich nachgedacht?

Seine Schulkarriere..., nichts besonderes, halt die üblichen Schwierigkeiten, der Anfangsenthusiasmus, die Globalveränderungen von Schule und Gesellschaft innerhalb der nächsten 5 Jahre, dann allmählich die Realität, das Aufbäumen, Nicht-wahr-haben-wollen, Resignation, und nun? Pier-Luigi schaut den Wellen zu, die Schatten der Palmwedel kühlen den kochend heißen Strand ein wenig, in ihrem Schutz liegen Familien und holen ihre Panini mit Tomaten und Mozzarella heraus. Das Wasser läuft ihm im Mund zusammen, die Focaccia ist vergessen. Als Kind war es immer das schönste, nach dem Baden in das große Badetuch eingehüllt zu werden, solange, bis das Frösteln vorüber war. Dann wurden feierlich die Panini ausgewickelt, ein großer Schuß Olivenöl obendrauf, der Tomatensaft und das Öl flossen herrlich die Mundwinkel hinunter, und wenn es zuviel war, wurde es über den ganzen Körper verschmiert, dann wieder ins Wasser, mit Sand schmeißen...

Merkwürdig, ich sehe die anderen ganz genau und spüre noch, wie der Saft und das Öl am Körper schmierte und klebte, aber ich kann mich an keine Geräusche erinnern. Die müssen doch mit mir geschimpft haben, es gab doch diese formschönen Transistorradios, die auf volle Lautstärke gedreht waren, aber, keine Erinnerungen an Töne, schade! Was ich nicht verstehe, warum sind denn einige Erinnerungen schwarz/weiß, die anderen farbig? Und ich, wo bin ich? Wie klein war ich denn da? Gab es mich überhaupt? Wie haben mich denn die anderen wahrgenommen? Hatte ich eine schrille Kinderstimme, oder eine furchtsame, leise? Warum denke ich nur an angenehme Erinnerungen? Meine Schwester ist doch im Alter von zwei Jahren vom Auto überfahren worden und mein Vater ist gar nicht mein richtiger Vater, sondern mein Stiefvater. Wo sind denn meine Emotionen von damals geblieben, habe ich geheult oder was?

Seltsam, ich sehe meine kleine Schwester in dem großen Wohnzimmer in der Via Doria, aber dort hatten wir damals gar nicht gelebt. Ob das auch so geht, daß ich zwei völlig verschiedene Erlebnisse miteinander verknüpfe?

Mal probieren. Also, ich stelle mir mal Edoardo vor, wie wir beide Motorboot fahren. Er haßte alles, was mit Maschinen zu tun hatte und schwimmen konnte er auch nicht, aber dafür bin ich früher gerne mit dem Boot meines Onkels gefahren. Da sehe ich mich noch, wie mir der Wind meine mühsam gestylte Frisur verwirbelt und mir die Kopfhaut juckt, und jetzt Edoardo daneben. Das wäre ein Spaß gewesen, ich hätte ihm ein wenig angst gemacht, wäre scharfe Kurven gefahren und hinterher hätten wir gelacht und ich hätte ihm ein Bier spendiert.

Wenn das so einfach geht, dann stelle ich mir gleich mal vor, wie ich mit diesem Gefühl von Aufregung und Spaß morgen vor die Klasse trete und mit ihr sozusagen Motorboot fahre. Warum eigentlich nicht gleich richtig? Könnte einigen gefallen, kalt lassen würde es keinen und wir hätten eine Weile damit zu tun, man könnte ja Unterrichtseinheiten daraus machen, Wasser, Motoren, Navigieren, Gewässerschutz, Tourismus, Fahrpraxis für die Kinder, deren Väter eh im Tourismusgeschäft drinstecken, Angeln, Wetterkunde. Wenn mir das Spaß macht und die Kinder mitziehen, dann könnte ich mir vorstellen ...

Die kleine Geschichte möchte Ihnen im Zeitraffer zeigen, was Sie mit den folgenden Übungseinheiten erwartet. Sie führt Ihnen die Stufen von der Aktivierung der Erinnerung bis hin zu komplizierten Vorstellungen über Berufs- und Lebensplanung vor Augen und wie die mentalen Prozesse, sozusagen die inneren Hör-Riech-Geschmack- und Fühlfilme ablaufen können. Pier-Luigi gelangt hier von einem unbefriedigenden Zustand in einen positiv angereicherten, den er in diesem Beispiel zunehmend bewußter ansteuert. Im Verlaufe seiner Träumereien benutzt er Elemente der äußeren Realität, um seine Erinnerungen anzuzapfen und er erreicht schließlich einen Zielzustand, der gekennzeichnet ist durch Spaß, Erwartung, Zukunftsorientiertheit und Kreativität.

Braucht er anfänglich noch einen Anstoß von außen (die Panini, das Meer etc.), verläßt er sich schließlich auf seinen eigenen Erfahrungsschatz und ent-deckt seine Ressourcen, er vernetzt sie dergestalt, daß etwas vollkommen Neues entsteht. Der Prozeß hat eine eigene Dynamik, die sich stark vereinfacht durch Gegensatzpaare, durch semantische Polaritäten beschreiben läßt:

Von	Zu
eher unbewußt	bewußt
ungesteuert	gesteuert
zufallsabhängig	kreativ
alt	neu
Vergangenheit	Zukunft
passiv	aktiv
Sinneskanäle festgelegt	Aktivierung der weniger genutzten Repräsentationssysteme
Dominanz der rechten Hirnhemisphäre	Nutzung beider Hirnhemisphären, Aktivierung der linken Hemisphäre

Das Entscheidende daran ist, daß

dieser Prozeß bewußt eingeleitet werden kann. Er kann erlernt, differenziert und kreativ genutzt werden!

Bevor Sie in den Genuß ähnlicher Erfahrungen kommen, möchten wir Sie mit den einzelnen Übungseinheiten bekannt machen, die diesen Prozeß *sukzessive erlernen* lassen. Sie sind aufeinander aufgebaut, eine Einheit ist Teil der nächsten und wird von ihr fortgeführt und erweitert.

Der stufenförmige und miteinander verzahnte Aufbau scheint uns deswegen sinnvoll, weil die in den Übungseinheiten angesprochenen **Fähigkeiten** äußerst **effektive menschliche Kraftquellen** sind, mit denen wir uns **gesunderhalten** können und **uns und unsere Umwelt nachhaltig beeinflussen** können.

Es sind naturgegebene, strukturelle Eigenheiten des mentalen Betriebssystems, wir bezeichnen sie als entwicklungsfähige "innere Kompetenzen". Sie gehen den sichtbaren Handlungen voraus, bereiten ihnen sozusagen den Weg, sie sind diejenigen Werkzeuge, die uns bei der Interpretation der Welt helfen, uns helfen, die Vielfalt der Eindrücke auf unsere leider sehr beschränkten Aufnahmekapazitäten hin anzupassen.

Die einzelnen angesprochenen mentalen Fähigkeiten sind aufeinander bezogen, miteinander verknüpft und nur hier, aus mehr didaktischen Gründen, voneinander getrennt worden, damit deren innere Struktur deutlich werden kann und damit sie leicht zu erlernen sind. Die Integrationsarbeit erfolgt über die sukzessive Aneignung der einzelnen Basisfähigkeiten und über die spätere praktische Arbeit mit Modellen, Strategien, Methoden und Einzeltechniken.

Die hier genannten mentalen Basisfähigkeiten sind in der Reihenfolge aufgeführt, die wir als die angemessenste im Hinblick auf Entwicklung neuer Ideen und Entstehen frischer Impulse halten und die uns auch deswegen brauchbar erschien, weil sie a) in einer chronologischen Beziehung, von der Vergangenheit zur Zukunft, stehen, b) einen graduellen Anstieg der Komplexität aufweisen und c) unserem inneren Modell von menschlicher Entwicklung entsprechen, von der Bestandsaufnahme und des Kennenlernens der Werkzeuge hin zur freien und kreativen Nutzung sämtlicher Potentiale. Die passenden Stichworte wären hier: von der historischen Gebundenheit hin zur Erlangung neuer Freiräume und zunehmender Autonomie. Das heißt natürlich nicht, daß es nicht weitere Basisfähigkeiten geben kann, auch nicht, daß unsere vorgegebene Reihenfolge die einzige richtige ist. Wir sind vielmehr überzeugt, daß wir erst am Anfang einer Entwicklung stehen, deren Ausmaß wir noch nicht absehen können und deswegen schätzen wir unsere Werkzeuge ein als das, was sie sind, momentane Werkzeuge, die solange brauchbar sind, solange sie scharf und angemessen sind.

Die Werkzeuge im einzelnen:

Die Fähigkeit, Erinnerungsmaterial zu suchen. Dies ist vergleichbar mit der Lagerverwaltung des Gedächtnisses

Die dazugehörige Übungseinheit: Komponenten der Erinnerung

Die sinnesspezifische Verarbeitung von Informationsmaterial, das sowohl von außen wie auch aus dem Körperinneren stammen kann. Die *Repräsentationssysteme und die Submodalitäten* sind vergleichbar mit Werkzeugen der Informationsbearbeitung. Die dazugehörige Übungseinheit: Bestandteile der Wahrnehmung

Die Fähigkeit, sich selbst von außen anschauen und anhören zu können. Der Wechsel der Positionen garantiert zusätzliche Freiheitsgrade des Erlebens und Verhaltens
Die dazugehörige Übungseinheit: Wenn ich mir begegne

Die Systematisierung und Optimierung von Selbsthilfefertigkeiten im Umgang mit belastenden emotionalen Situationen
Die dazugehörige Übungseinheit: Aufdecken dissoziativer Fähigkeiten

Die Kombination von Gedächtnisinhalten. Der freie Umgang mit Gedächtnismaterial eröffnet Wahlmöglichkeiten subjektiven Wohlbefindens und erleichtert die flexible Anpassung an belastende Situationen. Die dazugehörige Übungseinheit: 1 + 1 macht neu

Die Fähigkeit, bekanntes und erprobtes Verhalten in einen neuen Kontext zu übertragen. Die persönlichen Ressourcen werden expansiv genutzt. Das Verhaltensrepertoire erweitert sich. Die dazugehörige Übungseinheit: Ich baue meine Welt

Neues Erleben und Verhalten kann erlernt werden und es kann auf bisher unerschlossene Felder übertragen werden. Neue Ressourcen stehen dann in neuen Kontexten zur Verfügung. Die dazugehörige Übung heißt: Zukunftsperspektiven

Die genannten mentalen Fähigkeiten sind Ressourcen. Sie können individuell entfaltet werden, sie können aber auch weiterschlummern. Die Kategorien lassen sich sehr weit zum Nutzen der Anwenderinnen expandieren, es ist aber genauso denkbar, daß die Basisfähigkeiten zu persönlichen Einschränkungen und Beschneidungen von Vitalität, Kommunikationsfreude und sozialem Einfluß führen. Die negativen Effekte entstehen nicht zuletzt durch Unkenntnis, mangelnde Förderung und durch Blockierungen wie Ängstlichkeit und Mißtrauen.

Beispielsweise führt dann die **Erinnerungsfähigkeit** dazu - bezogen auf die logischen Ebenen (s. Kapitel "Landkarte") - daß gesagt wird:

"Mir gefällt es hier gut, hier kenne ich alles" *(Umgebung: Scheu vor Ortswechsel)*

"Warum soll ich etwas ändern, meine Art war immer richtig" *(Verhalten: Inflexibilität)*

"Das, was ich sage, wird gemacht, das hat sich vor 25 Jahren bewährt, warum soll es heute schlecht sein" *(Kompetenz/Fähigkeiten: Schematismus)*

"Ich sage nur Weimar, Weimar" *(Glaubenssysteme/Werte: Rigidität/Konservatismus)*

"Ach ja, 68, Rudi Dutschke und ich im Audi Max, und dann die Demos, da hast Du noch gespürt, Du bewegst was, aber heute, schau Dir doch mal die Jugend an..." *(Identität: Verhaftetsein an frühere Erlebnisse)*

Wie oben erwähnt, stellen wir nicht ohne Grund die "Erlernbarkeit" der mentalen Basisfähigkeiten und der späteren praktischen Teile in den Mittelpunkt. Es ist uns lieber, Sie lernen in kleinen, ganz kleinen Schritten als überhaupt nicht. Anstatt: "Du mußt unter Einsatz Deiner gesamten Persönlichkeit diese Aufgabe schaffen und darfst dabei nichts übersehen" lieber die verdauliche Einheit: "Wenn Du das nächste Mal von einem Schüler verbal angegriffen wirst, dann atme 3x tief durch und plane einen einzigen nächsten Schritt gemäß Deines Planes, den Du Dir vorher zurechtgelegt hast."

Da wir uns mit den nachfolgenden Übungen und mit der didaktischen Aufbereitung auf noch zum großen Teil unerschlossenes Gebiet begeben, bitten wir schon im voraus um Nachsicht, falls Lücken zu entdecken sind oder einzelne Lernschritte nicht homogen aufeinander abgestimmt sind. Wir begreifen diese Arbeit als im Fluß befindlich, als offenes System, das nicht zuletzt durch Ihre Anregungen und durch die Ergebnisse der jeweiligen Arbeitsgruppen differenziert werden wird. Wir bemühen uns, das "Wie" der Aneignung in einer systematischen und zielorientierten Weise zu vermitteln und hoffen, daß unser Vorgehen Sie ermuntert, einzelne Schritte in die pädagogische Praxis umzusetzen. Wie Sie sich den Transfer erleichtern können, erfahren Sie im Kapitel: "Vom Üben zur Praxis".

 Wenn Sie in **kleinen Schritten** zu einem **günstigen Zeitpunkt ohne Druck** und **ohne übermäßige Erfolgserwartung** Ihre praktische Anwendung planen, können Sie mit einer ausreichenden Wahrscheinlichkeit mit zufriedenstellenden Ergebnissen rechnen. Es entsteht dann eine Sogwirkung, da Erfolgserlebnisse zu Folgeerlebnissen der angenehmen Art führen.

Die positive Rückmeldeschleife lautet dann etwa folgendermaßen:

- Ich vervollkommne ohne Hast meine mentalen und dissoziativen Fähigkeiten.
- Ich nutze sie, um sie mit anderen Fähigkeiten zu verknüpfen.
- Ich weiß, daß ich dadurch meiner Gesundheit und meiner (beruflichen) Zukunft einen Dienst erweise.
- Ich erlebe, daß grundsätzlich Veränderungen in lebenswichtigen Bereichen möglich sind.
- Ich kann diese Veränderungen bewußt einleiten, steuern und stabilisieren.
- Ich kann mit mir zufrieden sein.
- Wenn ich mit mir zufrieden bin, habe ich Lust, zu lernen und neue Erfahrungen zu machen.
- Ich werde mich daran machen, weitere Fähigkeiten zu vervollkommnen.

Ehe Sie mit Hilfe der folgenden Übungseinheiten Ihre Ressourcen nach und nach aktivieren und auffüllen werden, stellen wir Ihnen 3 Beispiele aus der pädagogischen Praxis vor, die Ihnen zeigen, wie dissoziative Fähigkeiten unter kritischen Bedingungen genutzt werden können.

Beispiel 1: Vor einer kritischen Situation

Frau L. ist Englischlehrerin an einer Hauptschule, 9. Klasse. Sie ist nach einem Jahr Unterrichtspause an diese Schule gewechselt. Das Schuljahr hat gerade begonnen. Einige Schülerinnen und Schüler kommen noch zum Unterricht, sie sind kaum motiviert. Es sind zwei Schüler darunter, die sich schon mehrere Schulverweise eingehandelt haben und nun, aus welchen Gründen auch immer, in ihrer Klasse sitzen. Während Sie sich abquält, einzelne Kapitel des Lehrbuchs an die Lebenswelt der Schülerinnen und Schüler anzupassen, sitzen im hinteren Teil des Klassenraumes drei Jugendliche zusammen und spielen Karten, haben dabei die Ohrhörer ihrer Walkmen eingestöpselt und hören Heavy metal. Sie war gewarnt worden, trotzdem ärgert sie sich maßlos, ist schon zwei-, dreimal böse ausgerastet und hat einzelne beschimpft. Dafür wurde sie, natürlich, von den anderen Schülerinnen darauf hingewiesen, daß sie deswegen verklagt werden könne. Sie fühlt sich hilflos und denkt an aufgeben. Sie hat Angst vor dem morgigen Tag. Ihr geht durch den Kopf, wie eine Kollegin in einer ähnlichen Situation reagiert hat, als sie damals bei ihr hospitierte. Diese scherte sich in keiner Weise um die Verweigerinnen, sondern blieb ruhig und lockerte den Unterricht dadurch auf, daß sie Bewegung in die Klasse brachte, die Tafel freigab für Zeichnungen, die von den nicht direkt Beteiligten mit englischen Begriffen zu raten waren. Bald waren mehrere an der Tafel, schubsten sich, wollten auch drankommen, die Verweigerinnen meldeten sich bald kurz darauf ebenfalls zu Wort. Frau L. vergegenwärtigt sich noch einmal das genaue Verhalten der Kollegin und stellt sich vor, wie sie es ähnlich machen könnte. Sie sieht sich am morgigen Tag in der Klasse, führt dieselben Bewegungen aus, verändert leicht ihre Sprache, konzentriert sich auf diejenigen Jugendlichen, die noch am ehesten zu erreichen sind und sieht sich, wie sie ein Sprachspiel an der Tafel initiiert. Sie läßt die ganze Sequenz noch zweimal in der Vorstellung durchlaufen, dann ist sie einigermaßen sicher. Am nächsten Tag führt sie es in der Realität genauso aus, das Ergebnis überrascht sie: Alle beteiligen sich am Unterricht, zwar mit unterschiedlichen Anteilen, aber dennoch sichtlich aktiver als die Tage zuvor. Es wird der Wunsch geäußert, mit den Spielen weiterzumachen, und, es wird akzeptiert, daß der Form halber zwischendurch auch mal ein Kapitel des Lehrbuches durchgearbeitet wird.

Das von der Kollegin L. praktizierte Verhalten taucht unter dem Begriff "New Behavior Generator" im Kapitel "Standardtechniken" auf.

Beispiel 2: Während einer kritischen Situation

Kollege K. arbeitet an einer Sonderschule in der 8. Klasse. Der Umgangston ist rüde, er muß sich gewaltig zusammenreißen, um nicht etwas Unüberlegtes zu tun. Der 15jährige Mike soll zuhause etwas nacharbeiten, weil er die letzten Tage unentschuldigt fehlte. Mike: "Mach doch Deinen Scheiß alleine". Kollege K. erstarrt, das Blut steigt ihm in den Kopf, die Fäuste verkrampfen sich, er bekommt keine Luft. Einige fangen an zu feixen. Kollege K. erinnert sich, was er auf dem Seminar gelernt hat. Er holt zunächst tief Luft, tritt dann in Gedanken aus seinem Körper hinaus und geht in Gedanken in seinen Ressourcenraum in seiner Klasse, den er sich extra für Anlässe dieser Art eingerichtet hat. Er fühlt sich nun als Beobachter, kann die Situation besser einschätzen und merkt, daß Mike nur aus einem schlechten Gewissen und aus Angst heraus so patzig antwortet. Er gibt sich - aus der dissoziierten Position heraus - den Rat, sich zu Beginn seiner spezifischen Ressourcen für Ärgerbewältigung zu vergewissern und mit ruhiger Stimme zu antworten, daß er Mikes Anwurf nicht gehört habe und daß er möchte, daß Mike diese Aufgabe schon bis morgen zu erledigen habe. Er steigt wieder in Gedanken in seinen Körper ein und wiederholt das eben Durchphantasierte aus der assoziierten Position heraus. Mike zieht grummelnd von dannen. (Die Aufgabe lag am nächsten Tag vor.)

Diese Verhaltensalternative besteht aus einer Kombination von vier Lerneinheiten, der Übungseinheiten "Aufdecken dissoziativer Fähigkeiten", "Ressourcenaufbau", "Ankern" und dem "Stress-Immunisierungs-Training".

Beispiel 3: Nach einer kritischen Situation

Kollege J. ist Hochschullehrer. Seine Vorlesungen sind gut besucht, seine Diktion ist anregend und er weiß den Neid mancher Kollegen und Kolleginnen gut einzuschätzen. Neulich passierte wieder einmal das, was gelegentlich früher, allerdings in entschärfter Form, schon vorkam. Eine kritische Frage einer wohl fachlich gut sortierten Studentin brachte ihn völlig aus dem Tritt. Er fing an zu stottern, seine Stimme belegte sich und wurde brüchig und leise, er verlor den Faden, der Rest der Vorlesung war eine einzige Qual.

Er nimmt sich in Gedanken noch einmal die kritische Situation vor, setzt sich dazu aber dieses Mal in das Auditorium, hört sich reden, gewinnt sich so etwas wie Bewunderung für sein selbstsicheres Auftreten ab, bis zu dieser verdammten Frage. Er hat die Stimme dieser Frau noch genau im Ohr, allerdings klingt sie aus dieser Position heraus leicht verändert, ängstlicher, bemühter, unsicherer, so, als hätte sich die Studentin einen kräftigen Ruck geben müssen, um überhaupt den Mund aufzumachen. Und hier wird es ihm auch klar, was da vor sich ging: Er fühlt sich erinnert an seine eigene Studienzeit, entweder man machte sich über die Dozentinnen lustig und lehnte sie von vornherein ab, oder man respektierte sie und wollte vor ihnen glänzen, mit besonders ausgetüftelten Fragen, mit vorgespieltem Sachwissen. Und er hatte auf diese Frage so reagiert, als müsse er sich ein weiteres Mal dem Rigorosum unterziehen, als würde jedes seiner Worte auf die Goldwaage gelegt und für unzulässig befunden werden. Aus dieser Perspektive versteht er seine Reaktion schon gar nicht mehr. Beim nächsten Mal weiß er, wie er auf Fragen dieser Art reagieren kann, unterstützend und humorvoll, sachbezogen und aus dem Gefühl voller Kompetenz heraus.

Die hier beschriebene Technik kann im Kapitel "Wenn ich mir begegne" erlernt werden. Sie ist einfach strukturiert, eröffnet aber durch den Wechsel der Perspektive und durch das Umsteigen von dem assoziierten in den dissoziierten Zustand neue Möglichkeiten der Informationsgewinnung. Diese zusätzlichen Informationen können wiederum in neues Verhalten einfließen.

In diesem Sinne: Viel Spaß auf der Stufenleiter zum erfolgreichen Dissoziieren.

3.1.1. Übungseinheit: **Komponenten der Erinnerung**

"Peter, träum nicht, mach lieber Deine Hausaufgaben." Solche oder ähnliche Aufmunterungen kennen Sie doch. Das, was Peter gerade erledigt, ist nichts anderes als das Hervorrufen von Erinnerungsspuren, das manchmal abwertend als "geistesabwesend" deklariert wird. In Wirklichkeit ist es das Gegenteil von abwesend, Peter ist höchst anwesend, jedoch in einem anderen Kontext, als in dem von der Mutter gewünschten.

Normalerweise fallen wir im Laufe eines Tages öfter als es uns vielleicht lieb ist in einen trance-artigen Zustand. Diese Tagträume haben viele Funktionen: Sie unterbrechen unangenehme Sequenzen, sie entspannen, sie fördern Regeneration körperlicher und psychischer Art und, vor allen anderen Dingen, sie sind unglaublich kreativitätssteigernd. Viele Leute verdienen mit einer "utilisierten" Form von Tagträumerei eine Menge Geld oder heben ihr Wohlbefinden beträchtlich (Werbeleute, Wissenschaftlerinnen, Künstlerinnen usw.).

Was wären wir heute ohne die Tagträumereien eines Ikarus oder anderer Visionäre. Wie vielen Flugträumern mag Ikarus als Archetypus Pate gestanden haben: Leonardo da Vinci, Jules Verne, Otto Lilienthal, den Wrights.

Haben Sie nicht auch schon einmal erinnert, wie Sie an einer Bergkante standen, vor Ihnen liegt die sich öffnende Landschaft, ein kleiner Abstoß und über geht es in den Gleitflug, schweben und von Luftkissen sanft getragen, den vorüberrauschenden Wind in den Ohren...

Dieses Beispiel der Flug- und Schwebeträumereien ist schon ein recht komplizierter Prozeß, und doch, es beschreibt prototypisch die Aktivierung von Erinnerungen, von Gedächtnisspuren, die allerdings in dieser Kombination (wahrscheinlich) noch nie erlebt wurden. Sie stammen aus unterschiedlichen Erfahrungsbereichen und Lebensepochen. Sie werden nacheinander oder parallel evoziert und miteinander verknüpft, und es entsteht etwas vollkommen Neues. Kaum eine von uns war schon einmal ein Vogel (wenigstens in diesem Leben nicht) oder hatte Gelegenheit, mit einem Drachengleiter von der Spitze eines Berges hinabzufliegen. Aber fast jede stand schon einmal am Berghang, fühlte sich schweben -

schwimmen und gleiten im warmen Meerwasser könnten dieser Erfahrung gleichkommen -, hörte den Wind an den Ohren vorüberrauschen, breitete als Kind die Arme aus, um rennend gegen den starken Wind in die Lüfte gehoben zu werden, kennt dieses Glücksgefühl, wenn das Zwerchfell beim Achterbahnfahren oder bei einer anderen vertrackten Jahrmarktsattraktion durch den fast freien Fall nach unten in die Höhe gedrückt wird und den Bauchraum freigibt, ihn entlastet und spezifische Sensoren reizt, die manche von uns, speziell die Kinder unter uns, selig machen.

 Erinnerungen, schön und gut. Doch sie hindern am eigentlichen Arbeiten, in der Schule sind wesentlich andere Fähigkeiten gefragt, oder? Das mag oft sein, doch wenn Sie ausschließlich so denken, dann blockieren Sie möglicherweise ein Reservoir an potentiellen mentalen Schätzen. Diese Übung möchte zunächst einmal erreichen, daß Sie sich über Ihre eigene "**Lagerverwaltung**" informieren. Sie sollten wissen, wo Sie etwas finden, wenn Sie danach suchen. Sortieren Sie in Ihrer Erinnerung eher nach Personen oder Objekten? Bleiben Sie bevorzugt in Ihrer Pubertät oder in der Zeit nach dem ersten Staatsexamen hängen? Merken Sie sich besonders gut Ereignisse oder Standbilder (Fotos)? Und wenn schon Personen, sind es solche, mit denen Sie liebevolle oder schreckliche Erlebnisse verbinden? Welche Sinnessysteme werden von Ihnen favorisiert? Oder können Sie sich an kaum etwas erinnern und werden ärgerlich und ungeduldig darüber? Dann könnten Sie, wenn Sie an Ihrem eigenen Reservoir Gefallen gefunden haben, in einem nächsten Schritt Ihre wiederentdeckten Erinnerungen dazu benutzen, sie als Rohmaterial für schöpferische Prozesse zu begreifen. Sie werden in den folgenden Kapiteln Anregungen dazu finden.

 Die Aktivierung und Durchforstung der Erinnerung ist neben der reinen Bestandsaufnahme noch in mehrerlei Hinsicht nützlich. Die Beschäftigung damit sensibilisiert für Problembereiche, sie markiert "gute" und "schlechte" Zeiten, sie weckt das historische Verständnis für eigene Bedürfnisse und Wünsche, und, das ist für nahezu alle folgenden Übungen von herausragender Bedeutung, sie verweist auf Ressourcen, auf unsere starken Zeiten und Seiten und auf die Arbeit unseres mentalen Betriebssystems: alles Bausteine für Lehren unter neuen Aspekten.

Falls Sie sich mit Ihren Erinnerungen beschäftigen wollen, sich zumindest einmal die Frage stellen, wie Sie es eigentlich mit der Vergangenheit halten, dann **warten Sie auf eine günstige Gelegenheit.** Erinnerungen lassen sich nicht erzwingen, im Gegenteil, sie möchten gebeten werden und erwünscht sein. Anderenfalls zahlen sie es Ihnen heim, indem sie Sie zu ungebetener Zeit überfallen und mit Beschlag belegen, gerade, wenn Sie es sich nicht leisten können. Wenn Sie sich einen gleichbleibenden Ort und eine ruhige Zeit dafür reservieren, sich mit den genannten Komponenten Ihrer Erinnerung zu beschäftigen, dann können Sie auch in hektischen Zeiten, die zusätzlich durch Erinnerungen unangenehmer Art belastet werden - Schuldgefühle, Ängste und Hilflosigkeiten eignen sich als Belastungskumulatoren dafür besonders gut - sich mit der Zusicherung beruhigen, daß Sie sich dafür eine Enklave, einen "Ort der inneren Einschau" zur Verfügung halten. Diese Versicherung reicht oft aus, das aktuelle Geschehen von den emotionalen Antiquitäten trennen zu können, gemäß dem Motto: Erst einmal hier klar kommen, über den Rest unterhalten wir uns später.

Es geht also darum, daß Sie sich einen Ort und ein möglichst gleichbleibendes Zeitintervall zu möglichst einer gleichbleibenden Tages-, Abend- oder Nachtzeit präparieren und verankern. Sie können dazu die **zusammenfassende Kurzanleitung** (Einrichten des Erlebensraumes, siehe Standardtechniken) verwenden und sich Ihren Ort gestalten. Entfernen oder neutralisieren Sie den Vermeidungsanker (wenn Sie beispielsweise an dem Ort gern heftig diskutieren oder sonstwie aufgeregt aktiv sind, ist er nicht besonders günstig; s. Kapitel "Anker"), statten Sie ihn mit Ihren stimulierenden Ankern aus (in dem Fall vielleicht mit Fotos, alten Erinnerungsstücken, Handwerkeleien von früher, Urkunden, Briefe etc.) und erlauben Sie Ihren Erinnerungen zu erscheinen. Wenn Sie eine Entspannungs- oder Meditationsmethode gelernt haben, verwenden Sie diese, um in einen etwas abgesenkten Zustand zu gelangen, der dem einer **entspannten Aufmerksamkeit** entspricht. In Ihrem Hirnstrombild (EEG) würde man eine Alpha-Frequenz zwischen 8-13Hz registrieren.

Falls Sie keine dieser Methoden zur Verfügung haben, dann machen Sie sich zuerst mit einer **Kurz-Entspannungs-Methode** bekannt, die über den Atem gesteuert wird. Diese Methode wird als Initialverfahren auch bei akuten Belastungen (Flugangst, Prüfungsängsten u.ä.) verwendet (Sie finden sie im Anhang).

ÜBUNG: Die Schatztruhe

INHALT UND ZIEL
Sie machen sich an eine Bestandsaufnahme Ihrer Erinnerungen, an die Art und Weise, wie Sie was, zu welcher Zeit, an welchem Ort, mit welchen Menschen erlebt haben. Das Ziel ist die genaue, assoziative und freie Selbstbeobachtung, das Gewahrwerden des historischen Materials, das Ihr Leben bis zu dem heutigen Zeitpunkt geprägt hat. Ein weiteres, an der Praxis orientiertes Ziel ist, daß Sie dieses Material für den Aufbau neuen Verhaltens im Unterricht benötigen, da es die in der Vergangenheit akkumulierten Ressourcen reaktiviert.

EINLEITUNG
Sie richten sich an Ihrem Erlebensplatz ein und lassen sich überraschen!

1. Machen Sie Ihren Kopf frei (s. Standardtechnik), nachdem Sie sich mit einer Methode in einen etwas abgesenkten Zustand versetzt haben.

2. Warten Sie..., denn Ihr Erinnerungsspeicher muß sich erst daran gewöhnen, daß er nichts unter Druck reproduzieren muß, sondern daß er sich in aller Ruhe entfalten kann.

3. Schauen und hören Sie sich die ersten auftauchenden Erinnerungen so an, als säßen Sie in einem Kino.

4. Wenn die Erinnerungen frei fließen und Sie nur staunend davor oder mittendrin sitzen, ist es in Ordnung. Wenn sich keine Erinnerungen einstellen wollen, dann greifen Sie zu den vorher in Reichweite gelegten Accessoires und versenken Sie sich darin.

5. Wenn auch das keine Erinnerungen löst, dann stellen Sie sich gezielte Fragen, die Sie anhand des nächsten Auswertungsbogens auswählen, beispielsweise: Was ist meine früheste Erinnerung? Wer waren meine Spielpartnerinnen? Wie sah meine Schule aus? Welche Menschen fallen mir zuerst ein? Welche Zeiten habe ich als besonders glücklich in Erinnerung? Taucht meine Lieblingsfarbe auch in meinen Erinnerungen auf?

Die folgende Liste können Sie als Anregung oder als Check-Liste benutzen

Meine früheste Erinnerung: Ich war da etwa .... Jahre alt

An meine **Kindheit** erinnere ich mich   gar nicht   kaum   oft

Ich erinnere   Spielplätze   Kinder   Erwachsene   Spielzeug   Familie
Tiere

Aus meiner **Schulzeit** erinnere ich   Lehrerinnen   Mitschülerinnen   Klassenreisen

Meine **Jugend:**   Menschen   Orte   Handlungen   Gegenstände   Situationen

Als **Erwachsener** erinnere ich mich hauptsächlich an:
Freizeit   Ausbildung   Beruf
Situationen mit Partnerinnen._____
            / nahestehenden Menschen._____
            / nicht nahestehenden, bedeutsamen Menschen._____

Meine Erinnerung fokussiert dabei auf:

Menschen   Orte   Handlungen   Gegenstände   Meinen eigenen Anteil

Ich erinnere vornehmlich

Bilder._____
Geräusche._____
Sprache._____
Gerüche._____
Geschmack._____
Körperempfindungen
        eher innen (Bauch, Herz, Atmung etc.)._____
        eher auf der Haut (Temperatur, Kribbeln etc.)._____
        eher in der Muskulatur (Bewegung etc.)._____

 Es könnte sein, daß Sie schon herausgefunden haben, wie Sie Ihre Erinnerungen in das Bewußtsein hineinlocken können. Noch einige Fragen zu Ihrer Strategie und Ihren aktuellen Fähigkeiten zu diesem Thema (als Sortierhilfe)

Es fiel mir **sehr leicht / sehr schwer** an meine Erinnerungen heranzukommen.

Ich konnte die Erinnerung **nur kurz / sehr lang** halten.

Die Erinnerungen waren **eher statisch / sehr bewegt**.

Die Erinnerungen waren **eher undeutlich / sehr klar**.

Ich habe das Gefühl, daß ich eher nur kleinere **Episoden / einen größeren Lebensabschnitt erinnere**.

Ich habe das Gefühl, daß ich mich **frei in meiner Erinnerung hin und her bewegen kann**.

Erschwert haben mir das Fließenlassen von Erinnerungen *Unterbrechungen / Geräusche von der Straße / Telefon, Waschmaschine etc./ Hunger, Durst, Unruhe / meine nächsten Vorhaben*_____

Erleichtert haben es mir
Accessoires (Blumen etc.) / meine Zeitplanung / Erinnerungsstücke (Fotos etc.) / gutes, akustisches Raumklima / Information der Partnerinnen / Einstieg über Entspannung / keine Vorbereitung, spontan_____

Wir wünschen uns, daß Sie diesen Einstieg gut nutzen konnten, daß Sie sich nicht überfordert haben und daß Sie etwas für Sie Neues entdecken konnten.

 Sollten unerwartete Effekte aufgetreten sein, die Ihnen nicht geheuer sind, dann denken Sie daran, daß jede Veränderung eines bestimmten Musters, einer Abfolge, einer Gewohnheit, zu Veränderungen

im Gesamtsystem führen kann. Wir benennen deshalb einige Phänomene, die in unseren Kursen auftauchten oder die wir aus unserer psychotherapeutischen Praxis kennen. Wir bedienen uns dazu wieder der logischen Ebenen (s. entsprechendes Kapitel), denn sie bieten eine Strukturierungshilfe, die sowohl diagnostischen Wert hat und darüber Auskunft gibt, wie gravierend eine aufgetretene Störung sein kann, als auch die Weichen stellt für eine gründliche Bearbeitung der identifizierten Abweichung. Es könnten unerwartete Effekte aufgetreten sein auf der Ebene:

Umgebung	A	Sie stellen fest, daß es keinen geeigneten Platz in Ihrer Wohnung gibt.
	B	Sie haben noch nicht die richtige Zeit für diese Übung ausfindig machen können.
	C	Sie haben die Geräuschkulisse in Ihrer Wohnung unterschätzt.
Verhalten	A	Sie können nicht zu Ihrer Zufriedenheit entspannen.
	B	Sie merken, daß Sie viel zu aufgeregt atmen oder schnell einschlafen.
	C	Sie ärgern sich, daß zu viele oder zu wenige Bilder auftauchen.
Fähigkeit/ Kompetenz	A	Sie ärgern sich, daß Sie in einer unangenehmen Zeitspanne hängenbleiben.
	B	Sie erschrecken, daß Ihre Atmung sich verändert, der Herzschlag schneller oder langsamer wird, daß Angst oder kleinkindliche Freude auftauchen.
	C	Sie wundern sich, daß Sie nicht eine halbe Stunde ruhig sitzen können.
Glaubenssysteme	A	Sie halten sich für unfähig, finden das ganze Erinnern lächerlich.
	B	Sie stoßen auf so viel unangenehmes Material, daß Sie am liebsten gar nicht mehr Ihre Erinnerungen bemühen möchten.
	C	Sie geraten in einen depressiven Zustand und wissen nicht, wie Sie daraus entkommen sollen.
Identität	A	Sie möchten Ihre Erinnerungen loswerden (alles war grau und schrecklich!).
	B	Sie stellen sich die Frage, ob Sie nur als Kind glücklich waren.
	C	Die Ich-Grenzen beginnen zu schwimmen ("Ich löse mich auf...").

 Die folgenden Abhilfen beziehen sich auf die o.g. Beispiele. Wir können natürlich nicht alle potentiell auftretenden Phänomene ansprechen, deswegen möchten wir an dieser Stelle darauf hinweisen, daß unser Konzept darauf baut, daß Sie verantwortlich sind für sich selbst und sich dieser Verantwortung auch gerade dann bewußt sind, wenn Sie sich mit evtl. ungewohnten Prozessen beschäftigen. Andererseits hoffen wir, vermitteln zu können, daß **Schwierigkeiten im Übungskontext Schwierigkeiten im Übungskontext sind und zunächst einmal nichts weiteres. Es sind Hindernisse, die aber in unserem Sinne umgemünzt werden können in wertvolle Anregungen: Wie kann ich, nachdem ich das weiß, meine persönliche Situation verbessern. Das Problem kann mir helfen, die Ursache herauszufinden und Lösungen anzupeilen. Ich könnte mich eigentlich bedanken, daß ich dieses Problem habe!**

Natürlich stoßen wir bei der Beschäftigung mit unserer Vergangenheit immer wieder auf unsere persönliche Geschichte in all ihren Facetten. Wir begegnen wieder den Demütigungen, den Kränkungen, den Gefühlen der Hilflosigkeit und Schwäche und vielleicht drängen sich sogar stark belastete Episoden in den Vordergrund und wir stehen ihnen anfangs wiederum fassungslos gegenüber. Aber, vielleicht können wir zum ersten Mal in unserem Leben dIe Chance ergreifen, uns aktiv mit den "Schatten" der Biographie auseinanderzusetzen, uns aktiv mit ihnen **zusammen**zusetzen, uns integrationsbereit zu machen und bisher bewußtseinsmäßig abgespaltene Teile dem Vergessen entziehen.

Stoßen Sie also auf unerwartete Effekte und können Sie sie den logischen Ebenen zuordnen, dann finden Sie hier einige Abhilfen in sortierter Auswahl. (Die Buchstaben beziehen sich auf das vorhergehende Kästchen).

Umgebung	A	Ihrer Kreativität sind hier keine Grenzen gesetzt.
	B	Führen Sie ein paar Tage lang Buch über Ihre Phasen, in denen Sie entspannt-angespannt sind und entscheiden danach.
	C	Ihrer Kreativität (Na, Sie wissen schon...).
Verhalten	A	Es gibt kein "richtiges" Entspannen, es ist abhängig von Tagesform, vorhergehenden Ereignissen und nachfolgenden Aktionen. Deswegen ist regelmäßiges Üben nach Anleitung recht sinnvoll.
	B	Auch hier hilft nur regelmäßiges Ausprobieren und Üben.
	C	Bilder lassen sich nicht zwingen, es ist auch kein Wettbewerb gegen sich selbst, also Toleranz und gelassene Erwartung.
Fähigkeit/ Kompetenz	A	Das hat wenig mit Ihren Fähigkeiten zu tun, sondern hauptsächlich mit der Arbeit Ihrer Sinnessysteme und mit der emotionalen Prägnanz einer Lebensepoche.
	B	Das ist natürlich, Gottseidank reagieren Sie auf Ihre Bilder.
	C	Das ist ein Übungseffekt. Zen-Mönche und Schulkinder müssen länger stillsitzen.
Glaubenssysteme	A	Wenn Sie solche Gefühle verspüren, seien Sie mißtrauisch. Oft verbergen sich dahinter Abwehrreaktionen gegenüber belastendem Material. Forschen Sie lieber noch etwas weiter.
	B	Sie haben entweder eine außergewöhnlich belastende Kindheit hinter sich oder haben ein spezifisches Vorgehen, um Ihre Erinnerungen zu sortieren. Einige NLP-Techniken schaffen Abhilfe (Re-Imprinting; history-change; Ressourcen-Aufbau), Sie werden einiges davon in diesem Buch noch erfahren.
	C	Das kann mit dem Vorgenannten zusammenhängen. Möglich ist auch, daß ein Kindheitsmuster re-aktiviert wurde, das in der Zwischenzeit durch Selbsthilfefertigkeiten überlagert war. Auch hierfür gibt es NLP-Techniken, ansonsten gelten die üblichen Spielregeln: Hol´ Dir Hilfe, wenn Du allein nicht weiter weißt.

Identität	A	Möglicherweise haben Sie selten darüber reflektiert, daß Sie heute ja noch leben, d.h. Sie haben trotz aller Widrigkeiten und belastender Lebensumstände schon einmal Überlebensstrategien entwickelt und sich Ressourcen aufgebaut, die Ihnen vielleicht als solche nicht präsent sind wie beispielsweise Aggressivität, Kritikfähigkeit und Ehrgeiz. Nutzen Sie diese Fähigkeiten auch in einem sozial akzeptierten Rahmen!
	B	Das könnte auf aktuelle Arbeitsplatzschwierigkeiten hindeuten. Stellen Sie sich die Frage, ob Sie sich als vollkommen wertlos empfinden oder nur in Teilbereichen. Entscheiden Sie dann über die Art der Unterstützung, die Sie benötigen.
	C	Das Gefühl des Sich-Auflösens betrifft vor allem Menschen, die in ihrer Kindheit gezwungen waren, sich sehr stark zu kontrollieren. Sie haben nie oder selten in den entscheidenden Momenten die Erfahrung machen können, sich ganz fallenlassen zu können. Holen Sie dieses Gefühl unter sachkundiger Anleitung nach, wenn Sie ähnliche Erfahrungen gemacht haben, es lohnt sich, da über den Umbau und das Aufgeben der Kontrollanstrengungen mächtige Energien freigesetzt werden, die anderweitig gut einzusetzen sind und beispielsweise in eine Lebensplanung einfließen können, die an der Optimierung persönlicher oder beruflicher Bedingungen ausgerichtet ist.

Selbst wenn Ihnen diese Übung des Erinnerns zu simpel vorkommt, raten wir Ihnen, sie dennoch zu nutzen. Zum einen wird wahrscheinlich aus den begleitenden Hinweisen deutlich, welches Analyse- und Entwicklungspotential in ihr steckt. Zum anderen fördert die regelmäßige Anwendung die Introspektionsfähigkeit und versetzt die Anwenderin in die Lage, solche Prozesse bei anderen anzuregen und zu steuern. Die Metapher des "eigenen Schatzes" ist gut einsetzbar im Unterricht, z.B. bei der Wiedergabe erinnerten Materials wie Aufsatz, Bildbeschreibung oder dem Aufbau sozialer Verhaltensweisen. Wenn die Fähigkeit der Introspektion, des Sich-Selbst-Wahrnehmens nur unzureichend ausgeprägt ist und zu sozialen Defiziten führt, dann können Rückgriffe auf die eigene Lebenserfahrung hilfreich sein (ein ergänzendes Beispiel dafür befindet sich im Kapitel

"Aufdecken dissoziativer Fähigkeiten" und bezieht sich auf den Schüler, der mit Hilfe akustischer Dissoziierung die eigenen Erinnerungen zur persönlichen Entwicklung nutzen gelernt hat). Zum dritten führt eine regelmäßige Anwendung zu größerer Toleranz sich selbst gegenüber, es baut sich eine Entspannungsreaktion auf, die an ganz bestimmte Hinweisreize (Anker) konditioniert wurde. Außerdem steigt die Belastungstoleranz für bestimmte Arten von Streß an, nämlich für die, die eine entwicklungsgeschichtliche Ursache haben. Insgesamt harmonisieren sich die körperlichen Funktionen, besonders, wenn folgende Bedingungen beachtet werden:

- **Regelmäßige Entspannung vor den Übungen**
- **Koppelung von entspanntem Zustand, der Übung und anschließender positiver Bewertung**
- **Toleranz der inneren Wirklichkeit gegenüber: "Ich bin so, wie ich bin und ich kann mich verändern."**
- **Neugier gegenüber den "offenen" Fragen bzgl. der eigenen Person.**

Am Ende dieser Übungseinheit steht die Frage: Was hat die Aktivierung der Erinnerungsfähigkeit mit dem gesamten Thema des Buches zu tun?

Die Erinnerungen sind sozusagen unser historisches Vermächtnis, das wir benutzen können, um uns in der Gegenwart zu orientieren und uns auf eine von uns erwünschte Zukunft vorzubereiten. Der geschichtslose Mensch ist verunsichert und hilflos, kennt sich nicht, kommt mit den einfachsten Verrichtungen nicht klar. Im Extremfall finden wir Menschen, die ihr Gedächtnis durch ein Trauma verloren haben, sie sind verwirrt und unglücklich. Unserer innerer Bestand, unsere Lagerverwaltung gibt uns Halt, macht unsere Aktionen sicher, sorgt für Routine und Kontrolle. Die Erinnerungsfähigkeit und deren Differenzierung und Ausweitung kann als Basisfähigkeit für weitergreifende Fähigkeiten, wie die des Dissoziierens, genutzt werden. Etwas Neues entsteht nur aus dem Vergleich und dem Zusammenschluß von "gewußten Bestandteilen". Insofern ist das Erinnern die Grundlage für konstruktives und zielvolles Handeln.

3.1.2. Übungseinheit: **Bestandteile der Wahrnehmung**

June, Julien und Giulio sitzen in der eingeschneiten Berghütte in den französischen Alpen und fangen an, sich wirklich zu langweilen, nicht nur so vorübergehend. Sie sind zwar gut versorgt, das Kaminfeuer brennt, Vorräte sind ausreichend vorhanden, aber sie langweilen sich eben. Und, gezwungenermaßen, suchen sie nach Ablenkung. Ständig Backgammon zu spielen oder immer wieder dieselben Zeitschriften durchzublättern, langweilig, langweilig, langweilig. Und, wenn Langeweile aufkommt, dann muß eben die Erinnerung herhalten.

Julien: "Das fand ich damals scharf, als im Metropol die Galerie einstürzte. Gerade noch steht ihr beiden neben mir und plötzlich absolute Panik. Meine Doc Martins haben mir blaue Zehen erspart, die Typen um mich herum trampeln wie wild und schlagen um sich. Der eine wird halb ohnmächtig und hängt mir an der Jacke, die Tussi vor mir, oh, entschuldige June, haut mir ihren Ellenbogen in den Magen und als ich sie mir umdrehe, sinkt sie hin. Ich kann sie gerade noch halten, sonst wäre sie mir weggekippt und alle auf ihr rum, hätte sie nicht lange überstanden. Die wurde mir immer schwerer und schwerer, hab´ selbst kaum Luft gekriegt, der Hals war zu. Und hinten am Rücken runter bis zum Arsch, heiß und feucht ist gar kein Ausdruck. Der Schlag auf den Magen war auch nicht ohne, so richtig schön heavy und tief durchgezogen, ich kam mir vor wie Willi im Taifun, rauf und runter und kotzübel."

June: "Übertreib´ mal nicht. Ich hab´ Dich die ganze Zeit neben mir gehört, gestöhnt hast Du, ein kurzes aber heftiges Krächz, aber mehr auch nicht. Dein asthmatisches Keuchen kenn´ ich doch, das haste auch, wenn Du den Mülleimer runterbringen mußt. Dein Krächz lag gut im Sound, vorne die heavy-Hölle, links der Crash und das Kreischen. Die in der Mitte hatten das noch gar nicht gecheckt, immer sauber abgeschrien, wie die Brüllaffen. Hinten, die Saalbullen. `Raus, raus, aber schön langsam´ und neben mir Giulio mit seinem Papagallocharme ´andiamo, bella, troppo rumore`. Ihr könnt mir glauben, das volle Dröhnerlebnis, schöner als in der Waldbühne die Red-Hot-Chili-Peppers."

Giulio: "Ich glaub´, ich war auf der falschen Seite der Landschaft. Ihr könnt mir viel erzählen, das Geilste waren doch die flashs vom Oberbau, immer schön draufgehalten auf die Lead-Guitarre und sparkle, glimmer, shine. Ich seh´s noch vor mir, Lifegröße, rechts der Bassist und hinten der Drummer und ewig die Farben rübergezogen, schwarz und silber, schwarz und silber und dazwischen die spots in orange und lila. June neben mir, kreidebleich und wachsgrün mit dem sexy Gelbschimmer kurz vor der Verabschiedung, die Hände hoch und gefuchtelt wie Berti beim Videoabend. Und als das Ding dann endlich unten war und die ersten mit total verstaubten Klamotten wieder hochkamen und sofort weiter ihren Pogo ablieferten, das war wie Heller vor dem Reichstag."

June: "Davon hab´ ich nichts gesehen, ich war viel zu sehr mit dem Geschrei beschäftigt."

Julien: "Geht mir auch so, das Geschrei hat mich weniger gestört, schlimm fand ich, daß meine Muskeln immer dicker und steifer wurden und ich keine Luft mehr kriegte. Wo soll ich da die Zeit hernehmen, mich noch umzugucken."

Giulio: "Ich hör´ immer Muskeln und Geschrei, das ganze war doch die reinste Lichtorgie, mir ging es saugut, ich hätte stundenlang zusehen können."

An dieser Stelle lassen wir eine kleine Fee kommen (dieser imitierte Jugendlichenjargon ist ja fürchterlich, wir brauchen ihn nicht mehr), die den dreien verkündet: "Ich habe die Macht, Euch einen Wunsch zu erfüllen. Ihr könnt jetzt wählen."

Die drei schauen sich verlegen an: "Also, wir wollten..., eigentlich wollten wir immer zusammen bleiben, für ewig und so."

Die Fee: "Na, wenn´s weiter nichts ist. Mit einem Streich meines Feenstäbchens seid Ihr für immer und ewig eine einzige Person und heißt `Renè´." Renè schüttelt sich, reibt sich erstaunt die Augen, nimmt einen tiefen Atemzug und lauscht dem Knistern des Kaminfeuers: "Oh, ich kann auf einmal hören, sehen, riechen, schmecken, fühlen und auch noch sprechen, wie wunderbar!"

 Haben Sie in der ersten Übungseinheit in einer etwas gröberen Übersicht Ihre "Lagerverwaltung" kennengelernt und erfahren, unter welchen Rubriken und über welche

Zugangswege Ihre Erinnerungen zu erreichen sind, geht es nun darum, Ihre Werkzeuge für die Einspeicherung in das Gedächtnis und deren Feingebrauch zu untersuchen. Gleichzeitig bekommen Sie einen Eindruck davon, wie komplex oder spezialisiert Sie die Umwelt- und Körperreize verarbeiten.

In der Sprache des NLP werden diese Werkzeuge **Submodalitäten** genannt. Sie sind die **qualitativen Bestandteile der Sinnessysteme**, oder, um den Aspekt der Filterung der Außenwelt zu betonen, Bestandteile der Repräsentationssysteme (Repräsentation der Welt in uns: Wir nehmen die Landkarte, nicht das Gebiet selbst wahr, s. das Kapitel "Landkarte"). Das sei näher erläutert. Wir bedienen uns dazu fremder Hilfe. Prof. O.R. BONTRAGER (University of Pennsylvania) hat das folgende Diagramm erstellt (zitiert in: R.A. WILSON 1992):

```
  \|/         ((        
 --*--  →   {{{  →  ~~~~  →  ⊠  ⇌  |
  /|\        ((                    o

   I         II       III      IV    V
```

Das **Stadium I** charakterisiert ein beliebiges Ereignis (des Raum-Zeit-Kontinuums), nehmen wir einmal an: Schüler X flüstert Schülerin Y etwas ins Ohr.

Der **erste Pfeil** zeigt an, daß ein Teil der Energie, die von dem Ereignis ausgeht (Schallwellen in diesem Fall), auf unsere Sinnesorgane trifft.

Das **Stadium II** steht für die Aktivität des Sinnesorgans, nachdem es von einem Teil des Energie-Ereignisses getroffen wurde. WILSON betont ausdrücklich: "Machen Sie sich klar, daß das Wahrnehmungsorgan nicht *alle* Energie absorbiert - selbst in Extremfällen nicht. Mit anderen Worten: Wenn Ihnen jemand einen Hammer auf den Kopf schlägt, absorbieren Sie keineswegs *alle* Energie, die im Hammer steckt... wir müßten mit Abstraktionen, Ungenauigkeit, Anfälligkeiten hantieren."

Der **zweite Pfeil** kennzeichnet einen Teil der Weiterleitung, die von einem Teil des ursprünglichen Ereignisses an das Sinnesorgan "Ohr" weitergegeben wurde und von diesem in Signale umgesetzt wurde. Diese Signale werden an alle möglichen Stellen des Körpers transportiert.

Das **Stadium III** symbolisiert die Reaktion des Organismus. In diesem Fall könnten die Reaktionen von Freude bis Entsetzen, von Trauer bis Ekel, von Gleichgültigkeit bis Begeisterung reichen. Suchen Sie sich eine aus. Die einsetzende Reaktion beschäftigt natürlich die gesamte Körperphysiologie und -motorik.

Der **folgende Pfeil** beschreibt den Weg zur Registrierung der Signale im Gehirn, *nachdem* die Prozesse der Tilgung, Generalisierung und Verzerrung durchlaufen wurden.

Stadium IV ist schließlich die "Landkarte" im Kopf, die Repräsentation der arg reduzierten Welt.

Dann wieder WILSON: "**Die beiden entgegengesetzten Pfeile** bezeichnen das komplizierteste und teuflischste Stadium dieses neurologischen Programmierungsprozesses: das Feedback zwischen der eindringenden Energie... und dem Sprachsystem (einschließlich symbolischer, abstrakter Sprachen wie der Mathematik), dessen sich das Gehirn normalerweise bedient... Der dabei stattfindende Prozeß vollzieht sich nicht als lineare Reaktion, sondern als synergetische Transaktion. **Das Endprodukt (Stadium V , d. Verf.)** ist daher ein neurosemantisches Gebilde, eine Art Methapher."

Die Submodalitäten, so wie sie im NLP verstanden werden, sind demnach die quantitativen und qualitativen Prozesse zwischen dem Stadium II und dem Endprodukt, der Beschreibung dessen, was wahrgenommen wurde. Wir wissen, daß sogar die Funktionsweise der Sinnesorgane (Stadium II) über Rückkoppelungsprozesse verändert, eingeschränkt oder ausgeweitet werden kann. (Wenn Katzen auf Mausfang ansitzen, dann werden Schallsignale am Trommelfell nicht nur nicht übertragen, sondern das Trommelfell zeigt keine elektrische Aktivität [Experiment von J. BRUNER, zitiert in WILSON C., Criminal History of Mankind, New York: Putnam 1984]).

Für den augenblicklichen Zweck reicht es aus, die Natur und qualitative Beschaffenheit der Submodalitäten zu erläutern. Im Vorgriff sei aber gesagt, daß die Arbeit mit Submodalitäten außerordentlich effektiv sein kann. Die Arbeit mit ihnen verändert die "innere Realität" und kann zu unerwarteten Folgen führen (dazu später).

Zunächst einmal möchten wir eine sicherlich unvollständige Liste derjenigen Qualitäten unserer Hauptsinnessysteme vorlegen, nach denen wir unsere Wahrnehmung aufschlüsseln. Wir beschränken uns auf die Sinnessysteme visuelle, akustische und kinästhetische Wahrnehmung, da Geruchs- und Geschmackssystem aufgrund der relativ geringen aktiven Beeinflußbarkeit für schnelle Veränderungen nicht unmittelbar in Frage kommen.

SUBMODALITÄTEN:
DIE FEINSTRUKTUR SINNESSPEZIFISCHER WAHRNEHMUNG

Visuelle Wahrnehmung

Die inneren Bilder können unterschieden werden, wie weit sie von dem inneren Auge entfernt stehen, ob sie schwarz/weiß oder farbig sind, ob sie 2- oder 3-dimensional erscheinen. Sie können groß, klein, schräg, unscharf, kontrastreich sein. Sie können von einem Rahmen begrenzt sein, der aus Holz, Metall oder aus einer gezogenen Linie bestehen kann. Das Bild kann einen Hintergrund haben, der Vordergrund kann scharf oder verwaschen sein...

Akustische Wahrnehmung

Erinnerte Geräusche und Klänge können sich nach Richtung, Nähe, Rhythmus, Färbung unterscheiden. Sie können sie mono oder stereo hören. Die Sprache läßt sich nach Tonhöhe, Modulation, Volumen, Lautstärke, Nähe, Monotonie oder Expressivität, Pausen, Rhythmisierungen usf. unterscheiden.

Kinästhetische Wahrnehmung

Körperempfindungen können aufgeschlüsselt werden nach Druck, Spannung, Ausdehnung, Dichte, Wärme, Körpertiefe und Ausstrahlung. Kinästhetische Komponenten können u.a. sein: Kribbeln, Taubheitsgefühl, Jucken, Kitzeln, Brennen, Rauhheit, Schwere.

Die Wichtigkeit der Wahrnehmungsschulung und -ausweitung dürfte evident sein. Die Sinnessysteme und deren Feinstruktur sind das Tor zur Welt. Je offener und sicherer wir sind, desto mehr Informationen verarbeiten wir, desto mehr Informationen können wir aufeinander beziehen (Assoziieren, Verknüpfen), und desto mehr verarbeitetes Material können wir sprachlich und gerade auch nicht-sprachlich weitergeben. Je komplexer wir die Welt wahrnehmen, desto mehr Erlebens- und Verhaltensvariationen stehen uns zur Verfügung oder können von uns generiert werden und desto unabhängiger werden wir von simplifizierenden, globalen Orientierungshelfern wie Glaubenssystemen, Meinungsumfragen oder Ideologien.

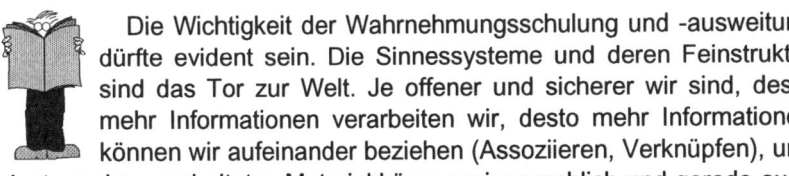

In der vorigen Übungseinheit haben Sie ja erfahren, daß für diese Art Übungen ein besonderer Platz von Vorteil ist, ein Platz in Ihrer Wohnung, den man als Erlebensraum bezeichnen könnte und der mit den entsprechenden Ankern versehen ist und von Störungen und anderen Lern- und Erlebenshemmnissen freigehalten wird.

Auch hier gelten die in der ersten Übungseinheit angesprochenen Lernbedingungen (s. Standardtechniken), deswegen ersparen wir uns hier Grundsätzliches. Einige vorbereitende Sätze seien dennoch gesagt. Nachdem Sie Ihren Erlebensraum aufgesucht haben (oder sich sonst einen ruhigen Ort gewählt haben) und sich mit entspannenden Techniken ein wenig sammeln und vorbereiten konnten, seien Sie nicht ärgerlich, wenn Ihnen "nur" Gedanken in den Kopf kommen und keine Bilder oder Geräusche oder gar sprachgebundene Erinnerungen.

Wie vorher schon erwähnt, bilden unsere Sinnesorgane das Tor zur Welt, also: alles was wir denken (Stadium IV und V im Schema von BONTRAGER) muß vorher von unseren Sinnessystemen aufgefangen und weitergegeben worden sein.

Das Denken ist demnach lediglich eine hoch verdichtete Form der Signalverarbeitung unserer spezialisierten Sinnesorgane, eine Codierung (chunk-up) auf hoher Ebene. Ebenso, wie die Sprache (im Jargon der Psycholinguisten) eine Oberflächenstruktur und eine Tiefenstruktur aufweist (s.a. BANDLER/GRINDER, Struktur der Magie I & II, Junfermann-Verlag 1981), so ist das Denken die Oberflächenstruktur der Arbeit der Sinnessysteme. Man muß sich Mühe geben, um die originalen

Bestandteile wieder zu entdecken. Dieser Vorgang (vom Gedanken zur ursprünglichen sensorischen Information) kann so subtil sein, daß Sie die Übergänge gar nicht wahrnehmen. Plötzlich sehen Sie wieder Ihren alten Klassenlehrer oder erinnern wieder die Stimme Ihrer Tochter, als sie auf dem Boden herumkrabbelte. Dann haben Sie den ersten Schritt zur Feinanalyse, zur De-codierung der Einspeicherungsmodalitäten getan. Seien Sie also geduldig mit sich selbst: Die hoch codierten und automatisierten Informationen in der Tragetasche der Erinnerung, die sich Gedanken nennen, benötigen zu ihrer Re-Transformation in sensorische Muster genügend Zeit.

Damit Sie Ihre Entdeckungen der sinnesspezifischen Feinstruktur gründlich nachverfolgen können, schlagen wir vor, daß Sie sich in den drei ausgesuchten Sinnessystemen auf einige wenige Subqualitäten beschränken.

Bei der visuellen Aufschlüsselung bieten sich an:			
Farben Klarheit	Vorder-/Hintergrund		Größe/Entfernung

Bei der akustischen Aufschlüsselung			
Richtung Lautstärke	Tonhöhe		Sprechaktzuordnung

Bei der kinästhetischen Aufschlüsselung			
Temperatur Lautstärke		Druck	Bewegung

Falls Sie alle diese Feinheiten schon im ersten Durchgang entdecken, können wir Ihnen nur gratulieren, denn gewöhnlich haben wir uns aus Rationalisierungsgründen (Stichwort: LCCS, Limited Capacity Control System, BIRBAUMER & SCHMIDT 1990) auf ein Sinnessystem spezialisiert. Es liegt an uns, ob wir uns mit diesen Beschränkungen zufrieden geben, oder ob wir unsere Kapazitätsgrenzen ausweiten wollen. Ein Weg dazu wäre, andere Sinnessysteme als die favorisierten zu sensibilisieren. Ein etwas weiterer Weg, die Sinnessysteme miteinander zu vernetzen (Synästhesie), um schließlich **Farb-*Töne*, Klang-*Schattierungen*, Duft-*Noten*,** weiche *Aromata*, warme-*vibrierende Stimmen*, bittere **ERKENN**tnisse und süße Nieder*LAGEN* erleben zu können und sich damit die Vielfalt der Welt nach und nach zu erschließen.

Wir wollen Ihnen mit diesem Exkurs Mut machen, nicht zu verzagen, wenn Sie "nur" eine einzige Sub-Qualität oder auch nur die vage Gewißheit einer Submodalität eines Bildes oder eines Sprechaktes herausanalysieren können. Die Prozesse sind erlernbar. Wir wissen selbstverständlich nicht, auf welchem Kanal Sie spezialisiert sind. Deswegen stellen wir die 3 Hauptsinnesmodalitäten in Schaubildform nacheinander vor und Sie greifen zu der Liste, die Ihnen am meisten zusagt, oder, wenn Sie ehrgeizig oder genußsüchtig sind, zu derjenigen, die Ihnen am wenigsten gefällt.

ÜBUNGSANLEITUNG: KENNENLERNEN VON SUBMODALITÄTEN IN 3 SINNESSYSTEMEN

1. Wir setzen voraus, daß Sie sich Zeit genommen haben, in Ihrem Erlebensraum (s. Standardtechnik) sitzen, einigermaßen entspannt sind und hinterher nichts Hektisches vorhaben.

2. Machen Sie Ihren Kopf ein wenig frei (Standardtechnik) und lassen Sie anschließend eine Situation aus Ihrem Gedächtnis auftauchen, die mit neutralen bis angenehmen Erinnerungen verbunden ist und Sie nicht in Aufregung versetzt.

3. Versuchen Sie, so viele Details (Submodalitäten) wie möglich zu erfassen und benutzen Sie dazu die 3 folgenden Listen als Vorlage.

4. Vielleicht können Sie schon unterscheiden, was Ihr z.Zt. bevorzugtes Sinnessystem ist (wahrscheinlich dasjenige, für das Sie die meisten Submodalitäten gefunden haben) und in welchem Sinnessystem Sie die Welt um sich herum stark reduzieren. Falls noch nicht genau, dann nehmen Sie den entsprechenden Arbeitsbogen zu Hilfe (bevorzugte Sinnessysteme der Erinnerung, genutzte und ungenutzte Ressourcen).

FEINANALYSE DER VISUELLEN WAHRNEHMUNG

FARBEN	kräftig	schwach	Bevorzugung best. Farben	Einschätzung fällt schwer
Grundfarben	....	....	....	....
Farbpalette	....	....	....	....
Schwarz/Weiß	....	....	....	....
Farbintensität abhängig von	Objekten	Personen	Orten / Tageszeit	Lebensabschnitt

KLARHEIT				
Kontraste	stark	schwach	Übergänge verschwommen	unbestimmt
Körnung	realitätsnah	Grauschleier	Nebel	verschneiter Bildschirm (smokescreen)
Lichtintensität	realitätsnah	sehr hell / hell	wechselnd	dunkel nahezu schwarz
VORDER GRUND	klar/konturiert	abgeschwächt undeutlich	nicht vorhanden	
HINTER GRUND	klar/konturiert	abgeschwächt undeutlich	nicht vorhanden	

GRÖSSE ENTFERNUNG				
Bildentfernung	normal	direkt Augen	vor in Griffnähe	weiter...... sehr weit
Bildgröße	normal	kleiner normal	als Dia-Format	größer als normal... riesig
Ausschnitt/ Winkel	normales Sehfeld (~180°)	kleiner Ausschnitt	Tunnelblick (~45°)	Leinwand-format

FEINANALYSE DER AKUSTISCHEN WAHRNEHMUNG

RICHTUNG
Ortung der
Schallquelle

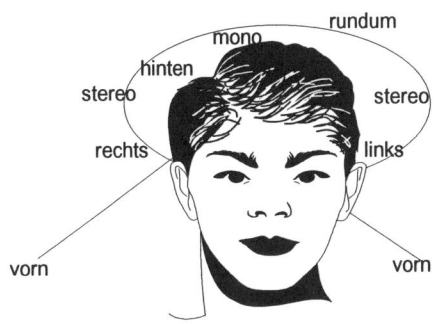

| Entfernung | nahe am Ohr
an den Ohren | 50cm -
1 Meter | 1 - 3 Meter | weiter
entfernt | sehr weit |

| Hörebene
gemessen an
Kopfhöhe | gleiche Höhe | leicht versetzt nach
oben / unten | weit versetzt nach
oben / unten |

Schätzung bei sprachlichen Erinnerungen:

Die gehörte Person ist   ....*cm kleiner/größer* als ich
zu der erinnerten Zeit

LAUTSTÄRKE	kaum vernehmbar - leise - mittel - laut - sehr laut - unbestimmt
TONHÖHE	hoch mittel tief nicht zu identifizieren
SPRECHAKT-ZUORDNUNG	Frau Mann Jugendliche(r) Kind ungewiß
	Die Stimme ähnelt...
	Ich bin sicher, es ist die Stimme von...............................
	Es könnte auch meine eigene Stimme sein?.................
	Da die identifizierte Person...................cm groß ist/war und die Stimme aus der o.g. Höhe kommt, könnte ich zu der erinnerten Zeit etwa...................Jahre alt gewesen sein.

ANMERKUNGEN
Dieses letztere sollte erläutert werden. Sie werden in der Arbeit mit den Submodalitäten entdecken, daß sich speziell Stimmen sehr genau lokalisieren lassen. Je ernster Sie sich selbst nehmen und je sensitiver und differenzierter Ihre sinnesspezifische Wahrnehmung wird, desto exakter können Sie Sprechakte oder Geräusche und Klänge zuordnen. Das hängt damit zusammen, daß wir zustands- und kontextabhängig lernen. Wenn wir klein sind und die lobenden oder leider meist strafenden Stimmen ertönen, kommen sie eben von oberhalb der Augenhöhe (es sei denn, der Vater war bettlägerig), und genau dieses wird auch in den dafür spezialisierten Hirnarealen abgespeichert.

Nun wächst mit zunehmender Bereitschaft zur toleranten, wertschätzenden Begegnung mit sich selbst (das ist das Seitenthema con variazioni, das das ganze Buch durchzieht) auch der Wunsch, aus dem biographischen Puzzle, aus den oft singulären Erinnerungsfetzen ein komplettes Gemälde, eine musikalische Komposition, ein Fühlwerk mit sprach- und bewegungsdramatischen Elementen zu reorganisieren und sich gleichzeitig den Luxus zu erlauben, dieses ganze Lebensstück - egal wie es beschaffen war - einmal aus der Perspektive erleben zu können: Alles das habe ich erlebt (**Vergangenheit**) und ich kann mir die Teile, die es wert waren oder die ich noch verändern möchte, wieder in das Bewußtsein holen (**assoziiertes Erleben in der Gegenwart**) und mit meinem Erfahrungsschatz, meinen Ressourcen, meiner Neugier und meinen planenden Fähigkeiten mir meine Zukunft gestalten (**Ressourcentransfer in die Zukunft**).

Aus diesem Grunde sind solche Details wie "Wie alt war ich denn wirklich, als meine kleine Schwester vom Auto überfahren wurde?" (Pier-Luigi) von großer Bedeutung. Denn, solche kritischen Lebensereignisse stellen Weichen im Leben, sind Ausgangspunkt für Verzweiflung oder Ohnmachtsgefühle, aber sie können auch gerade entgegengesetzte energetische Prozesse und Entwicklungen bewirken, die sich als persönliche Eigenschaften durch das gesamte Leben ziehen (Nicht unterkriegen lassen, arbeiten können unter starken emotionalen Belastungen, Fürsorglichkeit für andere etc.).

Falls Sie also bei einer akustischen Erinnerung sich in Ihre Kindheit zurückversetzt fühlten, dann versuchen Sie doch zu orten, aus welcher Richtung die "innere, fremde Stimme" kommt:

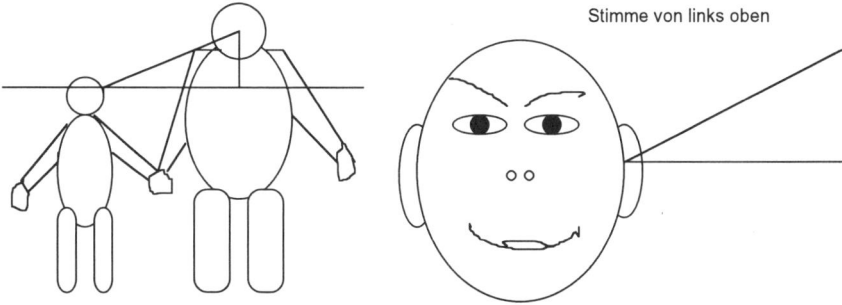

Stimme von links oben

Was Sie nun noch brauchen, ist lediglich eine ungefähre Ahnung, wie groß Kinder in welchem Alter in etwa sind und ob Sie besonders klein oder besonders groß als Kind waren. Auf diese Art lassen sich die "inneren Stimmen" wieder auf ihren Ursprung, nämlich auf konkrete Erlebnisse mit natürlichen Personen zurückverfolgen.

FEINANALYSE DER KINÄSTHETISCHEN WAHRNEHMUNG

TEMPERATUR	Ich erinnere mich, die Temperatur war in der Situation, die ich jetzt gerade wiedererlebe: eisig ¤ kalt ¤ frisch ¤ gemäßigt ¤ lau ¤ warm ¤ heiß
	Im Moment des Erinnerns spüre ich
am ganzen Körper	Kälte Frösteln gemäßigte Temper. Wärme Hitze
an einigen Stellen	Kälte Frösteln gemäßigte Temper. Wärme Hitze
an den Extremitäten	Kälte Frösteln gemäßigte Temper. Wärme Hitze
eher zentral (Bauch usw.)	Kälte Frösteln gemäßigte Temper. Wärme Hitze
SPANNUNG	In der Erinnerung spüre ich Spannung auf, bzw. in Haut Muskulatur Eingeweide Die Spannung ist kaum spürbar ¤ schmerzhaft ¤ unangenehm ¤ angenehm
DRUCK	Attributsliste in ungeordneter Aufzählung **dumpf** ¤ **lastend** ¤ **umgrenzt** ¤ **leicht** ¤ **schwer** ¤ **angenehm** ¤ **wie Eisenband (Kopf/Brust)** ¤ **stimulierend** ¤ **breitet sich aus**
Beschreibung mit Zeitkategorien	**anschwellend** ¤ **abschwellend** ¤ **rhythmisch** ¤ **gleichbleibend** **pulsierend (Pulswelle)** ¤ **nicht ständig vorhanden**
BEWEGUNG	Im Körper spüre ich an einigen Stellen, wenn ich mich gerade erinnere oder kurz vorher erinnert habe **Druck** ¤ **Spannung** ¤ **Temperaturunterschiede** ¤ **Schwere** ¤ **Leichtigkeit** ¤ **Kribbeln** ¤ **Jucken** ¤ **Brennen** ¤ **Schmerzen** ¤ **Taubheit** **Anderes**..

Wenn ich mir eine einzelne Empfindung herausgreife, dann spüre ich

Ausdehnung ¤ **Verdichtung** ¤ **Bewegung von innen nach außen** ¤ **Bewegung von außen nach innen** ¤ **Oszillationen** ¤ **Ausstrahlung in eine o. mehrere Richtungen** ¤ **Intensivierung** ¤ **Abschwächung** ¤ **Ortsverschiebungen (Wandern/Kreisen durch Körper)** ¤ **Veränderungen der Qualität (Jucken wird zu Kribbeln z.B.)** ¤ **Bewegungsveränderungen gem. der Körpersymmetrie** (eine Empfindung verlagert sich auf die andere Seite; eine Empfindung entsteht ebenso auf der anderen Seite).

 Sie haben nun unmittelbar während des Abrufens von Erinnerungen in Ihrem Erlebensraum die Bögen zu Hilfe genommen, sind vielleicht gerade dabei, sich Notizen zu machen. Sie können ja überlegen, ob Sie diese Übung nicht auch mit Freundinnen oder Kolleginnen durchspielen möchten. Es lohnt sich, Sie werden erfahren, wie individuell unterschiedlich die Welt wahrgenommen wird. Es ist allerdings müßig, hier in unserem Zusammenhang Mutmaßungen darüber anzustellen, ob das, was wir erinnern, genau so und nicht anders war. Ergebnisse der Hirnforschung deuten darauf hin, daß sich erinnertes Material dynamisch verändert, also re-interpretiert wird, und das scheint evident zu sein. Wir selbst können ja aktiv die Gedächtnisinhalte und sämtliche begleitenden physiologisch-biochemisch-motorischen Muster einsetzen und modifizieren, um neue Ressourcen, neue Umwelten - zunächst in der Vorstellung - zu generieren. Das, was sich absichtsvoll durchführen läßt, wird selbstverständlich auch von den unbewußten und automatisierten inneren Prozessen permanent vollzogen.

Nur, uns ist es lieber, daß wir es **den unbewußten Prozessen ermöglichen, in Ruhe und mit großer Akzeptanz zu arbeiten und daß wir gleichzeitig auch aktiv und bewußt diese Prozesse initiieren, gestalten und nutzbringend verwenden.**

Dazu ein Beispiel aus Ihrem Schulalltag, das Ihnen evtl. einen Vorgeschmack davon gibt, wie sich die Veränderung einer einzigen Submodalität eines Sinnessystems auf den eigenen psycho-physischen Zustand auswirken kann:

Greifen Sie eine Episode aus einer der letzten Unterrichtseinheiten heraus, die Ihnen noch in unangenehmer Erinnerung ist und machen Sie sich ein inneres Bild davon. (Meistens haben unangenehme Ereignisse die leidige Eigenschaft, daß sie dicht vor unserem inneren Auge stehen, uns gewissermaßen die Sicht versperren.) Wenn Sie dieses Bild haben, überprüfen Sie noch einmal die begleitenden körperlichen Empfindungen und schieben Sie dann das vorhandene innere Bild weit nach hinten, so daß es kleiner und kleiner wird. Wenn Sie möchten, dann plazieren Sie es noch zusätzlich in eine Ecke des Raumes und achten Sie dabei genau auf die Veränderung Ihrer Körpergefühle. Falls Sie keine Veränderung spüren, kann es sein, daß diese von uns ausgewählte Submodalität (Entfernung) bei Ihnen keine sog. kritische, d.h. veränderungsrelevante Qualität hat. In diesem Fall können Sie eine andere Submodalität verändern, Sie können das Bild von farbig zu schwarz/weiß umändern, es zweidimensional machen, wenn es vorher in 3-D erschien, Sie können es in den Konturen unscharf machen oder es nach hinten ankippen, u.v.a.m. Falls Sie hingegen etwas gespürt haben, dann bekommen Sie einen Eindruck von den Möglichkeiten, seinen Körper von einem Problemzustand in einen Zielzustand (s. Kapitel "Ressourcen") zu versetzen.

 Für diese beispielhafte Übung gilt, was für alle neuen Erfahrungen Gültigkeit hat: Seien Sie behutsam mit sich selbst und überfordern Sie sich nicht. Die Überforderung kann darin bestehen, daß Sie zu viel zu schnell erreichen wollen und Sie Ihre Aufmerksamkeitsspanne überschätzen.

Was passiert, wenn wir auf einem Sinneskanal überwältigt werden, können Sie daran ermessen, daß bei Fernreisen z.B. wir von "fremden Gerüchen erschlagen werden", daß Touristen in Kunstmetropolen wie Florenz oder Rom durch das visuelle Überangebot reihenweise dekompensieren bis hin zu vorübergehenden psychotischen Ausnahmezuständen, daß wir durch "den Lärm" der Stille in der Natur die auditive Orientierung verlieren und nach bekannten Geräuschen (Autofahren, Radiolärm etc.) suchen. **Deshalb die ausdrückliche Warnung,** auch wenn es dramatisch klingt: **Seien Sie bitte sehr vorsichtig mit diesen Übungen, speziell mit denjenigen, die sich mit den Veränderungen von Submodalitäten befassen.**

Wir haben die Erfahrung gemacht, daß der "innere Umbau", der durch die Substitution oder die Umstrukturierung einzelner oder zusammenhängender Bestandteile des mentalen Betriebssystems zustande kommt, zu psycho-physischen Ausnahmezuständen führen kann, bis hin zu körperlichen Zusammenbrüchen und Desorientiertheiten.

Wir möchten Ihnen damit keine Angst einjagen (obwohl es ja so klingt), sondern Sie zu einem verantwortlichen und offenen Umgang mit sich selbst anhalten. Jede Methode, die potent ist, kann, mißbräuchlich benutzt oder exzessiv angewendet, zu unangenehmen Konsequenzen führen.

Bei einer fachkundigen Anleitung und Führung bergen diese Veränderungsmethoden ein hohes Selbstentwicklungspotential in sich und teilweise sind diese qualitativen Umstellungen wegen ihrer unerwarteten Effizienz und ihrer Fähigkeit, blockierte Energien freizusetzen, recht frappierend. Wir möchten Ihnen deswegen unsere praktischen Erfahrungen weitergeben, damit Sie von Ihrer Entdeckungsreise in die Feinstruktur der unbewußten und vorbewußten Prozesse optimal profitieren können. Das schließt natürlich nicht aus, daß Sie auf etwas stoßen, was Ihnen Angst macht oder Sie stark verunsichert. Für diesen Fall haben wir Ihnen im Anhang eine Anweisung (Standardtechniken: Maßnahmen bei Re-Orientierungsstörungen) zur Selbsthilfe abgedruckt.

Sie können es sich so vorstellen: Die gespeicherte Erinnerung ist ein mehr oder weniger komplexes Ganzes (mit den vorher erwähnten dynamischen Veränderungen im Laufe der Zeit), das sich über Jahre und Jahrzehnte in einer Art "Gestalt" (Kontext- und Zustandsabhängigkeit) erhalten hat. Wird ein Element, gar noch eine sog. kritische Submodalität mit einem hohen, individuumabhängigen Veränderungspotential, verschoben, vergrößert oder sonstwie verwandelt, dann kann die ganze "Gestalt" zusammenstürzen.

Das ist etwa vergleichbar mit derjenigen Situation, die Ihnen passieren kann, wenn Sie, wie seit Jahren gewohnt, abends in Ihr Schlafzimmer treten, alles scheint unberührt, nur, **das gesamte Mobiliar steht seitenverkehrt in Ihrem Zimmer.**

Zum Abschluß dieses Kapitels wollen wir Ihnen Gelegenheit geben, sowohl Ihre Erfahrungen bzgl. Ihres bevorzugten Sinnessystems und der damit verbundenen Submodalitäten zu verdichten und wir wollen Ihnen darüberhinaus Anregungen mitgeben, wie Sie Ihre sinnesspezifische Wahrnehmung in Zukunft reichhaltiger schulen können. Die Kästen sind als Merkhilfe gedacht. Sie können sich mit ihrer Hilfe einen globalen Überblick über Ihre bevorzugte Art der Erlebnisspeicherung verschaffen und Sie bekommen einen Eindruck von Ihren unbewußten, bzw. noch unentwickelten "System-Ressourcen".

**BEVORZUGTE SINNESSYSTEME DER ERINNERUNG
GENUTZTE UND UNGENUTZTE RESSOURCEN**

Wenn ich mehrere erinnerte Szenen vergleiche, dann...	sah ◻ hörte ◻ spürte ◻ roch ◻ schmeckte ich meistens zuerst
Die meisten Unterscheidungen konnte ich treffen auf dem...	visuellen◻akustischen◻kinästhetischen Kanal
Mühe hatte ich mit der...	visuellen◻akustischen◻kinästhetischen Geruchs- / ◻ Geschmackserinnerung
Gar nicht präsent waren mir...	Bilder ◻ Geräusche ◻ Sprache ◻ Empfindungen ◻ Gefühle ◻ Geruch ◻ Geschmack
Ich ahne, daß ich unbewußt auf dem...	visuellen ◻ akustischen ◻ kinästhetischen Kanal eine Menge mitbekomme
Mein bevorzugtes Sinnessystem im täglichen Umgang mit anderen?	visuell ◻ akustisch ◻ kinästhetisch ◻ olfaktorisch ◻ gustatorisch

Wenn ich mir ein besonderes Vergnügen bereiten möchte (außerhalb der täglichen Routine), dann leiste ich mir ein:

differenziertes Erleben auf einem Kanal	
Sehen	Film / Ausstellung / Bildersammlung / Video
Hören	Konzert / Hörspiel / Musikmachen / Platten/CD
Fühlen	Sport / Ausspannen / Körperpflege / Lieben
Riechen	Kochen / Riech-Spaziergang / neues Parfüm o. Körperpflegemittel
Schmecken	Restaurant / Weinprobe / neue Speise o. Frucht/ neues Getränk
KOMBINATIONS-ERLEBNIS Mindestens *zwei bewußt offen gehaltene Sinnessysteme*	Oper / Schauspiel / Ästhetisches Kochen / Trommeln in der Gruppe o.ä.
ALLROUND-ERLEBNIS Mindestens *drei bewußt offen gehaltene Sinnessysteme*	Tanzen nach Musik in reizvoller Umgebung/ Spaziergang, Radfahren mit offenen Sinnen/ wache Aufmerksamkeit auf einem Felsen am Meer (Naturgeräusche, Farbenspiel, Wind auf der Haut)
Ich würde gern mehr und differenzierter...	sehen ◻ hören ◻ fühlen ◻ riechen ◻ schmecken können

Über den Nutzen der Arbeit mit Submodalitäten konnten Sie aus dem bisherigen Text einiges entnehmen. Noch einige Gedanken zusätzlich. Wir haben uns im Laufe unserer Geschichte aus Notwendigkeit oder weil wir entsprechend gefördert wurden meist auf ein Sinnessystem spezialisiert. Unsere Wortwahl verrät es. Parallel dazu arbeiten die anderen Sinnessysteme natürlich mit, oft unbewußt, und sie nehmen diejenigen Informationen auf, die uns bei einer rationellen Analyse nach gewohnter Manier nur behindern würden. Wenn Sie in einem Sinnessystem talentiert sind und Sie dieses System ausschließlich für alle Verrichtungen des menschlichen Daseins benutzen - vom Arbeiten bis zum Lieben - dann sind Sie zwar eine Spezialistin, aber Ihnen bleiben, grob geschätzt, 4/5 der Welt um Sie herum verschlossen, wohlgemerkt der bewußten Wahrnehmung der Welt. Wenn Sie zwei Sinnessysteme aktiv benutzen, dann haben Sie schon einen ganz brauchbaren Zugang und Sie können sich flexibel nennen. Gebrauchen Sie aber alle Sinnessysteme, dann sind Sie auf dem Wege, ein Genie zu werden. Um diesen Euphemismus auf die Beine zu stellen: Geniale - oder nennen wir sie lieber schöpferische - Menschen sind u.a. dadurch gekennzeichnet, daß sie Dinge zusammenbringen, die vorher noch nie zusammengebracht wurden. Aus pädagogischer Sicht wird diese Fähigkeit zur multisensoriellen Erfassung der Welt zwar immer wieder gefordert (s.a. VESTER, F. 1978), aber nur wenige, oft als randständig behandelte Beschulungsformen wie die Waldorf-Pädagogik, der Montessori-Ansatz oder die Integrationsschulen, können es sich leisten, unter den obwaltenden Umständen assoziatives, mehrkanaliges und erfahrungsbezogenes Lernen zu praktizieren. Stendhal (1830) läßt Abbate Blanès sagen: "Was weiß ich Näheres über ein Pferd, wenn man mir beigebracht hat, daß es auf lateinisch equus heiße?"

Dabei ist es so einfach: Multisensorisches Lernen und assoziatives, schöpferisches Arbeiten bewirken:

- **dauerhafte Speicherung der Inhalte**
- **erschließt die individuellen Ressourcen und ist lebensnah**
- **gibt denjenigen die Chance, am Unterricht teilzunehmen, die entweder in einem Sinnessystem gehandicapt sind oder für das von den Lehrenden favorisierte Sinnessystem keine ausreichenden Verarbeitungsmodi besitzen**
- **fördert Flexibilität und Konzentrationsfähigkeit**
- **verringert Ermüdbarkeit und Schulstreß**
- **erlaubt und regt an zur Bildung individueller Teil- und Fernziele**
- **ermöglicht es Lehrerinnen, auf Sanktionen und Fördermaßnahmen für diejenigen zu verzichten, die unter mono-sensorischer Darbietung des Unterrichtsstoffes versagen**
- **bringt Lehrerinnen und Schülerinnen Spaß und regt zu Kreativität an**

 Mit den beiden Übungen "Komponenten der Erinnerung" und "Bestandteile der Wahrnehmung" haben Sie schon einen ganz stattlichen Anteil an Struktur- und Strategiewissen in Kombination mit dem entsprechenden Werkzeug angesammelt, um jetzt auf der nächsten Stufe den schnellen Wechsel zwischen der assoziierten und der dissoziierten Position einzuüben. Die ersten beiden Übungseinheiten sind notwendig, damit Sie später alle komplexeren und stärker unterrichtsbezogenen Einheiten mit der von uns erwünschten Leichtigkeit und Flexibilität durchprobieren können. Die Sicherheit bei verschachtelten und riskanteren Anforderungen, bezogen auf den Direktkontakt im Unterricht, steigt, wenn die Grundfertigkeiten beherrscht werden.

3.1.3. Übungseinheit: **Wenn ich mir begegne**

Zwei berühmte englische Boxer, der eine aus Portsmouth gebürtig, der andere aus Plymouth, die seit vielen Jahren voneinander gehört hatten, ohne sich zu sehen, beschlossen, da sie in London zusammentrafen, zur Entscheidung der Frage, wem von ihnen der Siegerruhm gebühre, einen öffentlichen Wettkampf zu halten. Demnach stellten sich beide, im Angesicht des Volks, mit geballten Fäusten, im Garten einer Kneipe, gegeneinander; und als der Plymouther den Portsmouther, in wenig Augenblicken, dergestalt auf die Brust traf, daß er Blut spie, rief dieser, indem er sich den Mund abwischte: Brav! Als aber bald darauf, da sie sich wieder gestellt hatten, der Portsmouther den Plymouther, mit der Faust der geballten Rechten, dergestalt auf den Leib traf, daß dieser, indem er die Augen verkehrte, umfiel, rief der letztere: Das ist auch nicht übel! Worauf das Volk, das im Kreise herumstand, laut aufjauchzte, und, während der Plymouther, der an den Gedärmen verletzt worden war, tot weggetragen ward, dem Portsmouther den Siegesruhm zuerkannte. - Der Portsmouther soll aber auch tags darauf am Blutsturz gestorben sein (Heinrich von Kleist).

Das möchten wir mit dieser Übungseinheit, soweit es in unserer Macht steht, verhindern. Der Portsmouther und der Plymouther mögen ja ganz patente Burschen gewesen sein, aber die Fähigkeit, mal aus dem eigenen Körper hinaustreten zu können und das, was man gerade tut, auch mal aus einer anderen - dissoziierten - Perspektive außerhalb des Körpers betrachten zu können, diese Fähigkeit besaßen beide mit Sicherheit nicht. Sonst wären sie spätestens nach der ersten Bluttat erschrocken über ihr Aussehen und hätten sich wohl die, na sagen wir, unangenehmen Folgen dieses Unvermögens ersparen können. In den beiden vorigen Übungseinheiten konnten Sie Erfahrungen sammeln, wie Sie parallel, oder doch zumindestens alternierend, in zwei verschiedenen Zeiten sich aufhalten können und doch nicht das Gefühl bekommen, als seien Sie sich fremd oder als seien Sie in sich aufgespalten. Der Wechsel zwischen Vergangenheit und Gegenwart, zwischen den psycho-physischen Zuständen "damals" und "gerade jetzt", zwischen dem Erleben "Kind oder Jugendliche" und dem Erleben "Erwachsene" ist demgemäß etwas Selbstverständliches und Erwünschtes. Hatte sich bisher aber die Aufmerksamkeit auf Merkmale der Umgebung gerichtet (mit Ausnahme der kinästhetischen Komponenten der Wahrnehmung), so findet nun ein entscheidender Schritt statt: Die Veränderung des Fokus´ der Wahrnehmung, d.h. Sie werden herausfinden, ob Sie sich vornehmlich von innen erleben, oder ob Sie sich auch außerhalb Ihres Körpers sehen, hören und erspüren können. Möglicherweise pendeln Sie zwischen diesen Wahrnehmungspositionen hin und her.

 Über die Strategien, wie Sie ein günstiges Übungsergebnis erreichen, brauchen wir Ihnen nicht mehr viel mitzuteilen. Nehmen Sie Anleihen an den Übungseinheiten <Komponenten der Erinnerung> und <Bestandteile der Wahrnehmung>. Im wesentlichen geht es darum , daß Sie sich ein wenig auf die Übung vorbereiten, sie benötigt Zeit. Deswegen wäre es günstig, sich mit oder ohne Partner ein wenig ungestörte Ruhe zu verschaffen.

Der Ablauf der Übungseinheit besteht aus folgenden Schritten

1. Sie überprüfen anhand einer Checkliste, wie genau Sie Ihren Körper wahrnehmen

2. Nehmen Sie bestimmte Körperteile nicht wahr, dann können Sie sich mit Hilfe einer der drei im Anhang genannten Entspannungstechniken dafür sensibilisieren (mental, muskulär-aktiv oder passiv).

3. Sie schaffen sich damit die Voraussetzung für Ihr körpergestütztes "Selbst-Wert-Gefühl" und haben jetzt die Möglichkeit, die gewonnenen kinästhetischen Informationen mit visuellen Sequenzen zu verknüpfen. Dies geschieht in der Form, daß Sie anhand dreier vorgegebener Situationen zunächst assoziiert in ein Erlebnis einsteigen und dann zwischen der dissoziierten und der assoziierten Position hin- und herpendeln. Mit dem Wechsel der jeweiligen Kanäle können Sie die Zustandsveränderungen registrieren, die sich aus dieser Distanzierung vom aktuellen Geschehen ergeben.

ZIELE
Die Ziele dieser Übungseinheit bestehen darin zu lernen, wie Sie Ihre körperlichen und emotionalen Zustände weitgehend selbst wählen können, so daß Sie von stark fordernden emotionellen Erlebnissen nicht mehr so leicht aus der Fassung zu bringen sind, und, daß Sie eine Methode kennenlernen und verfeinern, die die Grundlage für weitreichende Veränderungen im schulischen und privaten Umfeld sein kann. Sie wissen ja, Körperhaltungen und para- und nonverbale Botschaften der Lehrerinnen sind äußerst beliebter Anlaß für Schülerwitze. Nun könnte man sagen, sollen doch die Schülerinnen Ihren Spaß

auf Ihre Kosten haben. Gut, auch eine Einstellung. Aber, wir möchten, daß die Schülerinnen **und** Sie Ihren Spaß haben. Deshalb liegt uns sehr daran, daß Sie sich zuerst selber kontrollieren können, bevor Sie sich frei, d.h. in unserem Sinne unbefangen und mit sicher automatisierten Verhaltensmustern ausgestattet, in den Unterricht begeben. Ein ergänzender didaktischer Sinn besteht darin, daß Sie die gewonnenen Informationen später benutzen werden, um Fehlhaltungen und Verspannungen leichter erkennen und korrigieren zu können und um Bewegungsabläufe und mimisch-gestische Botschaften kongruenter zu planen und einzusetzen. Darüberhinaus fällt es Ihnen wahrscheinlich leichter, sich in dissoziierte Situationen hineinzuversetzen, wenn Sie über ein stimmiges, assoziiertes Körperschema verfügen. Die Übersetzung geht dann glatter von der Hand.

Wenn es Ihnen nicht gelingt, einzelne Muskelgruppen anzusprechen, greifen Sie zu einer Entspannungstechnik. Mit einiger Übung können Sie auch kleinere Muskelgruppen willkürlich anspannen und entspannen. Vertrackt sind die Kopfmuskeln. Bei vielen Menschen liegen die Kopfmuskelpartien, besonders die Stirnmuskulatur, außerhalb der bewußten Wahrnehmung. Die Ursachen bestehen in chronischen Verspannungen, herrührend von der oft vermeintlich geforderten Notwendigkeit, immer gleichbleibend freundlich und ausgeglichen sein zu müssen, aber auch in, sagen wir mal, Erziehungstatbeständen, daß Gefühle zeigen mitunter sehr gefährlich sein kann. Das hat zur Folge, daß Bereiche des Körpers vergessen werden (müssen). Stellen Sie sich einmal vor, wir hätten als Kinder uns erlaubt, bei jeder Gelegenheit, die uns mißfiel, die Stirn zu runzeln. Hören Sie die Kommentare? Am Anfang könnte es hilfreich sein, wenn Sie das folgende Arbeitsblatt neben sich legen und sich die einzelnen Muskelgruppen heraussuchen, die Sie ansprechen wollen. Gehen Sie dabei von "vertraut und angenehm" zu "unbekannt und unangenehm". Bauen Sie zuallererst einen guten Rapport zu Ihrem Körper auf. Wenn es unangenehm oder anstrengend werden sollte: Hören Sie sofort auf! Das sind innere Antworten und Einstellungen, die die Muskulatur verkrampfen lassen. Wenn Sie feststellen, daß einige Partien gänzlich aus der Wahrnehmung herausfallen, dann schlagen wir vor, daß Sie sich mit zusätzlichen, behutsamen Sensibilisierungsmaßnahmen den Zugang zu den weißen Flecken in Ihrer Körper-Landkarte vorsichtig erschließen. Auch hier gilt, ähnlich wie bei der Arbeit mit den Submodalitäten: Veränderung eines chronischen Musters kann zu nicht erwarteten und unerwünschten Effekten führen, denn in der **Muskulatur, in dem Körperschema** (Haltung, Bewegungsmuster usw.) **steckt** sozusagen **das morphologische Substrat, der materielle Ausdruck sämtlicher vorhergehenden Erlebnisse**. Bei genauem Hinschauen werden Sie kindliche und juvenile, belastende und freudige Ereignisse in Ihrem Körper identifizieren können, oder haben Sie vergessen, wie Sie das erste Mal auf das Fahrrad gestiegen sind und *allein* fahren konnten, oder wie Sie beim Tod Ihres Lieblingstieres mit dem Kopf zwischen den Armen geweint haben?

KÖRPER-CHECK

Kopfpartie		Spüre ich ¤ Unsicher ¤ Spüre ich nicht
	Kopfhaut	....
	Stirn	....
	Augenregion	....
	Nasenregion	....
	Mundgegend	....
	Zunge	....
	Kaumuskulatur	....
	Ohrengegend	....
	Hinterkopf	....
Halspartie		Spüre ich ¤ Unsicher ¤ Spüre ich nicht
Schulter-Nacken-muskulatur		Spüre ich ¤ Unsicher ¤ Spüre ich nicht
Brustbereich		Spüre ich ¤ Unsicher ¤ Spüre ich nicht
Arme		Spüre ich ¤ Unsicher ¤ Spüre ich nicht
	Oberarm	....
	Unterarm	....
	Hände	....
Bauchbereich		Spüre ich ¤ Unsicher ¤ Spüre ich nicht
Rücken		Spüre ich ¤ Unsicher ¤ Spüre ich nicht
Unterbauch		Spüre ich ¤ Unsicher ¤ Spüre ich nicht
Genitalien		Spüre ich ¤ Unsicher ¤ Spüre ich nicht
Unterer Rükken/ Gesäß		Spüre ich ¤ Unsicher ¤ Spüre ich nicht
Beine		Spüre ich ¤ Unsicher ¤ Spüre ich nicht
	Oberschenkel	....
	Unterschenkel	....
	Füße	....

Sie haben gleich Gelegenheit, Ihre oftmals automatisierte Ganzkörperantwort auf Situationen mit ähnlichen Ausgangsbedingungen kennenzulernen und sie zu analysieren. Das heißt im Klartext, daß wir uns im Laufe der Zeit Reaktionsstereotypien zugelegt haben (aus ökonomischen und Anpassungsgründen), die zum großen Teil unbewußt ablaufen: Wenn uns jemand ärgert und diejenige ist eine Vorgesetzte, dann sind wir wahrscheinlich in der Wahl unserer körperlichen Mittel nicht sehr einfallsreich. Wenn uns jemand schmeichelt oder uns lobt, dann haben wir wahrscheinlich auch nicht eine große Palette an Reaktionen zur Verfügung, obwohl das in diesem Fall schon leichter denkbar wäre. Diese Reaktionsstereotypien sind deswegen so wertvoll für unsere augenblickliche Arbeit, weil sie gewissermaßen in Reinkultur unsere historische Person beschreiben und das "Rohmaterial" für die Veränderungsarbeit in Richtung emotionale Unabhängigkeit enthalten. Sie erinnern sich: Emotionale Unabhängigkeit entsteht dann in verstärktem Maße, wenn die Fähigkeit des Dezentrierens, des Dissoziierens eingesetzt wird. Um diese Fähigkeit jedoch bewußt und zielgerichtet erlernen, ausbauen und kreativ nutzen zu können, bedarf es der

- **kinästhetischen Identifikation von Bewegungsabläufen, die an einen spezifischen emotionellen Kontext gebunden sind**

- Übertragung von Bewegungsabläufen in ein anderes Repräsentationssystem (kinästhetische Informationen müssen in visuelle umgesetzt werden)

- Identifizierung anderer Körpersignale, die an diesen Kontext gebunden sind. (Wichtig für die spätere Kontrolle. Es wird herausgefunden, ob durch eine verändernde Maßnahme eine körperliche Zustandsveränderung auf physiologischer Ebene eingetreten ist.)

Das Schaubild auf der nächsten Seite erläutert die notwendigen Schritte, um von Reaktionsstereotypien zu neuen Verhaltensalternativen und weiter noch, zu einer neuen Bewertung der Ausgangssituationen zu kommen. Die Überschrift:
DISSOZIATION ERWEITERT DEN HANDLUNGSSPIELRAUM

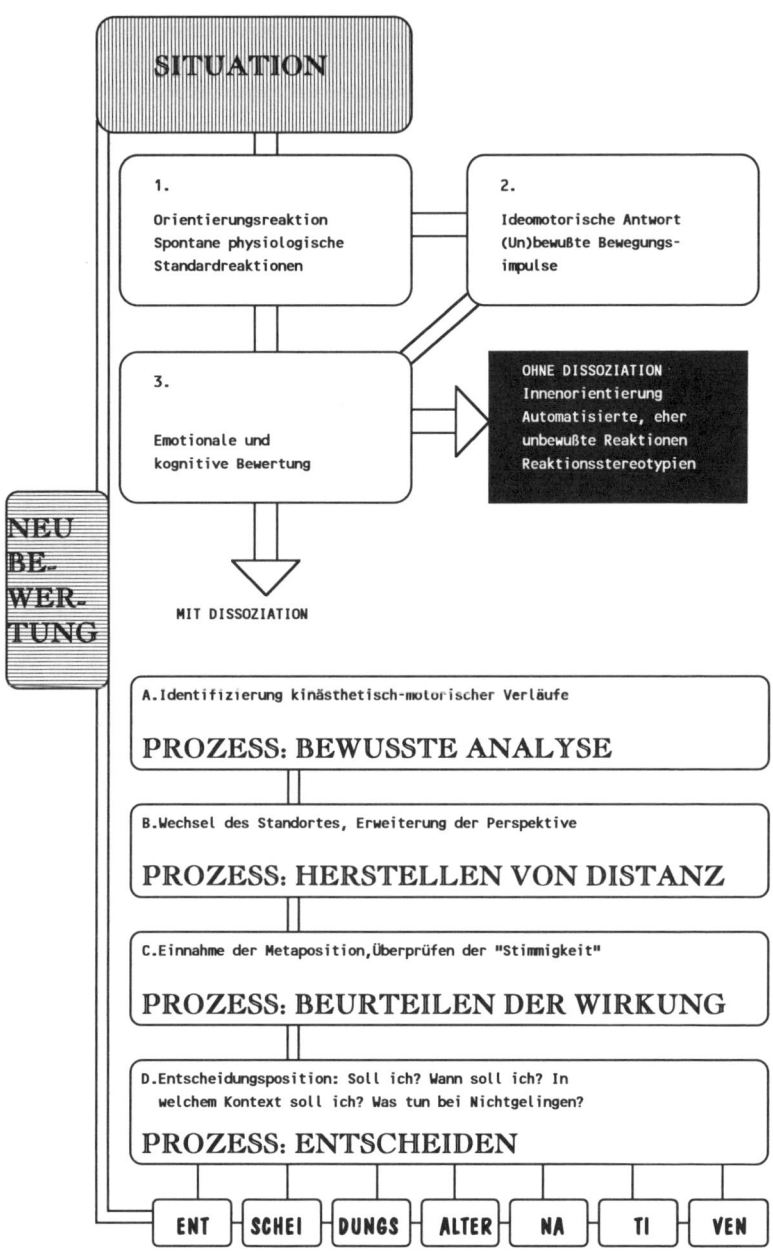

Zum praktischen Teil:
Sie können anhand dreier schulischer Alltagssituationen Ihre körperlichen Reaktionen überprüfen. Wir schlagen aus Gründen der leichteren Erlernbarkeit vor, daß sukzessive 5 körperliche Empfindungen erfaßt werden.

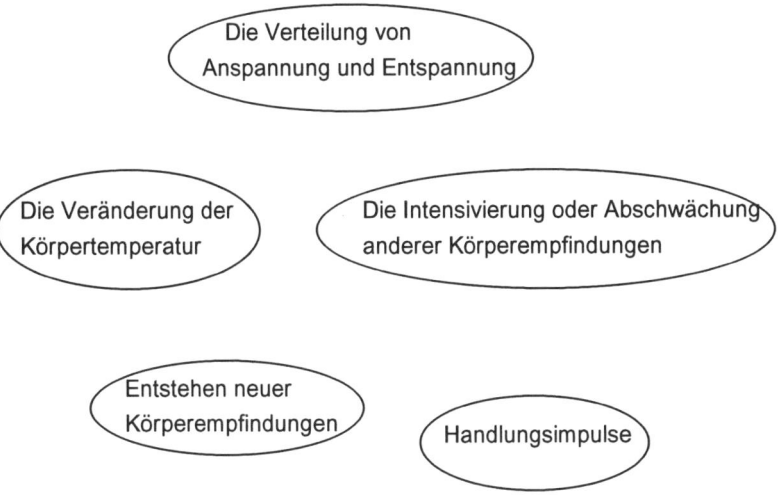

Eine kurze Erläuterung:

Bei der **Verteilung von Anspannung und Entspannung** können Sie darauf achten, ob es Seitendifferenzen gibt (rechts stärker als links), ob bestimmte Muskelgruppen (z.B. Schulter-Nacken-Gürtel) oder Körperteile (Kopf und Bauch angespannt und Beine locker) involviert sind, oder ob Sie extreme Anspannungsunterschiede wahrnehmen können (die rechte Hand verkrampft sich fast...)

Bei der **Veränderung der Körpertemperatur** können Sie registrieren, ob die Extremitäten wärmer als der Rumpf, der Bauch wärmer als der Rücken, der Kopf heiß und die Füße kalt sind etc.

Wenn Sie **andere Körperempfindungen** aufspüren, können Sie deren Veränderung beobachten, ob sie intensiver werden oder sich abschwächen (Kribbeln, jucken, ziehen, pulsieren, Taubheit, Schmerzen usw.)

Und Sie können darauf achten, ob Sie neue **Körperempfindungen** in Ihr Wahrnehmungsspektrum **integrieren** können.

Interessant sind auch die von Ihnen bemerkten **Handlungsimpulse**, die Sie **nicht in die Tat umsetzen** (dahinter verbirgt sich die **eigentliche Absicht**, die meistens aus rationalen Gründen nicht verwirklicht wird).

ÜBUNG: Neutrale Situation in der Klasse

INHALT UND ZIEL
Differenzieren körperlicher Reaktionen und registrieren der zweiten, eher verborgenen Ebene der erwünschten oder blockierten Handlungsimpulse. Pendeln zwischen assoziierter und dissoziierter Wahrnehmung.

EINLEITUNG
Stellen Sie sich vor, Sie sitzen auf Ihrem gewohnten Platz in der Klasse, die Schülerinnen sind gerade mit einer Klassenarbeit beschäftigt, die geschrieben werden muß und bei der es nicht so sehr darauf ankommt, wie sie ausfällt. Sie sind nicht sonderlich engagiert dabei, wissen aber, daß Ihr Arbeitsstil in Ordnung ist.

Stellen Sie sich die Situation so intensiv wie möglich vor, erst wenn Sie innerlich sicher sind, daß Sie "ganz dabei" sind, beginnen Sie mit dem Registrieren der Körperreaktionen.

In folgenden Körperteilen bin ich

angespannt..
entspannt..

Ich bemerke meine Körpertemperatur

wo?..
wie?...

Veränderungen zu vorher?...

Folgende Empfindungen haben sich   verstärkt   abgeschwächt
....

Vorher war nicht..zu spüren

Folgende Handlungsimpulse habe ich gespürt

"*aufzustehen*"   Mein Kommentar dazu: "*unverständlich*"..................

....

Ich schaue mir alles einmal aus einer anderen Perspektive an: aus der ersten Sitzreihe, von hinten, von oben, von außerhalb des Klassenzimmers...

Ich überprüfe noch einmal meine körperlichen Empfindungen und Handlungsimpulse.

Welche Wirkung könnte ich auf meine Schülerinnen ausüben?

Wie könnte ich mich stattdessen verhalten?

Ich wechsle zur Übung noch ein paarmal hin und her, zwischen assoziiert und dissoziiert.

ÜBUNG: Ärgerliche Situation

INHALT UND ZIEL
Erkennen situationsspezifischer Körpersignale und blockierter oder erwünschter Handlungsimpulse mit dem Ziel, eine Entscheidungsstrategie zu forcieren, welche Teile der Handlung beibehalten, welche geändert werden könnten. Pendeln zwischen den Wahrnehmungspositionen.

EINLEITUNG
Stellen Sie sich vor, Sie haben zuhause eine Unterrichtseinheit blendend vorbereitet und bieten sie am nächsten Tag Ihren Schülerinnen an. Ihre Schülerinnen reagieren in keiner Weise so darauf, wie Sie es erwartet haben. Die Schülerinnen haben offenbar etwas Wichtigeres zu tun. Stellen Sie sich die Situation so intensiv wie möglich vor, erst wenn Sie innerlich sicher sind, daß Sie "ganz dabei" sind, beginnen Sie mit dem Registrieren der Körperreaktionen.

In folgenden Körperteilen bin ich

angespannt:..
entspannt:..

Ich bemerke meine Körpertemperatur

wo?..
wie?...

Veränderungen zu vorher?..

Folgende Empfindungen haben sich verstärkt   abgeschwächt

....

Vorher war nicht..zu spüren

Folgende Handlungsimpulse habe ich gespürt

"herumbrüllen"   Mein Kommentar dazu: *"verständlich"*..................

....

Ich schaue mir alles einmal aus einer anderen Perspektive an (aus der ersten Sitzreihe, von hinten, von oben, von außerhalb des Klassenzimmers usw.).

Ich überprüfe noch einmal meine körperlichen Empfindungen und Handlungsimpulse.

Welche Wirkung könnte ich auf meine Schülerinnen ausüben?

Wie könnte ich mich stattdessen verhalten?

Ich wechsle zur Übung noch ein paarmal hin und her, zwischen assoziiert und dissoziiert.

INHALT UND ZIEL
Erkennen situationsspezifischer Körperreaktionen und erwünschter, bzw. blockierter Handlungsimpulse mit dem Ziel, sich in Zukunft auch offen freuen zu können (und damit ein positives Feedforward in puncto offene Kommunikation in Gang zu setzen). Pendeln zwischen den verschiedenen Positionen.

EINLEITUNG
Stellen Sie sich vor, eine von Ihnen geschätzte Kollegin bemerkt im Kreise anderer, wie sehr es ihr imponierte, als die Kinder Ihrer Klasse begeistert von Ihrem Unterricht erzählten und sie es sich wünschte, auch einen derartigen Einfluß auf die Schülerinnen zu haben. Sie wissen, daß die Kollegin recht hat, daß es kein billiges Lob oder dergleichen ist.

Stellen Sie sich die Situation so intensiv wie möglich vor, erst wenn Sie innerlich sicher sind, daß Sie "ganz dabei" sind, beginnen Sie mit dem Registrieren der Körperreaktionen.

In folgenden Körperteilen bin ich

angespannt:..
entspannt:..

Ich bemerke meine Körpertemperatur

wo?...
wie?..

Veränderungen zu vorher?..

Folgende Empfindungen haben sich verstärkt oder abgeschwächt:

....

Vorher war nicht..zu spüren.

Folgende Handlungsimpulse habe ich gespürt

"weglaufen".................... Mein Kommentar dazu: *"merkwürdig"*....................

....

> Ich schaue mir alles einmal aus einer anderen Perspektive an.
>
> Ich überprüfe noch einmal meine körperlichen Empfindungen und Handlungsimpulse.
>
> Welche Wirkung könnte ich auf meine Schülerinnen ausüben?
>
> Wie könnte ich mich stattdessen verhalten?
>
> Ich wechsle zur Übung noch ein paarmal hin und her, zwischen assoziiert und dissoziiert.

Über unerwartete Effekte läßt sich nur spekulieren. Im Text dieser Übungseinheit tauchen ja Hinweise auf, die genügen könnten, überraschende Ereignisse einschätzen und einer Bearbeitung zugänglich machen zu können. Bei sehr unangenehmen Verzerrungen der gewohnten inneren Realität kann das Programm zur Re-Orientierung abgerufen werden (s. Anhang).

Wir gehen auch davon aus, daß Sie zunehmend mehr Sicherheit im Umgang mit sich selbst gewinnen und auch von vornherein abschätzen können, welche Konsequenzen eine intensiv durchgeführte Übung für Sie haben könnte. Entstehen dennoch Zweifel im Übungskontext, sei es, daß Sie sich Ihrer Gefühle nicht mehr sicher sind oder unbekannte Körperempfindungen entwickeln (beispielsweise, wenn sich Körperverspannungen auflösen), dann greifen Sie auf eine - am besten vorher in Erinnerung gerufene und damit aktivierte - Referenzerfahrung zurück (eine Referenzerfahrung = eine andere Situation, in der Sie sich Ihrer Gefühle und Körperreaktionen ganz sicher waren).

So würden wir empfehlen, bei den Situationen "freudig" und "ärgerlich" übungshalber vorher sich eine wirklich stattgefundene Situation in einem anderen Kontext zu re-aktivieren: Wie war das doch damals, als mich Y lobte/anmachte, und wie habe ich kurz- und langfristig reagiert? Das hat den Zweck, daß Sie bei möglichen Verunsicherungen sofort den Kontakt zu der "wirklichen" Situation aufnehmen können und sich Ihrer Gefühle und körperlichen Empfindungen vergewissern können.

 Über positive Konsequenzen der letzten Übung(en) können wir, was Ihren eigenen Anteil angeht, auch nur Vermutungen anstellen. Aber, wir können Erfahrungen weitergeben, die für Sie sicherlich von Interesse sind:

Sie stehen mit dem Abschluß dieser Übung praktisch an der Schwelle vor der effektiven Nutzung dissoziativer und konstruktiver Fähigkeiten. Sie haben Erfahrungen mit Ihrem Körper gemacht, während Sie sich zeitversetzt im schnellen Wechsel auch von außen erlebt haben. Vielleicht haben Sie auch bemerkt, daß die angesprochenen Fähigkeiten keine exorbitanten Anstrengungen von Ihnen verlangen. Positiv formuliert: Sie beginnen Ihre Fähigkeiten zu schätzen und sie zu variieren.

Schöpferische Tätigkeiten bestehen darin, daß bekannte Dinge auf ungewöhnliche Art und Weise miteinander verbunden werden. Auch wenn es scheint, als sei Dissoziierung etwas gänzlich fernes, so geschieht doch nichts weiteres, als daß Erinnerungsspuren aus verschiedenen "Erfahrungsarealen des Gehirns" verknüpft werden:

- Millionenfach gesehene Bewegungsabläufe werden mit dem eigenen Spiegelbild in Verbindung gesetzt.
- Einmal Erlebtes wird in einen anderen, auch schon erlebten Raum hineinversetzt.
- Die eigene Sprache, die ja normalerweise nur von innen zu erleben ist, wird mit Tonbandaufnahmen der eigenen oder mit ähnlichen Stimmen anderer Personen "abgeglichen" bis sie zu unserer - dissoziierten - Stimme wird usf.

Dissoziierung und Konstruktion neuer Kontexte bauen auf vorhandenem Material auf. Es werden Erinnerungsspuren aktiviert und wir haben es in der Hand, mit unseren Erfahrungen uns neue und angenehmere Zustände zu verschaffen. **Wir können unsere Zustände selbst steuern!**

Wenn Sie sich an das Schaubild mit den Wahrnehmungspositionen erinnern und das in Beziehung setzen zu der Tatsache, daß wir nur sehr begrenzt - bewußt - Informationen bearbeiten können (7 ± 2 chunks), dann wird die Evidenz der obigen Aussage "Wir können unsere Zustände selbst steuern" deutlich. Wir können auswählen, ob wir - bewußt - im assoziierten Zustand verbleiben oder uns - bewußt - für eine andere Wahrnehmungsposition entscheiden, dissoziiert oder in der erweiterten dissoziierten Position der Meta-Perspektive.

Wenn wir assoziiert in einem negativen Zustand bleiben ("Die Klasse hat kein Interesse an meinem gut vorbereiteten Unterricht, ich fühle mich so nutzlos und so hilflos, wie soll das noch weitergehen, noch 25 Jahre bis zur Pensionierung..."), dann verstopfen wir unsere Wahrnehmungskanäle mit entsprechenden unangenehmen Körpergefühlen und negativen verbalen Attacken gegen uns selbst.

Wenn wir dagegen in solch einem Moment dissoziieren und uns beispielsweise mal von der Zimmerdecke oder aus der Position eines Schülers betrachten, dann verstopfen wir die Wahrnehmungskapazitäten mit Informationen wie: "Die sehen, ich inklusive, ziemlich müde aus, es ist ja auch die 7.Stunde und vorher hatten sie Sport. Gottseidank habe ich morgen frei, mir ist jetzt nach ausruhen oder schwimmen gehen, die Sonne scheint schön kräftig, ich habe das ganze Wochenende frei, herrlich... dann kann ich noch ein wenig durchhalten, den anderen geht es ja auch ähnlich" dann landen wir, auf den Körper und seine Physiologie bezogen, in einem anderen Zustand.

Dies läßt sich jedoch trainieren, so daß diese Fähigkeit des Positionenwechsels zu einem natürlichen Bestandteil unseres Selbst wird, vielleicht konnten Sie schon erste Vergleiche anstellen.

3.1.4. Übungseinheit: Aufdecken dissoziativer Fähigkeiten

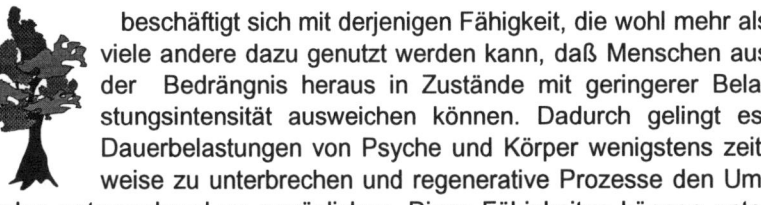 beschäftigt sich mit derjenigen Fähigkeit, die wohl mehr als viele andere dazu genutzt werden kann, daß Menschen aus der Bedrängnis heraus in Zustände mit geringerer Belastungsintensität ausweichen können. Dadurch gelingt es, Dauerbelastungen von Psyche und Körper wenigstens zeitweise zu unterbrechen und regenerative Prozesse den Umständen entsprechend zu ermöglichen. Diese Fähigkeiten können unter extremen Bedingungen zum Bestandteil einer **Überlebensstrategie** werden. Von Kindern und Jugendlichen aus Theresienstadt gibt es Bilder und Gedichte:

AN EINEM SONNIGEN ABEND

Von blauem Himmel strahlt die Abendsonne
so schön, daß ich zu atmen fast nicht wage,
hier sitz` ich: ganz verstaubt, im Staub der Häuser
wie gestern, heut und alle Tage.

So schön, so blühn über mir die Bäume,
blüht selbst ihr Alter und sein starker Kern,
daß ich nicht weiß, ob alle diese Schönheit
ich schauen darf, seh ich sie doch so gern.

Der sonngewebte, golddurchwirkte Schleier
umhüllt voll Schauer mir den ganzen Leib,
und vom Azur winkt strahlend mir der Himmel
und glaubt zu lächeln nur, indes er schreit.

Und alles blüht und lacht so heiter -
möcht` fliegen auch, und weiß nicht wie,
und darum will ich leben weiter
und lachen ebenso wie sie.

1944

Autorin unbekannt. Von Kindern im Alter von zehn bis sechzehn Jahren aus den Kinderheimen L 318 und L 417 verfaßt (KINDERZEICHNUNGEN s. Literaturliste).

Die Kinder jedoch, die man hierher geschafft hatte, wußten nichts. Sie kamen aus Orten, wo ihnen bereits Unbill begegnet war, man hatte sie aus den Schulen hinausgeworfen, man hatte ihnen auf Herz, Jacke und Bluse Sterne angenäht, ihnen nur erlaubt, auf Friedhöfen zu spielen. Aber das alles war gar nicht so arg, wenn man es durch die Augen der Kinder betrachtet, auch wenn sie hörten, wie ihre Eltern klagten und weinten, auch wenn sie eigentümliche, angsteinflößende Worte vernahmen wie Transport und registrieren. Als man sie gemeinsam mit den Eltern ins Getto jagte, als man sie zwang, auf dem Betonfußboden überfüllter Dachböden zu schlafen oder eine dreistöckige Pritsche zu erklimmen, begannen sie sich umzusehen; sie begannen rasch diese eigenartige Welt zu begreifen, in der sie leben mußten. Sie sahen die Wirklichkeit, sahen sie aber mit ihren Kinderaugen, mit den Augen der Wahrheit, die die Nacht vom Tage scheidet, und die sich weder von falschen Hoffnungen, noch vom Schattenspiel eines vorgegaukelten Lebens täuschen läßt.

... Sie sahen alles, was die Erwachsenen sahen. Sie sahen die endlosen Fronten vor den Ausgabestellen des Essens, sie sahen Leichenwagen, auf denen man das Brot verteilte, sahen Menschen, die wie Vieh vor Wagen vorgespannt waren, sahen ein Krankenhaus, das ihnen wie ein Paradies vorkam, und Begräbnisse, die nur ein Fortschaffen von Särgen waren. Sie sahen auch Hinrichtungen und waren wohl die einzigen Kinder der Welt, die sie mit Hilfe eines Bleistiftes auf dem Papier festhielten.

... Aber die Kinder sahen auch das, was die Erwachsenen nicht sehen wollten. Die Schönheit der Natur hinter den Stadttoren, die grünen Wiesen und bläulichen Hügel, den Streifen einer in der Ferne verlaufenden Straße mit der Vorstellung eines Wegweisers "Nach Prag", sie sahen Tiere, Vögel und Schmetterlinge - all das gab es hinter den Toren der Stadt, das alles durften sie nur aus der Ferne betrachten, aus den Fenstern der Kasernen und von den Festungsmauern. Und dann sahen sie noch Dinge, die die Erwachsenen gar nicht sehen konnten - Prinzessinnen mit einem Diadem auf der Stirn, böse Hexen und Zaubermeister, Kasperle und Käfer mit Menschengesichtern, ein Schlaraffenland, wo man für 1 Kc Eintritt alles Mögliche bekommen konnte - Kuchen, Süßigkeiten, ein Spanferkel mit eingespießter Gabel, wo Bäche von Milch und Limonade flossen. Sie sahen auch ihr einstiges Kinderzimmer mit seinen Vorhängen und der Katze mit dem Teller Milch. Sie verlegten all das aber nach Terezín, und dort mußte ein Küchenherd mit vielen Töpfen stehen, denn in all diesen Töpfen sollte Essen sein.

Jiri Weil, "Hier fliegen keine Schmetterlinge" in: KINDERZEICHNUNGEN und Gedichte aus Theresienstadt.

Die Entwicklung dissoziativer Fähigkeiten ist natürlich nicht an extrem schlechte Lebensbedingungen gebunden, obwohl gerade unter solchen Umständen deren Wert als ein Überlebensmittel besonders in den Blick rückt.

In den Begegnungen mit Gewaltopfern konnte M.N. Notfallstrategien entdecken, die von einem einfachen "Ausklinken" in Form des Heraustretens aus dem Körper bis hin zu komplizierten und ritualisierten Handlungen reichten. Gemeinsam war ihnen der Wechsel von der assoziierten Reizverarbeitung hin zu dissoziativem Erleben mit der Folge einer Zustandsveränderung. Jede internale Handlung, die eine andere Bewußtseinsebene als die der aktuellen Reizaufnahme und -verarbeitung anzielt, über die Wahrnehmungsposition 1a und 1b hinaus, könnte demnach als dissoziativ bezeichnet werden.

Kinder beispielsweise bewegen sich permanent auf anderen Wahrnehmungsebenen, sie haben vielfach noch gar keinen direkten, introspektiven Kontakt zu ihrem Körper. Kinder haben es demgemäß schwer, Krankheiten zu lokalisieren.

Werden Kinder aus ihrem Spiel herausgerissen, antworten sie oft noch aus der Position der Protagonistin: "Babsie kann jetzt nicht kommen, sie muß erst noch ihre Pferde versorgen", oder "Sigurds Rache wird fürchterlich sein".

In Künstlerbiographien läßt sich wunderschön verfolgen, wie nach der Phase des Lernens und der strikten Arbeit am Modell und an Vorlagen die Wahrnehmungswelt der Kindheit rückerobert wird, wie nach den strengen Exerzitien des Akkumulierens, der endlosen Wiederholungen und Fingerübungen das kindlich-ungebundene Potential wieder freigelegt wird und qualitative Sprünge sichtbar werden. Diese wiedergefundene und kunstvoll aufbereitete Bilder- und Hörwelt wird dann häufig gegen den Widerstand der "Fachpublikums" und des "öffentlichen Geschmacks" zur Reife gebracht. Es werden die "Dinge hinter den Dingen" wahrgenommen, es entsteht eine Transparenz, die das gesehene Bildobjekt zum Medium für Stimmungen, Gefühle und Weit- und Einsichten werden läßt. Die Impressionisten sind anfangs belächelt und boykottiert worden, weil sie darauf verwiesen, daß Objekte mehr als eine Dimension haben. Jazz wurde als Negermusik verteufelt, weil er zerrissene Gefühle, Trauer und Rhythmus, Leck-Mich-Am-Arsch-Botschaften und Gemeinschaftsgefühl, Synkopen und neue Harmonien miteinander verbinden konnte. Das sind durchweg schöpferische Prozesse, die über dissoziierendes Erleben erst angestoßen werden. Oder, wie könnte es sonst erklärt werden, daß in einem mit Alkohol oder anderen Drogen schachmatt gesetzten Körper plötzlich klangliche Visionen entstehen (Miles Davis´ Autobiographie beispielsweise erzählt davon), die sofort beim nächsten Auftritt in eine Gruppenleistung transformiert werden können, wenn doch der Körper im assoziierten Zustand kaum mehr als Elendssignale aussendet.

Die Aufforderung dieser Übungseinheit in einem Satz: **Entdecken und nutzen Sie Ihr schöpferisch-dissoziatives Potential.**

Der erste Nutzen, den Sie davon haben, ist die Erkenntnis, daß Sie im Laufe Ihres Lebens unbewußt schon eine ganze Reihe von nützlichen Schätzen angesammelt haben. Nun geht es darum, diese Schätze zu sortieren und sie für weitere sinnvolle Tätigkeiten einzusetzen. Die letzte Übungseinheit leitete Sie dazu an, einmal eine andere als die gewohnte (assoziierte) Position einzunehmen. In dieser Übungseinheit werden Sie feststellen, daß Sie diese Fähigkeit längst besitzen und wahrscheinlich schon oft unbewußt anwendeten.

Im Zusammenhang mit den vorigen Übungen wächst damit weiterhin Ihr Repertoire an Alternativen, die Sie in die Lage versetzen, **a) flexibel auf streßerzeugende Situationen in der Gegenwart reagieren zu können, b) Ihre Vergangenheit nach Behinderungen und günstigen Entwicklungsbedingungen analysieren zu können und c) Ihr Potential für Zukunftsaufgaben in beruflicher und privater Hinsicht aktivieren zu können.** Das kann zur Folge haben, und wir wünschen es Ihnen sehr, daß Sie Ihren Arbeitsplatz mehr noch als bisher als Experimentierfeld für lustvolles Lernen peu à peu erschließen.

Der dritte Nutzen ist der, daß Sie Appetit bekommen können auf neue Formen der Wahrnehmung, auf Formen, die bisher in Ihrem Repertoire noch nicht angelegt bzw. blockiert waren. Sie dürfen sich also weiterentwickeln.

 Da die Anforderungen zunehmend komplexer werden, möchten wir Sie im Vorwege über die wichtigsten Komponenten dieser Übungseinheit informieren. Wir greifen zunächst 3 im Alltag häufig auftretende Situationen heraus ("bedrohlich-aggressiv", "belastend" und "freudig-euphorisch") und erweitern anschließend Ihre dissoziativen Fähigkeiten um eine visuelle und eine akustische Variante. Die ersten beiden Übungen beschäftigen sich mit vorprogrammierten Reaktionsweisen, die in ihrer Anzahl recht beschränkt sind. Wir haben nämlich nicht mehr als drei "Dispositionen" zur Verfügung, mit denen unser Körper auf fremde oder unangenehme Reize reagieren kann: Wir können fliehen, wir können aggressiv gegen den verursachenden Reiz vorgehen und wir können uns totstellen. Die drei Dispositionen sind auch unter den Begriffen **Flucht-/ Kampfreaktion und Verhaltenshemmung (auch: hypotone Schreckreaktion)** bekannt geworden.

Jeder dieser Zustände besteht aus einem besonderen körpereigenen, biochemischen Cocktail an Neuro-Transmittern, Hormonen und Neuropeptiden, der sozusagen im Reagenzglas bestätigt werden kann und den Rückschluß auf die gerade gelebte "Emotion" erlaubt. Davon hebt sich wohltuend das Thema der dritten Übung ab, das Appetenzverhalten, die Annäherung an ein begehrtes Objekt. Hier wird ein anderer, stimulierender Cocktail zubereitet. Zurück aber zu den unangenehmeren Erscheinungsformen:

Falls uns etwas nicht geheuer erscheint, dann erfolgt zunächst eine **Orientierungsreaktion** und, beim Vorliegen eines aversiven Reizes, eine der drei genannten inneren Reaktionen, die sich dann im Verhalten entäußern. Die Nahtstelle zwischen innerer und äußerer Reaktion wird häufig durch einen **verbalen Kommentar, eine innere Aufforderung** etwa der Art: "Den machst du fertig", "Nichts wie weg hier", oder "Hoffentlich nicht auffallen" markiert.

Diese drei Reaktionen sind rudimentäre Verhaltensschemata auf Streßreize hin, die in der Regel aber selten gelebt werden können. Wir würden in Teufels Küche kommen, würden wir jederzeit einem der drei atavistischen Impulse zur Streßbewältigung folgen. Diverse Sozialisationsprozesse haben dafür gesorgt, daß wir bei Streßereignissen mit mittlerem bis geringem Belastungsgrad mit halbwegs tolerablen Verhaltensweisen reagieren, während in Extremsituationen die ursprünglichen, groben Reaktionsschemata zum Vorschein kommen. Nervenzusammenbrüche, Amokläufe und Suizidhandlungen zeigen an, daß die sozial erworbenen Feinabstimmungen auf Streßreize hin versagt haben. Neben den sozial erworbenen Antwortmöglichkeiten auf Streßreize gibt es aber die für uns hier interessanten Möglichkeiten individueller Kontrolle über eine belastende Situation: Wir haben gelernt, innerlich **umzusteigen, umzuschalten, wir distanzieren uns** von einer belastenden oder bedrohlichen Situation und entschärfen sie dadurch. Zwischen der bedrohlichen Situation und deren Entschärfung findet ein Strategiewechsel statt, der meist durch eine starke motorisch-kinästhetische Reaktion eingeleitet wird. Wir schütteln uns, machen eine unwirsche Bewegung, wir holen tief Luft, ballen die Fäuste, ziehen den Kopf angriffslustig zwischen die Schultern und leiten damit eine Bewältigungsstrategie ein, die beispielsweise durch den Wechsel in ein anderes Repräsentationssystem bestimmt ist. Um uns gänzlich in ein ruhigeres Fahrwasser zu bringen, vollziehen wir in einem weiteren Schritt die Abstraktion von unserer Person, indem wir uns von außerhalb unserer Körpersphäre wahrnehmen, wir dissoziieren uns. In der letzten Übungseinheit haben Sie ja schon ausprobieren können, wie Sie sich aus einer anderen Perspektive erleben. In diesem Kapitel können Sie dann entweder mit den Übungen "Das Bild lernt laufen" und "Was hören meine Schülerinnen?" Ihre Fähigkeiten zur Dissoziierung verfeinern, oder sie von Grunde auf erlernen. Zunächst jedoch können Sie anhand der Übungen "Bedrohlich", "Belastend" und "Freude und Euphorie" herausfinden, über welche Möglichkeiten des Belastungsmanagements Sie jetzt schon verfügen.

Zwei Strategien des Umsteigens können wir Ihnen empfehlen:

A: Der Wechsel in ein anderes Repräsentationssystem (s. Kapitel "Landkarte")
Beispiel: Schüler X zeigt mir in seiner Wut seinen "Stinkefinger". Ich spüre, wie mich der Zorn packt, mir das Blut in den Kopf steigt, mir der Atem stockt usf. Als ich es kaum noch ertragen kann, gebe ich mir einen Ruck, schaue aus dem Fenster, sehe, wie draußen im Regen jemand gegen das Wasser und den Wind ankämpft, stelle mir vor, wie es mir da draußen jetzt erginge, wie ich mit nahezu blinden Augen mir meinen Weg suchen müßte. Als ich wieder in das Klassenzimmer zurückkehre, sehe ich einen kleinen Burschen vor mir, der wegen seiner Geste am liebsten im Boden versinken möchte...

B: Der Wechsel innerhalb des selben Repräsentationssystems auf neue Objekte oder Sinnesinformationen
Beispiel: Eine Schülerin fällt in der Pause auf dem Hof so schwer auf eine Steinumrandung, daß sie blutüberströmt benommen liegen bleibt. Ich merke, wie mir das Blut aus dem Kopf nach unten sackt, mir wird schwarz vor Augen, meine Beine geben nach. In diesem Moment reiße ich mich zusammen, balle die Fäuste, trete ein paarmal fest auf den Boden auf, spüre die Spannung in meinen Händen und Armen, ich achte auf meine Atmung, zwinge mich, ruhig und tief Luft zu holen und komme dem Mädchen zu Hilfe.

Ein geglückter Wechsel wird sofort durch Angstreduktion und Spannungsänderungen belohnt (Anspannung/Tonisierung bei Schreckreaktionen mit hypotonem Charakter und begleitender Verhaltenshemmung; Spannungsminderung bei Angriffs- und Fluchtimpulsen). Wir benutzen zur Überprüfung interne Vergleichsprozesse, die körperliche Zustandsveränderungen registriert und zueinander in Beziehung setzt. Der Vorgang läßt sich mit einer Rückkoppelungsoperation beschreiben. MILLER/GALANTER/PRIBRAM (1960/1973) entwickelten ein Modell internaler Vergleichsoperationen, die zum sichtbaren Verhalten führen, die T-O-T-E-Einheit. Diese Struktur läßt sich auf die hier beschriebenen Bedingungen anwenden:

Test	Ein bestimmter körperlicher Zustand wird nach der ersten, vorprogrammierten Orientierungsreaktion und der darauffolgenden Bewältigungsreaktion überprüft (Schreck, Wut etc. mit den entsprechenden körperlichen Komponenten).
Operation	Strategie A und/oder B wird durchgeführt.
Test	Ein erneuter Test des körperlichen Zustands wird nach dem Durchlaufen der gewählten Strategie eingeleitet.
Exit	Falls der Zustand als angenehmer empfunden wird, wird die Strategie unter "erfolgreich" verbucht und wird in Zukunft häufiger gewählt werden, sie wird zur Gewohnheit. Wird der Zustand nicht als befriedigend erlebt, dann wird die Strategie solange wiederholt oder durch eine effektivere ersetzt, bis die Vergleichsoperation zu einer positiven Bilanzierung führt.

Für die visuelle Speicherung noch einmal im Bild:

(Ausführlich beschäftigen sich DILTS, BANDLER und GRINDER mit der T-O-T-E-Einheit in: Strukturen subjektiver Erfahrung, Junfermann, Paderborn 1985)

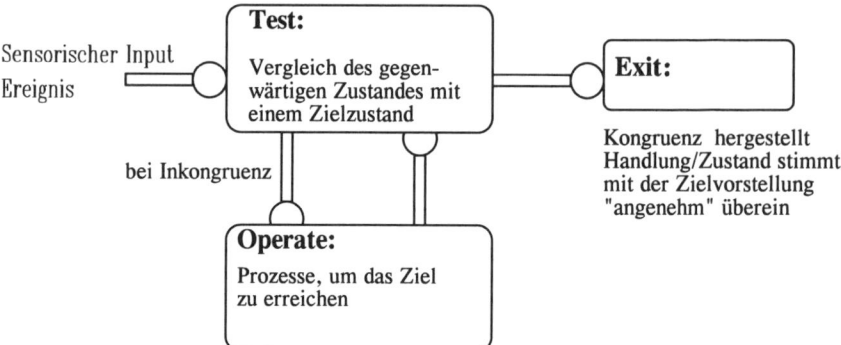

Damit Sie Gelegenheit haben, Ihre eigene Dissoziationsfähigkeit in Situationen mit starker emotionaler Beteiligung aufzuspüren, benennen wir drei Ausgangslagen, in denen üblicherweise eine Bewältigungsstrategie eingeleitet wird. Die Instruktionen dazu lesen Sie sich bitte vorher genau durch, bei der Auswertung Ihrer Reaktionsvarianten hilft Ihnen der anschließende Fragenkatalog.

ÜBUNG: Bedrohlich

INHALT UND ZIELE
Sie erinnern eine bedrohliche Situation und lernen Ihre Bewältigungsstrategien kennen, die aufgeschlüsselt werden können nach den drei Grundtypen menschlicher Reaktionsschemata (Angriff, Flucht, Schreck- bzw. Vermeidensreaktion) und nach der Art Ihrer Dissoziierungstechniken. Die Ziele: Aktivierung und Kenntlichmachung Ihrer eigenen Ressourcen und das Aufspüren unangemessener Reaktionsformen, damit Sie im Unterricht für analoge Situationen gewappnet sind.

EINLEITUNG
An bedrohlichen Situationen können Sie aktiv oder passiv beteiligt gewesen sein, Ihr Körper reagiert in beiden Fällen ähnlich. Zur Bewältigung leiten Sie wahrscheinlich unbewußt und bewußt Prozesse ein, deren Nützlichkeit Sie hier überprüfen können.

1. Es ist nicht notwendig, sich intensiv auf das Wiedererleben einer bedrohlichen Situation vorzubereiten, eher im Gegenteil, da Angstgefühle schnell zu evozieren sind. Wir raten Ihnen deshalb, diese Übung an einem Ort zu absolvieren, der mit Alltagsankern belegt ist, wie Arbeitstisch, Eßtisch usw. Sie brauchen nur soviel an Reaktionen zu spüren, wie Sie zum Registrieren benötigen.

2. Falls Sie wieder in einen Angstzustand kommen, nehmen Sie die Re-Orientierungstechnik aus dem Anhang zu Hilfe.

3. Sobald die Erinnerung auftaucht, orientieren Sie sich am Fragenkatalog, lassen Sie nicht erst die Erregung ansteigen. Denken Sie daran, daß Sie diese Situation schon einmal überstanden haben, und zwar offensichtlich so gut, daß Sie diese Situation für diesen Übungszweck aussuchen werden.

4. Gestatten Sie jetzt Ihrer Erinnerungsfähigkeit, eine damals bedrohliche Situation auszuwählen, um Ihre Gegenstrategien genauer kennenzulernen.

ÜBUNG: Belastend

INHALT UND ZIELE
Analog zur ersten Situation werden hier dissoziative Selbsthilfestrategien angesprochen und kenntlich gemacht. Deren Nützlichkeit soll bestätigt und/ oder optimiert werden.

EINLEITUNG
Belastende Situationen sind überall anzutreffen. Suchen Sie sich eine aus, die Sie schon einmal bewältigt haben. Dazu könnten Sie Ereignisse wie Krankheiten, Operationen, Arbeitsplatzwechsel o.ä. verwenden.

1. Wenn Sie die Situation Ihrer Meinung nach gut bewältigt haben, können Sie etwas intensiver in die Erinnerung einsteigen. Wenn Sie sich einer erfolgreichen Bewältigung nicht sicher sind, würden wir Ihnen raten, sie nur vorsichtig anzutasten und anschließend sich mit dem Streß-Immunsierungs-Training zu beschäftigen.

2. Sollten die Gefühle zu stark werden, greifen Sie zur Re-Orientierungstechnik.

3. Orientieren Sie sich auch hier am Fragenkatalog, sobald Sie erste Körperreaktionen verspüren. Achten Sie hauptsächlich auf die Bewältigungsmuster. Gestatten Sie sich jetzt, eine belastende Situation auszuwählen, um Ihre entsprechenden Fähigkeiten kennenzulernen.

ÜBUNG: Freude und Euphorie
INHALT UND ZIELE
Freude und Euphorie können den Körper gewaltig strapazieren. Die Steigerung von Blutdruck, Puls und Atmung wie auch häufig gegenläufige Reaktionen mißgünstiger Zeitgenossen müssen bewältigt werden. Besonders aufreibend kann es für Sie werden, wenn Sie es gewohnt sind, Ihre Freude zu verstecken, Ihre Reaktionen unter Kontrolle halten zu müssen.

EINLEITUNG
Stellen Sie sich intensiv vor, wie Sie das letzte Mal durch irgendein Ereignis in einen freudigen Zustand geraten sind und wie Sie schließlich anders reagiert haben, als Sie es "eigentlich" hätten machen wollen (mit Freudenschreien, Tränen oder Hopsern über den Bahnsteig auf die Person zu, die Sie sehnsüchtig erwarteten...).

1.   Hier raten wir Ihnen, im Gegensatz zu den beiden vorigen Übungen, sich so intensiv wie nur möglich in den Zustand zu versetzen.

2.   Finden Sie keine derartige Situation, dann kramen Sie eine aus der Kindheit heraus, in der Sie gebremste Freude empfanden.

3.   Die Bewältigungsstrategien sind hier zweitrangig. Es kommt darauf an, daß Sie Ihre Beschränkungen in puncto Freude und Ausdruck von positiven Gefühlen spüren und den Wunsch entwickeln, ungehemmt genießen zu können. Aber...

4.   Im Kolleginnenkreis kann es auch Anstoß erregen, wenn Sie sich - ohne ersichtlichen Grund - zu freuen beginnen. Können Sie die Reaktionen aushalten?

FRAGENKATALOG ZU DEN VORIGEN ÜBUNGEN

Was war meine allererste Reaktion nach dem Ereignis?

Typ Angriff: Konfrontation; Ärger; Wut; Dinge regeln, die damit in Zusammenhang stehen usw.
Typ Flucht: Weglaufen; motorische Unruhe; vertraute Orte aufsuchen; Schutz und Trost bei anderen suchen usw.
Typ Schreck: Ohnmächtig o. schwindelig werden; körperliche Beschwerden, keinen klaren Gedanken fassen können usw.

Welche körperlichen Reaktionen stehen im Vordergrund, bzw. woran könnte ich erkennen, daß es sich um Bedrohung, Belastung oder Freude handelt?

Welche dissoziativen Methoden habe ich, rückblickend, wahrscheinlich angewendet? Bin ich von einem Sinnessystem auf ein anderes umgestiegen oder habe ich innerhalb eines Sinnessystems den Fokus gewechselt?

Wie hat mein Körper darauf reagiert, habe ich Erleichterung verspürt?

Was hat mir zusätzlich geholfen, mit dieser Situation fertig zu werden?

Was würde ich heute in einer ähnlichen Situation machen, reichen meine bisherigen Fähigkeiten zu deren Bewältigung aus? Sind meine Strategien empfehlenswert und übertragbar auf viele ähnliche Situationen?

Die nächsten Schritte innerhalb dieser Übungseinheit dienen der Entdeckung oder Kultivierung dissoziativer Fähigkeiten. Sie können die Übungen in modifizierter Form auch mit Ihren Schülerinnen durchführen, dann sollte allerdings gelten, daß Sie sie selbst vorher ausprobiert haben.

ÜBUNG: Das Bild lernt laufen

INHALT UND ZIELE
Eine eingefrorene Bewegung wird wieder flüssig gemacht und in eine Geschichte eingebunden. Anhand einer Vorlage oder einer gut erinnerten Situation lernen Sie, Ihre Erinnerungsinhalte aus unterschiedlichen Kontexten miteinander zu vermischen, sie zu dynamisieren. Ziele sind: Steigerung der Schnelligkeit des Dissoziierens und des freien, assoziativen Umgangs mit den inneren Bildern. Sie erweitern damit Ihr kreatives Potential, das Sie benötigen, um in schulischen Streßsituationen flexibel zu bleiben.

EINLEITUNG
Es ist nicht nötig, daß Sie mit einem vergilbten Foto anfangen. Es kann genausogut ein Urlaubsfoto vom letzten Jahr sein oder der Schnappschuß von der letzten Klassenreise.

1. Nehmen Sie zum Einstieg ein Bild, dessen Kontext, dessen Zustandekommen noch genauestens bekannt ist, schauen Sie es sich eine Weile an, schließen Sie die Augen, lassen es bei geschlossenen Augen vor sich erscheinen und setzen es langsam in Bewegung. Wenn Ihnen die ursprüngliche Situation nicht mehr einfällt oder sie Ihnen nicht angenehm ist, konstruieren Sie eine wahrscheinliche Aktion hinzu. Wir setzen voraus, daß Sie Ihren Erlebensplatz aufgesucht haben, einigermaßen entspannt sind und sich den Kopf freimachen konnten (s. Anhang).

2. Macht die Vorstellung Schwierigkeiten, dann sehen Sie sich alte Film-Videoaufnahmen von sich als Kind an. Oder Sie borgen sich eine Videokamera und zeichnen ein paar Spots auf, die Sie sich dann zuerst anschauen und dann bei geschlossenen Augen in gleicher Weise noch einmal ablaufen lassen. Erleichternd kann auch sein, daß Sie zunächst schwarz/weiß wahrnehmen und erst später die Farbe hinzumischen.

3. Wenn Sie erste Erfolge verzeichnen, lassen Sie den Film rückwärts laufen. Schauen Sie sich ihn in der Negativ-Kopie an. Machen Sie das Ganze mit geöffneten Augen.

4. Wenn Ihnen die Übung zu Ihrer Zufriedenheit gelungen ist, dann loben Sie sich. Wenn Sie noch nicht zufrieden sind, finden Sie heraus, welche Stelle besonders schwerfiel. Machen Sie dann kleinere Übungseinheiten daraus.

Zu der folgenden akustischen Dissoziationsübung noch ein Beispiel aus der Arbeit mit einem stark verhaltensauffälligen Schüler, und anschließend einige ergänzenden Bemerkungen:

D., 12 Jahre, besucht die 7. Klasse einer Hauptschule. Er ist extrem schwer beschulbar, da er durch permanente Verweigerung, durch offene Aggressionen und durch provokatives Verhalten durchweg Ablehnung hervorruft. Seiner Meinung nach ist "alles Scheiße". Als quasi letztes Mittel, wohl auch, um ihm einmal den "Ohren"spiegel vorzuhalten, bekommt er Gelegenheit, auf ein Kassettentonband zu sprechen. Die ersten 2-3 Wochen lang redet er nur "Alles Scheiße, alles Scheiße, eine verdammte Scheiße..." auf das Band. Dann auf einmal fing er an, über das, was er sagte, zu lachen. Der erste Schritt war erreicht, er war in einem anderen Zustand (lachen) gelandet. Er wurde neugierig und ließ sich von seiner eigenen - dissoziierten - Stimme nunmehr die Begründungen für seinen miserablen Zustand mitteilen: "Alles Scheiße, weil..." Allmählich wurden seine Aussagen, vermittelt über die dissoziierte eigene Stimme, immer differenzierter. Er entdeckte auf einmal eigene

Ressourcen und konnte sie formulieren, mußte es sich sehr oft aber external, vom Band, bestätigen lassen.
Über seine Ressourcen konnte er dann mit anderen kommunizieren und war schließlich so weit, Lob und Kritik auch von anderen annehmen zu können.

Aus einem drop-out, der sich in keiner Weise am Unterricht produktiv beteiligte, wurde ein freundlicher und sozial gut akzeptierter Schüler, der ein sehr befriedigendes Praktikum im Krankenhaus absolvierte und einen guten Hauptschulabschluß bekam.

Zur akustischen Dissoziation: Diese ist u.U. schwieriger durchzuführen als die visuelle, weil wir es zwar gewohnt sind, uns ab und zu im Spiegel zu sehen, aber nicht, uns zuzuhören. Unsere Stimme klingt dann, wenn wir sie so hören, wie sie andere normalerweise vernehmen, außergewöhnlich fremd. Wenn wir aber in die Materie einsteigen, können wir vier Stimmqualitäten unterscheiden:

1. die Stimme, die wir hören, wenn wir laut reden (externale Stimme)
2. die Töne und Vibrationen, die an die externe Stimme geknüpft sind, die aber nicht vom Ohr, sondern von unserem Körper registriert werden
3. die vielen inneren eigenen Stimmen, die in den verschiedenen Lebensepochen jeweils den Ton angaben (die Kinderstimme, die laute Jungen/Mädchenstimme, die Stimme kurz vor und lange nach dem Stimmbruch, die Erwachsenenstimme)
4. die vielen inneren Stimmen anderer Personen, die uns verboten, geschmeichelt, getröstet, verwöhnt, gescholten und gelangweilt haben.

Diese inneren Stimmen (s.a. die Übung: "Bestandteile der Wahrnehmung"), die uns in den meisten Fällen nicht bewußt sind, steuern uns heftiger, als uns lieb ist. Nicht nur, daß wir permanent mit uns monologisieren in einer oftmals hochverdichteten Form, sondern wir sind beständig von einem Chor von Stimmen unserer früheren Begleiterinnen umgeben, die auch heute noch unser Leben buchstäblich be"stimmen".

"Mach das nicht, laß das, Hände weg, nicht so schnell, immer schön langsam, reg dich nicht auf, Blödmann, zwei linke Hände, nicht schon wieder, du darfst andere nicht stören, warte bis du dran bist, wenn Erwachsene reden haben Kinder still zu sein, red gefälligst leiser/lauter, häng nicht so rum, erst das eine dann das andere, sei nicht so vorlaut, wasch

dir gefälligst die Hände, leg die Hände auf den Tisch, nimm das Messer in die rechte Hand."

In diesem Beispiel sind das Stimmen, die dazu beigetragen haben, daß wir die **physiologische Reaktion der Verhaltenshemmung** perfekt erlernt haben.

Sie können sich einmal den Spaß machen, die inneren Stimmen zu identifizieren, die die **Kampfreaktion und die Fluchtreaktion** begünstigen:

Kampfreaktion: "Laß dir nichts gefallen..."
....
....
....

und Fluchtreaktion: "Der Klügere gibt nach..."
....
....
....
als Einstieg.

Geben Sie der akustischen Dissoziierungsübung am besten experimentellen Charakter. Entdecken Sie alte-eigene und alte-fremde Stimmen, verändern Sie sie, indem Sie die Stimmen heller, schneller, langsamer werden lassen, sie Mickey-Mouse-ähnlich, wie unter Wasser, weit entfernt, von der anderen Seite des Kopfes erklingen lassen etc. Aber, auch hier raten wir, sich auf Überraschungen gefaßt zu machen, denn wenn Sie experimentieren, verändern Sie die Submodalitäten und das kann die dort beschriebenen Auswirkungen haben. Dennoch, das Experimentieren lohnt sich. **Kreieren Sie motivierende und aufbauende eigene Stimmen für unterschiedliche Anlässe.** Wenn Sie mit einer Stimmqualität zufrieden sind, lassen Sie sie lauter werden, so daß sie in Ihren Ohren dauerhaft erklingt und bei Bedarf dann schneller abzurufen ist.

Es schadet nichts, wenn Sie sich bei der akustischen Übung im Bild sehen. Im Gegenteil, Stimmen und Klänge sind ja abhängig von Bewegung. Die Übung dient dazu, vorübergehend den Schwerpunkt der Aufmerksamkeit auf die akustischen Merkmale der Handlung zu legen. Damit wird erreicht, daß wir immer mehr variationsfähige Anteile in uns etablieren.

ÜBUNG: Was hören meine Schülerinnen?

INHALT UND ZIELE
Hier haben Sie Gelegenheit, sich aus der Distanz zu hören und ggf. Ihre eigene Wirkung auf andere einschätzen zu lernen. Durch Veränderung Ihrer Stimmqualitäten bekommen Sie einen Höreindruck davon, wie Sie sich und Ihre Schülerinnen in einen anderen Zustand versetzen können.

EINLEITUNG
Wenn der Einstieg schwerfallen sollte, dann greifen Sie entweder eine gerade erlebte Realsituation auf und durchlaufen sie erst einmal assoziiert, oder, Sie bauen sich eine analoge künstliche Situation auf, indem Sie sich in Ihr Klassenzimmer hineinversetzen und so tun "als ob".

1. Reden Sie **laut** mit emotionsgeladener Stimme (Wut, Ärger, Freude). Hören Sie dem Klang nach. Wiederholen Sie den Vorgang und **kopieren ihn in die Vorstellung Ihres Klassenraumes und Ihrer Klasse hinein.** Probieren Sie solange, bis Sie ein klares Echo (in der Vorstellung) Ihrer Stimme erzeugen können.

2. Wählen Sie sich nun in der Vorstellung einen für Sie unüblichen Platz im Klassenzimmer und hören sich von dort aus zu. Lassen Sie sich vom Klang Ihrer Stimme beeindrucken und überprüfen Sie Ihre Körperreaktionen darauf.

3. Wenn dies gut gelingt, verfremden Sie Ihre Stimme, lassen sich als Kind reden, mit Piepsstimme, lassen sich eine disziplinarische Maßnahme singend vortragen und überprüfen jeweils wiederum Ihre Körperreaktionen.

4. Öffnen Sie in der Vorstellung weit die Fenster und hören sich vom Schulhof, von der Straße zu. Sprechen Sie (in der Vorstellung) mit doppelter, dreifacher Lautstärke und beachten Sie die dabei entstehenden Affekte.

5. Beantworten Sie sich dann folgende Fragen:

Ist die Stimme zu laut, zu leise? Mache ich zuviel, zuwenig Pausen? Spreche ich zu schnell, zu undeutlich, zu monoton? Verstehe ich den Menschen, der da gerade spricht, in seinem Affekt? Wirkt das überzeugend und steigt deshalb meine (zuhörende) Aufmerksamkeit? Was könnte ich an der Stimmqualität, an der Körperhaltung, am Blickkontakt oder an den Bewegungen im Raum noch verändern, damit der emotionale Gehalt besser verstanden werden kann?

> 6. Planen Sie Ihre Veränderungsschritte und nehmen Sie evtl. den New-Behavior-Generator (Anhang) zu Hilfe.

Ihre Erfahrungen in dieser Übungseinheit? Z.T. werden Sie sich bei der Ausführung schon Ihre Gedanken gemacht haben. Zum Abschluß des praktischen Teils dieser Einheit könnten Sie sich allerdings die Frage stellen, welche Art der Dissoziation Sie bevorzugen. Fällt es Ihnen leichter, visuell oder akustisch zu dissoziieren, benötigen Sie ein Bild, um an die akustischen Informationen heranzukommen oder geschieht es eher umgekehrt, daß Sie zuerst Stimmen und Klänge hören und sich dann erst das Bild aufbaut?

Wie deutlich sind Ihre inneren eigenen und fremden Stimmen, können Sie deutlich verschiedene Personen oder Entwicklungsepochen anhand der Stimmen unterscheiden? Haben Sie auf die Erleichterungen zurückgegriffen? Wenn ja, dann sind Sie experimentierfreudig und gründlich gleichermaßen.

Gleich zum Nutzen. Über das hinausgehend, was in den Übungen zuvor maßgebend und für Sie sinnbringend war, beabsichtigen wir mit diesem Abschnitt, Sie erleben zu lassen, wie ein Umschlag von passiv zu aktiv sich in der Befindlichkeit auswirken kann. An mehreren Stellen gab es eine Chance zur post-hoc-Veränderung einer als unumstößlich angenommenen Ausgangssituation. Wir möchten allmählich im Bewußtsein fest verankern - das geschieht am nachhaltigsten durch eigene Erfahrung - daß die eigene Geschichte nicht ein für alle mal abzuhaken ist ("Geschehen ist geschehen, nur schade, daß ich dazu 40 Lebensjahre verbraucht habe, um das endlich einzusehen"), sondern daß meine Geschichte der Fundus ist, aus dem ich mir eine bessere Lebensqualität konstruieren und schöpferisch erschließen kann.

Ein Beispiel mag das illustrieren: Während einer Supervisionssitzung berichtet eine Kollegin, wie sehr sie darunter leidet, daß sie zwei linke Hände habe. Zwei linke Hände ?

M.N.: "In welchem Alter haben Sie gelernt, zwei linke Hände zu haben?"
Koll: "......?....wieso gelernt, ich hatte sie immer schon."

M.N.: "Mir fällt es schwer, mir vorzustellen, daß ein Kind mit zwei linken Händen auf die Welt kommt."
Koll: "Alles, was ich angepackt habe, ging mir schief und das schon von klein auf."
M.N.: "Dann möchte ich Sie fragen, in welchem Alter Sie beschlossen haben, daß es vorteilhafter sei, zwei linke Hände zu haben?"
Koll: "Wie meinen Sie das? Ich habe doch nicht irgendwann beschlossen, daß ich dumm und unpraktisch bin."
M.N.: "Das glaube ich auch, Kinder denken so einen Unsinn nicht, sie werden höchstens dazu genötigt. Von sich heraus sind alle Kinder, sofern sie nicht extrem behindert werden, experimentierfreudig und erwerben sich ihre Geschicklichkeit, sozusagen im Handumdrehen."
Koll: "Ja natürlich, dazu animiere ich meine Schüler ja auch permanent, gerade die schwächeren."
M.N.: "Möchten Sie herausfinden, wer Ihnen so eine Dummheit eingeredet hat?"
Koll: "Selbstverständlich, das war schon immer etwas, was mir keine Ruhe gelassen hatte. Sie glauben gar nicht, was ich schon alles mitgemacht habe, nur um meine Geschicklichkeit zu verbessern, Töpferkurse, Volkshochschulkurse im Fahrrad-Reparieren, und alles solch ein Kram. Ich habe mir immer eingeredet, es habe auch eine schöpferische oder praktische Seite, aber im Grunde ging es immer nur um meine praktische Dummheit."
M.N.: "Gut, fangen wir an. Hören Sie sich einmal zu, wenn Sie sich sagen ' Zwei linke Hände' , im Stillen, Sie brauchen nicht laut zu reden."
Koll: "Ich höre es ganz deutlich..."
M.N.: "Von welcher Seite hören Sie es denn?"
Koll: "Na, von innen, aus dem Kopf heraus."
M.N.: "Können Sie das lokalisieren? Eher aus dem Hinterkopf oder aus der Richtung der Stimmbänder oder eher vom Scheitel her?"
Koll: "Nein"
M.N.: "Dann sagen Sie es sich bitte noch einmal und hören genau hin, ob Sie es jetzt orten können, ob Sie es stärker von oben oder unten, oder stärker von links oder rechts hören."
Koll: "Ich glaube... von links, von links oben, ja, genau, links oben und von hinten."
M.N: "Gut, ist es Ihre Stimme, eine Frauenstimme?"
Koll: "Nein,... eine tiefere Stimme, es könnte die Stimme meines Vaters sein... ja, das ist seine Stimme, ich erkenn´s an der Art, wie er 'zwei' sagt, ja, ich bin mir sicher."

Es folgte ein Zwischenschritt, in dem charakteristische andere Behinderungen und Urteile über das Mädchen zusammengetragen wurden. Die Kollegin spürt Ärger und Wut in sich aufsteigen.
Koll: "Dann hab ich das total vergessen, ich bin im Grunde immer nur gegängelt und eingeschränkt worden, und meistens von meinem Vater. Du bist dumm, Frauen sind ungeschickt, laß mich mal lieber machen, immer auf diese Art ging das."
M.N.: "Wir könnten jetzt an dem Ärger und der Wut weiterarbeiten, aber ich möchte Ihnen lieber etwas zum Kontrast mitgeben, damit Sie eine Auswahl haben, wenn wieder mal etwas ansteht, das Sie schaffen möchten. Sie treiben doch gerne Sport und spielen Handball?"
Koll: "Ja, leidenschaftlich gern."
M.N.: "Was machen Sie denn, wenn Ihr Team in eine kritische Situation gerät?"
Koll: "Ich feuer` die anderen an, sie sollen besser decken und so was."
M.N.: "Können Sie sich jetzt hören, wie Sie sich anfeuern?"
Koll: "Ja, klar."
M.N.: "Aus welcher Richtung kommt denn Ihre Stimme und wie klingt sie?"
Koll: "Laut, und voll, sehr kräftig, klingt gut. Sie kommt aus dem Bauch, mir läuft´s das Rückgrat runter, wenn ich sie höre."
M.N.:"Prima, lassen Sie versuchsweise die Stimme auch mal von links-oben-hinten kommen, in derselben Lautstärke und sagen Sie sich mit der Stimme 'Du schaffst das'."
Koll: "... Oh, mir wird ganz trieselig,... oh, das ist toll."
M.N.: "Was passiert denn?"
Koll: "Irgendwie geht der Druck auf der Brust weg..."
M.N.: "Sie atmen jetzt auch tiefer."
Koll: "Ich spür´s in den Händen kribbeln."
M.N.: "Sie sitzen aufrechter da als vorher."
Koll: "Stimmt, ich krieg´ mehr Luft und die Anspannung löst sich."

Der Ablauf dieser Sitzung ist authentisch, die wörtliche Rede ist nachprotokolliert worden. Das, worauf es hier ankommt, läßt sich mit einem Satz sagen: Die Übung <Aufdecken dissoziativer Fähigkeiten> ist prädestiniert dafür, verhaltensbeeinflussende hemmende Faktoren durch eine neue Sicht, einen neuen Standpunkt oder eine neue Hörrichtung aufzubrechen und es dem Kind in uns selbst zu erlauben, experimentierend älter zu werden und nachzureifen.

Für Ihren fachlichen Gebrauch: Das, was Sie für gut befunden haben, können Sie an Ihre Schülerinnen weitergeben. Nicht nur auf Klassenreisen sind solche Übungen ganz amüsant und bergen einen hohen Selbsterfahrungsanteil in sich, solange sie ohne Zwang und Überforderung, dafür mit Spaß und zwinkerndem Auge ausgeführt werden.

 Die nachfolgenden Übungseinheiten sind z.T. ähnlich strukturiert wie diejenigen, die Sie gerade absolviert haben. Der Schwerpunkt verändert sich aber nun stärker in Richtung Konstruktion neuer Erlebniswelten. Alle bisherigen Übungseinheiten dieses Kapitels werden in irgendeiner Form in den neuen Übungen enthalten sein. Wir brauchen sowohl die Erinnerungen wie die Submodalitäten, die Fähigkeit zur Dissoziation genau so wie den schnellen Wechsel von assoziiertem und dissoziiertem Erleben. Auf diesen Vorstufen läßt es sich schon gut stehen. Selbst wenn Sie aus irgendwelchen Gründen dieses Buch in die Ecke legten, Sie haben jetzt schon ein reichhaltiges Arsenal an diversen Fertigkeiten kennengelernt, mit dem Sie im Bedarfsfalle Ihren Schulalltag ein wenig ummodeln könnten.

3.1.5. Die Übungseinheit: 1 + 1 macht neu

Was hat der Strahl meiner Taschenlampe mit meinem Alter zu tun? Albert hat eine Antwort darauf gefunden. Was hat Sexualität mit Vergessen zu tun? Sigmund hatte eine Idee. Was hat Wasserdampf mit Fortbewegung, Mitteilungsbedürfnis mit unsichtbaren Wellen, Systematik mit Musik und das Händewaschen mit der Säuglingssterblichkeit zu tun? Einstein, Freud, Stevenson, Bell, Bach und Semmelweis fanden vor allen anderen recht brauchbare Erklärungen.

In dieser Übungseinheit geht es darum, Erinnerungen aus unterschiedlichen Zeitabschnitten miteinander zu etwas Neuem zu verbinden.

Interessant könnte es werden, wenn Sie angeblich unvereinbare Dinge oder Erlebnisse so ineinander kopieren, daß sich Lösungen für alte Probleme abzeichnen, daß Sie Ideen für Ihre weitere Arbeit bekommen, oder daß Sie auf einmal in einem neuen Film landen, bei dem Sie Regie führen und Hauptdarstellerin sind.

Sie werden merken, daß in Ihrer Klasse die kreative Aktivität steigt, wenn Sie Ihren Schülerinnen z.B. die Frage stellen: Was hat Gewalt mit dem Wetterbericht zu tun?

Die für die Übungen notwendigen Strategien sind in der Übung selbst verpackt, ansonsten können Sie die bisherigen Instruktionen zu Rate ziehen.

Versuchen Sie einmal, die jeweiligen zwei angesprochenen Objekte in irgendeiner Weise aneinanderzukoppeln. Wiederholen Sie diese Übung in Ihrer Klasse und lassen Sie sich von den Ergebnissen überraschen. Entweder, Sie lassen jede Schülerin einzeln arbeiten und die Fundstücke und Ideen aufschreiben, oder Sie arrangieren das als Brainstorming in der Klasse, so daß sich die Schülerinnen gegenseitig inspirieren können.

Verbinden Sie...	mit
Apfel	Bügeleisen
Chromosom	Dauerwurst
Eselsohr	Flaschenhals
Gartenzwerg	Haarfön
Installateur	Jaguar

Die Verbindung von Menschen und Objekten

v. Kleist	Lebertran
Mega-Star	Nudelholz
Ovomaltine	Papst
Quark	Regierungschef
Seifenschale	Tarzan

Andere Verbindungen

USA	Vatertag
Xenon	Yeti
Zufriedenheit	Albatros
Badeanstalt	C-Dur
Donnerwetter	Albernheit

ÜBUNG: Kleine Problemlösungen

INHALT UND ZIEL
Zwei vorher unabhängige Dinge werden miteinander verknüpft. Die Übung ist ein Einstieg in diejenigen Prozesse, die sowieso permanent in unseren Köpfen ablaufen. Hier können sie utilisiert werden, d.h. Sie suchen sich bewußt aus, welches mit welchem verbunden werden soll. Ziel ist die unkonventionelle Art, Probleme einer Lösung zuzuführen.

1.   Wenn Sie Gefallen daran gefunden haben, dann nehmen Sie ein Attribut oder einen Zustand, die für Sie Bestandteil eines Problems sind, z.B. "Sieglinde

ist zu laut in der Klasse" oder "faul" und machen sich ein Bild davon, indem Sie sich eine dafür passende Situation in Erinnerung rufen.

2. Dann nehmen Sie einen Bestandteil aus einem erwünschten Zustand, beispielsweise "auf der Wiese liegen" oder "kräftig", machen sich ebenfalls ein Bild davon und lassen die beiden interagieren.

3. Wechseln Sie dann schnell zwischen diesen beiden Bildern, bzw. Zuständen hin und her und erwarten Sie das Ergebnis. Es könnte sein, daß Sie eine Lösung erfunden haben, die Ihnen zunächst nicht als solche erscheint, weil sie Ihnen vielleicht zu banal oder zu abwegig vorkommt. Nehmen Sie trotzdem jede Lösung an, es kann sein, daß gerade hier, nicht unbedingt in der ersten Version, aber evtl. im Lösungsansatz, das Problem zu beheben ist.

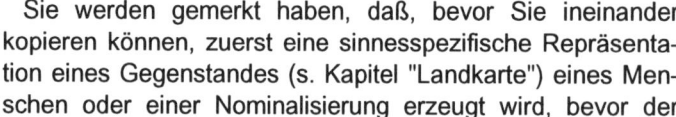
Sie werden gemerkt haben, daß, bevor Sie ineinander kopieren können, zuerst eine sinnesspezifische Repräsentation eines Gegenstandes (s. Kapitel "Landkarte") eines Menschen oder einer Nominalisierung erzeugt wird, bevor der zweite Inhalt erscheinen kann. Erst wenn beide Inhalte, wie auch immer, präsent sind, findet der eigentliche Integrationsvorgang statt. Sie können diesen Integrationsvorgang beschleunigen, indem Sie zunächst auf der einen vor das Gesicht gehaltenen Hand ein Bild erzeugen, so, als sei die Hand eine Projektionsfläche, und dann tun Sie dasselbe auf der zweiten Hand. Schließlich nähern Sie beide Hände aneinander an, während Sie beide - projizierten - Bilder fixieren, und legen die Hände aufeinander. Warten Sie auf das Ergebnis... es kann einen kleinen Moment dauern, bis Ihr Gehirn den Verschmelzungsprozeß durchgeführt hat und Ihnen neue emotionale Kommentare schickt. Diese kündigen sich oft durch ein wie immer geartetes "anderes Gefühl" bzgl. der erlebten Ausgangssituation an.

Diese Vorübungen leiten zu der nächsten Einheit über, die nach einem ähnlichen Muster gestrickt ist wie die Übungen im <Aufdecken dissoziativer Fähigkeiten>.

EINLEITUNG zur nächsten Übung
Suchen Sie sich dazu Personen aus, die stark emotional in einem positiven Sinne besetzt sind. Sie können sich mit dieser Übung auch an die Aufarbeitung problematischer Familiensituationen machen. Natürlich bietet sich jede andere Bezugspersonengruppe dafür ebenfalls an: der Pfadfinderclub, die Konfirmandengruppe, Ihre Prüfungsvorbereitungsgruppe.

ÜBUNG: Ich schaffe mir neue Schülerinnen an
INHALT UND ZIEL
Der spezifische Lernimpuls besteht darin, daß Sie erleben können, wie die Koppelung zweier emotionaler Zustände zu einem neuen emotionalen Zustand sich entwickelt. Das **Lernziel** bleibt in jedem Fall:

$$\text{Emotion} + \text{Emotion} = \text{eine neue Sicht- /Hör- und Fühlweise.}$$

1. Erinnern Sie sich an eine wunderschöne Situation in Ihrer Kindheit, die mit einer ganz bestimmten Person verbunden war, so, daß dieser Mensch für dieses wunderschöne Gefühl auch ad personam steht. Großmütter oder Großväter sind häufig derartige wertgeschätzten Menschen (obwohl sie ja für die Erziehung der eigenen Eltern verantwortlich waren).

2. Erinnern Sie so viele Details wie nur möglich und erfassen Sie einige Submodalitäten dieser Erinnerung (wie groß ist das Bild, wie weit entfernt vor dem inneren Auge, ist es hell oder dunkel, welche Farben, welche Temperatur herrschte damals, welche Gerüche, welcher Geschmack passen dazu? usw.). Während Sie das tun, schauen Sie dabei auf Ihre linke oder rechte Hand, oder, wenn Sie die Augen geschlossen haben, stellen Sie sich vor, daß Sie auf Ihre linke oder rechte Hand schauen. Dadurch wird dieses Wiedererleben **zusätzlich kinästhetisch** an Ihre ausgewählte Hand **geankert**. Wahlweise nehmen Sie ein weißes Blatt anstelle der Hand zu Hilfe.

3. **Unterbrechen Sie diesen Vorgang sobald Sie genügend Informationen gesammelt haben** und intensiv mittendrin gesteckt haben, indem Sie aufstehen, zum Fenster hinausschauen oder sonst etwas tun, was mit dem Ablauf nichts gemein hat (diese Unterbrechung trennt die emotional besetzten Zustände voneinander).

4. Anschließend suchen Sie sich eine zweite Situation aus, möglichst eine, die nicht so positiv besetzt ist. Nehmen Sie eine Ihrer Schülerinnen, die Ihnen in der letzten Zeit durch Verweigerung unangenehm aufgefallen ist, oder wählen Sie ein leicht belastendes Gespräch mit einer Kollegin aus, das Sie unzufrieden gelassen hat.

5. Gehen Sie genauso vor wie bei der ersten Situation, nur, daß Sie **jetzt die andere Hand** zur kinästhetischen Verankerung benutzen, oder ein zweites weißes Blatt damit belegen. Versuchen Sie, einige Submodalitäten der visuellen Wahrnehmung zu registrieren. Haben Sie auch hier intensive Gefühle, dann bringen Sie die beiden Hände, während Sie darauf schauen, langsam zueinander und lassen sie sich berühren.

 An dieser Stelle können unerwartete Effekte eintreten, sei es, daß Ihre Hände Ihnen den Dienst verweigern und sich nicht zusammenfinden, sei es, daß Sie von starken Gefühlen überflutet werden, die Sie nicht einordnen können. Beide Effekte haben ihren Grund, sie sind nicht außergewöhnlich, sondern es sind Reaktionen unterschiedlicher Genese. Im ersten Fall wahrscheinlich der innere, unbewußte Wunsch, die geschätzte Person nicht in das Klassenmilieu mit hineinzuziehen, oder Sie möchten nicht, daß Ihnen die guten Gefühle geschmälert werden. Im zweiten Fall kann es sein, daß Sie von Gefühlen deswegen überrollt werden, weil Sie ähnliches noch nie erlebt haben, daß nämlich eine Person von einem Gefühlsraster (Ablehnung) in ein anderes Muster (Wertschätzung, sich wohlfühlen) hineinverwoben wird.

Wenn Ihnen das wie Spinnerei vorkommt oder an den Haaren herbeigezogen erscheint, dann probieren Sie es, unter den mittlerweile bekannten Vorsichtsmaßnahmen selbst aus. Nichts ist so überzeugend wie die eigene Erfahrung.

 Wenn bei Ihnen einer dieser beiden Effekte auftritt, können Sie im ersten Fall:

- jemanden bitten, Ihnen die Hände zusammenzuführen;
- auf die Zusammenführung verzichten und sich die Frage stellen, was hinter dieser Weigerung stecken könnte.

Im zweiten Fall:
- könnten Sie das erste Gefühl genießen und die folgenden Empfindungen (evtl. Traurigkeit oder Ärger oder Ungeduld) registrieren und sich selbst versprechen, daß Sie sich um die dann aufgeworfenen Fragen noch kümmern werden.

 Für die **individuelle Auswertung** einige Stichworte:

Wie leicht fiel es mir, die Bilder auf meine Hände/die weißen Blätter zu projizieren?

nicht möglich ¤ **hatte Schwierigkeiten** ¤ **nicht vollständig** ¤ **leicht** ¤ **sehr leicht**

Es fiel mir leichter, die **angenehme** ¤ **unangenehme** Situation zu projizieren.

Die begleitenden Empfindungen bei der Verschmelzung waren:
....

Die Verschmelzung konnte ich
garnicht ¤ **nur sehr schwer** ¤ **mit leichtem Widerstand** ¤ **leicht** ¤ **sehr leicht**
vollziehen.

Folgende Anschlußgefühle sind nach dem ersten Gefühl (Bewertung der neuen Erfahrung) entstanden:
....

Ich werde mich in Zukunft wohl stärker mit folgenden Fragen beschäftigen:
....

(Die hier beschriebene Methode ist als **collapsing-anchors** bekannt).

 Persönlicher Nutzen und generelle Bedeutung der Fähigkeit, aus zwei Erfahrungen etwas Drittes zu generieren, wurden zwischendurch angesprochen. Für Ihre Arbeit könnte noch hinzukommen, daß dieses Know-how, das Sie sich bisher erworben haben, auch natürlich als Lehrmittel im Unterricht unter verschiedenen Aspekten eingesetzt werden kann. Kombinieren wir einmal die gerade absolvierte Übung mit den Basisfähigkeiten "Auf Erinnerungen zurückgreifen" und "Sinnesspezifische Wahrnehmung", dann können Sie Ihren Schülerinnen beispielsweise zeigen, und sie es erlernen lassen, wie:
defizitäre Erlebnisse verändert werden können.

Marja ist von einem älteren Schüler angepöbelt worden:
1. Sie erinnert sich an eine andere Situation, in der sie sich stark fühlte,
2. sie intensiviert die Erinnerung, indem sie ihre Sinneskanäle re-aktiviert (die Situation "stark" wird noch einmal gesehen, gehört, gefühlt, gerochen und geschmeckt).
3. Sie ankert diese wiedergewonnene, verstärkte Erinnerung und läßt sie mit der kürzlich erlebten Anpöbelei verschmelzen.
4. Sie bekommt eine Idee, wie sie bei einer zukünftigen Attacke kräftig kontern könnte.

- **Wie wird Lernmotivation aufgebaut?**
Hans ist verzweifelt, weil er eine Matheaufgabe nicht kapiert.
1. Er erinnert sich, wie er mit Leichtigkeit Aufgaben eines anderen Typs erledigte.
2. Er geht dabei seine sinnesspezifischen Erfahrungen durch und intensiviert das Erfolgserlebnis von damals.
3. Läßt diese beiden Situationen, die alte und die neue, miteinander verschmelzen.
4. Fühlt sich frisch und hoffnungsvoll und findet einen neuen Ansatz.

- **Wie ist störendes Verhalten in stärkere Eigenkontrolle zu überführen?**
Elvira ist Schülerin einer Schule für geistig Behinderte und leidet unter mangelnder Impulskontrolle, sie neigt dazu, andere bei der Arbeit zu stören, weil ihr gerade etwas einfällt, was unbedingt sofort erledigt werden muß. Hinterher ist sie über sich selbst sauer.
1. In einem Gespräch wird sie auf einige Gelegenheiten hingewiesen, bei denen sie früher kooperativ und abwartender war. Ihr werden noch einmal die Vorzüge dieses Verhaltens in Erinnerung gebracht.
2. Sie wird an alle Sinnesaspekte erinnert, sie hört, sieht, fühlt noch einmal, und erlebt ein weiteres Mal, dieses Mal bewußt, die Reaktionen der anderen auf ihr kooperatives Verhalten.
3. Am intensivsten Punkt dieser Wiedererinnerung wird sie gebeten, sich in Gedanken neben ihre Nachbarin zu setzen.
4. Sie wird ruhiger und schaut später, in der Realität, ihrer Nachbarin interessiert zu, wie sie ihr Bild zu Ende malt.

Diese Anregungen mögen ausreichen. Die Grenzen zwischen dieser Übung und der folgenden Übungseinheit sind fließend.

3.1.6. Übungseinheit: **Ich baue meine Welt**

H. wälzte sich unruhig hin und her, sie konnte nicht einschlafen. Morgen hatte sie ihre große Bewährungsprobe, das erste Mal allein vor Ihrer Klasse, als Klassenlehrerin. Niemand prüfte, krittelte, gab wohlmeinend lästige Ratschläge. Sie kannte die Klasse nicht, nicht die Kinder, wußte noch nicht einmal, in welchem Teil des Schulgebäudes sie unterrichten sollte. Sie hatte niemanden, der sie unter die Lupe nahm, bis auf die Kinder. Wenn sie ehrlich sein sollte, davor hatte sie am meisten Angst. Die sitzen einfach da, nichts weiter, sitzen da und warten, daß du gut bist, nichts mehr und nichts weniger. Sitzen da, einige haben genauso Schiß wie ich, aber die anderen, sitzen und warten, daß ich überschäume vor Ideen und guter Laune. Na ja, vielleicht haben alle Angst vor mir, umso schlimmer, die werden mich später fertig machen, wenn sie meine Schwachstellen rausgekriegt haben.

Jetzt, allein gelassen mit den Schatten und Lichtkegeln der vorüberfahrenden Autos an ihrer Zimmerwand, konnte sie sich so richtig nicht erklären, warum sie überhaupt hatte Lehrerin werden wollen. Sie war immer schon gewarnt worden, warum bloß, wollte sie nur den Spieß auch mal in der Hand halten? Die ganzen Demütigungen abstreifen und andere dafür...? Wohl nicht. Ihre eigenen Lehrerinnen waren, gelinde gesagt, zum Kotzen, der alte Stil, Stillsitzen und Hände auf den Tisch und sag deinen Eltern, sie sollen mehr mit dir üben. Aber das ist doch kein Grund, Lehrerin zu werden.

Verdammt, schon 0.30 Uhr und an Schlaf nicht zu denken... Sonja gab mir den Rat, wenn du nicht schlafen kannst, denk an was Schönes! Allerweltspsychologie, Blödsinn. Andererseits, schaden kann's auch nicht. Wann ging es mir denn das letzte Mal richtig gut?

Das war... vor ca. 3 Wochen... Panik im Kino, fast. Ich seh' gerade noch, wie hinter der Leinwand ein Lichtschimmer immer größer wird und ich steh auf, geh von meinem Randplatz ein wenig nach vorn... das war wichtig, daß ich nicht gleich rausgerannt bin, geh nach vorn, oh je, meine Knie und sage ganz ruhig aber laut genug. "Leute, es ist wohl besser, wenn ihr jetzt langsam aufsteht und einer nach dem anderen nach draußen geht, wir haben noch genügend Zeit..." Und alle, wie beim Feueralarm, schön langsam, keine Drängelei, die Herren besonders zuvorkommend, die ärmsten, die kommen auch nicht aus ihrer Haut heraus, in dem Fall war's wohl ganz gut. Und ich zum Schluß.

Der Filmvorführer hatte inzwischen aber schon die Feuerwehr alarmiert und zum Löscher gegriffen, egal, wußte ich ja nicht. Da gings mir gut, hinterher kamen noch ein paar auf mich zu und haben mir gratuliert, fand ich klasse... was, schon 7 Uhr !...

... Guten Morgen, Kinder, ich bin H.K. Wißt ihr, gestern konnte ich nicht einschlafen, weil ich ein wenig Angst hatte vor dem heutigen Tag und da habe ich mich an etwas erinnert, was mir vor ein paar Wochen passiert ist, da haben mir die Knie genauso gezittert wie jetzt, aber hinterher ging's mir gut und euch und mir nach dieser Stunde sicher auch.

Altes und bewährtes Verhalten soll also in einen neuen Kontext hinein verlagert werden. Es geht aber nicht nur um das Verhalten, sondern um sämtliche Komponenten des Erlebens, die aktiviert werden sollen. Das sichtbare Verhalten ist nur, um es vereinfacht zu formulieren, das Vehikel, mit dem die gesamte Physiologie und alle Emotionen der guten Art in den anderen Rahmen hineingearbeitet werden. Damit soll dreierlei erreicht werden:

a) Die Bewertung und das Erleben des Rahmens verändert sich zu unseren Gunsten, wir filtern andere Merkmale als ursprünglich heraus und zwar diejenigen, die uns weiterhelfen und das vorher erzeugte angenehme Gefühl unterstützen.

b) Es wird so etwas wie eine innere Konsistenz erzeugt, eine innere Stimmigkeit, die mir beweist, daß die Dinge, die ich mir erworben habe, nicht für die Katz sind, sondern vielseitig verwendet werden können. Das hat einen hohen Generalisierungseffekt.

c) Es steigert meine Risikobereitschaft und meine Zuversicht, mich in neuen Situationen mit meinen Mitteln behaupten zu können. Prognose hinsichtlich Eigenmotivierung für neue Aufgaben: außerordentlich günstig. Denn, ich habe nicht nur eine Fähigkeit, sondern viele, viele.

Die Motivation an dieser Stelle noch einmal zu betonen, erübrigt sich fast. Allerdings haben wir die Befürchtung, daß Sie nicht überzeugt sind, über viele brauchbare Fähigkeiten zu verfügen. Nun, wir meinen, Fähigkeiten sind und bleiben Fähigkeiten, gleichgültig in welchem Kontext sie erworben wurden. Einmal schwimmen gelernt und es wird nie wieder vergessen. Das heißt nicht, daß Fähigkeiten in jedem nur denkbaren Kontext auch sinnvoll Verwendung finden. Wenn ich gut Squash spielen kann, hätte ich Schwierigkeiten, dies in einer Auseinandersetzung mit meinem Vorgesetzten zur Geltung zu bringen. Aber, wie wäre es denn mit den Fähigkeiten, die gewissermaßen squashimmanent sind wie: Kraft, Ausdauer, Beweglichkeit, Rücksicht, Spontaneität, Geschicklichkeit, schnelles Reagieren, Bewegungen voraussahnen, sich auf eingespielte Bewegungen verlassen können usf. Diese "Unter"fähigkeiten von Squash könnten mir sehr wohl im Gespräch mit dem Schulleiter von Nutzen sein. Worauf es ankäme, wäre, sie soweit zu aktivieren, daß sie utilisierbar werden. Und genau das bezwecken wir mit dieser Übungseinheit.

Über Strategien brauchen wir wiederum nur wenige Worte zu verlieren, weil die Instruktionen die Strategien mit enthalten. Ansonsten, siehe vorige Übungseinheiten.

Zur Vorbereitung könnten Sie sich schon einmal überlegen, wann und bei welchen Gelegenheiten Sie eine eigens erworbene Fähigkeit bei einer anderen als der ursprünglich gedachten Verwendung eingesetzt haben, und, überprüfen Sie doch gleich mit, wie sich die Fähigkeit dabei verhalten hat. Hat sie sich abgenutzt oder gar ausgeweitet. Wenn es anfänglich auch stocken sollte, es lohnt sich, am Ball zu bleiben.

ÜBUNG: **Mein Direktor und ich, ich erfolgreich**

INHALT UND ZIELE
Die Übung gestattet den Transfer von Ressourcen in einen alten oder neuen Kontext, je nachdem. Haben Sie erst kürzlich Ärger mit Ihrem Vorgesetzten gehabt, dann ist sie bestens geeignet, nachträglich emotionale Restbestände an Ärger, Wut oder Hilflosigkeitsgefühle zu verkleinern. Werden Sie in Kürze eine Auseinandersetzung haben, dann ist sie auch dafür geeignet. Sie präparieren sich mit ihr, spielen die Realsituation sozusagen mit Ihren eigenen Karten vorher durch. Im Grunde ist sie eine recht komplexeTrainingseinheit, die sich beliebig intensivieren und ausweiten läßt.

Wir stellen das Schema zur Verfügung. Wenn Sie Spaß daran finden, können Sie sie selbst erweitern, mit Kolleginnen durchführen oder mit Ihren Schülerinnen ausprobieren.

EINLEITUNG
Der Grundsatz: "**Der Aufbau und die Durchführung der Übungen hat so zu geschehen, daß die emotionale Bilanz im positiven Bereich bleibt**" sollte hier besondere Beachtung verdienen. Denn bei Übungen, die den beruflichen Alltag betreffen, ist es naheliegend, daß sich nach der Übung ein Gefühl der Stärke und nicht ein Schwächegefühl einstellen sollte. Eine sichere positive emotionale Bilanz entsteht durch eine massive Bestückung mit positiven Erlebnissen oder mit einem außergewöhnlich starken Erlebnis und der Addition eines Erlebnisses mit relativ schwachen emotionalen Konnotationen.

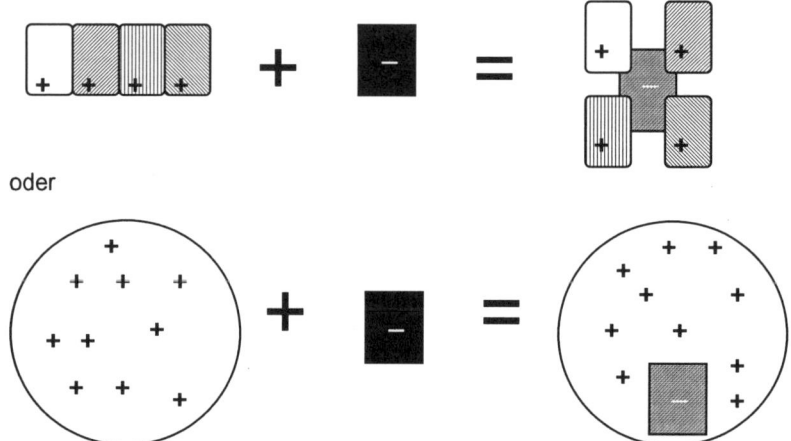

Die Erweiterungen der Übungen liegen auf der Hand: Nehmen Sie soviele schwach problematische Situationen, bis Sie ein Gespür für die Wirksamkeit entwickelt haben. Dann steigern Sie allmählich den Grad der emotional belastenden Situationen, aber immer unter den o.g. Vorsichtsmaßnahmen. Der Aufbau und die Stapelung der Ressourcen wie auch die Einbindung und allmähliche Auflösung problematischer und befürchteter Ereignisse sind Techniken des NLP mit universellem Charakter (stacking anchors/collapsing anchors, Phobiebehandlung etc).

INSTRUKTION
Als erstes werden Sie dafür sorgen, daß Sie sich mit **positiven Erlebnissen vollpumpen**. Geeignet sind Erlebnisse jeder Art, die mit "erfolgreich", "Stärke", "Sicherheit", "Flexibilität", "Einfallsreichtum" usw. zu tun haben. Anfangs scheint es etwas günstiger zu sein, Erlebnisse derselben Kategorie (erfolgreich in

puncto Durchsetzung) zu benutzen, falls sie in ausreichend starkem Maße zur Verfügung stehen. Sollte dies nicht sein, dann können Erlebnisse aus angrenzenden Kategorien ("geschickt im Umgang mit Menschen"; "erfolgreich bei der Bewältigung praktischer Aufgaben" o.ä.) herangezogen werden.

Gibt es auch dafür keine Vorlagen, dann können Sie Ihre Ressourcen aus anderen Bereichen dafür einsetzen. Das hat den Vorteil, daß Sie von Anfang an die Generalisierung von Fähigkeiten trainieren.

1. Suchen Sie sich einen Platz aus, an dem Sie alle positiven Erlebnisse nacheinander in die Erinnerung holen, die für die Übung brauchbar sind (das könnte z.b. Ihr Erlebensplatz sein).

2. Fangen Sie mit einem Erlebnis an, bei dem Sie sicher sind, daß 90 % der Erfahrungen positiver Natur waren.

3. Erleben Sie es - assoziiert - durch. Achten Sie also auf:
- das, was Sie genau gesehen haben
- das, was Sie gehört und gesprochen haben
- die Temperatur
- die Geruchsempfindungen
- den Geschmack
- sämtliche körperlichen Empfindungen, derer Sie habhaft werden können.

4. Wenn Sie wollen, ankern Sie diesen dann erreichten Zustand am Höhepunkt der Empfindung kinästhetisch, indem Sie sich eine Stelle an Ihrem Arm, an Ihrer Hand aussuchen und eine Hand oder einen Finger nehmen und diese Stelle spürbar drücken. (Dies ist dann hilfreich, wenn Sie in der späteren Realsituation Unterstützung brauchen.) Drücken Sie genau die vorher verankerte Körperstelle zum richtigen Zeitpunkt. Nehmen Sie nun eine nächste Situation und verfahren genauso, wie oben beschrieben.

6. Schätzen Sie ab, ob die Empfindungsstärke des positiven Zustands, den Sie sich gerade aufbauen, schon ausreicht, um mit einem Erlebnis der unangenehmeren Art fertigzuwerden. (Überschätzen Sie sich bitte an dieser Stelle nicht. Es hilft Ihnen nichts, wenn Sie sich sagen: "Das schaff' ich schon" und Sie spüren hinterher, daß das unangenehme Erlebnis doch eine stärkere Wirkung haben wird oder hatte, als Sie vermuteten.)

7. Nehmen Sie noch so viele positive Situationen mit in den dafür vorgesehenen Platz hinein, bis Sie sicher sind, daß Sie die Integration mit dem negativen Ereignis schaffen werden.

8. Wechseln Sie den Platz und u n t e r b r e c h e n Sie durch einen Blick nach draußen, durch herumhopsen oder durch sonst eine andere Tätigkeit.

9. Stellen Sie sich die unangenehme Situation ähnlich konkret vor wie die angenehmen. Allerdings, gehen Sie bei sehr unangenehmen Begleiterscheinungen nicht bis an den Höhepunkt des Erlebens heran. Das hat für den Erfolg der Übung keine negativen Auswirkungen und schont Sie zudem.

10. Ankern Sie diesen Zustand n i c h t, weder kinästhetisch noch sonstwie (er ist es schon genügend).

11. Unterbrechen Sie wieder.

12. Gehen Sie dann an den Platz des positiven Zustands, aktivieren Sie den Anker an Ihrem Körper durch Berührung und gehen dann, wenn Sie sich wieder so gut fühlen wie zuvor, langsam an den zweiten, negativ besetzten Platz und nehmen die dazugehörige Haltung ein.

Eine abschließende Bewertung: Im Körper habe ich gespürt: ....
....

Wenn ich jetzt die vorher negativ erlebte Situation bewerte, dann läßt sich sagen:
....

Ich könnte mir vorstellen, daß ich in Zukunft eine ähnliche Situation so gestalten würde (Überprüfen des Ergebnisses durch die Übertragung auf künftige Szenarien):

Meine Haltung..............................
Meine Atmung..............................
Mein Auftreten..............................
Meine Sprache..............................
Mein Blickkontakt..............................
Die Beendigung der Situation..............................

Nutzen und Rahmen dieser Übungseinheit sind hinlänglich oft angesprochen worden. Deswegen möchten wir an dieser Stelle im Sinne einer kognitiven Verfestigung einige Ergebnisse referieren, die dem Rahmen, in dem sich die Übungen bewegen, noch zusätzlichen Halt geben. Wie absolut notwendig für die emotionale Bewertung einer Situation die Rückmeldung von Körpersignalen ist, hat William JAMES theoretisch begründet. Diese Theorie (James-Lange-Theorie der Gefühle) wird auch heute noch in zentralen Teilen immer wieder bestätigt, ungeachtet der Tatsache, daß diese zwischen 1885 und 1890 entstanden ist. Ihre zentrale Aussage, daß es der **Rückmeldung aus der Körperperipherie** (Gesichtsmuskulatur, Herzrate, Hauttemperatur usw.) bedarf, **damit Gefühle überhaupt vollständig wahrgenommen werden können**, ist für das Erlernen von neuen Gefühlen von außerordentlicher Bedeutung. Deswegen legen wir großen Wert auf die Auswertungsbögen und auf die Beachtung der Körpersignale, **weil erst durch die bewußte Zuordnung und kognitive Integration von Körpersignalen und emotionaler Benennung ein dauerhafter Zustand entstehen kann, der die Übungseffekte zu soliden Eigenschaften werden läßt.**

EKMAN et al. (1983) haben herausgefunden, daß allein bei der **Vorstellung** von Gefühlen sich **unterscheidbare physiologische Reaktionsmuster** entwickeln. Gute Schauspielerinnen sind unseres Erachtens nach nicht gute Schauspielerinnen, weil sie gut Schau **spielen**, sondern weil sie das, was sie spielen, im ganzen Körper, mit ihren ganzen psychischen und motorischen Möglichkeiten **erleben.**

CLYNES (1975) zeigte, wie sich **Gefühle einstellten** beim **Nachfahren eines bestimmten Musters,** das vorher mit Hilfe eines sog. Sentographen aufgezeichnet wurde. Dieser Sentograph registriert horizontale und vertikale Mikrobewegungen der Muskulatur eines Fingers, die bewußt nicht wahrgenommen werden können.

Soweit die theoretische Untermauerung unserer Absicht, Sie zu ermuntern, sich Ihrer Gefühle, Ihrer Körperreaktionen zunehmend bewußter zu werden. Das hat mit Psychologisieren oder Gefühlsduselei wenig zu tun, umso mehr mit einem Anstieg an Bewußtheit, einer Sensibilisierung unserer Sinnessysteme und einem offeneren und toleranten

Umgang mit uns selbst und mit denjenigen, mit denen wir uns verbunden fühlen. Und nun zum Abschluß dieses Kapitels.

Falls wir (d. Autoren) es in Ansätzen schaffen sollten, Ihnen ein Gespür dafür zu vermitteln, welches riesige Potential in jeder einzelnen von uns zur Entfaltung gebracht werden kann, um über den täglichen Kleckerkram, über die persönlichen kleinen oder großen Katastrophen und über berufs- und gesellschaftliche Verschärfungen hinweg den Blick für zukünftige Aktionsfelder und Entwicklungsprozesse zu schulen, dann soll es uns recht sein. Für den kleinen Rest sind Sie dann zuständig.

Die nächste Übungseinheit wird sich mit neuem Verhalten in neuen Kontexten beschäftigen.

Sind wir bisher davon ausgegangen, daß für alle schulischen Belange schon brauchbare Verhaltensweisen, Skills und übergreifende Fähigkeiten vorhanden sind, gehen wir mit dieser Übung einen Schritt weiter. Wir nehmen den Fall an, daß es für bestimmte Anforderungen noch keine geeigneten Modelle und Vorgaben gibt und postulieren, daß auch dann unsere angesammelten Ressourcen und Talente in ausreichendem Umfang zu utilisieren sind, um sich einer neuen Aufgabe zu stellen. Diese Aufgabe könnte beispielsweise heißen: Wie kann ich meine persönliche Zukunft gestalten, so daß ich zufriedener, stimmiger mit mir selbst und mit meiner Umgebung leben kann und die Ziele realisiere, die mir etwas bedeuten?

Vom Typ her (zukünftiges Ereignis, wenig aktuelle Orientierungen, spekulative Momente) ist diese Aufgabe vergleichbar mit der Ausgangssituation für diejenigen, die in einer neuen Schule, in einem neuen Schulmodell anfangen, ohne vorher ausführlich informiert zu werden. Wir postulieren weiter, daß "planen und lernen ins Blaue" hinein nicht nur mit Mühe verbunden ist, sondern daß es einige Überraschungen der angenehmen Art bereithalten kann.

3.1.7. Übungseinheit: Zukunftsperspektiven

Berlin, Lichterfelde, Finckensteinallee, Kadettenviertel, geradlinig, preußisch, allerdings mit zwei kleinen, hakenförmigen Kurven an den jeweiligen Enden, ob das was bedeutet? Hätte der Soldatenkaiser diese Straßenführung gebilligt, der den schwulen Sohnesfreund Katte zur Abschreckung und Erhaltung der preußischen Tugenden hinrichten ließ? Aber wir schreiben das Jahr 1993, die Gespenster der Vergangenheit sind in die Seiten der Geschichtsbücher verbannt, und die Berliner und Berlinerinnen heute sind alles nette, freundliche, tolerante und kulturell anspruchsvolle Leute. Alle? Aus einer dieser großbürgerlichen Villen tritt zu später Abendstunde Herr Karsch, Karsch wie kurz und knapp, wie er zu sagen pflegt. Die abgerichtete Dogge an der Leine bleibt er am Fuße der großzügig bemessenen steinernen Treppe stehen. Brust raus, tief eingeatmet, der Blick schweift besitzergreifend von links nach rechts und zurück, der Zug an der stinkenden Zigarre ist obligat, perfekt, George Grosz hätte seine getrübte Freude daran. Die bullige Figur des Herrn Karsch setzt sich in Bewegung, gemächlich, fest und sicher, ein aus der Fluchtlinie der Gartenhecke hinausragendes Blatt wird mitleidslos eliminiert, eine kleine Schar Kinder weicht auf die andere Straßenseite aus und verhält sich merkwürdig still, als sie sich auf der Höhe des Herrn Karsch und seiner Dogge befindet. Sein Weg führt noch ungefähr zweihundert Meter weiter, dann biegt er nach links in eine kleine Seitenstraße ein, geht auch sie noch ein erkleckliches Stück entlang und verschwindet in einem kleinen, von Büschen und Unkraut verwilderten Weg, der zwei Grundstücke voneinander trennt. Eine Weile noch ist das Hecheln der Dogge zu hören.

Unterdessen können die Kinder in dem großen Saal des Jugendfreizeitheims die Spannung kaum noch aushalten. Fernsehen und Kino scheinen in diesem Stadtviertel noch Lücken für andere Vergnügungen zu lassen. Die Kinder kreischen und toben und machen sich auf ihre Art Luft. Angekündigt ist Meister Celebro, ein begnadeter Trickkünstler und Illusionist.

Wie aus dem Nichts erschaffen steht er auf einmal mitten unter ihnen, mit einer weitausholenden Geste zieht er die Aufmerksamkeit auf sich, und, von ihm ausgehend, breitet sich die Ruhe bis in die Randbezirke des Raumes aus. Seinen Händen entspringen plötzlich Feuerkaskaden, einzelnen Kinder entlockt er schillernde Glaskugeln und läßt sie mit einem zarten, überirdischen Klingen aneinanderstoßen. In der Luft schwirren Bälle, Geldstücke, Hühner, Tauben, Tücher, Regenschirme so schnell, daß die Augen kaum folgen können. Mit einer unglaublichen Gewandheit bewegt sich Celebro durch die Reihen, hinterläßt offene Münder und vergnügt quietschende kleine Menschen, und selbst diejenigen, die weiter entfernt sitzen, haben ihren Spaß beim Zuschauen, können nicht genug bekommen, warten begierig und angenehm ängstlich gespannt darauf, daß er auch zu ihnen kommt und ihnen beweist, daß Wunder möglich sind. Sein Abgang ist genauso frappierend wie sein Erscheinen, auf einmal, in der Nähe des großen Vorhangs, blitzt es auf, und als sich die Augen wieder an das normale Licht gewöhnt haben, ist er verschwunden. Der riesige Beifall läßt ihn an einer ganz anderen Stelle des Saales wieder erscheinen und auch von dort verschwindet er unversehens.

Aus der Tiefe des kleinen, überwucherten Pfades neben dem Jugendfreizeitheim ist das Hecheln der Dogge zu hören, wenig später taucht auch Herr Karsch auf, wischt sich den Schweiß von der Stirn und wendet sich seiner Villa zu.

Der Inhalt dieser Übungseinheit? Üblicherweise trennen wir im Alltag zwischen Realität und Fiktion. Wir verhalten uns, besonders im beruflichen Kontext, vernünftig und transparent und dann, ohne oder mit Anlaß wie Fasching, Betriebsfest o.ä., "lassen wir die Maske fallen", "lassen die Sau raus", "hauen über die Stränge" und kehren wieder an den Arbeitsplatz zurück, als sei nichts geschehen. Es scheint so zu sein, als müßten wir im beruflichen Alltag schlichtweg einen Teil unserer Persönlichkeit verleugnen, ja, als hätten wir Angst davor, von unseren Mitkolleginnen in ungewohnter Weise wahrgenommen zu werden, als hätten wir Angst vor unseren eigenen Träumen, vor unserem in Schach gehaltenem sog. anderen Ich. Wir zwängen uns in eine Rüstung und wundern uns, daß wir starr und unbeweglich werden, daß jede Bewegung Mühe macht, daß nur noch Routinearbeiten einigermaßen gelingen usf. An dieser Stelle taucht dann die Frage auf, wie das denn enden solle. Das soll ewig, d.h. mindestens das ganze Lehrerinnendasein, so weitergehen?

Die Übung "Hallo Alter" stellt ein Procedere zur Verfügung, wie sich Realität und Traum, Gegenwart, Vergangenheit und Zukunft aufeinander beziehen können, so daß das eigene Leben Hauptthema einer Art Zukunftsszenarium wird. Wenn wir uns darauf einlassen können, dann finden wir zwar noch die ungelösten Probleme vor uns und haben zu Beginn noch keine verläßlichen Orientierungen, aber, wir haben unsere Ressourcen und Talente. Und wir haben unsere inneren Leitmotive, unsere Bilder von Harmonie und Abgeklärtheit, von Lebenslust und Risikofreude, was auch immer. Wir begeben uns auf Neuland und haben nichts als uns selbst, aber das in ausreichendem Maße.

Die Übung vereint die bisher angesammelten Erfahrungen und ist anspruchsvoll. Sie sollte nicht als Eintagsübung genutzt werden, da beständige Kurskorrekturen einen Teil der Übung ausmachen. Sie weist als besonderes Merkmal eine Überprüfungshilfe auf, die es erlaubt, kurz- und langfristige persönliche Vorhaben nach ihrer Effizienz zu beurteilen.

Die Strategien, sich selbst, den gewohnten Arbeitsplatz, die üblichen Beziehungen unter einer anderen Perspektive anzuschauen, könnten vor allem dann Bedeutung gewinnen, wenn Sie das Gefühl entwickeln, es schleiche sich so etwas wie Langeweile ein, die Routinearbeiten werden gefürchtet oder gehaßt, die Schülerinnen verändern sich unmerklich zum Schlechteren, Sie brennen aus, ohne daß ein offensichtliches Motiv erkennbar würde, und die sonstigen Beziehungen zu Verwandten und Partnerinnen sind auch nicht mehr das, was sie einmal waren. In solchen Fällen wäre eine Inventur mit anschließender Neubestückung fällig.

Die Übung wird einmal in voller Länge dargestellt, dann geben wir anschließend eine Kurzfassung an die Hand, damit der Lerneffekt und die Übersichtlichkeit optimiert werden können.

ÜBUNG: Hallo Alter!

INHALT UND ZIELE
Sie begegnen sich selbst in einem hohen Alter. Sie bauen eine Brücke in Ihre Zukunft und holen sich von dort Ratschläge für Ihre Gegenwart. Diese Übung verfolgt eine Reihe von Zielen und sie ist, dem Anspruch gemäß, recht komplex. Ein Ziel besteht im Aufbau von Selbstmotivation über die ganze Lebensspanne hinweg, eine Selbstmotivation, die eine langjährige persönliche

Entwicklung ebenso einschließt wie die tagtägliche Aufmunterung für ungeliebte, lästige Pflichtarbeiten. Ein weiteres Ziel ist eher didaktischer Natur. Wir möchten Sie mit der Übung auf die Ökonomie einer umfassenden Zielvorwegnahme hinweisen (vgl. Kap. "Vom Wunsch zur Wirklichkeit"). Es liegt uns ferner daran, Sie immer wieder in Ihrem Aktivitätsdrang zu zügeln und Sie damit vertraut zu machen, daß große Veränderungen und Umstrukturierungen durch winzig kleine, dafür aber sichere Schritte zustande kommen.

EINLEITUNG
Für diese Übung benötigen Sie viel Ruhe und gehörig Zeit. Richten Sie sich also an Ihrem Wunschplatz ein, statten sich wie gehabt mit allen geankerten Notwendigkeiten aus (**s. Anhang: Erlebensraum**). Die Übung finden Sie außerdem bei den Standardtechniken unter "Komplexes Modell feed-forward ... " wieder, in schematisierter Form.

1. Fangen Sie an, sich einen Platz in Ihrer Vorstellung zu erschaffen, an dem Sie sich selbst in einer zukünftigen Zeit gerne wissen möchten. Konkretisieren Sie den Ort, die Sitzgelegenheit, die Accessoires.

2. Lassen Sie ein Bild von sich an diesem Ort entstehen in einem von Ihnen gewünschten Alter, vielleicht an Ihrem Lebensabend, den Sie zufrieden erleben werden. Entwerfen Sie ein positives Bild von sich, das Komponenten wie Weisheit, Abgeklärtheit, Lebenserfahrung und Lebenszugewandtheit enthalten kann. Entsteht das Bild nur unter großen Anstrengungen, dann nehmen Sie zum Vergleich ein Bild einer älteren Person, zu der Sie eine besondere Affinität besitzen. Versuchen Sie, deren Züge auf sich selbst zu übertragen. Gönnen Sie sich Zeit, das innere Bild muß reifen. Die Konturen, die Farbe, Bewegung und Habitus stellen sich dann aller Voraussicht nach ein, wenn Sie sich von Details (Kleidung, Sitzgelegenheit etc.) zur ganzen Gestalt vorarbeiten. Schauen Sie evtl. in den Spiegel und wechseln häufig zwischen Abbild und Eigenbild, bis es Ihnen gelingt, in der Vorstellung einige Details (vielleicht Falten oder eine bestimmte Körperhaltung oder das zukünftige Ambiente) zu fixieren.

3. Wenn Sie Ihrem alter ego zum Leben verholfen haben und einen freundlichen Kontakt zu ihm aufgebaut haben, dann steigen Sie in diese dissoziierte Position ein und lassen sich aus ihr heraus inspirieren, nehmen Sie Ihre Körpergefühle und Gedanken wahr. Betrachten Sie dann aus dieser Position heraus (assoziiert im dissoziierten Zustand) Ihre gegenwärtige Person und machen sich so Ihre Gedanken über diesen Menschen. Betrachten Sie sie ganz genau, fragen Sie sich, was Sie ihr an Ratschlägen geben könnten, damit sie so würde, wie Sie es selbst gerade in diesem hohen Alter sind. Konkretisieren Sie die Ratschläge an den "jungen" Menschen.

4. Wechseln Sie dann wieder in die reale assoziierte Position und überlegen sich die Ratschläge aus der Zukunft. Wie könnten Sie dahin kommen? Planen Sie einige Schritte und lassen Sie sich dabei von Ihrem alter ego beraten. Formulieren Sie Fragen und lassen Sie sich diese von dem alten, erfahrenen Menschen beantworten, überprüfen Sie Ihre Zufriedenheit dabei. Sind Sie ärgerlich oder unwirsch darüber, sind Sie wahrscheinlich auf eine heiße Stelle bei sich gestoßen.

5. Greifen Sie **eine kleine Veränderung** für **einen kleinen Zeitraum** auf und planen konkrete Schritte zur Realisierung. Vergewissern Sie sich, daß Sie jederzeit Ihr alter ego herbeirufen können und sich aus dieser Position heraus Unterstützung holen können.

6. Überlegen Sie, welche Konsequenzen eine kleine Veränderung haben könnte und wie sie in Ihre gesamte Lebensplanung eingebettet werden kann. Ist es nur eine vorübergehende Veränderung oder ist sie Teil einer umfassenden Idee über Ihr zukünftiges Leben?

7. Nehmen Sie Ihre Zweifel auf, sie sind wichtige Hinweise auf Ihre Vielseitigkeit. Veränderungen sind dann schwer zu realisieren, wenn die Gegenkräfte (Zweifel, Vorbehalte, Hemmungen etc.) nicht berücksichtigt werden. Gegenkräfte sind Kräfte, sie repräsentieren weniger bewußte innere Instanzen. Je respektvoller Sie Ihre weniger bewußten Kräfte behandeln und ihnen bei der Planung von Veränderungen Platz einräumen, desto solider werden Ihre Ideen umgesetzt werden. Bauen Sie außerdem Kontrollen ein, anhand derer Sie verfolgen können, in welchem Umfang die eingeleitete Veränderung Wirkung zeigt (z.B. Datum setzen, vorher Erfolgskriterien festhalten etc.).

8. Überlegen Sie aus den verschiedenen Positionen heraus, welche langfristigen Folgen Veränderungen für Sie haben können. Spielen Sie die Veränderungen und deren Konsequenzen in den verschiedenen Lebensaltern durch.

9. Statten Sie die geplanten Veränderungen, die Sie quer durch die verschiedenen Lebensalter schon einmal angetestet haben, mit massiven Motivationshilfen aus. Verwenden sie dazu:
   a) das Durcherleben der positiven Veränderungen in der Zukunft auf allen Sinneskanälen (Zielphysiologie)
   b) die Anreicherung mit Ressourcen in allen favorisierten Lebensaltern
   c) das Durcherleben auf allen logischen Ebenen (s. dort)
   d) den Einbau von Überprüfungs- und Korrekturhilfen.
Wenn Sie gute Erfahrungen mit Ihrer Planung machen, können Sie evtl. schon eine nächste Veränderung ins Auge fassen.

ANMERKUNGEN: Es dürfte ungewohnt sein, sich als alte Frau oder als alten Mann zu phantasieren und das noch in einer Art und Weise, daß eine positive Beziehung zu dieser Person aufgebaut werden kann. Aber, sollte es Ihnen nicht auf Anhieb gelingen, sich in ein späteres Alter hineinzuversetzen, seien Sie einigermaßen beharrlich. Diese zukünftige Person verkörpert alle unsere meist unbewußten Wünsche, unsere extrem private Sicht unseres Selbst und, trotz der Abgedroschenheit verwenden wir es an dieser Stelle, sie ist wie ein Saatkorn, das in uns auf Entfaltung, auf günstige Lebensumstände wartet, um das in der Realität entstehen zu lassen, was unseren inneren Absichten und Werten entspricht.

Die Kurzform der Übung "Hallo Alter"

1. Mein Altersruhesitz wird ausgesucht.
2. Ich erlebe mich dort genau und schätze diese zukünftige Person sehr.
3. Ich sehe, höre, spüre mich selbst in diesem zukünftigen Alter, bin mit mir zufrieden und gebe der noch jungen Person Ratschläge, mit deren Hilfe sie vielleicht so werden kann, wie ich es schon bin.
4. Ich überlege mir in der Gegenwart die empfangenen Ratschläge und spreche mit dem weisen, alten Menschen darüber.
5. Ich plane eine einzige konkrete Veränderung und überlege mir in der Gegenwart die Schritte zu deren Realisierung. Bei Bedarf hilft mein alter ego.
6. Welche Konsequenzen könnten sich aus dieser Veränderung ergeben ?
7. Ich nehme meine Zweifel ernst, versuche deren Absicht zu erkennen. Ich überlege mir, woran ich erkennen kann, daß die Veränderung zu greifen beginnt.
8. Aus verschiedenen zukünftigen Lebensaltern (1/2, 1, 5, 10, 20 Jahre später) beobachte ich aus der Metaposition die Wirkung der Veränderung.
9. Ich habe viele Methoden, um mir anfänglich und zwischendurch neue Motivation zur Durchführung der Veränderung zu besorgen. Wenn ich mit der einen Veränderung gute Erfahrungen mache, kann ich mit einer weiteren beginnen.

Ein Beispiel zum besseren Verständnis

Kollege W. ist damit unzufrieden, daß er von dem Kollegium gemieden wird, er weiß, daß es etwas mit seiner Kontaktbereitschaft zu tun hat. Er möchte stärker in die small-talks miteinbezogen werden.

Im hohen Alter sieht er sich in einem Haus in Spanien, umringt von Menschen, die ihm zuhören, die ihn bewundern, ihn wertschätzen, seine Meinung einholen, ihn aber auch nicht mit ihren Einstellungen und Lebensformen schonen, sondern ihn kräftig fordern. Zwischendurch, wenn er es wünscht, wird er von allen in Ruhe gelassen, kann mit Muße seine kleinen Annehmlichkeiten wie Pfeife, das Glas Rotwein, seine Lieblingsmusik genießen. Er versetzt sich in diesen zukünftigen Zustand und fühlt sich wohl dabei. Sein alter ego gibt dem "jungen" W. den Rat, im Kollegium über seine gewohnten Stränge zu schlagen und sich daneben intensiv mit einer Person zu befassen, die als meinungsbildend von den anderen akzeptiert wird. In der Gegenwart angekommen, befallen ihn Zweifel, ob er dazu imstande ist. Er überlegt sich, was er tun könne. Ihm fallen Streiche aus seiner Jugendzeit ein, er spürt wieder den Nervenkitzel. Gleichzeitig mahnt ihn das alter ego, daß er nichts tun solle, was seiner Selbstakzeptanz zuwiderläuft, und sich wie ein kleiner Junge zu verhalten, gefällt ihm nicht. Aber diesen Nervenkitzel findet er in Ordnung und er plant, die von allen wertgeschätzte Person des Kollegiums auf ein Volksfest mit Achterbahn einzuladen. Er stellt sich das konkret vor und hat noch leise Zweifel, ob er sich das zutraut. Er ankert dann zusätzlich einen Zustand von Kompetenz (reden vor einer Menge von Menschen) und überlegt, wann er am günstigsten die gen. Person ansprechen könnte. Er stellt sich vor, wie über diesen Kontakt die anderen Interesse an ihm gewinnen, ihn mehr und mehr in ihre Aktivitäten einbeziehen, wie sich die Beziehung zu der einen Person vertieft. Er stellt sich vor, wie das in einem halben Jahr aussehen könnte, ob er am Ende seiner Lehrerlaufbahn auch diese Art Kontakt haben möchte usw. Er kommt zu dem Schluß, daß er weitergehende Konsequenzen noch nicht annehmen möchte, sondern daß er es erst einmal ausprobieren möchte, ob er mit seinem Ansinnen, auf das Volksfest zu gehen, überhaupt auf Resonanz stößt und ob sich daraus weitere Kontakte ergeben werden. Erst dann wäre er zum jetzigen Zeitpunkt bereit, weiter vorauszuplanen. Sein alter ego nickt ihm wohlwollend zu und er selbst fühlt sich mit dieser Planung widerspruchsfrei. Es kann beginnen.

Die letzte Übungseinheit bildete den Abschluß der primär mentalen Vorbereitung praktischer Anwendungen diverser NLP-Techniken im Unterricht. Der relativ breite Raum, den die Schärfung und Ausweitung unserer Sinne, das Fördern der visionären Seite und die Evozierung kreativ-konstruktiver Fähigkeiten eingenommen haben, wird dadurch begründet, daß es hilfreich sein kann, beim Aufbau von Grundfertigkeiten kleinere, differenziertere Vorgaben zu machen. Eine Sicherheit in den rudimentären Abläufen ist die Voraussetzung für eine elegante und effektive Nutzung komplexerer Prozesse.

4. Vom Wunsch zur Wirklichkeit
Die Planung meiner beruflichen Zukunft

Die Begleiter

Nach einem anstrengenden Arbeitstag kommt Frau B. innerlich aufgewühlt und geschafft nach Hause. Sie ist wieder einmal unzufrieden mit sich, dem Unterricht und den Schülerinnen. Was sie unzufrieden macht, kann sie nicht einmal genau sagen. Es ist einfach ein diffuses Gefühl, das sie nun schon seit längerer Zeit verspürt und Sie weiß nicht so richtig, was sie dagegen machen kann. Ihr gibt zu denken, daß sich in der Zwischenzeit dieses Gefühl auch schon in der Freizeit breitmacht. In den letzten Monaten hat sie sich immer mehr von ihren Freunden und Bekannten zurückgezogen und sitzt stattdessen am Abend stundenlang vor dem Fernseher. Selbst darauf kann sie sich nicht so richtig konzentrieren. Sie bemerkt, daß sie mit ihren Gedanken immer öfter abschweift, daß skurrile Fantasien über sich, die Schule und ihr Leben auftauchen. So auch an diesem Abend. Wieder einmal läuft irgendein Spielfilm vor ihren Augen ab. Wieder einmal bemerkt sie, daß sie sich in Gedanken verliert, doch dieses Mal entschließt sie sich, den Fernseher abzuschalten und den Fantasien freien Lauf zu lassen. Sie lehnt sich in ihrem Sessel zurück, schließt die Augen und fängt an zu träumen. Zuerst ziehen noch Erinnerungsfetzen des vergangenen Arbeitstages vor ihrem inneren Auge vorüber, doch dann tauchen faszinierende innere Bilder auf. Als ob sie mitten auf einer Bühne sitze, begegnen vier bunt angezogene Gestalten, die sich der Reihe nach vorstellen.

"Sei gegrüßt, meine Liebe, ich heiße >Routinix<." Ich sorge in deinem Leben für Leichtigkeit und gebe dir Sicherheit, daß dir genügend Zeit und Energie bleibt, dich mit neuen Dingen beschäftigen zu können." Die Gestalt lächelt sie an und setzt sich an einen Tisch, an dem auch schon die anderen drei sitzen.

"Auch ich grüße dich herzlich. Ich hoffe, du erkennst mich. Ich heiße >Kompetentix< und sorge in deinem Leben dafür, daß dir in jeder Situation jene Fähigkeiten zur Verfügung stehen, die du benötigst, um erfolgreich zu sein." Er verbeugt sich und setzt sich wieder auf seinen Stuhl.

Die dritte Gestalt springt auf und spricht mit einer jovialen Stimme: "Mein Name ist >Kreativix<. Du kennst mich aus vielen Erlebnissen in deinem Leben. Ich sorge für deine Zukunft, daß du dich persönlich weiterentwickelst - immer und zu jeder Zeit." Die Gestalt nimmt noch eine Kristallkugel unter ihrer Kleidung hervor, hält sie Frau B. verführerisch lachend vor die Augen und spricht: "Wenn du in diese Kugel schaust, wirst du Dinge sehen, die dich überraschen und dir Freude bereiten."

Schließlich stellt sich noch die vierte Gestalt vor. "Ich grüße dich. Mein Name ist >Erholix<. Du kannst dir sicher denken, wofür ich in deinem Leben zuständig bin: Ruhe, Entspannung, Abwechslung, Sinnlichkeit, Spaß und Freude sind mein Metier. Du kannst dich auch auf mich immer verlassen."

Nachdem sich die vier vorgestellt und ihren Platz eingenommen hatten, sprachen sie unisono: "Wir alle zusammen sorgen dafür, daß du ein zufriedenes Leben hast und dich wohlfühlst." Dann übernimmt "Kreativix" das Wort: "Wir sehen, daß du unglücklich bist. Erzähle uns, was geschehen ist." Frau B. erzählt von ihrer Unzufriedenheit im Beruf, ihren zahlreichen gescheiterten Versuchen, etwas zu ändern, ihren Irrwegen und ihrer Resignation. Die vier Gestalten hören aufmerksam zu und man kann an ihren wachen Gesichtern erkennen, daß Wichtiges in ihnen vorging.

>Routinix< springt als erster auf und ruft: "Ich habe die Lösung!" Die anderen drei fallen ihm ins Wort: "Deine Alleingänge kennen wir schon. Ohne uns läuft da nichts!" >Kompetentix< unterbricht die anderen: "Laßt uns doch eine Lösung finden, die jeden von uns zufriedenstellt. Das haben wir doch schon unzählige Male geschafft. Wißt ihr noch, damals, als sie zum ersten Mal eine erste Klasse übernahm und nicht mehr wußte, wo ihr der Kopf stand?"

"Die Kristallkugel muß her! *Ein klarer Blick in die Zukunft*" ruft >Erholix<, und die anderen stimmen mit ein. Das war das Signal für >Kreativix<, seine von allen vieren geliebte Kristallkugel auf den Tisch zu legen. Die vier stecken die Köpfe zusammen und flüstern ihr zu: "Komm etwas näher an die Kugel heran. Konzentriere dich jetzt ganz auf das, was du in deiner Zukunft siehst und hörst." Frau B. beugt sich nach vorn, so daß sie mit der Nasenspitze fast die Kugel berührt.

Verzerrt und trotzdem deutlich erkennt sie die lachenden Gesichter der vier Gestalten. Je mehr sie sich darauf konzentriert, um so deutlicher kann sie erkennen, daß aus den vier Gesichtern eines wird. Was für ein Anblick! Sie spürt, daß sich bei diesem Blick in die Zukunft etwas in ihr verändert. Während sie auf dieses eine Gesicht schaut, erkennt sie im Hintergrund ihre Schülerinnen und sich selbst - wie sie auf eine ganz neue Art mit sich und den Schülerinnen umgeht.

Die Bestimmung eines erwünschten Ergebnisses halten wir für eine weitere Basisfähigkeit. Wir werden Ihnen deshalb in diesem Kapitel eine umfassende Methode der Zielbestimmung darstellen, deren Anwendung Sie in die Lage versetzen kann, erwünschte Veränderungen in Ihrer beruflichen Praxis einzuleiten. Diese Zielbestimmung ist eingebettet in eine zeitliche Dimension (Vergangenheit, Gegenwart, Zukunft), so daß Sie jede erwünschte Veränderung unter dem Blickwinkel Ihrer bisherigen beruflichen Laufbahn entwerfen können.

Indem Sie sich ein Ziel setzen, markieren Sie es auf Ihrer "inneren Landkarte" und werden beginnen, Wege zu suchen und Lösungen zu finden, dieses Ziel zu erreichen. Wenn Sie an ein Resultat denken, das Sie erreichen wollen, überlassen Sie Veränderungen in Ihrem Berufsleben nicht mehr dem Zufall, sondern übernehmen gezielt die Verantwortung für Ihr berufliches Wohlbefinden.

Allerdings: zu wissen, was man will, fällt vielen Menschen schwer. In unseren Seminaren und Supervisionssitzungen mit Lehrerinnen konnten wir immer wieder feststellen, daß in diesem Beruf eine Tendenz zur Problemorientierung besteht. Probleme werden so lange vertieft, bis oftmals gar nichts mehr geht. Ein solches Vorgehen bindet jedoch die Kräfte und Energien der Betroffenen dermaßen an das Problem, daß konkrete Lösungsideen oftmals nicht gefunden werden. Hinzu kommt, daß die Orientierung auf das Problem einen körperlichen Zustand hervorruft, der die Problemlösung blockiert. In diesem Zustand, im NLP *"Problemphysiologie"* genannt, werden vorwiegend Lösungen gefunden, die Negationen ("Ich möchte *nicht* mehr so schnell losschreien, wenn es in der Klasse laut ist") oder unspezifische bzw. globale Zielformulierungen enthalten ("Das Verhältnis zu meinen Schülern sollte sich bessern"). Jedoch: wenn Sie wissen, was Sie *nicht* wollen, können Sie dies in etwas verwandeln was Sie wollen. Dazu ein Beispiel aus einer Beratung einer Grundschullehrerin.

L.: "Ich glaube, meinen Schülern macht der Unterricht bei mir keinen Spaß."
B.: "Wie kommen Sie zu dieser Feststellung?"
L. (seufzt, senkt den Kopf nach unten): "Ich habe einfach so ein Gefühl, daß sie mich nicht akzeptieren."
B.: "Haben Sie außer dem Gefühl noch weitere Hinweise für Ihre Annahme? Woran erkennen Sie, daß Ihren Schülern der Unterricht bei Ihnen keinen Spaß macht und daß sie Sie nicht akzeptieren?"
L.: "Sie beschweren sich immer häufiger über meinen Unterricht, hören mir nicht zu, wenn ich etwas erklären will und stören den Unterricht."
B.: "War das immer so oder haben Sie auch schon andere Erfahrungen gemacht?"
L. (atmet tief durch, setzt sich aufrecht hin): "Ja, im letzten Schuljahr haben wir viel miteinander gelacht und Spaß gehabt. Wir haben im Technikunterricht projektartig gearbeitet. Als ich dann in dieser Euphorie versuchte, auch in anderen Fächern neue Methoden einzuführen, wuchs mir alles über den Kopf. Ich wußte weder ein noch aus, das war einfach zuviel. So habe ich mich wieder an meine altbewährten Methoden gehalten."
B.: "Es scheint, daß Sie sich überfordert haben angesichts der Anfangserfolge und daß Sie sich jetzt auf dieses Terrain nicht mehr wagen."
L.: "Das stimmt, ich möchte mich *nicht* mehr überfordern. Damals ging ja beinahe meine Partnerschaft in die Brüche, weil ich nur noch am Planen und Organisieren war. Mir fehlte einfach auch die Unterstützung von anderen. Das hätte das Ganze sicherlich einfacher gemacht."

Im weiteren Verlauf der Beratung wurden die Ursachen, Effekte und positiven Elemente der damaligen Erfahrung näher betrachtet.
B.: "Können Sie jetzt versuchen, aus der Beschreibung der gegenwärtigen Situation ein Ziel für die Zukunft zu formulieren?"
L.: "Mir liegt am Herzen, daß ich *nicht* mehr so uninteressanten Unterricht mache, daß die Schülerinnen nicht mehr so gelangweilt im Unterricht sitzen und daß ich mich *nicht* mehr so deprimiert fühle."
B.: "Sie haben Ihre Ziele auf mehreren Ebenen beschrieben. Auf den Unterricht bezogen, auf die Schülerinnen bezogen und auf ihre eigene Befindlichkeit bezogen. Diese Ziele enthalten negative Formulierungen. Versuchen Sie herauszufinden, was hinter diesen Beschreibungen an posi-

tiven Zielen steckt. Wenn Sie keinen uninteressanten Unterricht mehr machen wollen, dann nehmen Sie sich die Zeit herauszufinden, was Sie stattdessen wollen. Wenn die Schülerinnen nicht mehr so gelangweilt dasitzen sollen, wie sollen sie stattdessen sein. Wenn Sie sich nicht mehr deprimiert fühlen wollen, wie wollen Sie sich stattdessen fühlen? Sie wissen ja bereits, was Sie nicht wollen. Finden Sie jetzt heraus, was Sie exakt wollen." Am Ende der Beratung standen folgende Zielbeschreibungen fest:
- Sie wird ihren Unterricht in einem Fach (Technik) schülerinnenzentriert planen und durchführen. Dazu wird sie sich mit ihren Schülerinnen zusammensetzen und einen Plan für das gesamte Schuljahr ausarbeiten, unter Berücksichtigung folgender Aspekte: Interessen der Schülerinnen, persönliche Präferenzen, Anforderungen des Stoffplanes, Themen und Inhalte der Projekte, Beteiligung der Schülerinnen bei der Vorbereitung und Durchführung.
- Sie wird die Veränderungen so gestalten, daß diese in Einklang stehen mit ihrer fachlich-pädagogischen Kompetenz, ihrer Einsatzbereitschaft und ihren privaten Interessen.
- Sie wird zunächst ein Schuljahr lang Erfahrungen mit den neuen Unterrichtsmethoden sammeln und dabei beobachten, wie sich die Veränderungen von einem Fach auf andere Fächer, die Lernbereitschaft der Schülerinnen und die Lehrerinnen-Schülerinnen-Beziehung und ihre berufliche Zufriedenheit auswirken.

4.1. Von der "Problemphysiologie" zur "Zielphysiologie"

Stellen Sie sich vor, eine Kollegin bittet Sie um Unterstützung bei der Lösung eines Problems. Dabei gehen Sie mit folgenden Fragestellungen auf sie ein:
- *"Warum hast du dieses Problem?"*
- *"Aufgrund welcher persönlichen Fehler ist das Problem entstanden?"*
- *"Wie lange hast du dieses Problem schon?"*
- *"Erinnere dich an das schlimmste Beispiel!"*
- *"Welche beruflichen und privaten Einschränkungen hast du durch dieses Problem und wie fühlst du dich dabei?"*

Sie können sich sicherlich ausmalen, daß solche Fragestellungen die Fähigkeit zur Problemlösung stark einschränken, wenn nicht gar vollständig blockieren. Stellen Sie sich nun vor, Sie gehen stattdessen mit folgenden Fragen auf Ihre Kollegin ein:

- "Was ist dein Ziel - was genau möchtest du erreichen?"
- "Woran wirst du erkennen, daß du dein Ziel erreicht hast? Was wirst du dann sehen, hören, riechen, schmecken und fühlen?"
- "Welche persönlichen Talente und Ressourcen stehen dir zur Verfügung, um dein Ziel zu erreichen?"
- "Was wirst du tun, um dein Ziel zu erreichen?"
- "Wie wird dein berufliches und privates Leben sein, wenn du dein Ziel erreicht hast?"

Mit diesen Fragestellungen führen Sie Ihr Gegenüber in einen ressourcevollen Zustand. Kopf und Körper werden frei für neue Ideen und kreative Lösungen. Im NLP wird dieser Zustand als "**Zielphysiologie**" bezeichnet. Gemeint ist damit eine auf das Ziel hin ausgerichete *mental-körperliche* Verfassung, die einhergeht mit äußerlich sichtbaren körperlichen Veränderungen (aufrechte Körperhaltung, gleichmäßige Atmung, gute Durchlutung der Haut, Veränderungen der Stimme), und inneren (biochemischen) Prozessen (Ausschüttung günstiger Hormone, Transmitter- und Botenstoffe). Im Gegensatz zum Zustand der Problemphysiologie hat die Betroffene im Zustand der Zielphysiologie Zugang zu ihren persönlichen Ressourcen und Fähigkeiten. In der folgenden Übersicht finden Sie eine Gegenüberstellung der Problemphysiologie und der **Zielphysiologie***:*

Problemphysiologie	Zielphysiologie
Gefühle: Schuld, Scham, Verzweiflung, Depression, Angst, geringer Selbstwert	**Gefühle:** Hoffnung, Zuversicht, persönliche Stärke, ressourcevoll, Freude
Wahrnehmung: Einschränkung auf die individuellen "Problemsinne"	**Wahrnehmung:** Einbeziehung aller Sinne und beider Gehirnhälften
Denkstil: einseitig, linear	**Denkstil:** umfassend, systemisch-vernetzt, kreativ
"Weg-von"-Richtung (Flucht),	"Hin-zu"-Richtung,

problemorientiert, auf die Vergangenheit bezogen	lösungsorientiert, auf die Zukunft bezogen
Körperprozesse: Ausschüttung von blockierenden Streßhormonen	**Körperprozesse:** günstige chemische und hormonelle Bedingungen
Verhalten einschränkend, "alte" Muster, Problemverhalten	**Verhalten** flexibel, experimentell, vitale Bewegungen

Wir möchten Sie zunächst mit einem negativen Beispiel auf die kommenden Übungen einstimmen. "An jedem Wochenende kam ich - gestreßt wie immer - zu Hause an, vollkommen umgekrempelt von den Ereignissen der Woche... Ich war nicht mehr in der Lage, den Gedankenwirrwarr von Schüler-, Kollegen- und Mentorenreaktionen in meinem Kopf und Bauch abzuschalten; ich sah mich mit einem Kopf mit vielen, vielen weit rausgezogenen Antennen. Ich war innerlich gereizt, reagierte auf Kleinigkeiten, wollte aber von allen Schülerinnen und Schülern geliebt werden. Wenn die Schüler Desinteresse an mir zeigten, lastete ich es mir persönlich an: 'Ich bin nicht gut - deshalb lassen die sich nicht auf mein Programm ein!' Mein solidarisches Grundgefühl mit Schülerinnen und Schülern verwandelte sich in solchen Momenten in Ärger; auf meine Betroffenheit reagierte ich mit Macht und Autorität... Ich habe psychosomatische Störungen, weil mein Unterricht so wenig mit dem didaktischen Konzept zu tun hat, das ich mir im Studium zurechtgelegt habe; weil ich wieder mal durch meine Ziel-, Inhalts- und Methodenplanung keine lachenden Gesichter produziert habe; weil ich wieder einmal völlig lehrerzentriert gearbeitet habe. Ich habe Angst, mich bei den Schülern unbeliebt zu machen. Ich will von allen Schülern geliebt werden, aber ich merke, daß ich damit sowohl die Schüler als auch mich selbst überfordere. Mein Anspruch an einen guten Unterricht ist im Moment so, daß ich mich selbst dabei nicht finden kann..." (MEYER 1990, S.32).

Vielleicht beurteilen Sie die Schwierigkeiten dieser Lehrerin als typische Probleme einer Anfängerin. Unsere Erfahrungen aus Beratungen und Supervisionssitzungen haben jedoch gezeigt, daß ähnlich gelagerte Überforderungen auch bei Lehrerinnen mit langjähriger Praxis auftreten können, wenn diese versuchen, Änderungen in ihrer Berufspraxis auf diese Art einzuführen. Diese selbstgemachten Überforderungen traten immer dann auf, wenn sich die Betroffenen ad hoc entschieden haben, neue Methoden zu praktizieren, ohne genaue Zielvorstellungen zu haben und ohne die Effekte der Veränderungen sowohl auf das berufliche als auch auf das private Leben hin zu berücksichtigen. Solche Veränderungen waren unökologisch, d.h. sie stimmten nicht mit deren persönlichen Einstellungen, Überzeugungen und außerberuflichen Lebensvorstellungen überein. Wir schlagen Ihnen stattdessen vor: Nehmen Sie sich mit den folgenden Übungen Zeit und Muße, Ihre Fähigkeit zu erweitern, sich spezifische und wohlgeformte Ziele zu setzen und auf Ihre beruflichen und privaten Lebensbereiche anzuwenden. Wir haben auch diese Übungsreihe in kleinen Schritten aufgebaut, so daß es Ihnen leichtfallen wird, diese Fähigkeit zu erlernen bzw. zu erweitern.

4.2. Merkmale wohlgeformter Ziele

Ausgangspunkt aller Veränderungen mit Methoden des NLP ist eine präzise, wohlgeformte Zielbestimmung, die bestimmten Kriterien genügen sollte. Die Zielbestimmung soll
- **positiv** formuliert sein, d.h. keine Vergleiche und keine Negationen enthalten
- gut **kontextualisiert** sein, d.h. Angaben enthalten, in welchem zeitlichen und räumlichen Kontext das Zielverhalten auftreten soll
- **sinnlich-spezifisch** formuliert sein, d.h. Angaben enthalten, was gesehen, gehört, gefühlt, geschmeckt und gerochen wird, wenn das Ziel erreicht ist
- aus eigener Kraft **initiiert** und aufrechterhalten werden können
- **ökologisch sein**, d.h. die Effekte der Veränderung sollten überschaubar und akzeptabel sein
- die **Ressourcen**, die für die Zielerreichung nützlich sind, zugänglich machen (vgl. STAHL 1992, S.76).

Merkmale einer wohlgeformten Zielbestimmung

1. Beschreiben Sie Ihr Ziel mit **positiven Formulierungen** (Ihr Ziel sollte keine Negationen und keine Vergleiche enthalten).

2. Beschreiben Sie Ihr Ziel **detailliert**: Wann, wo und mit wem möchten Sie das Ziel erreichen?

3. Geben Sie genau an: **Woran werden Sie erkennen**, daß Sie Ihr Ziel erreicht haben?
   - Wie werden Sie sich im Kontext Schule verhalten?
   - Wie werden sich die Schülerinnen, Kolleginnen, die Schulleitung verhalten?
   - Wie werden Sie sich fühlen - was werden Sie sehen, hören, riechen und schmecken?

4. Beschreiben Sie
   - was **der erste Schritt** sein wird, der Sie auf die richtige Spur bringt.
   - welche Veränderungen Sie erkennen werden, kurz bevor Sie das Ziel erreicht haben.

5. Berücksichtigen Sie die **Auswirkungen** der Zielerreichung auf alle Lebensbereiche.
   - Wie wird dann Ihr Privatleben aussehen?
   - Wie werden Sie dann als Mensch sein mit all Ihren Seiten?

6. Planen Sie kurz-, mittel- und langfristige **Schritte**. Beginnen Sie mit dem **ersten *kleinen* Schritt**.

Die folgende Übungseinheit gliedert sich in drei Schritte.

1. Sie werden zunächst eine Bestandsaufnahme Ihrer *gegenwärtigen beruflichen Situation* machen.
2. Sie werden dann einen Blick auf Ihre *bisherige berufliche Entwicklung* werfen und diese einschätzen.
3. Schließlich können Sie Ihre *erwünschten beruflichen Veränderungen* präzisieren. Hierbei kommen die zuvor beschriebenen Merkmale wohlgeformter Ziele zur Anwendung.

4.3. Die berufliche Entwicklung

Mit der Beschreibung Ihrer gegenwärtigen beruflichen Situation beginnen Sie die Reise an Ihr Ziel. Die Beschreibung Ihres Ist-Zustandes stellt die Ausgangslage dar, von der aus Sie sich kurz- und langfristige erwünschte berufliche Ziele entwerfen können. Dazu eine kleine Anekdote am Rande:

Eine Frau wurde von Ihrem Ehemann, der für einige Zeit als Arzt in einem Buschkrankenhaus arbeitete, zu einem langersehnten mehrwöchigen Aufenthalt eingeladen. Verabredet war, daß sie ihr Mann vom Buschflughafen abholt. Nach langem Flug landete das Propellerflugzeug auf dem kleinen Flughafen. Als die Frau ausstieg, stellte Sie fest, daß von ihrem Mann weit und breit nichts zu sehen war. Sie konnte nicht wissen, daß dieser kurzfristig zu einem Notfall gerufen wurde. Da er unter Zeitdruck stand, schaffte er es nur noch, seiner Frau einen Jeep an die Landebahn zu stellen, mit dem sie ihn erreichen konnte. Als die Frau den Jeep bestieg, sah sie die aufgeschlagene Landkarte auf dem Beifahrersitz liegen. Fürsorglich wie er war, hatte ihr Mann für alles vorgesorgt. Deutlich markiert war auf der Landkarte zwar der Standort des Buschkrankenhauses - nicht jedoch der Standort der Landepiste... (Metapher von J. KLUCZNY 1991).

Neben der Beschreibung Ihrer gegenwärtigen beruflichen Situation halten wir es für sinnvoll, Ihre **berufliche Entwicklung** in diese Beschreibung miteinzubeziehen. Sie werden deshalb die Beschreibungen Ihrer gegenwärtigen beruflichen Situation um die Zeitdimension "Vergangenheit" erweitern. Daran anknüpfend können Sie dann Veränderungen für die schulische Praxis entwerfen, die im Einklang stehen mit allen Facetten und Aspekten Ihrer Persönlichkeit.

ÜBUNG: **Die gegenwärtige berufliche Situation**

INHALT UND ZIELE:
Ziel dieser Übung ist es, den gegenwärtigen Standort zu beschreiben, von dem aus Sie sich in eine erwünschte Richtung bewegen. Dabei geht es nicht um eine Vertiefung problematischer Berufssituationen, sondern um eine Bestandsaufnahme in relevanten beruflichen Ebenen.

INSTRUKTIONEN
1. Nehmen Sie Ihren Erlebensplatz ein und entspannen Sie sich.

2. Führen Sie sich Ihre gegenwärtige berufliche Situation vor Augen. Beschreiben Sie Ihr berufliches Wohlbefinden und Ihre berufliche Zufriedenheit. Notieren Sie sich, welche *Gefühle* Sie häufig vor dem Unterricht, während des Unterrichts oder nach dem Unterricht erleben.

3. Beschreiben Sie **Situationen** aus Ihrem Schulalltag, die für Sie noch nicht zufriedenstellend gelöst sind und finden Sie Situationen für folgende Bereiche: *Unterrichtsplanung* / *Unterrichtsdurchführung* / *Unterrichtssituationen* / *Kontakt* mit der gesamten *Lerngruppe* / *Kontakt* zu *einzelnen Schülerinnen* / *Zusammenarbeit* mit *Kolleginnen* / *Zusammenarbeit* mit *Eltern* / *Zusammenarbeit* mit der *Schulleitung*

4. Beschreiben Sie, welche **Auswirkungen** Ihre gegenwärtige berufliche Situation auf andere Lebensbereiche hat (Familie, Freundschaften, Freizeit etc.).

Hinweis: Achten Sie darauf, daß Sie konkrete *Situationen* beschreiben. Je konkreter Sie die Situationen schildern, desto leichter wird es Ihnen später fallen, erwünschte Ziele zu entwickeln. Falls Ihnen auf Anhieb keine Situationen einfallen, dann beobachten Sie sich in den nächsten Tagen, wie Sie sich im schulischen Kontext erleben.

Nehmen Sie sich als nächsten Schritt einen Zeitraum aus Ihrer Vergangenheit vor. Wie war Ihre berufliche Situation vor 5 Jahren? Wenn Sie Interesse haben, können Sie einen noch weiter zurückliegenden Zeitpunkt auswählen, z.B. den Beginn Ihrer Tätigkeit als Lehrerin und ihn in die Betrachtung einbeziehen.

ÜBUNG: **Die berufliche Entwicklung**

INHALT UND ZIELE
Durch einen Vergleich Ihrer gegenwärtigen Situation mit einem Zeitraum aus der Vergangenheit erhalten Sie einen Überblick über Ihre berufliche Entwicklung. Sie erkennen, was Sie in der Vergangenheit getan haben, um zu Ihrer gegenwärtigen beruflichen Situation zu gelangen. Darüberhinaus können Sie verborgene Ziele und Veränderungswünsche erkennen.

INSTRUKTIONEN
1. Nehmen Sie Ihren Erlebensplatz ein und entspannen Sie sich.

2. Erinnern Sie sich an wichtige berufliche Situationen aus der Vergangenheit (vor ca. 5 Jahren). Lassen Sie sich Zeit, bis Sie Ihre Erinnerungen an diese Zeit reaktiviert haben.
- Beschreiben Sie Ihr damaliges berufliches Wohlbefinden und Ihre berufliche Zufriedenheit. Notieren Sie, welche Gefühle Sie damals vorwiegend erlebt haben:
....
- Beschreiben Sie Situationen von damals, die für Sie besonders problematisch waren:
....

3. Finden Sie *Unterschiede* zwischen der vergangenen und gegenwärtigen beruflichen Situation heraus:
- In welchen Bereichen haben Sie sich am meisten verändert?
(z.B. Unterrichten, im Umgang mit Schülerinnen, mit Kolleginnen, mit der Schulleitung etc.)
- Was genau hat sich verändert? (z.B. Verhaltensänderung, Änderung von Einstellungen und persönlichen Sichtweisen etc.)

4. Beschreiben Sie, was sich an Ihrer beruflichen Situation *nicht geändert* hat. Was ist an Ihrer beruflichen Situation gleich geblieben?

5. Finden Sie heraus, was Sie hätten *anders machen können*, um eine angenehmere gegenwärtige berufliche Situation zu erreichen.

6. Beschreiben Sie, was Sie sich beruflich schon immer gewünscht haben.

7. Notieren Sie, in welchen schulischen Bereichen Sie Ihr größtes *Entwicklungspotential* für die berufliche Zukunft sehen.

8. Beschreiben Sie, was Sie unbedingt verändern *müssen*, um eine zufriedenstellende berufliche Zukunft zu erreichen.

Wir gehen davon aus, daß Sie mit diesem Rückblick in Ihre berufliche Vergangenheit eine erste Vorstellung davon bekommen haben, in welchen Bereichen Sie für sich Veränderungsmöglichkeiten und natürlich auch -wünsche für Ihre pädagogische Praxis sehen. Mit den nächsten Schritten können Sie diese Vorstellungen der Veränderung konkretisieren und verfeinern.

4.4. Die erwünschte berufliche Zukunft

In der folgenden Übung können Sie sich zunächst eine Vision Ihrer erwünschten beruflichen Zukunft machen. Nutzen Sie dazu Ihre Fähigkeit, sich innere Bilder und Vorstellungen zu machen und lassen Sie Ihrer Fantasie und unbewußten Inspirationen freien Lauf. Achten Sie dabei auf Ihre eigene Person - deren Aussehen, Aktionen, Verhaltensweisen, Gefühlsäußerungen sowie auf die Umgebung und auf andere Personen, die in dieser Vorstellung anwesend sind (Schülerinnen, Kolleginnen, Eltern etc.). Lassen Sie sich Zeit, diese Vorstellung fantasievoll und plastisch zu entwerfen.

ÜBUNG: Entwicklung einer Zielvorstellung

INHALT UND ZIEL
Entwicklung einer ersten Zielvorstellung unter Berücksichigung der Konditionen einer wohlgeformten Zielbestimmung im NLP.

INSTRUKTIONEN
1. Nehmen Sie Ihren Erlebensplatz ein, entspannen Sie sich einige Minuten, so daß Sie sich für die folgende Übung in einem angenehmen emotionalen und körperlichen Zustand befinden.

2. Entwickeln Sie ein Ziel für Ihre berufliche Zukunft. Beschreiben Sie, in welchen schulischen Bereichen Sie sich eine Veränderung wünschen: was ist Ihr Ziel, was möchten Sie erreichen?

3. Formulieren Sie Ihr Ziel auf **positive** Art und Weise.

Vielleicht fragen Sie sich, warum wir auf eine positive Zielbeschreibung so großen Wert legen. Sie werden die Antwort selbst finden, wenn Sie unserer Aufforderung nachkommen: *"Denken Sie jetzt **nicht** an den letzten Konflikt in Ihrer Klasse, in dessen Verlauf Sie immer gereizter wurden und das Gefühl hatten, daß Sie dieses Problem niemals in den Griff bekommen werden!!!"* Mit dieser Negation haben wir wahrscheinlich gerade das erreicht, was wir nicht wollten. Aber so arbeitet unser Gehirn nun einmal: es beschäftigt sich mit den jeweils aktuellen Angeboten, gleichgültig in welchem logischen Zusammenhang sie zueinander stehen. Wenn wir uns einen negativ getönten Inhalt (in diesem Fall den Konflikt) mit all seinen Begleiterscheinungen in den "Kopf reinziehen", dann beschäftigen wir uns eben damit, auch wenn ein "nicht" davor steht.

Falls Sie Probleme haben, das Ziel positiv zu formulieren, verzagen Sie nicht. Wir möchten Ihnen eine kleine Hilfestellung geben. Stellen Sie sich vor, Sie halten eine Münze in der Hand, auf deren Vorderseite die negativen Zielbeschreibungen und auf deren Rückseite die positiven Zielbeschreibungen stehen. Drehen Sie in Gedanken die Münze um und sagen Sie sich innerlich: "Ich möchte nicht ... (negative Zielbeschreibung)" - "Stattdessen möchte ich... (positive Zielbeschreibung)". Als Vorübung können Sie auch die folgenden negativen Zielbeschreibungen in positive übersetzen:

> Statt: *"Ich möchte nicht mehr losschreien, wenn die Schüler unruhig sind"* die Alternative..
> Statt: *"Ich möchte keinen Streß und keine Hektik mehr im Unterricht haben"* die Alternative..
> Statt: *"Ich möchte nicht mehr unvorbereitet sein"* die Alternative..
> Statt: *"Ich möchte nicht mehr so langweiligen Unterricht machen"* die Alternative..
> Statt: *"Ich will bei der Unterrichtsplanung nicht immer den Kürzeren ziehen"* die Alternative..

Als Lehrerin haben Sie sich nach einem anstrengenden Arbeitstag möglicherweise oft die Frage gestellt: "Wann werden sich die Schülerinnen endlich vernünftig verhalten?!" Hinter dieser Frage versteckt sich die Vorannahme, daß sich zuallererst die anderen verändern müssen. Wir halten es für günstiger, wenn Sie die Fäden selbst in der Hand halten. Finden Sie deshalb im nächsten Lernschritt heraus, was **Sie** dazu beitragen können, daß Sie die gewünschte Reaktion der anderen erhalten. Übernehmen Sie die Verantwortung dafür, Ihre Wünsche zu realisieren!

Wenn in Ihren Zielbestimmungen Formulierungen enthalten sind wie "Die Schülerinnen sollen...", "Die Schulleiterin soll...", "Die Kolleginnen sollen..." dann formulieren Sie Ihr Ziel unter Zuhilfenahme der folgenden Fragestellung um: "Was kann *ich* tun, damit ich die erwünschten Reaktionen von den anderen erhalte?" Entwickeln Sie also ein Ziel, *das Sie aus eigenen Mitteln erreichen können!*

4.5. Die Verfeinerung des Ziels

Mit der folgenden Übung geben Sie Ihrem Ziel den ersten Feinschliff. Erfahrungsgemäß sind die ersten Zielformulierungen sehr global beschrieben. Ihre Aufgabe wird es nun sein, die Zielformulierung zu spezifizieren. Nehmen Sie sich noch einmal Ihre Zielbeschreibung vor und überprüfen Sie diese nach darin enthaltenen *Nominalisierungen* und *unspezifischen Verben*. Präzisieren Sie diese Nominalisierungen, indem Sie sich die Frage stellen: **"Was genau heißt...?"** oder **"Wie genau werde ich...?"** Beispiel: *"Ich möchte meine Ansprüche (= Nominalisierung) bezüglich der Stundenplangestaltung der Schulleitung gegenüber durchsetzen (= unspezifisches Verb)."*
- **Welche Ansprüche** habe ich bezüglich der Stundenplangestaltung?
- **Wie genau** möchte ich meine Ansprüche durchsetzen?

Beispiel: *"Ich werde Konflikte (= Nominalisierung) in meiner Klasse in Zukunft ruhig und gelassen lösen (= unspezifisches Verb)."*
- **Welche Konflikte** zwischen wem in meiner Klasse werde ich **wie** lösen?
- **Was genau** heißt ruhig und gelassen lösen?

Beispiel: *"Ich werde ein Unterrichtsfach (= Nominalisierung) gemeinsam mit meiner Kollegin X planen (= unspezifisches Verb)."*
- **Welches Fach** werde ich gemeinsam planen?
- **Wie genau** werde ich mit meiner Kollegin planen?

Beispiel: *"Ich werde in jedem Schulhalbjahr mit den Schülerinnen ein gemeinsames Projekt (= Nominalisierung) planen und durchführen (= unspezifisches Verb)."*
- **Welches** Projekt (in welchem Fach oder welchen Fächern, Dauer des Projekts, Inhalte...) werde ich durchführen und planen?
- **Wie genau** werde ich es mit meinen Schülerinnen planen und durchführen?

Sie haben Ihre Ziele bis jetzt in eine positive Zielformulierung eingekleidet und mit Präzisierungen ausgestattet. Vielleicht haben Sie bei der Verfeinerung Ihres Zieles bemerkt, daß Ihre Gedanken und Vorstellungen bezüglich Ihres Zieles klarer und eindeutiger geworden sind als zu Beginn. Sie befinden sich dann genau auf dem richtigen Weg. Begeben Sie sich jetzt an den Feinschliff!

4.6. Der sinnliche Feinschliff des Ziels

Die Nutzung der Sinne ist ein Grundstock aller Methoden im NLP. Sie werden in der folgenden Übung Ihre Sinne intensiv aktivieren, um Ihre Zielfestlegung mit allen Sinnesmodalitäten auszustatten.

ÜBUNG: Die Verfeinerung des Ziels

INHALT UND ZIEL
Sie nutzen in dieser Übung Ihre mentale Fähigkeit der Zeitprojektion. Darüberhinaus tun Sie so, als ob Sie Ihr Ziel bereits erreicht haben. Dadurch können Sie Ihren Zielzustand mit allen Sinnen erleben und überprüfen.

INSTRUKTIONEN
1. Begeben Sie sich an Ihren Erlebensplatz und überprüfen Sie Ihren gegenwärtigen körperlichen und mentalen Zustand. Falls nötig, entspannen Sie sich unter Zuhilfenahme der Entspannungsanleitungen (siehe Anhang).

2. Begeben Sie sich dann auf eine *Reise in die Zukunft.*

- Überlegen Sie sich, wieviel Zeit Sie benötigen werden, um Ihr Ziel zu erreichen. Werden es Tage, Monate oder Jahre sein?

3. Wenn Sie den Zeitrahmen abgesteckt haben, dann tun Sie so, als ob Sie sich jetzt in jener Zeit befinden, in der Sie Ihr Ziel 100% erreicht haben. Lassen Sie sich Zeit, bis Sie eine vollständige Vorstellung davon haben.

- Beschreiben Sie, was Sie **sehen, hören, riechen, schmecken** und welches **Gefühl** Sie erleben.
- Bleiben Sie in dieser Vorstellung und vergegenwärtigen Sie sich, **woran** Sie **erkennen**, daß Sie Ihr Ziel erreicht haben:
- Welche Gefühle haben Sie, wenn Sie das Ziel erreicht haben?
- Beschreiben Sie, welches Verhalten Sie den anderen beteiligten Personen gegenüber zeigen (z.B. den Schülerinnen, Kolleginnen, der Schulleitung gegenüber).
- Beschreiben Sie, wie sich Ihre Schülerinnen verhalten. Was hat sich an deren Verhalten geändert, was ist gleich geblieben?

4. Kommen Sie dann langsam aus der Zukunft in die Gegenwart zurück und reorientieren Sie sich.

4.7. Die Zeitdimension und die Ökologie des Ziels

Wir greifen hier auf die Übung "Hallo Alter" zurück (siehe Kap. "Zukunftsperspektiven"). Aus der Betrachtung einer anderen Zeitperspektive können Sie wichtige Anregungen und Vorschläge für die Erreichung des Zieles erhalten. Darüberhinaus können Sie auch erkennen, ob es nötig ist, die Zielbeschreibung zu verändern, falls sich diese mit irgendeiner Persönlichkeitsseite von Ihnen in Konflikt befindet.

Vielleicht haben Sie schon Erfahrungen gemacht, daß Sie voller Elan und Ideen von einer Fortbildung nach Hause gekommen sind, mit dem festen Entschluß, etwas an Ihrem Unterricht zu ändern. Sie haben auch schon eine Vorstellung davon, wie Sie das im großen und ganzen machen werden - und dann kurz vor dem Start kommen Ihnen zahlreiche Argumente in den Sinn, die dagegen sprechen. Sie fühlen sich innerlich zerrissen, können sich nicht entscheiden und verschieben das Ganze auf spätere Zeiten. Die Überprüfung der Ökologie spielt bei allen Anwendungen von NLP-Techniken eine zentrale Rolle. Es geht dabei um die Fragestellung, ob sich Ihr erwünschtes Ziel mit allen Persönlichkeitsseiten und Umgebungsvariablen verträgt.

Beispiel: Sie setzen sich das Ziel, Ihren Unterricht in Projektform durchzuführen. Die ökologische Überprüfung des Zieles ergibt, daß Ihnen für diese Unterrichtsform grundlegende Informationen fehlen und Ihre Schülerinnen wesentliche Grundfertigkeiten nicht beherrschen. Diese Zielformulierung ist nach unserem Verständnis nicht ökologisch. Aus diesem Grund legen wir großen Wert darauf, die Wirkung einer Zielerreichung auf alle Faktoren des "Lebensraumes" hin zu überprüfen. Sie vermeiden dadurch, daß Sie ein ungewolltes Ergebnis mit viel Aufwand zustande bringen. Wenn Sie in der folgenden Übung eine ökologische Sichtweise einnehmen wollen, fragen Sie sich:

- Befindet sich das Ziel mit allen Seiten meiner Person in Einklang oder gibt es Teile, die Einwände haben, daß ich dieses Ergebnis erreiche?
- Befindet sich das Ziel in Einklang mit allen anderen Einflußgrößen? Diese können sein: Reaktionen der Schülerinnen (der Kolleginnen, der Schulleitung, der Eltern und der Schulverwaltung), Fertigkeiten der Schülerinnen, räumliche Bedingungen und Materialausstattung, organisatorische Faktoren, Familie, Kinder, Freundinnen, Partner etc.

Nehmen Sie alle Einwände ernst und revidieren Sie Ihr Ziel so lange, bis es Ihnen stimmig erscheint. Erst dann befindet sich Ihre Zielsetzung im Einklang mit Ihren Lebensumständen.

ÜBUNG: Das Ziel und die Zeitdimension

INHALT UND ZIELE
Unter Zuhilfenahme verschiedener Zeitpositionen können Sie Auswirkungen der Zielerreichung erkennen. Außerdem können Sie durch eine Überprüfung der Ökologie mögliche Einwände herausfinden. Zur Durchführung dieser Übung ist es sinnvoll, wenn Sie die Anleitungen aus der Übung "Hallo Alter" (siehe. Kap. "Zukunftsperspektiven" oder Anhang III) zu Rate ziehen.

INSTRUKTIONEN
1. Überprüfen Sie in der Position Ihres *"Alter Ego"*, ob es irgendwelche Einwände gegen die Erreichung des Zieles gibt.
- Überprüfen Sie auch anhand der Reaktionen anderer Personen, ob die Erreichung des Ziels wünschenswert ist (z.B. die Reaktion der Schülerinnen, der Kolleginnen, der Schulleitung etc.).
- Falls Sie Einwände finden, nehmen Sie diese ernst! Verändern Sie die Zielformulierung so lange, bis Sie sich sicher fühlen, daß alle persönlichen Seiten und die Reaktionen der anderen nicht dagegensprechen.

2. Nutzen Sie die verschiedenen Zeitpositionen, lassen Sie sich von Ihrem *"Alter-Ego"* Ratschläge geben, wie Sie Ihr Ziel erreichen können und
- welche Konsequenzen das Erreichen Ihres Zieles auf Ihr gesamtes Leben haben könnte,
- welche persönlichen Talente und Ressourcen Sie für die Zielerreichung nutzen können.
- Malen Sie sich aus, welche neuen Ideen und Perspektiven für Sie entstehen, wenn Sie dieses Ziel erreicht haben.

3. Machen Sie sich jetzt eine lebhafte *dissoziierte* Vorstellung von Ihrem Ziel. Achten Sie darauf, daß Sie sich in dieser Vorstellung selbst sehen. Wenn Sie diese Vorstellung zu Ihrer Zufriedenheit ausgemalt haben, dann *assoziieren* Sie sich mit Ihrem zukünftigen Selbst:
- Steigen Sie in den Körper Ihres zukünftigen Selbst ein, schauen Sie mit dessen Augen und hören Sie mit dessen Ohren.
- Schauen Sie aus der Zukunft zurück in die Gegenwart und stellen Sie fest, wie alle Ereignisse von der Gegenwart bis in die Zukunft sich im Sinne Ihres Zieles entwickeln.

- Steigen Sie dann aus dem Körper Ihres zukünftigen Selbst aus, kommen Sie wieder zurück in die Gegenwart.
- Betrachten Sie jetzt aus der Gegenwart noch einmal Ihr Zielbild. Achten Sie darauf, daß Sie sich jetzt wieder selbst in diesem Bild (*dissoziiert*) sehen.

4. Reorientieren Sie sich.

Wir gehen davon aus, daß Sie jetzt ein Ziel für sich entwickelt haben, das den Merkmalen der Wohlgeformtheit entspricht und ökologisch ist, sowohl für Ihre Person als auch für Ihre schulische und außerschulische Umgebung. Planen Sie zum Abschluß die ersten Schritte und Aktivitäten:

1. Legen Sie fest, welche **Schritte und Aktivitäten** angebracht sind.
2. Legen Sie fest, mit welchem Schritt Sie **wann beginnen** werden.
3. Vergegenwärtigen Sie sich Ihre **Talente und Ressourcen** und wie Sie diese nutzen können (vgl. Kap. Talente und Ressourcen).
4. Überlegen Sie, auf welche **Hindernisse** Sie auf dem Weg zu Ihrem Ziel treffen könnten und wie Sie diese **überwinden** können.

Wir wünschen Ihnen viel Erfolg!

Eine so umfangreiche Zielbestimmung ist nicht immer erforderlich. Für die Erreichung kurzfristiger Ziele könnte es ausreichen, wenn Sie folgende Schritte beachten: Legen Sie ein **positiv** formuliertes Ziel fest und **konkretisieren Sie**:
Was genau werde ich erleben, wenn ich mich meinem Zielzustand nähere?
Wie genau, mit welchen kleinen Schritten, werde ich dorthin gelangen?
Welche Ressourcen brauche ich dazu?
Wie räume ich Hindernisse aus dem Weg?
Was muß ich dazu in meiner Umgebung noch zusätzlich beachten?
Welche Auswirkungen könnte mein Erfolg auf andere haben?

Für umfassende, langfristige berufliche Veränderungen legen wir Ihnen jedoch ans Herz, alle Schritte der Zielbestimmung zu durchlaufen.

5. Die Fähigkeit der Nutzung von "Ankern" im Unterricht

Magier Andromedus tritt vor den Hohen Rat. Sein Auftreten wird seinem guten Ruf gerecht, zurückhaltend, mit dem bestimmten Quentchen an innerer Ruhe, das von großer unaufdringlicher Selbstsicherheit zeugt. Er ist angeklagt der Manipulation von Minderjährigen, in diesem Staate ein besonders verabscheuungswürdiges Vergehen oder gar Verbrechen. Aber es ist die Aufgabe des Hohen Rates, das herauszufinden.

In den Chor der Entrüsteten reihten sich die bekannten Boulevardgazetten ein mit süffisanten Hinweisen an den Rattenfänger von Hameln, als hätten sie schon lange darauf gewartet, die charismatische Gallionsfigur der Bewegung "Gleiche Bildungschancen für alle" von ihrem Sockel zu holen. Nun steht er hier, vor den Schranken des Gerichtes und hört mit überaus überzeugender Haltung den Sätzen der Anklageschrift zu. Es ist die Rede davon, daß er Kinder in Panik versetzt habe, ein Mädchen sei in unkontrollierte Zärtlichkeitsgefühle gefallen, ein weiteres Kind habe eine handgeschriebene Einkaufsliste hervorgeholt und etwas hinzugesetzt, während ein Junge bei seinen Worten rot vor Zorn angelaufen sei, und, das Verwerfliche an all diesen Geschehnissen sei, daß sie alle zur gleichen Zeit passiert und nur auf einen einzigen Satz des Magiers hin entstanden seien. Man könne ja gerade noch verstehen, wenn ein Mann mit außergewöhnlichen Fähigkeiten, wie sie Andromedus nun einmal zugeschrieben würden, wenn ein Mann viele Kinder mit magischen Beschwörungen in einen rauschähnlichen, gleichförmigen Zustand versetzte, denn das täten auch die Musikerbanden, die über die Lande zögen und die Zuhörer von ihren aufgebauten Holzbühnen herunter in Raserei versetzten. Aber mit einem einzigen Satz viele junge Menschen in verschiedene Zustände? Das grenze an schwarze Magie und müsse verhindert werden, ehe noch größeres Unheil entstehe.

Die Vorsitzende des Hohen Rates wendet sich an den Magier: "Hast du etwas zu deiner Verteidigung vorzutragen?"

Andromedus zögert eine Weile, reckt sich und antwortet: "Nein, die Anklage besteht zurecht, und ich bin gern bereit, meine Tat, deretwegen Ihr mich vor das Hohe Gericht stellt, zu wiederholen, damit Ihr Euch alle ein eigenes Bild machen könnt." Nach einer kurzen Beratung stimmen alle Mitglieder zu und Andromedus fängt an:

"Schließt für einen Moment die Augen und stellt Euch vor, Ihr seid wieder ein kleines Kind, das sich in einem dunklen, dunklen Zimmer aufhält und mit dir im Zimmer ist... ein... Hund."

Nach einer geraumen Weile wird die Ratsvorsitzende ganz unruhig, fängt heftig an zu atmen und reißt, wie von einem riesigen Schrecken überwältigt, gewaltsam die Augen auf. Ein anderes Ratsmitglied lächelt selig vor sich hin und beginnt leise zu schnarchen. Wieder andere verändern ihre Hautfarbe, werden rot im Gesicht oder fangen an zu schwitzen. Dramatisch auch der Staatsanwalt, er gerät zusehends in Atemnot, greift nach einer kleinen Sprühflasche in der Innenseite seiner Robe und inhaliert tief das mit einem kurzen Druck auf den Knopf befreite Gas, langsam beruhigt sich sein angstvoll verzerrtes Gesicht wieder und er schaut betreten in die Runde...

Was war das? Wie konnte das geschehen? Die ratlosen Gesichter, gezeichnet von dem eben noch Erlebten, nehmen allmählich wieder ihre von jahrelanger Rechtsfindung geprägten Konturen an. Was hast du mit uns gemacht, Andromedus? Mit welchen Mächten stehst du im Bunde?

Andromedus schüttelt ganz zaghaft seinen Kopf, sehr verhalten, fast ungläubig.

"Diese Mächte... es ist wohl wahr, Worte sind mächtig, sie können zerstören und sie können Leben retten. Dennoch... es sind nicht die Worte, die Ihr erfahren habt und die Euch haben vergessen lassen, an welchem Ort Ihr Euch gerade jetzt befindet, oder doch? Können dies Worte oder könnt Ihr das bloß, oder könnt nur Ihr das, wenn Ihr auf die richtigen oder falschen Worte hört? Ich bitte um nichts weiter als um eine verständnisvolle Beurteilung meiner... Worte."

Das Nette an diesen kleinen Episoden ist ja, daß sie mühelos verschiedene Ebenen ansprechen können, ohne daß jemand gezwungen wird, sich "ernsthaft" mit ihnen zu befassen.

Wir könnten über Suggestionen, über Oberflächen- und Tiefenstruktur der Sprache (haben Chomsky, Bandler und Grinder schon grundlegend behandelt) oder über gleiche Bildungschancen für alle reden, aber das, worauf es uns ankommt, ist hier der Prozeß des Aktivierens von Ankern und in diesem Zusammenhang natürlich auch die Herstellung von Ankern.

Was ist in der obigen Geschichte passiert? Da löst, nach einer kurzen suggestiven Vorbereitung ein einziger Satz, bzw. die Schilderung einer unspezifischen Situation und die Nennung einer Tiergattung komplexe, sehr diverse Reaktionen aus. Noch einmal: Eine unspezifische Ortsbe- beschreibung (dunkles Zimmer) + Hinweis auf Kindheit + Nennung einer Tierart = selig einschlafen oder Asthmaanfall oder Angstanfall?

Nun gut, die eine wird halt daran erinnert, daß sie mal als Kind von einem Bullterrier bei Dunkelheit angegriffen wurde und als Kind im Dunkeln nicht einschlafen konnte, der Staatsanwalt ist allergisch auf Hunde und es traf sich, daß sein Anfall wieder mal anstand und durch die besonderen Umstände ausgelöst wurde. Und der andere, der selig lächelnd einschlief, der hatte sicher als Kind einen großen Hund, der ihn beschützte, vor dem bösen Stiefvater oder sonst einer Schreckensfigur.

Aber, wenn Sie es geschafft haben, gerade die letzte Passage ohne spürbaren inneren Widerspruch zu lesen, dann wissen Sie um die Be- deutung von **Ankern**, oder, um es mit einem allgemein bekannteren Wort zu sagen, mit **Konditionierungen**. Für diejenigen, die sich damit noch nicht befassen konnten, deshalb etwas gründlicher.

Ein Anker ist der Griff an die Schublade, der den gesamten Inhalt zutage fördert.

Oft sind wir überrascht, welche Inhalte in der herausgezogenen Schublade stecken, wir erschrecken oder beginnen, uns ohne ersicht- lichen Anlaß zu freuen. Auf einen Schlag fühlen wir uns unwohl, obwohl doch nur jemand an uns vorbeigegangen ist, der so seltsam riecht, oder der so ein Gesicht macht wie damals die...

Ehe wir uns mit der Struktur und mit den Einsatzmöglichkeiten von bewußten Verankerungen beschäftigen, möchten wir doch grundsätzlich die Bedeutsamkeit von Konditionierungen und deren Folgen heraus- stellen.

Es ist seit langem bekannt, daß **allergische Reaktionen** und asthmatische Anfälle **allein durch die Anwesenheit oder Benennung eines *Symboles* des allergenen Objektes ausgelöst werden können** und nicht nur durch die entsprechenden allergenen Stoffe, die emittiert werden. Es kann also sein, daß jemand, der auf Rosen allergisch reagiert, allein durch das Wort "Rosen" oder durch den Anblick von Rosen hinter einer abgedichteten Glasscheibe eine allergische Reaktion erleidet (DILTS, R. 1991). Weiterhin ist bekannt, daß ehemalige Drogenabhängige, die jahrelang schon clean waren, wieder mit Entzugserscheinungen, mit starken körperlichen Entzugserscheinungen reagierten, sobald sie wieder in dem Milieu, also an den Orten auftauchten, an denen sie die Drogenerfahrungen gemacht hatten.

Anker können unterschiedliche Qualität haben, es können Worte genauso gut wie Symbole, Menschen wie Tiere, Gerüche wie Geräusche sein. Gemeinsam ist diesen Ankern, daß sie komplexe Reaktionen auslösen, die offenbar über lange Jahre beständig sein können und an bestimmte Entstehungsbedingungen geknüpft sind.

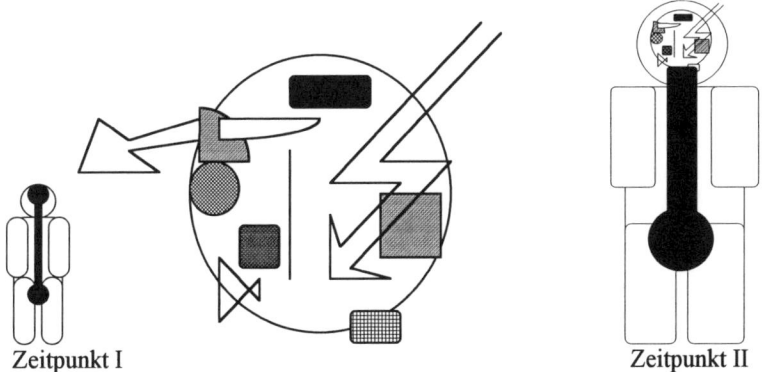

Zeitpunkt I   Zeitpunkt II

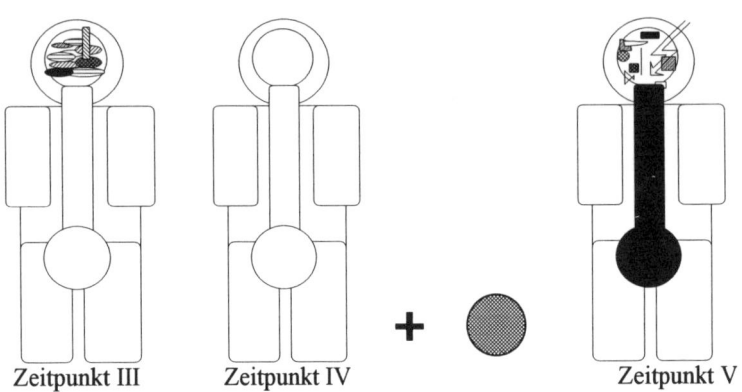

Zeitpunkt III   Zeitpunkt IV   Zeitpunkt V

Zeitpunkt I	Die Person ist einem Ereignis ausgesetzt (Exposition), das eine Zustandsveränderung im Organismus bewirkt. Die Körpersysteme reagieren, auf den verschiedenen Ebenen wird eine Antwort gesucht (Annäherungs-, Flucht-/Kampfverhalten oder Verhaltenshemmung wird entlang der erlernten und bevorzugten Reaktionsweisen aktiviert). Der Zustand wird erlernt oder stabilisiert.
Zeitpunkt II	Die Bestandteile des Ereignisses + der emotionale und physiologische Zustand + die eigenen Reaktionsweisen werden in verschiedenen Gedächtnisformen in hologrammähnlichen Strukturen (Engrammen) gespeichert.
Zeitpunkt III	Das Ereignis wird vergessen, überlagert, verdrängt. Andere Erlebnisse beschäftigen den bewußten Teil des Gehirns.
Zeitpunkt IV	In einer neutralen Situation - Monate, Jahre, Jahrzehnte später - erscheint ein bedeutsamer Stimulus der Ursprungssituation mit Ankerqualitäten.
Zeitpunkt V	Der Ursprungszustand wird ganz (z.B. starke phobische Reaktionen) oder teilweise ("Ich behalte zwar klare Gedanken, aber mir wird ganz heiß und ich weiß nicht, woher das kommt") in allen damals involvierten Körpersystemen mit unterschiedlicher Intensität reaktiviert.

In Kurzform: **Anker können komplette Zustände auslösen, d.h. emotionale, kognitive, physiologische und motorische Reaktionen, die lange Zeit Körper und Geist zu fesseln in der Lage sind, im positiven wie im negativen Sinne.**

Wie wirksam Anker sein können und wie häufig sie anzutreffen sind, können Sie leicht selber herausfinden, wenn Sie:

- auf der Straße laut pfeifen: wieviele Leute drehen sich um?
- anfangen zu gähnen: Wer gähnt mit?
- mit einem Baby auf dem Arm spazierengehen: Wieviele Erwachsene infantilisieren in ihrem Sprachverhalten, wenn sie anfangen, mit dem Kind zu brabbeln?

Das sind **Alltagsanker**: der Pfiff, das Gähnen, das Baby

Auch wenn ein bunter Ball in einem mit Netzen bespannten
- Aluminiumrahmen zappelt: Wie viele Menschen schreien Tor?
- wenn das Wort "Mutter" ausgesprochen wird: Wieviel innere Bilder tauchen auf?
- wenn der Boss seinem Assistenten den Arm auf die Schulter legt,
- der Herr der Dame die Tür aufreißt,
- jemand laut Feuer schreit... es werden geankerte Reaktionen abgerufen.

Symbole sind ebenfalls Anker, Sie können es an den Reaktionen darauf erkennen:
- das Beschädigen oder Schwenken von Nationalflaggen
- das Verwenden von Kreuzen jeder Art (wir wetten, Sie haben ein bestimmtes Kreuz, auf das Sie regelmäßig mit Antipathie reagieren und ein anderes, das Ihre Wertschätzung erfährt) und anderen Emblemen
- die Icons, Logos, Piktogramme, Kürzel (IBM, USA, GEW, ...),
- die Markennamen, Trademarks (Nivea, Maggi...).

Musikstücke oder Sequenzen:
- Radetzky-Marsch im Gegensatz zum Bayerischen Defiliermarsch,
- die Ankündigungen im Volksempfänger,
- die Nationalhymnen,
- die Werbespots, Erkennungsmelodien, Olympiafanfaren und so weiter.

Schulische Anker:
- Klingelzeichen,
- Bohnerwachsgeruch,
- Kreidequietschen an Tafel,
- Klassenarbeitshefte,
- Hausmeister im grauen Kittel.

Wenn schon Anker so wirkungsvoll sind, dann sollten wir a) um ihre akute Wirkung und ihre bewußt oder unbewußt mißbräuchliche Nutzung wissen, und b) auch die positiven Seiten des Verankerns von Zuständen schätzen und anwenden lernen, denn, so scheint es, ohne diese Schubladengriffe hätten wir große Schwierigkeiten, uns in der unübersichtlichen Welt schnell zurechtzufinden.

Bevor wir mit der Utilisierung von Verankerungen, also mit der Nutzbarmachung beginnen, werden wir uns mit der Wirkungsweise beschäftigen. (Über die Wohlgeformtheitskriterien für das Etablieren von Ankern s.a. STAHL, T. 1990).

Zurück zur kleinen Geschichte am Anfang.
Andromedus setzt nach geschickter Präparierung des Publikums einen Anker, der bei sämtlichen Anwesenden unterschiedliche Reaktionen hervorruft, je nach vorheriger Lebenserfahrung. Der Anker war verbaler Art, der inhaltliche Stimulus im Grunde nur ein Substantiv. Die Frage stellt sich, nachdem wir oben festgestellt haben, daß nahezu alles Ankerqualitäten bekommen kann, wenn es nur richtig eingesetzt wird: An welche Bedingungen ist die Effektivität eines Ankers gebunden?

Drei Faktorengruppen scheinen einen starken Einfluß auf die Wirksamkeit von Verankerungen zu besitzen:

a) **die Kontextbedingungen, also die Umstände außerhalb unseres Körpers,**
b) **eine starke sensorische, physiologische, emotionale Beteiligung,**
c) **eine zeitliche Dramaturgie.**

Vom Wortsinn her (festmachen, verbinden) bedeutet Ankern die Herstellung einer Verbindung zwischen zwei primär nicht zusammengehörigen Dingen oder Vorgängen. In der Psychologie ist dieser Vorgang unter Reiz-Reiz-Koppelung oder Reiz-Reaktions-Koppelung bekannt (Konditionierung).

Im ersten Fall (Reiz-Reiz-Verbindung) wird ein Stimulus an einen anderen gebunden, die Glocke im Fall der Pavlov´schen Hunde wird an den Futterreiz gekoppelt, so daß schließlich die Glocke ausreicht, um die

Verdauungssäfte anzukurbeln. Das ist als klassische Konditionierung bekannt.

Im zweiten Fall wird ein Reiz mit einer Reaktion verknüpft: die drohend erhobene Hand veranlaßt mich, den Kopf wegzudrehen, die liebe Stimme am Telefon wärmt das Herz usw. Dieser Vorgang ist als instrumentelle oder operante Konditionierung bekannt.

Vorgänge können und werden permanent aus unterschiedlichen Repräsentationssystemen miteinander verknüpft, oder aber sie entstammen demselben Sinnessystem.

Beispiele für **Vorgänge aus unterschiedlichen Sinnessystemen**:

- Die Adlersilhouette löst den Fluchtimpuls des Huhnes aus (visuell-kinästhetisch).
- Eine Frauenstimme löst das Bild der Tante aus (akustisch-visuell).
- Brandgeruch löst kinästhetisch-motorische Reaktionen aus (olfaktor.-kinästhetisch).
- Das Bild einer Kirche löst das innere Hören eines Orgelstückes von Buxtehude aus (visuell-akustisch).
- Das Scheppern einer Blechtonne löst Eisengeschmack im Mund aus (akustisch-gustatorisch).

Beispiele für **Vorgänge im gleichen Sinnessystem**:

- Ein Fingerdruck im Nacken löst Verspannung und Angst aus (häufig bei mißhandelten Kindern oder bei starken Geschwisterrivalitäten).
- Der Anfang eines Liedes löst das Nachpfeifen oder -summen des Restes aus.
- Das Betrachten eines Schnappschusses läßt die ursprünglich dazugehörige Situation bildhaft wieder erstehen.

Nach diesen Vorbemerkungen über die Natur von Ankern nun zu den drei Faktorengruppen:

5.1. Kontextabhängigkeit

Beispiele dafür sind schon genannt worden: Die ehemaligen Drogenabhängigen, die Allergiekranken. BIRBAUMER & SCHMIDT

(1990) schreiben dazu: "... je mehr vom ursprünglichen Kontext eingeprägt wurde und je vielfältiger der Kontext ist (z.b. multisensorische Reizung im Gegensatz zu nur einer Sinnesmodalität), um so eher wird ein **Teilelement** (Heraushebung durch d. A.) der ursprünglichen Umgebung später den gesamten Gedächtnisinhalt auslösen. Auch der physiologische Zustand ("Aktivierung", Gefühl) des/der Lernenden gehört zum Einprägungskontext... Dem Wiedergabeprozeß liegt also ein Mustervervollständigungsprozeß zugrunde: das Muster der Abrufungsreize muß zumindest teilweise dem gespeicherten Muster entsprechen."

5.2. Körperliche Beteiligung

Wie schon oben angeklungen, ist eine dauerhafte Speicherung und Reproduzierbarkeit in der Realität und, fast noch wichtiger, in der Vorstellung, dann eher wahrscheinlich, wenn möglichst viele Sinneskanäle angesprochen sind, eine relativ hohe emotionale Spannung erzeugt ist und die entsprechenden physiologischen Reaktionen ablaufen. Im Vergleich zu vorübergehenden Eindrücken ohne nennenswerte gefühlsmäßige Beteiligung nennen wir dies einen **Zustand**.

Wenn demgemäß ein Anker in einen derartig hoch besetzten Zustand hineinkopiert wird, dann ist es sehr wahrscheinlich, daß ein neuerliches Erscheinen des Ankers genau denselben Zustand evoziert. Künstler beispielsweise wissen das, sie benutzen Anker, um sich in diesen aufgeladenen, kreativen Zustand hineinzukatapultieren. Friedrich Schiller mit dem Stehpult und dem verfaulten Apfel... einmal kurz daran gerochen und schwupps... die Glocke. Das mit dem Apfel mag authentisch sein, es spielt aber keine große Rolle, welche Anker Schiller für seine poetischen Kicks benutzte, denn wir wissen heute, daß über den Riechsinn auf dem Schnellwege Emotionen und physiologische Reaktionen ausgelöst werden. Es gibt eine Direktverbindung der Nervenbahnen von dem Riechepithel der Nasenschleimhaut zum Limbischen System, das für die Anreicherung von Impulsen aus der Peripherie des Körpers mit emotionalen Tönungen verantwortlich zeichnet (früher hieß das Limbische System Riechhirn).

Andere Beispiele: Bevor wir mit einer Person gesprochen haben, wissen wir, ob wir sie mögen oder nicht, ihr - verankerter - Geruch gibt uns die Orientierung. Das mag zusätzlich ein Grund sein, warum Schnupfen so lästig ist: Wir verlieren ein Instrument zur sozialen und psychischen Kontrolle.

Da wir im Augenblick genügend theoretisches Material umgeschichtet haben, hier eine Miniübung zum Auflockern:

 Um Sie einmal darauf einzustimmen, welche Potenz Anker auch in Ihrem persönlichen Bereich haben können, regen wir Sie an, zu überprüfen, welche Anker Sie benutzen, um in einen Vermeidungszustand zu kommen. Sie suchen also nach **Arbeitsvermeidungsankern**. Sie sagen, Sie hätten keine? Mal sehen.

Wie wäre es mit
- dem unaufgeräumten Arbeitstisch
- der Computer mit den Spielen in Griffweite
- das Bett, das sich, von Ihrem Arbeitsplatz aus gesehen, im Fenster spiegelt
- das Bild des Freundes auf der Arbeitsplatte
- das Parfüm, das Sie normalerweise abends auflegen, wenn Sie ausgehen wollen
- die Reihe von ungelesenen Büchern vor sich
- die Nähmaschine in Sichtweite, die schon immer mal repariert werden müßte
- die Tüte Erdnüsse vor sich, die Sie sich sonst nur nach Feierabend leisten
- die gerade laufende CD mit schmusiger Musik, oder, wenn Sie es klassisch lieben, mit dem schönen Largostück von ... (d.h. 40-60 er Rhythmus und das ist der Rhythmus, der dem Schlaf- und Ruhezustand des Körpers nahekommt.) Genug?

Sie merken an der Aufzählung, daß jeder Anker unterschiedliche Erinnerungen wachruft, und, vielleicht wird Ihnen an dieser Stelle klar, wie sich trotz besten Willens das Arbeitsleben versauen läßt. Es kann natürlich auch positiv formuliert werden: Welche Möglichkeiten es gibt, seine Projekte so einzurichten, daß eine hohe Effizienz durch die Nutzung positiver Anker und die damit verbundene Motivationssteigerung nahezu mühelos garantiert ist.

5.3. Zeitliche Dramaturgie

Nehmen wir an, Sie wollen über eine Bewegung Ihrer Arme einen Zustand von Ruhe in Ihrer Klasse verankern und Sie warten damit, bis alles ganz still ist und fangen dann mit der Bewegung an... während hinten in der Ecke gerade jemand unruhig auf seinem Stuhl hin- und herrutscht und Schabegeräusche zu hören sind. Was glauben Sie wohl wird geankert? Wahrscheinlich: unruhig werden.

Aus Konditionierungsexperimenten ist bekannt, daß der **neutrale Reiz** (in der Fachsprache CS = conditioned stimulus) **vor der Reaktion oder vor dem bedeutsamen Reiz** (UR = unconditioned reaction; US = unconditioned stimulus) **liegen muß, an den er angekoppelt werden soll.** Der Hinweisreiz, der Anker in unserem Fall, muß sozusagen in die Aktion, die er später hervorrufen soll, hineinkopiert werden, und zwar in den aufsteigenden Teil oder spätestens in den Höhepunkt der Aktion. Sonst verpufft seine Wirkung.

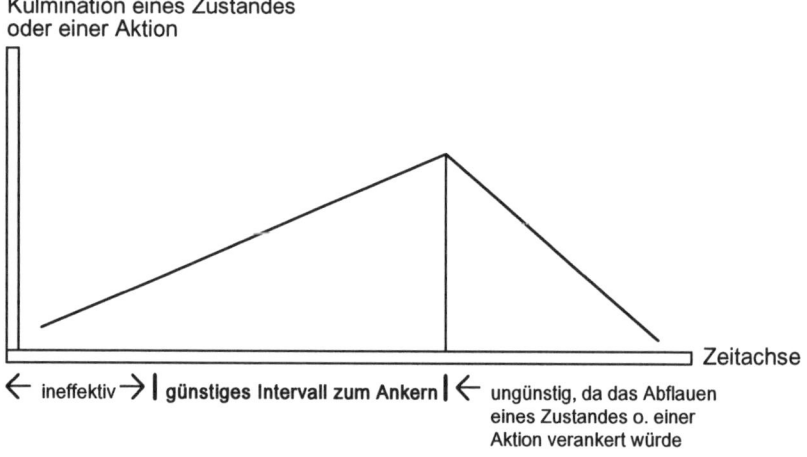

Zwei weitere Beispiele, um diesen Prozeß zu veranschaulichen.
Es ist üblich, daß sich Schauspielerinnen nach getaner Arbeit für die Beifallskundgebungen des Publikums bedanken, und sie verstärken damit den Rapport zwischen sich und den Begeisterten. Sie setzen höchst effektive Anker für "Übereinstimmung", "erfolgreich", "sensationell", was auch immer an Emotionen vorhanden ist. Dieses Bedanken muß ein sehr gutes Timing aufweisen, um wirklich nachhaltig zu wirken. Stellen Sie sich nur einmal vor, die Schauspielerinnen kommen noch einmal auf die Bühne und verbeugen sich, wenn der Beifall stark abflaut und nicht mehr genügend Publikum vorhanden ist, um ihn wieder auf den ersten Wert

ansteigen zu lassen. Es könnte sich zur Peinlichkeit auswachsen, obwohl es doch nur eine kleine zeitliche Verschiebung gewesen sein kann.

Ein anderes Beispiel:
Was glauben Sie wohl, warum Fernsehreporter sich am aktuellen Schauplatz aufnehmen lassen, sich in die Aktion - möglichst noch in den Kugelhagel - hineinschneiden lassen und nicht ihren Bericht aus dem Studio heraus senden, und wenn, dann vor einem dramatisch-bedeutungsschwangeren Hintergrund? Der Anker "Bild des Reporters" suggeriert dann Aufregung, Mut, Authentizität, Schnelligkeit und mobilisiert Emotionen usw. Sie kennen das schon. CNN kennt das auch.

Um den eher grundlagenorientierten Abschnitt des Ankerns abschließen zu können, seien noch einige Randbedingungen erwähnt, die sich aus der Funktionsweise unseres Gehirns - soweit wir es heute verstehen können - speziell der Abteilung Gedächtnis, ableiten lassen.

Von der Funktionsweise der Gedächtnisprozesse her - man unterscheidet grob zwischen einem deklarativen (Wissens-)Gedächtnis und einem prozeduralen (Handlungs-)Gedächtnis - ist es einigermaßen wahrscheinlich,

- daß der Prozeß des Ankerns nicht erst über lange Wiederholungsprozeduren konsolidiert werden muß, sondern daß er hauptsächlich dem Alles-oder-Nichts-Prinzip der Speicherung unterliegt. Aber, wiederholter effektiver Gebrauch trägt auch zusätzlich zu seiner Stabilisierung bei.

- daß Anker nicht nachträglich durch die Konsequenzen einer Aktion verstärkt werden müssen, es also keiner "instrumentellen Konditionierung" unbedingt bedarf.

- daß Anker sowohl an äußere wie innere Ereignisse angekoppelt werden können. Das ist für die Etablierung von Motivationsstrategien ein entscheidender Umstand.

 Stichwort Motivation. Aus der Aufzählung der Ankervielfalt läßt sich ohne Mühe ableiten, daß es ohne Ankern kaum geht. Jede eingebundene, bedeutungsgebende Geste der Lehrerinnen ist ein Anker. Jedes laut oder leise gesprochene Wort in einem identifizierten Kontext ist ein Anker, ob Sie wollen oder nicht. Die

Pausenklingel ist ein Anker genauso wie das bange erwartete Öffnen der Aktentasche, in der sich die Klassenarbeiten befinden. Sie können die Aktentasche langsam, genüßlich oder auch schnell und beiläufig öffnen: Sie lösen bei Ihren Schülerinnen Zustände aus. Die Frage bleibt lediglich, welche Ziele wollen Sie erreichen, welche Struktur wollen Sie Ihrem Unterricht verleihen? Soll er offen, ungebunden, antiautoritär, leistungsbezogen, spielerisch, erfahrungsorientiert sein, oder alles zusammen?

Wir weisen an gegebener Stelle immer wieder auf die absolute Wichtigkeit Ihrer bevorzugten Interessen hin, die nicht nur fachlicher, didaktischer Natur sind, sondern sich aus Ihrem ganzen Lebenserfahrungsschatz her ableiten, und wir verweisen auch in besonderem Maße auf die Notwendigkeit, eine Struktur an der Hand zu haben, die das eigene Wirken analysiert, plant, kontrolliert, kalibriert und motivierend begleitet. Nicht umsonst ist das Strukturmodell der Veränderung mit seinen Komponenten "Problem", "Ursache", "Strukturziele", "Talente" und "Effekte" auch in diesem Kontext der sinnvollen Ankersetzungen von erheblicher Bedeutung.

Die vorigen Übungen zur Dissoziation werden jetzt benötigt, um die Umsetzung Ihrer persönlichen Vorhaben in und mit Ihrer Klasse oder Ihrem Klientel vorwegzuplanen, anzutesten und die Effekte mental abzuschätzen, so daß Sie dann in der Realsituation gut vorbereitet Ihre Absichten verwirklichen können.

Die Strategie sei noch einmal kurz benannt (genauer im Kapitel "Das P-U-S-T-E- Modell der Veränderung"): Ihnen fällt ein Problem ein, Sie möchten etwas verbessern. Sie analysieren die Herkunft dieses Problemes und entwickeln dann ein wunschgeleitetes Szenarium, in dem Sie 100%ig Ihre Absichten verwirklicht sehen (die Korrekturen kommen später). Dann überlegen Sie, welche Kraftquellen und Talente Sie besitzen, um sich diesen strukturbezogenen Zielen annähern zu können. Sie schätzen ab, ob die ersten Talente, die Ihnen in den Sinn kommen, ausreichen, oder ob Sie noch weitere aus anderen Erfahrungsbereichen hinzuziehen möchten. An dieser Stelle treten Sie sozusagen in Diskurs mit sich selbst, um Wege zu überlegen und zu bahnen, wie Sie Ihre Absichten mit Ihren Talenten erreichen können und bauen dann, nachdem Sie einige (oder eine) Möglichkeit(en) entdeckt haben, Stationen ein, an denen Sie überprüfen können, mit welchem Erfolg Sie Ihre Maßnahmen anwenden konnten. Sie kalibrieren neu, bauen neue Motivationen ein und modifizieren ggf. Ihre Maßnahmen und überprüfen, welche Auswirkungen (Effekte) Ihre Maßnahmen auf sich selbst, auf die Lerngruppe, auf einzelne Schülerinnen und auf das schulische Umfeld haben werden. Dieser letzte Punkt ist von außerordentlicher Wichtigkeit, denn an dieser Stelle scheitern in vielen Fällen die voller Hoffnung eingeführten Neuerungen im Unterricht, dann nämlich, wenn Veränderungen vom Umfeld oder Einzelpersonen nicht mitgetragen oder gar sabotiert werden. Die folgende Übung können Sie ja probehalber schon mit dem P-U-S-T-E-Schema bearbeiten. Die Schritte könnten als Vorgabe, die von Ihnen dann modifiziert wird, lauten:

Problem	Es geschehen manchmal Dinge in der Klasse, die ich mir nicht recht erklären kann.
Ursache	Die Klasse hatte vorher einen strengen Lehrer, vielleicht hat der seine Spuren hinterlassen?
Struktur--ziele	Ich wünsche mir eine Klasse und einen Klassenraum, die ich mit meinen Markierungen, mit meinen Intentionen belegt habe.
Talente	Ich bewege mich gut im Raum, kann meine Stimme modulieren, habe Ideen, wie ich was verändern könnte, bin durchsetzungsstark und belastbar. Außerdem habe ich eine Übung vor mir, die mir gefallen könnte.
	An dieser Stelle beginnt eine Prozeß- und Überprüfungsschleife nach dem T-O-T-E-Schema, die beinhaltet, **wie** Sie wissen werden, **wann** Sie **was** erreicht haben.
Effekte	Kann ich das durchhalten, machen meine Schülerinnen mit, halten die Kolleginnen mich für verrückt, paßt das in unser Schulkonzept?

Alles nochmal im Schaubild:

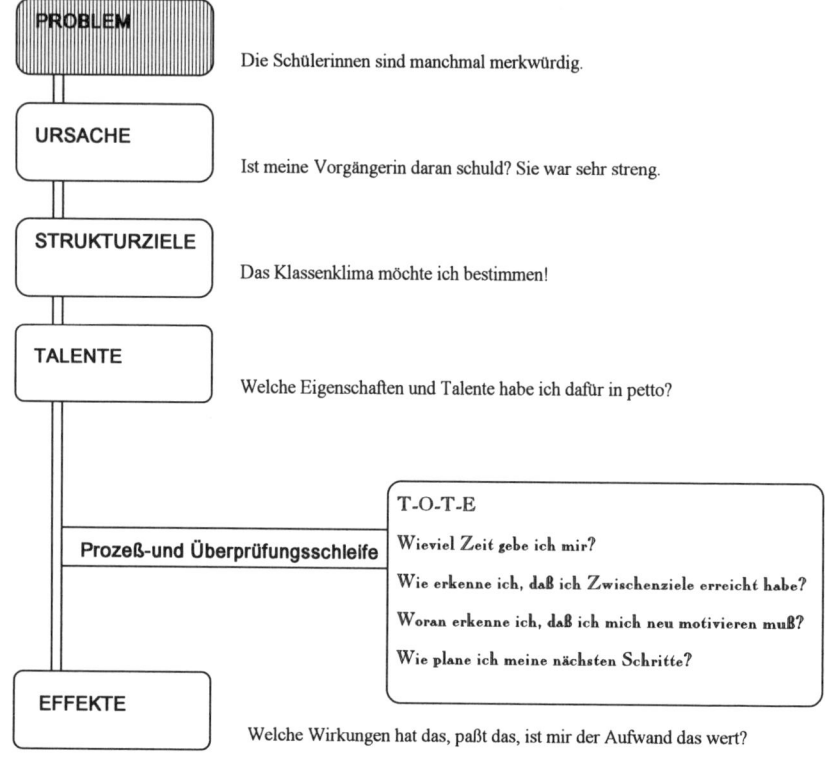

5.4. Übungseinheit: **Entdecken aktueller Anker**

ÜBUNG: Entdecken aktueller Anker

INHALT UND ZIELE

Wenn Sie in eine möblierte Wohnung ziehen und Ihnen ist es gleichgültig, wie sie eingerichtet ist, dann brauchen Sie nicht weiterzulesen. Wenn Sie sich aber eine neue Wohnung leisten können und Sie möchten sie nach Ihrem Geschmack gestalten, dann sind Sie hier richtig. Das Problem dabei ist hier, Gerümpel und verschlissene Möbelstücke sind leichter zu identifizieren als einmal gesetzte Anker. Nicht nur, daß keine Schilder auf den Ankern stehen, sie sind in der Regel auch unabsichtlich, unbewußt gesetzt worden, so daß ihr inhärenter Zweck zu dem Zeitpunkt, an dem Sie die Klasse betreten, nicht mehr nachvollziehbar ist. Schlimmer sogar noch, wenn Sie unbewußt geankert wurden, denn dann sind Sie im Aufspüren doppelt gehandicapt, denn das Unbewußte ist per definitionem... usw.

Lassen Sie sich nicht erschrecken, wir möchten mit dieser Übung lediglich eine **Suchhaltung** anregen. Machen Sie sich auf die Suche nach den unbewußten Markierungen und nehmen Sie sich ausreichend Zeit dafür. Ihnen soll es an Ihrem Arbeitsplatz gut ergehen, Sie sollen sich dort wohlfühlen und Ihre Energie entfalten dürfen.

EINLEITUNG
Bevor Sie Ihren Klassenraum neu "möblieren", sollten Sie ihn kennen und von unproduktiven Ankern leeren.

Drei Beispiele zur Einleitung weisen auf mögliche Erschwernisse hin, die Ihre pädagogischen Absichten durcheinanderwirbeln können.

Beispiel 1: Kontextmarkierungen ohne Absicht

Fritz ist der lauteste in der Klasse, er unterhält sich vornehmlich mit seinem Nachbarn, der über den Gang von ihm getrennt ist. Da das häufig passiert und Sie sich den Unterricht nicht durch ständige Ermahnungen zerstückeln möchten, haben Sie es sich angewöhnt, bei dem ersten Anzeichen von Fritzens Unruhe Ihren Platz zu verlassen und sich zwischen die beiden zu stellen, so daß deren Kontaktaufnahme unterbrochen wird. Anfangs haben Sie das noch mit starken Worten unterlegt, die die ganze Klasse aufschrecken ließ. Um es deutlich zu sagen, Fritz hat Sie genötigt, eine stabile Kontextmarkierung vorzunehmen. Jedes Mal, wenn Sie Ihren Platz verlassen und sich auf die Lücke zwischen Fritz und seinem Nachbarn zubewegen, wird die Klasse Zeichen von Spannung oder Schrecken oder einer ähnlichen Reaktionsweise zeigen. Kenntlich vielleicht durch plötzliche Stille oder durch vermehrtes Unruhigsein, je nachdem, zu welchem Zeitpunkt Sie den Anker gesetzt haben.

Beispiel 2: Anker löschen oder verändern

Sie haben sich eine Ruhezone in der Klasse geschaffen, vielleicht durch kleine räumliche Veränderungen (Teppich, Kissen, Bücher zum Schmökern o.ä.) oder durch perfektes Ankern, indem Sie nach einer anstrengenden Stunde den Kindern zur Belohnung erlaubten, sich still mit etwas zu beschäftigen. Sie selbst sind an eine Stelle des Klassenraumes gegangen, vor der die Kinder keine Anforderungen zu erwarten haben (Waschbecken = Zeichen für Händewaschen = Beenden einer Tätigkeit etc.). Das Signal bedeutet also: Entspannung nach getaner Arbeit, keine Überraschung zu erwarten.

Sie befinden sich also an Ihrem Ruheplatz und sehen, wie Claudia und Manfred am anderen Ende des Raumes, na, sagen wir, eine eingeflogene Hummel quälen. Sie schreien aus Ihrer Ecke heraus, sie sollten das gefälligst lassen..., die ganze Klasse schrickt auf.

Wenn Sie das nächste Mal in die Ecke gehen, werden mindestens Mischzustände bei den Schülerinnen auftreten, wenn nicht die Ruhezone ganz gelöscht wurde und es jetzt heißt: gespannte Aufmerksamkeit.

Beispiel 3: Anker der Vorgängerinnen

Sie unterrichten Mathematik und möchten über das Tafelbild eine umfassende Verständlichkeit für Formeln erreichen. Sie sind sehr gut darin. Doch jedesmal, wenn Sie sich umdrehen, reagiert eine Gruppe von fünf Schülerinnen mit Unruhe und Gelächter.

Die anderen lassen sich von der Unruhe anstecken, Sie werden in Ihrer Konzentration gestört, müssen disziplinarisch eingreifen. Wenn Sie der Sache auf den Grund gehen möchten, werden Sie evtl. feststellen, daß diese kleine 5er-Gruppe bei einem anderen Mathematiklehrer vorher Unterricht hatte, der sich häufig bei Verrechnungen verfranste, endlos lang an der Tafel klebte, um sich zu korrigieren und dadurch den Spannungsbogen, den er mit neuen Aufgaben aufbaute, nicht mehr halten konnte und ihn über Gebühr strapazierte. Die Klasse wurde unruhig, wartete auf Fehler...

WICHTIGE VORAUSBEMERKUNG
Da das Aufspüren solcher Reiz-Reaktionskoppelungen nicht immer leicht ist, häufig die Auslöser nicht zu identifizieren sind (War es jetzt die Stimme, die Handbewegung, die Körperdrehung, meine gebeugte Haltung oder alles zusammen?), fassen Sie diese Übung als Spiel auf, gemäß dem Motto: Mal sehen, was ich heute wieder entdecke. Sammeln Sie erst einmal, soviel Sie registrieren können. Aber, erschrecken Sie nicht und werfen den Griffel hin, wenn Sie die Orientierung verlieren. Es entsteht so etwas wie ein produktives Chaos im Kopf, wenn Sie plötzlich auf alles achten, jeder kleinen Aktion eine Bedeutung unterschieben. Das Chaos setzt kreative Energien frei, wir möchten Ihnen Mut machen, ein wenig Chaos auszuhalten, um nach der Sammelphase dann endlich den beurteilenden, wertenden, abschätzenden Instanzen in uns das Vorrecht einzuräumen, auf ihre Art Wichtiges von Unwichtigem zu trennen und neue (Wahrnehmungs-)strukturen zu schaffen. Nehmen Sie sich Zeit dazu, schärfen Sie Ihre Sinne, achten Sie auf Ungewöhnliches.

1. Legen Sie das Arbeitsblatt neben sich hin und tragen Sie, falls es die Unterrichtssituation erlaubt, sofort ein, was Ihnen auffällt.
2. Werten Sie erst später aus und machen sich Ihre Gedanken dazu.

3. Entscheiden Sie erst relativ spät, welche Anker Sie löschen, verändern, neu setzen wollen.

4. Probieren Sie die Ankersetzung zuerst mental aus (s. Dissoziationsübungen), gehen Sie ein paarmal durch die Sequenz.

ARBEITSBOGEN: **BEOBACHTUNGEN**

Beobachtung	Vermutete Auslöser	Signatur/ Bemerkung
Beispiel: Klasse wird unruhig	laute Stimme, schnelle Bewegung, vom Pult weg	X; 0; !

Signiervorschlag	
X	schwacher Zusammenhang
XX	nicht immer auslösbar
XXX	gesicherter Zusammenhang
(+)	erwünschte Reaktion
(-)	unerwünschte Reaktion
(0)	Bedeutung unklar
(!)	öfter überprüfen

Nach einiger Zeit werden Sie Übung im Registrieren und Signieren von Verankerungen bekommen und eine ungefähre Vorstellung von dem Aktionsfeld Klassenraum, besser noch von dem unsichtbaren Aktionsraum hinter dem eigentlichen Raum entwickeln können. Stellen Sie sich das so vor, als besäßen Sie eine maßangefertigte Ultraleichtbrille mit fantastischen Eigenschaften, mit deren Hilfe Sie "Prozeßmarkierungen" beobachten können, etwas, das andere nicht schauen können, es sei denn, sie werden von Ihnen instruiert.

Sie möchten anfangen, nach diesen Sondierungen Veränderungen einzuleiten? Als ersten Schritt dazu empfehlen wir, daß Sie den Klassenraum von alten, kontraproduktiven Ankern entrümpeln. Fangen Sie am besten mit derjenigen hinderlichen Kontext- oder Prozeßmarkierung an, die Sie am sichersten identifizieren konnten.

5.5. Übungseinheit: Löschen unproduktiver Anker

ÜBUNG: Löschung unproduktiver Anker

INHALT UND ZIELE
Hier ist der Anschluß an die vorige Übung, die Ziele sind die gleichen.

EINLEITUNG
Wir erinnern daran, daß die zeitliche Dramaturgie entscheidend ist: Der Anker ist dann am effektivsten, wenn er in **die aufsteigende Aktion**, spätestens jedoch in den Höhepunkt hineinkopiert wurde. **Wenn Sie die Anker-Reaktionskoppelung wieder auflösen wollen, müssen Sie genau zu diesem Zeitpunkt eine neue Strategie beginnen.** Das kann auf zweierlei Weise erfolgen:

Entweder, Sie lassen die Aktion anlaufen - oder nehmen sich vor, eine laufende Aktion dafür zu benutzen - und setzen an derjenigen Stelle, an der normalerweise der alte Anker aktiviert wurde, einen ganz neuen Anker, **möglichst im selben Repräsentationssystem** (eine Stimmlage wird beispielsweise durch einen anderen akustischen Reiz, eine Bewegung wird durch einen anderen visuellen Reiz ersetzt), um durch die stattfindende Interferenz den alten Anker unwirksam zu machen oder ihn zu modifizieren.

Die andere Methode ist die, daß Sie einen sehr wirksamen, aber unerwünschten Anker in einen neuen Kontext einbauen, in dem er dann seine Penetranz verliert.

Das Vorgehen in diesem Fall: Zuerst die Reaktion durch die Aktivierung des Ankers hervorrufen, um sicher zu sein, daß die Koppelung in dem augenblicklichen Kontext noch besteht, dann nochmal den Anker betätigen und diesmal etwas ganz anderes machen. Beispielsweise einen Witz erzählen, wenn der Anker vorher ängstliche Aufmerksamkeit auslöste. Das befreiende Lachen löscht die Verbindung.

1. Entscheiden Sie sich zunächst einmal nur für eine Methode.

2. Gehen Sie die geplante Aktion mental durch (Verwendung der Übungen zur Dissoziation), indem Sie zuerst das Ganze dissoziiert beobachten und die Effekte spüren und

3. übernehmen Sie dann das Gesehene hinein in die assoziierte Position.

4. Spielen Sie die Situation assoziiert mehrere Male durch, bis sich Ihre Körpersysteme an die Veränderung gewöhnt haben und sich so etwas wie Vertrautheit einstellt.

5. Planen Sie die Umsetzung in die Realität, suchen Sie sich den Kontext aus, in dem
   a) eine hohe Auftretenswahrscheinlichkeit für die zu löschende Reiz-Reaktionskoppelung besteht und
   b) die Situation aller Voraussicht nach in einem ruhigeren Fahrwasser auftritt, also nicht während der Zensurenkonferenzen oder am letzten Schultag oder in ähnlich unruhigen Zeiten. Sie wahren sich die Chance eines streßfreien Gelingens.

6. Loben Sie sich hinterher unbedingt dafür, daß Sie sich diese Veränderung vorgenommen haben und nur dafür. Erfolg ist nicht wichtig, zwar schön und erwünscht, aber die Erfolgserwartung lähmt das ungezwungene Experimentieren.

7. Erst wenn Sie mit sich zufrieden sind, fangen Sie mit einer weiteren Veränderung an, nicht vorher!

Auf die Art und Weise können Sie Schritt für Schritt lästige Verknüpfungen aus Ihrem Arbeitsbereich entfernen und können beginnen, Ihre Ideen eines günstigen Arbeits- und Lernklimas in die Tat umzusetzen.

5.6. Das Setzen von Ankern in der Unterrichtspraxis

Für den Anfang schlagen wir Ihnen die zwei Methoden vor, die Ihnen Ruhe in der Klasse verschaffen können. Im Falle Ihres Erfolges haben Sie sich damit eine Referenzerfahrung geschaffen und neue Talente entwickelt, von denen aus Sie weitere Aktionen starten können.

5.6.1. Einfache Interventionen zur Unterbrechung störenden Verhaltens

a) Sich Angleichen und Führen (pacing und leading)

Wenn Sie spüren, daß die Klasse nicht mehr konzentrationsfähig genug ist, um Ihren Ausführungen zu folgen und umso unruhiger wird, je mehr Sie sich anstrengen. Und hinten in der Ecke schon kleine Geplänkel beginnen, während querrüber die Papierkügelchen fliegen, dann steigen Sie ein, verstärken die Unruhe. Sie beteiligen sich, führen kleine Seitengespräche, lachen mit... und wenn Sie merken, daß Sie in das Geschehen aufgenommen, integriert sind, dann beginnen Sie langsam ruhiger zu werden, sich langsamer zu bewegen, leiser zu werden, vorsichtig auf Ihren Sitzplatz zu gehen, mit sparsamen Bewegungen die Arbeitsmaterialien zu behandeln usf.

Das ist e i n Vorschlag. Es ist ein wirkungsvolles - auch therapeutisches - Prinzip, die anvertrauten Personen dort abzuholen, wo sie stehen und nicht dort, wo sie hingewünscht werden.

Ein schüchternes Kind wird durch laute Aktivität abgeschreckt, ein lautes Kind wird durch Ruhe und geringe Reizintensität nicht erreicht. Das unruhige, laute Kind hat eine höhere Aufmerksamkeitsschwelle für akustische und visuelle Reize, es wird durch das Kontrastprogramm "Ruhe-Konzentration", das Lehrerinnen in solchen Phasen bereitstellen, daran erinnert, daß noch mehr Anspannung und Überforderung droht. Also muß es diesem antizipierten Zwang, diesem Druck durch mehr motorische Aktivität entkommen (Aktivierung des Flucht- bzw. Angriffsverhaltens beim Vorhandensein aversiver Reize). Es sorgt auf diese Weise unwissentlich-weise dafür, daß die Neurotransmitter, die unter den Streßbedingungen entstanden sind, de-aktiviert werden. (Rücktransport in die prä-synaptische Nervenzelle)

Das Mitmachen indes bewirkt, daß die Kinder sich verstanden fühlen, daß es keine aversiven Reize zu beachten gilt, und es entsteht wieder die Aufnahmebereitschaft und Akzeptanz für die Lehrerinnen, die nächste Lernepisode kann beginnen.

b) Verblüffen

Aber auch das Gegenteil kann sinnvoll sein, es hängt nicht zuletzt von der Zusammensetzung der Klasse, von der aktuellen Situation und von vielen anderen Bedingungen ab, welche Methode vorzuziehen ist.

Es wurde ja schon gesagt, daß unruhige Kinder eine andere Aufmerksamkeitsschwelle für neue Reize haben. Diese kann durch Verblüffung, durch Übertreibung des akustischen und/oder visuellen Inputs überschritten werden, beispielsweise, indem Sie natürliche Anker benutzen, die Hinweischarakter haben und Neugier auslösen: Starren auf einen Punkt, zeigen mit dem verlängerten Arm, aufgerissener Mund und weit offene Augen, die Hand hinter dem Ohr, das der vermeintlichen Geräuschquelle entgegengestreckt wird.

Oder Sie setzen ganz neue Unterbrecher: Laute Geräusche, merkwürdige Bewegungen, Verharren in der Bewegung (Einfrieren) usw.

Oder Sie kombinieren ein lautes Geräusch mit einer Neugierbewegung, klatschen in die Hände und starren in eine Zimmerecke. Hier sind Ihrer Phantasie keine Grenzen gesetzt. Nur, Sie werden sich entscheiden, ob eine dieser Methoden, die schon schauspielerische Fähigkeiten erfordern, zu Ihnen paßt oder nicht. Bevor Sie aber sagen: Das ist nicht mein Stil, ich versuche die Kinder unauffällig zu erreichen, probieren Sie es doch erst einmal in der Phantasie aus. Eine kleine Hilfestellung zur Entscheidung: Wenn Sie mit Ihrer ruhigen, assoziierten Art gute Erfahrungen gemacht haben, dann ist es sicher sinnvoll, Ihre Methode beizubehalten. Wenn Sie jedoch das Gefühl haben, Sie reiben sich auf, die Kinder werden zunehmend schlimmer und Sie zunehmend hilfloser, dann probieren Sie doch das aus, was die Kinder sowieso von Ihnen erwarten: Daß Sie Ihnen gute, weil effiziente Modelle vorleben, die für verschiedene Lebenslagen unterschiedlich brauchbar sind, daß ruhig geschauspielert werden darf, um etwas verständlich zu machen und vor allem, daß nicht alles immer so furchtbar ernst genommen werden muß.

Es ist also Ihre Entscheidung, ob diese Prozeßinterventionen (für Ruhe sorgen, disziplinieren, zum Lernen motivieren u.v.a.m.) aus der assoziierten oder aus der dissoziierten Position heraus gesteuert werden sollen (oder aus einer wohlausgewogenen Mischung beider). Aber es spricht einiges dafür, daß die Interventionen aus der Position eines brauchbaren Modells heraus effektiver und entlastender sind, solange, bis sie sich automatisiert haben. Aber, da sind wir gerade dabei.

5.6.2. Komplexere Strategien der Verhaltenssteuerung

ÜBUNG: Modell-Lernen

INHALT UND ZIELE
Sie erlernen eine Methode, sich gutes Modellverhalten in Einzelschritten anzueignen, Modellverhalten, das für Sie beispielhaft eine unangenehme, laute, hektische Situation beenden kann und den Weg frei macht für positive Ankersetzungen.

EINLEITUNG
Suchen Sie sich ein gutes Modell aus, das Sie ausgiebig betrachten konnten. Das kann ein Lehrer, eine Schauspielerin, Ihre Mutter oder ein Schüler sein, Hauptsache, sie/er waren erfolgreich.

Es ist nicht notwendig, daß Sie die Person mögen, jedoch ist es anfangs sinnvoll, sich jemanden auszusuchen, der Ihnen von seinem Stil, seiner Ausstrahlung her zusagt, um nicht noch zusätzlich gegen innere Widerstände bei dieser eh schon schwierigen Übung ankämpfen zu müssen. Später, wenn Sie Spaß daran gefunden haben werden, wird es reizvoll sein, auch mal negativ besetzte Personen als Modelle zu imitieren, um das eigene Erlebens- und Verhaltensrepertoire beträchtlich zu erweitern.

Das hier verwendete Schema des New-Behavior-Generator (s. Anhang) wird ein Stück erweitert in Richtung Transfer in die Praxis, und Sie werden gleichzeitig versorgt mit einem Überprüfungsdiagramm, anhand dessen Sie Ihren Lernstatus feststellen können.

1. Vergegenwärtigen Sie sich noch einmal die Person, die Sie zu Ihrem Modell erwählt haben. Schauen Sie ihr genauestens zu und richten Sie Ihre Aufmerksamkeit besonders auf den Bewegungsablauf und die Position des Körpers im Moment der Unterbrechung:
   - die Kommentierung mit den Armen
   - der Augen-Blick.

2. Wenn Sie sicher sind, die Elemente identifiziert und gespeichert zu haben, die genau die Unterbrechungssituation konfigurieren, dann entfernen Sie flugs die Modellperson und setzen sich selbst an deren Stelle und sehen sich zu, wie Sie e x a k t diesselbe Handlung ausführen.

3. Wenn Sie sich genau so erlebt haben wie die Modellperson und den gleichen Erfolg erzielt haben, dann versetzen Sie sich assoziiert in Ihre eigene Person und spielen den Vorgang aus der assoziierten Wahrnehmungsposition durch. Beschränken Sie sich aber bitte da nur auf ein oder zwei Verhaltensmerkmale, denn es ist nahezu unmöglich, mehr unbekannte Elemente in eine neue Handlungsfolge schon bei den ersten Durchgängen einzubauen. (Es gibt Lerngesetzmäßigkeiten, die selbst Sie beim besten Willen nicht durchbrechen können. Wenn doch, schreiben Sie uns bitte, wir suchen Genies für die Weiterentwicklung der hier gen. Methoden).

4. Wechseln Sie dann in die dissoziierte Wahrnehmungsposition und überprüfen von dort aus, wie Ihr Verhalten wirkt und wechseln wieder in die assoziierte Form, um die Anregungen in modifiziertes Verhalten umzusetzen.

5. Probieren Sie das, was Sie eben mental erlebt haben, mal real, ohne Publikum aus. Achten Sie hier besonders auf Ihre Stimme und wiederholen Sie so oft, bis Sie zufrieden sind. Je mehr Wiederholungen desto besser, denn das heißt, daß Sie eigene Maßstäbe haben und sich nicht scheuen, sich als Lernende zu begreifen. Möglicherweise werden Sie sich anfangs über Gefühle der Peinlichkeit und Lächerlichkeit hinwegquälen, das gehört halt dazu. Wir möchten Ihnen auch die Illusion rauben, daß dies ein Kinderspiel sei. Es soll erst zum Kinderspiel werden, zum ungezwungenen, spontanen Verhalten sich entwickeln, dazu gehört aber die Knochenarbeit des Übens, Übens, Übens. Erinnern Sie sich an kleine Kinder, wenn sie anfangen zu laufen? Wie oft sie hinfallen, aufstehen, hinfallen, aufstehen, sich kurz ausruhen, aufstehen? Nachher sieht das Laufen so einfach aus.

6. Sie planen dann den Schritt in die Realität. Gehen Sie in Gedanken die Situationen durch, die sich dafür eignen könnten und suchen Sie sich die l e i c h t e s t e aus. Kriterium des Erfolges sollte nicht sein, ob Sie die Situation 100%ig bewältigt haben, sondern das Sie sich eine faire Chance gegeben haben, den richtigen Zeitpunkt abwarten konnten und, vor allem, daß Sie diese Übung überhaupt begonnen haben, gleichgültig mit welchem Ergebnis. Erst, wenn Sie mit dem Ergebnis beim Transfer in die Praxis zufrieden sind, planen Sie die nächste Maßnahme.

Bevor Sie sich mit dem Diagramm beschäftigen, spielen wir Ihnen eine gelungene Unterbrechung einmal modellhaft vor. Wir bedienen uns dabei einer Filmszene aus "The dresser".

Der Boss ist mit seiner Schauspielertruppe unterwegs zu einem neuen Engagement, die Truppe hastet zum Bahnhof, will den letzten Zug noch erreichen. Das Gewimmel im Bahnhof, der Lärm, hastende Menschen. Die Truppe kommt nur schlecht voran, die Leute erreichen den Bahnsteig und sehen, wie der Zug sich gerade in Bewegung setzt, zu spät. Nun sein Auftritt: Er bleibt stehen wie angewurzelt, richtet sich auf, füllt Brustkorb und Bauch tief mit Luft und brüllt mit seiner mächtigen Schauspielerstimme "stop the trrrrrrrain"... schlagartig Stille im ganzen Bahnhof und "tschuff, tschuff, tschuuuuuufffff, tschuuuuuuuuuuufffffffff", die Bremsen quietschen, der Zug steht, Ruhe, wunderbar.

Ihren Unterbrechungsanker (eine Bewegung, das Sich-aufbauen, Ihre Stimme, der Ort, von dem aus Sie das Ganze inszenieren oder alles zusammen) haben Sie damit schon gesetzt, falls Sie sich einer ähnlichen Methode wie der Chef der Gruppe bedienen wollen. Sie können die Stille aber nun nutzen, um auf ökonomische Weise Ihren Ruheanker zu etablieren. Verankern Sie die Stille mit einer Bewegung, die Ihnen zusagt, und, wenn Sie es perfekt lieben, suchen Sie sich dazu die Zone im Klassenraum auf, aus der heraus Sie in Zukunft immer wieder Ruhe herstellen möchten, und reden Sie dort mit Ihrer Ruhestimme, wenn Sie Ihre Stimme zusätzlich einsetzen möchten als Anker.

Wenn Sie nun mit einem neuen Inhalt beginnen möchten, reden Sie mit einer **anderen** Stimme weiter, sie soll aus der Ruhe hinausführen und auf die nächste Aktion vorbereiten.

Ihre Schülerinnen können folgendes lernen:

- Sie dürfen zur Entlastung etc. laut sein, sie werden rechtzeitig darauf hingewiesen, wenn etwas Neues geplant ist. (Sie lernen den Unterbrecher über Verblüffung und lachen kennen.)

- Wenn Ruhe erforderlich ist, werden sie durch eindeutige Anker darauf hingewiesen.

- Ruhe ist ein notwendiger Zustand des Übergangs, er bereitet auf etwas Neues vor.

- Das Neue kündigt sich in der Stimme und in der Bewegung an. Ruhe macht neugierig.
- Es entsteht Verläßlichkeit in die Person der Pädagogin.

Wenn Sie anfänglich Schwierigkeiten haben, aus der dissoziierten Position heraus, solange sie noch nicht zu Ihrer eigenen geworden ist, Ihre Unterbrechungs- und Ruheanker zu setzen, dann empfiehlt es sich, die Kinder und Jugendlichen auf die Absicht, die hinter dem Verhalten liegt, hinzuweisen und ihnen sogar die Durchführung zu erläutern. Am günstigsten dann, wenn die Klasse sich in einem ruhigen und aufnahmebereiten Zustand befindet. Etabliert wird dann: Im aufnahmebereiten Ruhezustand erhalte ich wertvolle Informationen über Lehrerinnenverhalten und -absichten. Und das bedeutet wiederum, daß die Kinder und Jugendlichen Kontrolle über die Situation erhalten: Fremdes, ungewöhnliches Verhalten wird verständlich und als sinnvoll anerkannt.

Welche Anker könnten Sie verwenden, um den Ruhezustand zu markieren?

Eine großräumige Bewegung mit den Armen bietet sich an. Entweder, Sie führen die Arme von weit außen nach innen zusammen, oder Sie machen eine beruhigende, auf die Klasse hin ausgerichtete Geste. Das hat einmal den Vorteil, daß sie auch von denjenigen wahrgenommen wird, die sich von Ihnen abgewendet haben (über den peripheren Blick), und es trifft auf ein kulturell verankertes Reaktionsschema, das der Beschwichtigung.

Sie können aber auch mit Bewegungen experimentieren oder Ihre Stimme variabel einsetzen. Bei der Stimmführung ist darauf zu achten, daß Sie dem Anlaß gemäß sprechen. Das Wort "Ruhe", scharf und laut gesprochen, setzt nicht Entspannung und Ausruhen in Gang, es sei denn, Sie haben es vorher mit dieser verdrehten Konnotation etabliert.

Noch ein wichtiger Hinweis! Wenn Sie sich bei der Umsetzung Ihrer Absichten unsicher fühlen oder sich zuviel vorgenommen haben, aber mit scheinbar cooler Stimme einen akustischen Ruheanker setzen, werden Ihre Schülerinnen auf Ihre Unsicherheit reagieren.

Eine Untersuchungsreihe der National Education Association (P. MILLER 1981) belegt, daß 82% der Botschaften einer Lehrerin nonverbal sind und daß, falls zwischen verbaler und nonverbaler Aussage Inkongruenz besteht, sich die nonverbale durchsetzt.

Übertragen heißt, daß es unbedingt von Vorteil ist, wenn Sie Fremdes als solches deklarieren, aber gleichzeitig die inhärente Absicht mitteilen. Damit bleiben Sie kongruent und Ihre Botschaft setzt sich durch. Sie könnte dementsprechend heißen: Ihr wißt, was ich möchte, ich probiere gerade etwas Wirkungsvolleres aus, helft mir ein bißchen dabei!

Aus diesen Gründen legen wir so großen Wert auf eine lockere Aneignung zunächst fremder Gestik und (zunächst für andere) effektiven Verhaltens. Sie brauchen in der Aneignungsphase genügenden inneren Abstand zum Vorgang, um sich ihm spielerisch und damit offen und neugierig nähern zu können. Das, verbunden mit großer Toleranz sich selbst gegenüber, beschleunigt die Adaptation, bis schließlich der Vorgang, assimiliert und individuell modifiziert, sich zu einem Stück eigenem Verhalten wandeln kann.

HINWEIS

Das, was Sie anhand des folgenden Flußdiagramms durchspielen werden, können Sie natürlich auch mit jeder anderen Verankerung in Ihrem Klassenraum durchführen. Aus unserer Sicht wäre es vorteilhaft, wenn Sie eine Planskizze Ihres Klassenraumes in mehrfacher Kopie in Vorrat hätten, um Anker für die verschiedenen räumlichen und sozialen Anforderungen (Sozialformen) eintragen zu können.

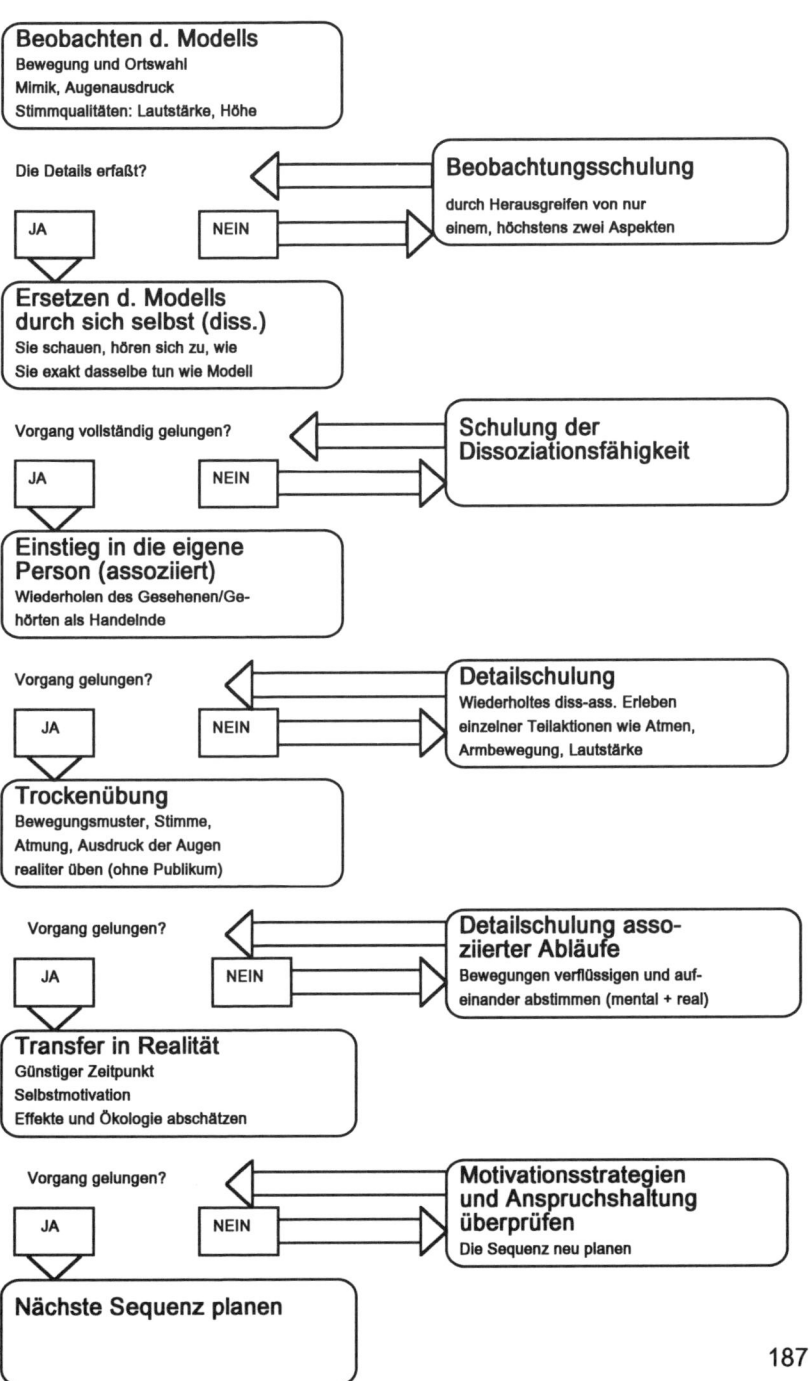

Ihre Erfahrungen bisher? Wir hoffen, daß Sie Spaß daran hatten und genügend Anreize bekommen haben, um nun Ihren Klassenraum ausstatten zu wollen, wohlgemerkt mit den Prozeß- und Kontextmarkierungen. Wir beschränken uns mit unserem Übungsangebot auf die gen. Beispiele und unterstellen Ihnen schlichtweg Kreativität und Flexibilität, um sich Ihr Arbeitsfeld auch ohne überdetaillierte Angaben einrichten zu können. (Weitere Anregungen über unterschiedlich verankerte Zonen finden Sie in GRINDER, M. 1991).

5.6.3. Beispiele effektiver Anker in der Unterrichtspraxis

Für weitere Anregungen zu effektiver Ankernutzung können die folgenden Beispiele herangezogen werden.

5.6.3.1. "Sonnenanker"

Ein Beispiel für einen Anker, der für einen entspannenden Unterrichtsbeginn hilfreich war. Vor Beginn des Unterrichts in einer 8. Klasse, die Schülerinnen saßen auf ihren Plätzen und unterhielten sich, zeichnete ich (W. S.-O.) eine bunte, lachende Sonne an die Tafel, in der "Guten Tag" geschrieben stand. Die Schüler richteten ihre Aufmerksamkeit auf die Zeichnung und reagierten erstaunt auf diese Neuigkeit. Ich begrüßte die Schüler mit dem Hinweis, daß ich mir und allen in der Klasse einen sonnigen Tag wünsche. Einige Schüler lachten, andere schüttelten den Kopf und sprachen ihr Unbehagen über Ereignisse des vergangenen Tages bzw. über ihre momentane Lustlosigkeit aus. Die Reaktionen der Schüler boten Anlaß, die ersten Minuten des Unterrichts dafür zu nutzen, zurückliegende Dinge zu erledigen, Befürchtungen bezüglich der kommenden Unterrichtsstunden aus dem Weg zu räumen oder auch zusammen über humorvolle Dinge zu lachen.

Ich nutzte diesen "Sonnenanker" auch in den darauffolgenden Tagen, mit dem Effekt, daß ich auf diese Art die Aufmerksamkeit der Schüler bekam, mich auf deren Stimmungen einstellen konnte und über small-talk einen guten Kontakt sowohl zur gesamten Gruppe als auch zu einzelnen Schülerinnen bekam. Als ich eines Tages den Unterricht ohne den "Sonnenanker" beginnen wollte, reagierten die Schüler empört: "Wo bleibt die Sonne?!"

Dieser einfache Anker war bei den Schülerinnen der Auslöser für Aufmerksamkeit, aber auch für die Änderung eines negativen Zustandes durch miteinander reden bzw. Verstärkung eines positiven Zustandes durch Humor und Lachen. Darüberhinaus konnte ich in unruhigen Phasen immer auf den Sonnenanker zurückgreifen, indem ich mich vor die Tafel stellte, auf die Sonne zeigte und abwartete, bis alle Schüler ihre Aufmerksamkeit wieder auf die lachende Sonne gerichtet hatten.

5.6.3.2. "Entspannungsanker"

Eine Lehrerin las ihren Schülern vor Klassenarbeiten regelmäßig Geschichten vor, in denen Sie Suggestionen für "Ruhe", "Gelassenheit", "Stärke", "Konzentration" einstreute. Nach einigen Durchgängen reagierten die Schüler bereits beim Aufschlagen des Buches, indem Sie eine entspannte Sitzhaltung einnahmen. Wie die Lehrerin berichtete, bewirkte dieses Vorgehen bei vielen Schülern Leistungsverbesserungen.

Geschichten und Fantasiereisen sind hervorragende Methoden, mit denen Sie die Lernzustände der Schüler positiv beeinflußen können:
- Führen Sie für den Zustand "Ruhe" die Schüler an einen Ort, den sie mit Ruhe, Zufriedenheit oder Stärke verbinden.
- Konstruieren Sie für den Zustand "Neugier/Motivation" eine Geschichte, die mit Neugier und Interesse verbunden ist.

5.6.3.3. Die "Ressourcenwand"

Sie können mit ihren Schülerinnen eine "Ressourcenwand" einrichten. Befragen Sie dazu die Schüler nach ihren Hobbys, Interessen und Dingen, die sie gut können. Lassen Sie sich von den Schülern konkrete Situationen erzählen. Durch Fragen, die alle Sinne ansprechen, führen Sie die erzählende Schülerin in einen Ressourcenzustand:
- "Wie genau machst du das?"
- "Was gibt es da zu sehen?"
- "Was hörst du dann?"
- "Hast du auch etwas gerochen oder geschmeckt?"
- "Was hast du dann für ein Gefühl?" (Vgl. Grundübung im Kapitel Talente und Ressourcen.) Beobachten Sie während des Erzählens, wie sich die Physiologie der erzählenden Schülerin ändert (Hautfärbung, Atmung, Körperhaltung, Stimmqualität etc.).

Lassen Sie die Schülerinnen ein Selbstbild zeichnen, das sie mit Ihren Ressourcen ausschmücken, in Form von Symbolen oder Fotos für die einzelnen Ressourcen. Suchen Sie einen Platz im Klassenzimmer, der für die Schülerinnen neutral ist und hängen Sie dort die Ressourcenbilder auf, so daß für jede Schülerin ihr Ressourcenbild sichtbar ist. Die Schülerinnen können ihr Ressourcenbild jederzeit erweitern, indem Sie neue Entdeckungen über sich in das Bild aufnehmen.

Weitere Nutzungsmöglichkeiten für Ressourceanker:
- die Schülerinnen erinnern sich an eine Situation, in der sie sich zufrieden oder stark gefühlt haben. Führen Sie die Schülerinnen mit allen Sinnen in das Erlebnis hinein. Anschließend lassen Sie sie ein Bild von der Situation malen, das sie z.b. vor oder während Klassenarbeiten als "Energiespender" nutzen können.

5.6.3.4. "Zielanker"
In einer 9. Klasse hatte eine Schülerin Schwierigkeiten, Fragen zu stellen, wenn sie etwas nicht verstanden hatte. Sie hatte den Glaubenssatz "Nur Doofe stellen Fragen" internalisiert. Gemeinsam mit der Schülerin entwickelte die Lehrerin einen alternativen Glaubenssatz für dieses Problem. Schließlich stimmte sie folgendem Satz zu: "Fragen bedeutet wissen wollen, nur intelligente Jugendliche wollen mehr wissen." Als sich die Schülerin diesen Satz mehrmals innerlich vorsprach, änderte sie deutlich ihre Physiologie. Sie lächelte, veränderte ihre Atmung und setzte sich aufrecht hin. Mit bunten Buchstaben schrieb sie sich diesen Glaubenssatz auf und malte dazu ein passendes Symbol. Dieses Bild klebte sie auf ihren Tisch. Wenn die Lehrerin während des Unterrichts bemerkte, daß die Schülerin zögerte eine Frage zu stellen, deutete sie auf ihren visuellen Anker, worauf die Schülerin ihre Körperhaltung änderte und sich meldete.

5.6.3.5. Die "Problempuppe" und die "Lösungspuppe"
Für jüngere Schülerinnen bieten Handpuppen hervorragende Möglichkeiten, das Ankern zu nutzen. Die Lehrerin einer 3. Klasse nutzte zwei verschiedene Puppen für die Lösung von Problemen in der Klasse. In einem Dialog zwischen beiden Puppen, der "Problempuppe" und der "Lösungspuppe", entwickelte sie mit den Schülerinnen Lösungen anstehender Probleme. Beide Puppen waren für die Schülerinnen geankert durch unterschiedliche Stimmqualitäten der Lehrerin. Räumlich waren die Puppen geankert, indem der Dialog zwischen beiden Puppen von einer bestimmten Stelle im Klassenzimmer aus geführt wurde.

Handpuppen sind auch für Konfliktlösungen (siehe Kap. "Das Konfklikt-Verhandlungsmodell") zwischen zwei Schülerinnen oder zwei Konfliktparteien innerhalb der Klasse gut geeignet. Der Vorteil daran ist, daß die betroffenen Parteien die Konfliktverhandlung zunächst dissoziiert, d.h. als distanzierte Beobachter gestalten können, indem sie sozusagen als Regieführende den Verlauf der Verhandlung bestimmen.

5.6.3.6. "Farbanker"

Eine Lehrerin einigte sich mit den Schülerinnen auf folgende Farben für verschiedene Lernzustände: rot für Aufmerksamkeit, grün für Konzentration und hellblau für Ruhe. In mehreren Durchgängen übte sie mit den Schülerinnen die Verbindungen ein. Die Schülerinnen änderten mit dem Aufzeigen der farbigen Karte ganz von allein ihre Körperhaltung, so daß die Farben mit der entsprechenden Körperhaltung und den dazugehörigen Zuständen assoziiert waren.

5.6.3.7. "Begrüßungsanker"

Angelina, eine Schülerin, die im Heim lebt, war fast jeden Morgen schlecht gelaunt. Sie benötigte viel individuelle Zuwendung, bis sie in einer besseren Stimmung war. Erst dann war sie in der Lage, sich um schulische Angelegenheiten zu kümmern. Ich ging vor Beginn des Unterrichts auf sie zu, begrüßte sie, indem ich ihr die Hand gab und mich nach ihrem Befinden erkundigte. Während des kurzen Gesprächs ließ ich ihre Hand nicht los, sondern verstärkte den Druck in dem Maße leicht, wie ich eine Veränderung ihres Zustandes erkennen konnte. Ich beendete den Handschlag erst dann, als sie eine deutliche Veränderung ihres Zustandes zeigte. Nach einigen Tagen reichte es aus, ihr die Hand entgegenzustrecken, um eine Veränderung ihres Zustandes hervorzurufen.

Weitere Vorschläge: Nutzen Sie für bestimmte Themen gezielt unterschiedliche Sitzordnungen. Verändern Sie z.B. für Klassenarbeiten die Sitzordnung und ankern Sie diese z.B. über eine Geschichte. Wahrscheinlich machen Sie dies bereits, wenn Sie Gruppengespräche in einer bestimmten Sitzordnung durchführen und sich in die Gruppe dazusetzen. Durch Ihr Sitzen signalisieren Sie den Schülerinnen eine Sicherheit, Fragen stellen zu können.

- Falls Sie vorhaben, eine Lese- oder Spielecke für die Schülerinnen einzurichten, dann grenzen Sie diese deutlich vom Lernraum im Klassenzimmer ab. Für die Schülerinnen wird so eindeutig, welcher Raum im Klassenzimmer mit welchem Zustand und mit welchem Lehrerinnenverhalten in Verbindung steht.

Die bisherigen Handwerkszeuge sind schon mächtig wirkungsvoll, vor allem dann, wenn sie innerhalb eines Konzeptes, eines methodischen Vorgehens zur Anwendung gebracht werden. Das Stichwort heißt "Zustandskontrolle". Die Technik der Dissoziation und des Ankerns sind Mittel, Zustände zu verändern, sowohl bei sich selbst wie auch bei anvertrauten Menschen. Um die Diskussion vorwegzunehmen, ob denn das ethisch und moralisch zu rechtfertigen sei: Nehmen wir den Fall, daß ein Lehrer keine Ahnung von Zustandskontrolle hat und "nur" seinen Unterricht macht. Er unterrichtet, scherzt, straft, ist gelangweilt, hat Ärger mit seinem Vorgesetzten und grantelt im Unterricht. Während Peter an der Tafel steht und etwas herunterhaspelt, puhlt er betont sorgfältig an seinen Fingernägeln herum, er ist amüsant, kann seine Schülerinnen mitreißen usw. Es ist wohl klar geworden? Es geht gar nicht anders in solch einer Position: Es werden permanent Zustände verändert. Die Schülerinnen reagieren direkt und meistens unbewußt auf die Aktionen des "Leit"modells, dem sie anvertraut sind. **Es besteht für Sie nur die Auswahl, sich zwischen unbewußt oder bewußt zu entscheiden. Sie können garnicht *nicht* beeinflussen!** (WATZLAWICK 1974). **Also, machen Sie es lieber fachbezogen kompetent.**

Ankern und die Fähigkeit zur Dissoziation sind, wie mehrfach schon betont, wichtige Instrumente, um Zustände zu verändern. Das nächste Kapitel, das sich mit der Setzung von positiven Suggestionen beschäftigt, vermittelt eine weitere Methode der positiven Beeinflussung von Lernverhalten und Selbstakzeptanz. Während das Ankern und das Dissoziieren aber eher Tätigkeiten sind, die zeitlich begrenzt und genau geplant eingesetzt werden, könnte die Verwendung von positiven Suggestionen zur Dauereinrichtung werden.

6. Der Umgang mit Suggestionen

Wir kommen nicht umhin, Ihnen ein großes Lob zu zollen. Immerhin haben Sie es bisher geschafft, sich durch die teilweise sehr schwierigen Übungen durchzuquälen und haben offensichtlich noch genügend Puste, um auch dieses Kapitel sich anzuschauen. Allein, wenn Sie nur dieses Kapitel als erstes aufgeschlagen haben, zeugt das doch davon, daß irgend etwas Sie neugierig gemacht hat und Sie gewillt sind, diese Neugier zu befriedigen, bevor Sie sich entscheiden, was Sie mit dem Kapitel oder mit dem Buch anfangen werden.

Wenn Sie jedoch schon eine Weile mit dem Buch gearbeitet haben, dann ist das ein Beweis dafür, daß Sie neuen Dingen gegenüber aufgeschlossen sind, sich entweder auf das Urteil von Freunden oder Bekannten verlassen konnten, oder sich gar Ihre eigene Entscheidungsfähigkeit bewahrt haben, indem Sie das Buch ohne Vorausinformation kritisch geprüft und für wert befunden haben. Wie auch immer, Sie sind jemand, die sich ein eigenes Urteil bilden möchte und noch nicht aufgegeben hat, den alltäglichen Unterrichtsstreß durch neue Methoden in der eigenen Klasse zu mindern. Wir hoffen, daß Sie auch ein bißchen eitel sind und den Trend zu einer lehrerinnenzentrierten Unterrichtsgestaltung mit effektiven Kommunikationsmethoden nicht nur nicht verpassen wollen, sondern, ganz im Gegenteil, diese Methoden zunächst sich selbst aneignen möchten, um sich dann anhand Ihrer eigenen positiven wie kritischen Erfahrungen für die Umsetzung der in der Praxis verwertbaren Anteile stark zu machen.

Ohne Sie zu kennen, wissen wir doch schon eine ganze Menge von Ihnen, oder?

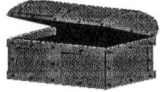
Sie können den Anfang dieses Kapitels glatt vergessen. Bevor Sie das tun, überprüfen Sie schnell, wie Sie auf den Text reagiert haben.

Der Text ist eine Mischung aus Nominalisierungen, Präsuppositionen und Suggestionen, weiter nichts, also inhaltsleere, unbelegbare Zuschreibungen, die unmöglich Ihre konkrete Situation - die Beschäftigung mit diesem Buch - erfassen können. Und trotzdem haben Sie darauf reagiert, wie, das bleibt dahingestellt. Von vorne:

Nominalisierungen sind Nomen innerhalb der Satzstruktur, die so behandelt werden, als würden sie etwas Spezifisches bedeuten. Das ist nicht der Fall. Worte wie Freiheit, Demokratie, Lernen, Neugier sind Nominalisierungen und das heißt, daß der Prozeß ihres Zustandekommens getilgt wurde. Sie weisen keine sinnesspezifischen, konkreten Inhalte auf, die nachvollziehbar wären, die anzufassen, zu riechen oder zu spüren wären. Das Verführerische daran ist, daß diese Worte, oft in demagogischer Absicht, benutzt werden können, um Zustandsänderungen oder -stabilisierungen, je nach Bedarfslage, hervorzurufen. Dazu gleich mehr.

Präsuppositionen sind Vorannahmen, die etwas stillschweigend voraussetzen. Sie sind schwer zu erkennen, haben aber eine große Wirkung, wenn sie zielgerichtet eingesetzt werden. Der Satz: "Sie sind neugierig, weil Sie dieses Buch aufgeschlagen haben" ist eine derartige Vorannahme. Wir wissen in keiner Weise, was Sie dazu veranlaßt hat, gerade diese Seite aufzuschlagen.

Suggestionen sind Unterstellungen, Unterschiebungen. "Sie sind intelligent" ist zunächst einmal eine Unterschiebung, und doch ist sie wahr, denn sonst würden Sie diese Zeilen nicht lesen und verstehen können. "Sie sind nicht intelligent" ist ebenso eine Unterschiebung und wir wetten, daß Sie tausend Beispiele bei sich selbst finden, wo Sie sich "nicht intelligent" verhalten haben. Also, was ist wahr? Sind Sie nun intelligent oder nicht?

Sie können daran die Wirkung der Suggestionen ermessen. Es kommt nicht auf deren Wahrheitsgehalt an, sondern darauf, welcher innere Suchprozeß damit ausgelöst wird. In dem einen Beispiel "nicht intelligent" landen Sie bei dem Gefühl: "Die beiden haben ja Recht, ich bin wirklich manchmal zu blöd und bekomme meine Dinge nicht geregelt. Warum soll ich mich auch anstrengen, es hat ja doch keinen Zweck usw. usf."

In dem anderen Beispiel "intelligent" landen Sie bei: "Die beiden haben verdammt noch mal recht. Ich bin intelligent und das läßt mich offen und hellwach bleiben, wenn es darauf ankommt. Deswegen klappen auch die meisten Dinge, die ich anpacke usw."

Nominalisierungen, Vorannahmen und Suggestionen mit allen ihren Varianten (s. dazu: BANDLER, R., GRINDER, J. 1975) sind Phänomene der Oberflächenstruktur der Sprache. Die Tiefenstruktur bleibt aufgrund von Tilgungs-, Generalisierungs- und Verzerrungsprozessen weitgehend verborgen.

Aber, diese Phänomene **aktivieren die inneren Suchprozesse und bahnen sozusagen die Kanäle, auf denen die Suche dann fündig werden kann.** Damit werden sie, in den richtigen Händen und mit den persönlichen Überzeugungen und den Erziehungszielen im Einklang, zu einem **Motivationsmittel** par excellence.

Wenn Sie Ihren Schülerinnen den Kanal bahnen "Du bist nicht intelligent genug", dann werden Suchprozesse in dieser Richtung aktiviert und es werden, unter Garantie, viele Beispiele als Beleg dafür gefunden werden. Denn es ist ja eine allbekannte Tatsache, daß wir nicht perfekt auf die Welt gekommen sind, sondern daß lernen immer auch Unzufriedenheit und Versagensgefühle mit sich bringt. Und wenn Sie die Versagensgefühle über die Erinnerung evozieren, dann werden diese eben den Körper überfluten (s.a. Wirksamkeit von Ankern). Wir wünschen Ihnen, und natürlich auch Ihren Schülerinnen, Erlebnisse der anderen Art, daß nämlich lernen, trotz notwendiger Korrekturen, Spaß machen kann.

Noch eine ergänzende Bemerkung zum Stichwort Motivation: Lernen findet auf verschiedenen Ebenen statt. (Wer theoretisches Interesse daran hat, kann sich in G. BATESON, Ökologie des Geistes, einlesen.) Die Ebene des reflexhaften, biologisch begründeten Lernens (Hunger, Durst, Wärmeregulation etc.) kann als Stufe "Null" bezeichnet werden. Hier sind die erlernten Reaktionsmuster minimal durch Erfahrungen und maximal durch genetische Vorgaben determiniert. Auf allen anderen Lernstufen gewinnt die Erfahrung an Wichtigkeit. Aus Tierexperimenten und durch Beobachtungen von kindlichem Verhalten konnten Schlüsse gezogen werden, die für die "Struktur" der Motiviertheit äußerst interessant sind:

Spontaneität im Sinne von Motiviertheit, d.h. Bewegung auf ein Ziel, auf ein Zielverhalten zu, **wird durch 2 Arten von Reizklassen erzeugt.**

a) durch die aktivierende Wirkung der eigenen Bewegung (= reafferente Aktivierung)

b) durch vestibuläre (d.h. Gleichgewichtssinn betreffende), kinästhetisch-taktile, gastrische und thermale Reize.

"Jede neue Bewegungssequenz hängt von der Präsenz einer vorausgegangenen Klasse von Reizen und von diesen ausgelösten Erregungssequenzen im NS (Nervensystem, d. Aut.) ab... Motiviertes Verhalten besteht also aus streng geordneten Reflexen, die in Abhängigkeit von adäquater Reizung zu immer komplexeren Reflexgruppen zusammengesetzt werden. Der *Eindruck von Spontaneität* entsteht dadurch, daß komplexere, zusammengesetzte Reflexmuster die einfacheren überlagern oder hemmen und damit die Abhängigkeit der einzelnen Bausteine des komplexen Reflexmusters von der Gegenwart ganz bestimmter Reize nicht oder nur mehr schwer sichtbar wird. Unter extremer Aktivierung (Angst) treten aber die elementaren Reflexe (z.B. "Einfrieren" der Bewegung, Starre) wieder hervor..." (BIRBAUMER, SCHMIDT 1990).

Knapp formuliert: Neugier, Spontaneität und Lust am Lernen sind zu verstehen als anwachsendes Erfahrungswissen, das durch die Rückmeldung über Eigenbewegungen in Gegenwart eines reichhaltigen Sinnenangebotes angesammelt wird. Angst und Fremdheit lösen dagegen einfach-reflexhafte Reaktionen aus.

Noch kürzer: Je mehr sinnesspezifische Angebote, je mehr Möglichkeiten der spielerischen Aneignung, desto mehr findet Lernlust statt. Angst blockiert Lernen.

Was hier primär für Bewegungsabläufe gut untersucht wurde, könnte modellhaft auch auf andere Motivationsbereiche übertragen werden. Leider gibt es bisher nur eine überwiegende Mehrzahl einschlägiger Untersuchungen, die nach dem Meta-Programm "Weg von" thematisiert sind. Angst, Psychopathien, Depressionen, Streß usw. sind als menschliche Phänomene offenbar in unserem Kulturraum vertrauter und noch sind sie eher Gegenstand wissenschaftlicher Untersuchungen als positive Zustände, wie angenehme Aufregung, Interesse, Freude und Gesundheit. Doch auch hier zeichnet sich ein Wandel ab, die Forschung zentriert sich in den letzten Jahren auf Prozesse der Aneignung von Gesundheit, der Erhöhung der Vitalität, der Steigerung der Lebenserwartung u.v.a.m.

Wir können dennoch in Maßen extrapolieren: Wenn das Kleinkind sich aufrichtet und immer wieder aufrichtet, dann lernt es nach dem oben beschriebenen Faktor a (re-afferente Aktivierung) und nach dem Faktor b, denn es lernt neue taktile Reize kennen, es erfährt thermale und kinästhetische Zuwendung durch die Personen seiner Umgebung und es stimuliert und trainiert sein vestibuläres System.

Ohne den Einfluß von Faktor a und b sind spontanes Verhalten und Motivation nicht möglich. Motivation oberhalb der Lernstufe Null wird von Antizipation und Erwartung dominiert, also von Erfahrungswissen. Es gibt viele verschiedene Zugangswege, um die Aneignung dieses Wissens zu ermöglichen: Lernen kann dann ab sofort nicht mehr als reflexhaftes, für alle verbindliches und genormtes Geschehen aufgefaßt werden, sondern es wird zu einem individuumzentrierten Prozeß der Akkumulation.

Präsuppositionen und positive Suggestionen sind Mittel, individuelles Lernen anzustoßen, zu stimulieren und zu lenken.

BIRBAUMER/SCHMIDT erläutern das mit einer Metapher schon auf der Ebene der Lernstufe Null: "daß die Triebsysteme den Wasserdruck für die Bewässerung (ausreichend intensive neuronale Erregung) liefern, die Verstärkersysteme das Wasser in jene Kanäle lenken, die zu den trockenen Feldern (Motorik) führen. Je häufiger die Bewässerung (Verstärkung), umso stärker der Pflanzenwuchs (Reaktionsstabilität durch mächtigere Verbindung zwischen Reiz- und Reaktionssystemen)."

Wenn Sie glauben, es sei ein heißes Eisen, sich der Suggestionen zu bedienen, dann haben Sie recht. Hier gelten aber ähnliche Überlegungen, wie die, die wir bei den Ankern und bei der Kommunikation generell angestellt haben. Suggestionen werden permanent verwendet, nur Sie entscheiden, ob Sie sie unbewußt-automatisiert oder bewußt einsetzen möchten, um bei Ihren Schülerinnen Offenheit für neuen Lernstoff, Selbständigkeit, Selbstsicherheit, Neugier und Konzentrationsfähigkeit zu erzeugen oder zu fördern. Unser Standpunkt ist bekannt: Wir sind für Utilisieren und das heißt, Werkzeuge zielgerichtet und dem Anlaß angepaßt in Benutzung zu nehmen und nicht - unbewußt - mit einem Hammer zu versuchen, ein Seidentuch zu bemalen.

Wir benutzen unbewußt, oder weil wir es so gelernt haben, beständig unsere suggestiven "Prügel":

"Das hast du aber heute schön gemacht."	heißt unbewußt-suggestiv: "ansonsten bist du eine Niete."
"Die Lisa ist heute nicht ganz bei der Sache."	heißt unbewußt-suggestiv: "Ich mag dich heute nicht direkt anreden, sondern der Klasse nur ein Signal geben, tut mir leid für dich."
"Fred möchte lieber herumhampeln."	heißt unbewußt-suggestiv: "Schon wieder du, ich komme dir nicht anders als mit Spott bei, du bist eine harte Nuß."
"Ein dickes Lob auch dem Ferdinand."	heißt unbewußt-suggestiv: "O Gott, dich vergesse ich immer."

Sie wissen doch noch vom letzten Kapitel, daß sich bei Streit zwischen der verbalen und der nichtverbalen Botschaft die nonverbale durchsetzt. Die Schülerinnen werden bei den o.g. Beispielsätzen eher die verborgenen Suggestionen aufnehmen und ihre Suchprozesse beginnen, als den Worten zu trauen.

 **Daraus läßt sich ableiten, daß, bevor Sie versuchen, bei Ihren Schülerinnen etwas in Gang zu setzen, Sie zuallererst an sich selbst denken müssen, um kongruente Botschaften schicken zu können.**

Wir sind aufgrund unserer Erziehung oft so geprägt, daß wir eher die Negativseiten einer Person, einer Situation wahrnehmen (s.a. A. MILLER 1988). Wir beweisen lieber jemandem, daß er unrecht hat, als daß wir ihm zeigen, wie er es richtig machen könnte. Die Millionen von gescheiterten Ehen, die an der zwiefach genutzten Zahnbürste kaputt gegangen sind, sind nur ein weiterer Beleg für die Unsinnigkeit, rückwirkend scheinbare Fehler oder Versagen als Argumention zu benutzen, um sich strategische Vorteile zu ergattern. Das ist etwa so sinnvoll, als wenn der Kapitän auf der Brücke des Schiffes, das auf einen Eisberg zusteuert, seinen 1. Offizier anraunzt: "Finden Sie heraus, wer diesmal hier versagt hat."

6.1. Wirkung positiver Suggestionen

Wenn hingegen die positiven Seiten einer Person angesprochen werden, dann kann ein Prozeß in Gang kommen, dann:

¤ beginnt sie, Endorphine zu produzieren, es werden Verstärkerstrukturen im Gehirn aktiviert, die über den Neurotransmitter Dopamin erregt werden.

¤ es entsteht positive Erregung (Sponaneität) und gehemmt werden Streß- und Angstgefühle.

¤ die Person filtert ihre Umgebung positiver als vorher. Sie sieht Sie z.B. nun in einem günstigeren Licht, Sie selbst werden ihr angenehmer.

¤ das Hirnstrommuster verändert sich in Richtung Alpha-Wellentätigkeit und nähert sich einem Bereich, der für optimales Lernen bekannt ist.

¤ das Vertrauen in den Sender der positiven Botschaft steigt und damit wird die Wahrscheinlichkeit erhöht, daß alles andere, was der Sender mitteilt, ebenfalls akzeptiert wird, die Lernbereitschaft steigt.

¤ der Empfänger der positiven Botschaft wird seine Meinung über den Sender aus verständlichen Gründen nicht bei sich behalten wollen und wird andere informieren.

¤ der Prozeß nähert sich wieder seinem Anfangspunkt, die Schleife schließt sich: Sie werden von anderen geschätzt und schätzen sich deswegen selber günstiger ein und können deswegen leichter, authentisch und assoziiert, positive Botschaften abschicken, die nun eben auch nonverbal stimmig sind.

Sie bilden mit den Ihnen anvertrauten Kindern und Jugendlichen eine ständige Kommunikationsschleife (s.a. LAING 1974) und Sie verändern die Schülerinnen, wenn Sie sich verändern. Ihre Schülerinnen lernen von Ihnen, unbewußt. Und es ist vernünftig, daß Sie sich zuerst wohlfühlen, um dann Ihren Einfluß, nun bewußt, geltend zu machen.

Fluggesellschaften haben in ihren Notfallinformationen nicht ohne Grund den Hinweis herausgehoben, daß in einer Situation, bei der die Sauerstoffmasken herausfallen, sich zuerst die Erwachsenen die Maske aufsetzen und dann erst die Kinder versorgen sollen.

6.2. Umwandlung negativer Zuschreibungen in positive Suggestionen

Wie lassen sich nun negative Suggestionen in positive verwandeln?

Bevor wir einige Tips geben, möchten wir Ihnen vermitteln, welche Wirkungen negative, bzw. positive Suggestionen bei Ihnen selbst erzeugen können und welcherart Suchprozesse angestoßen werden:

Auszug aus Ihrem heutigen Horoskop: "...*Ihr gestriges Mißgeschick wird für Sie in spätestens drei Wochen äußerst unangenehme Folgen haben. Hüten Sie sich vor leichtfertigen Versprechungen !!!*"

Die Autoren haben von einem sehr engen Freund von Ihnen erfahren, daß Sie aufgrund Ihres herausragenden Einsatzes im Schuldienst demnächst mit einem Sonderprojekt der Kultusministerkonferenz betraut werden, das weitreichende Konsequenzen für die Unterrichtsplanung haben wird, finanziell sehr lukrativ ist und für das Sie vom Schuldienst freigestellt werden. Bitte behalten Sie es noch vorläufig für sich!

Sie sehen nun einige Beispielsätze vor sich, die irgend jemand gesagt haben könnte. Versuchen Sie, diese Sätze im Sinne eines Anstoßens positiv getönter Suchprozesse umzuformen nach den Kriterien:

        a) Was war bisher gut oder was ist positiv daran?
        b) Was könnte noch besser gemacht werden?

Ein Beispielssatz (zu einem Kollegen): "Kannst du nicht besser aufpassen, jedesmal, wenn du Pausenaufsicht hast, verletzt sich jemand."

    a) Es ist in Ordnung, daß du bei den Pausenaufsichten nicht den Schießhund spielst.
    b) Wenn du ab und zu mal quer über den Hof gehst, könnte das ein Warnsignal für die besonders quirligen Schüler sein, sich etwas umsichtiger zu bewegen.

ÜBUNG: Negative in positive Botschaften verwandeln

INHALT UND ZIELE
Aus negativen Zuschreibungen filtern Sie einen positiven Kern heraus und setzen eine positive Suggestion, die in die Zukunft gerichtet ist und Hilfestellungen anbietet. Die Ziele bestehen in dem Gewahrwerden von meist beiläufig Gesagtem und in der Überwindung der Schwierigkeit, vorwärts zu denken, vom Kritisieren zum Fördern zu gelangen.

EINLEITUNG: Unter a) können Sie eine positive Eigenschaft notieren und unter b) einen wohlgeformten Satz, der eine kleine Hilfestellung enthalten kann.

Du siehst heute aber schlecht aus!

a)..................b)..

Du hast schon wieder mehr als 10 Fehler gemacht

a)..................b)..

Von Sauberkeit hältst du nichts, oder?

a)..................b)..

Manche lernen es nie.

a)..................b)..

Nimm dir ein Beispiel an Silvia.

a)..................b)..

Trägst du eigentlich immer schwarz? (zu einem Bekannten)

a)..................b)..

Der Direktor mag dich wohl besonders? (zur Kollegin)

a)..................b)..

Was willst D U denn noch hier? (zum Kind, das in der Pause im Klassenzimmer geblieben ist)

a)..................b)..

Erdkunde ist nicht dein Fach, oder?

a)..................b)..

Auf dich kann man sich aber auch nicht verlassen!

a)..................b)..

> Eine Auswahl an Antworten finden Sie im Anhang.

Nachdem Sie sich jetzt warm gemacht haben, könnten Sie sich daran begeben, eine Art Bestandsaufnahme bei sich selbst durchzuführen, um herauszufinden, welche Arten von Suggestionen Sie verwenden (daß Sie welche verwenden, steht außer Frage).

6.3. Das suggestive Repertoire

ÜBUNG: Aufdecken eigener suggestiver Standardformeln

INHALT UND ZIELE
Die Ziele bestehen im Aufmerksamwerden, im Sich-sensibilisieren für die oft unbewußt verwendeten Sprachfloskeln, die den Anstoß zu self-fulfilling prophecies geben (Rosenthal-Effekt).

Welche Formulierungen gebrauchen Sie häufig gegenüber dem schlechtesten Schüler oder der schlechtesten Schülerin?

....

Finden Sie, falls es negative Suggestionen sind, positive Formulierungen.

....

Welche gegenüber dem aggressivsten Schüler, der aggressivsten Schülerin?

....

Finden Sie positive Formulierungen auch hier.

....

Welche Formulierungen benutzen Sie häufig gegenüber der intelligentesten aber faulsten Schülern (entsprechend Schüler) in Ihrer Klasse?

....

Finden Sie, falls es negativ getönte Formulierungen sind, positive Suggestionen.

....

Welche Formulierungen gegenüber der oder dem Klassenbesten?

....

Wir schlagen Ihnen vor, einige positive Suggestionen anfänglich gezielt einzusetzen, beispielsweise *eine* Suggestion bei der Begrüßung, *eine* beim Abschied. Achten Sie dabei auf Stimmführung, Haltung und Blickkontakt und registrieren Sie die Reaktionen der Lerngruppe genauestens. Bevor wir Ihnen Beispiele anbieten, versuchen Sie doch einmal, sich selbst positiv zu stimulieren mit Hilfe förderlicher Suggestionen.

6.4. Wie motivieren Sie sich?

ÜBUNG: Positive Suggestionen an meine Adresse

INHALT UND ZIELE
Ohne Selbstmotivationsstrategien weit vorausgreifen zu wollen, wäre es aber doch ganz interessant herauszufinden, wie Sie sich selbst positiv stimulieren (oder eben nicht). Die Ziele sind der allmähliche aber konstant kräftige Aufbau Ihrer Person auch von der mentalen Seite her und das Vorausproben. Denn das, was Sie mit sich selbst anstellen, können Sie auch weitergeben, Sie haben ja die Wirkung am eigenen Leibe erfahren.

Was sagen Sie zu sich, wenn Sie (**positive Formulierungen ausschließlich!**):

vor einer schwierigen Aufgabe/Prüfung stehen

Angst haben

sich überreden wollen, etwas Angenehmes zu tun, Sie aber zu faul sind

einen vollen Schreibtisch vor sich sehen, die Küche nicht aufgeräumt ist

und morgen wieder ein unangenehmer Schultag vor Ihnen liegt?

6.5. Beispiele positiver Suggestionen im Unterricht

bei **der Begrüßung** (Aufrechte Haltung, volltönende Stimme, direkter Blickkontakt):

- Schön, Euch zu sehen.
- Ihr seht heute wieder mal neugierig aus!
- In puncto Wachheit seid Ihr mir um einige Längen voraus.
- Eine(r) von Euch ist heute besonders gut drauf.

beim Abschied:

- Es hat Spaß gemacht, ich freue mich auf morgen.
- Vielen Dank, Ihr wart heute super.
- Trotz einiger Schwierigkeiten habt Ihr phantastisch mitgearbeitet.
- Ich wünschte mir, ich könnte Euch die nächste Klassenstufe wieder unterrichten.

bei Schwierigkeiten im Unterrichtsablauf:

- Mal sehen, wie Ihr dieses Mal das Problem anpackt.
- Hinterher lachen wir darüber.
- Ein Problem ist nicht das Ende einer Sache, sondern der Anfang von...
- Meine Fehler machen mich immer besonders wach und aufmerksam.

Disziplinproblemen:

- Wenn wir X nicht hätten, wäre das Leben nur halb so spannend.
- Ärger gibts immer, wir können nur besser bei den Lösungen werden.
- Manchmal braucht man etwas Drastisches, um mit der Nase auf ein Problem gestoßen zu werden.
- Stellt Euch mal vor, wie wir in 10 Jahren über dieses Problem lachen werden.

Sie werden sich nun entscheiden, an welchem Baustein Sie weiterarbeiten wollen. Wenn Sie die Erfahrung gemacht haben, daß es ungemein schwer ist, sich selbst mit positiven Formulierungen zu unterstützen, dann wäre es aus unserer Sicht sinnvoll, zunächst mit dem Ressourcenaufbau weiterzumachen. Wenn Sie hingegen mit den persönlichen Wertschätzungen und Aufmunterungen vertraut sind, könnten Sie sich ja schon an die komplexeren Methoden heranwagen.

Einen Nutzen werden Sie auf jeden Fall von dem Ressourcenaufbau haben, denn er ist das Material, aus dem Sie Ihre positiven Formulierungen gewinnen können. Sie kennen doch diese Metapher mit dem halb vollen und dem halb leeren Glas Wasser. Übertragen Sie es nur so zum Spaß mal auf die Situation einer 40-jährigen.

Ist sie traurig darüber, daß schon nahezu alles vorbei ist, daß die Vitalität nachläßt, die Aufregungen weniger werden, immer mehr alte Leute ins Blickfeld rücken, einige nähere Bekannte schon gestorben sind?

Oder ist sie froh, daß langsam die Zeit kommt, wo genießen angesagt ist, das halbe Leben dafür noch zur Verfügung steht, endlich Zeit ist, sich mal um persönliche Dinge zu kümmern, lernen zu dürfen, worauf gerade Lust besteht?

Wir bauen unsere Wahrnehmung zum großen Teil auf Suggestionen auf, sie sind im positiven Sinne Antrieb und Einstimmung auf die zu erreichenden Ziele. Im negativen Sinne blockieren sie Energien, führen zu Krankheiten, Hilflosigkeit und Abhängigkeit. Das zielangemessene Einsetzen von positiven Suggestionen ist erlernbar, auch wenn wir vielleicht im Laufe unserer Erziehung schlecht dafür ausgestattet wurden.

Die Geschichte mit dem halb leeren/halb vollen Glas Wasser?

Wie wäre es denn zu sagen: "Toll, die erste Hälfte für den riesigen Durst und dann den nochmal so großen Teil ganz, ganz langsam in kleinen Schlucken genießen!"?

7. Talente und Ressourcen

 Stellen Sie sich vor, Sie spazieren in Begleitung eines Menschen, der Ihnen sehr nahe steht, durch eine Landschaft, die Sie besonders mögen. Sie genießen den Blick und die Aussicht, die Farben, das Spiel von Licht und Schatten, die Naturgeräusche und den angenehmen, würzigen Duft. Die Nähe dieser Person vermittelt Ihnen ein Gefühl von Zufriedenheit und Wohlbefinden. Während Sie den Spaziergang mit dieser Person in vollen Zügen genießen, beginnen Sie über sich und Ihren Beruf zu reflektieren, und Sie beginnen davon zu sprechen. Je länger Sie erzählen, um so mehr Erlebnisse fallen Ihnen ein. Sie bemerken, daß Sie auf eine ganz besondere Art darüber berichten, gerade so, als ob Sie einen bunten Film über Ihre beruflichen Fähigkeiten vor Ihrem inneren Auge sähen. Sie erzählen beispielsweise von Situationen,
- *als Sie erfuhren, wie wichtig Sie für Schülerinnen sind.*
- *als Sie stolz auf eine besonders anspruchsvolle Leistung waren...*
- *als Sie einmal herzlich über sich lachen konnten...*
- *als Sie nach einem anstrengenden Unterrichtstag einen sinnlichen Abend mit einer Ihnen sehr nahe stehenden Person verbrachten...*
- *als Sie deutlich spürten, daß Ihnen Ihr Beruf Spaß macht...*
- *als die Schülerinnen Ihnen mitteilten, daß ihnen Unterricht Spaßmacht...*
- *als Ihnen bei der Unterrichtsvorbereitung neue Ideen nur so zuflossen...*
- *als Sie eine schwierige Situation mit Ihren Schülerinnen meisterten...*
- *als Sie sich kompetent und sicher fühlten...*
- *als Sie etwas Bestimmtes erreichen wollten und alles dafür einsetzten...*
- *als Sie einem Schüler erfolgreich helfen konnten...*
- *als Sie angemessen Ihren Ärger ausdrückten...*
- *als Sie sich verantwortlich fühlten für Ihr Verhalten und sich bei einer Person entschuldigten...*
- *als Sie einen Konflikt zufriedenstellend lösten...*
- *als Sie ein Lob mit voller Überzeugung ausgesprochen haben...*
- *als Sie erkannt haben, welche positiven Verhaltensweisen Sie den Schülern gegenüber täglich zeigten...*
- *als Sie von einer Kollegin um Rat gefragt wurden...*

... Am Ende des Spaziergangs war Ihnen klar, daß Sie mit Ihren Erzählungen noch lange nicht am Ende sind. Sie entschließen sich zu einer erneuten Verabredung mit Ihrem Begleiter. Der lächelt Sie an und teilt Ihnen mit, daß er sich schon jetzt darauf freut.

Eine Prämisse im NLP besteht darin, "daß Menschen alle Ressourcen in sich tragen, die Sie brauchen, um die Veränderungen zu vollziehen, die sie durchmachen wollen und müssen. Meine Augabe ist, ihnen dabei zu helfen, diese Ressourcen zu erschließen und richtig zu nutzen, damit diese erwünschten Veränderungen auch tatsächlich und nachhaltig eintreten" (BANDLER, R., GRINDER, J. 1981, S. 86).

Das Aufspüren des Ressourcenpotentials und der persönlichen Talente nimmt im NLP einen wichtigen Stellenwert ein. So ist die Identifizierung beruflicher Ressourcen und Talente integraler Bestandteil des P-U-S-T-E-Modells. Bevor Sie auf Entdeckungsreise nach Ihren **Talenten** und **Ressourcen** gehen werden, möchten wir die beiden Begriffe etwas näher erläutern.

Unter **Ressourcen** werden jene *positiven Referenzerfahrungen* verstanden, in denen die Betroffene sich stark, sicher, zufrieden etc. gefühlt hat und Zugang zu jenen physiologischen und mentalen Zuständen hatte, die für erwünschte Veränderungen mit NLP-Methoden genutzt werden können. Aus der Sicht des NLP ist eine Person besonders in einem ressourcevollen Zustand, der sog. *"Ressourcenphysiologie"*, in der Lage, erwünschte Ergebnisse zu erreichen.

Den Begriff der **Talente** haben wir dem MULTIMIND-Konzept von ORNSTEIN entliehen. Lassen Sie uns kurz darauf eingehen. Sein Konzept basiert auf den neuesten zusammenfassenden Erkenntnissen der Gehirnforschung und beschreibt die mentalen menschlichen Fähigkeiten, die er Talente nennt: "Es gibt ganz grundlegende wie das Gedächtnis für Gerüche, und es gibt >hochstehende< wie das Talent, die Bedeutung eines Gedichtes zu entschlüsseln. Und es ist nicht überraschend, daß die grundlegenden Talente sich um kurzfristige Überlebensfragen kümmern, die etwas komplexeren sich auf die Fähigkeiten wie Sport und Bewegung beziehen und die komplexesten sich auf die Selbstwahrnehmung und Denken beziehen" (ORNSTEIN 1990). Letzteres ist das in den Frontallappen des Gehirns angesiedelte Talent des *"Selbst"*, das zu den obersten Stockwerken des Geistes, zu den "Kontroll- und Steuerungsfunktionen des Bewußtseins" gehört. Dem Talent des "Selbst" kommt also eine steuernde Bedeutung für die

Entwicklung unseres Selbstkonzeptes zu. Wichtige Fähigkeiten des regierenden Selbst-Talents bestehen

- in der *Selbstwahrnehmung und -beobachtung* der eigenen Handlungen
- im *schlußfolgernden Nachdenken* über das Wesen der äußeren Welt und des eigenen Selbst, sowie
- in der *Planung komplexer Handlungsabläufe.*

Für unsere Zwecke definieren wir Talente und Ressourcen folgendermaßen:
- *Ressourcen* sind spezifische Lebenserfahrungen, in denen wir durch unser Zutun umfassende Gefühle und Zustände wie *persönliches Wohlbefinden* und *Zufriedenheit, berufliche Kompetenz* und *Stärke* erfahren haben.
- *persönliche Talente* sind angeborene oder in der Lebensgeschichte erworbene Fähigkeiten, die, oft unbewußt aber in sich stimmig, grundlegende Handlungen auf unterschiedlich komplexem Niveau beschreiben und in Verbindung stehen mit Sichtweisen über die eigene Person und die der anderen. Für den Kontext Schule sind besonders die Talente der *Selbstumsorgung, kommunikativ-pädagogische Talente* sowie *methodisch-didaktische Talente* von Bedeutung.

Für unser Vorhaben ist es wichtig zu wissen, daß wir nicht gleichzeitig zu all unseren Talenten Zugang haben. Die Aktivierung der jeweiligen Talente ist vielmehr *vom jeweiligen Kontext abhängig.*

Im Kapitel "Dissoziation" haben Sie erstmals auf das Talent des Selbst zurückgegriffen, es kennengelernt, erweitert und differenziert. In diesem Kapitel werden Sie daran anknüpfen, indem Sie sich Ihre beruflichen Talente und Ressourcen bewußt machen und diese für spezifische schulische Kontexte nutzen.

Wir denken, daß wir auf die Frage des "Wozu" nicht näher einzugehen brauchen. Aus den vorangegangenen Erläuterungen läßt sich ableiten: in einem talent- und ressourcevollen Zustand läßt es sich angenehmer unterrichten!

Die Übungen in diesem Kapitel versetzen Sie in die Lage:
- Ihre beruflichen Talente und ressourcevollen Erfahrungen zu erkennen und diese mit allen Sinnen zu aktivieren.
- unter Zuhilfenahme dieser Talente und Ressourcen neue Sichtweisen zu belastenden, immer wiederkehrenden Ereignissen aus Ihrem schulischen Alltag zu entwerfen. Dadurch können Sie einschränkende Tilgungen, Verzerrungen und unangemessene Generalisierungen aufdecken und Ihre innere Landkarte auf den neuesten Stand bringen.
- Ihre Talente und Fähigkeiten für schulische Zwecke zu nutzen.
- sich in kritischen Situationen im Unterricht ressourcevolle Zustände aufzubauen.

7.1. Aktivieren persönlicher Kraftquellen

Vorab lernen Sie mit der folgenden Übung eine Methode kennen, Ihre Talente und Ressourcen unter Einbeziehung aller Sinne zu aktivieren. Diese Übung stellt gewissermaßen die **Grundlage** für die weiteren Übungsschritte dar. Lassen Sie sich deshalb so viel Zeit wie Sie benötigen, um den Ablauf der Übung genau kennenzulernen und intensiv zu erleben.

ÜBUNG: Der sinnliche Zugang zu den Ressourcen (Grundübung)

INHALT UND ZIELE
Wir wollen Ihnen mit dieser grundlegenden Übung eine Methode zur Verfügung stellen, die es Ihnen ermöglicht, zu Ihren Talenten einen intensiven sinnlichen Zugang zu finden. Sie werden sich bei der Anwendung dieser Übung in einem angenehmen mentalen und physiologischen Ressourcenzustand erleben. Für den Anfang erscheint es uns sinnvoll, daß Sie die Übung mit einer Partnerin durchführen, damit Sie sich voll und ganz auf das Erleben konzentrieren können. Lassen Sie für das Erlernen dieser Methode Ihren beruflichen Kontext zunächst vor der Tür.

INSTRUKTIONEN
1. Nehmen Sie Ihren Übungs- und Erlebensplatz ein und überprüfen Sie Ihren mentalen und körperlichen Zustand.

2. Erinnern Sie sich an ein Erlebnis, bei dem Sie sich *wohl* und *zufrieden* gefühlt haben. Urlaubserlebnisse oder angenehme Erlebnisse in der Natur sind bei den meisten Menschen mit positiven Erlebnissen verbunden. Sie können jedoch auch jedes andere positive Erlebnis auswählen.

Lassen Sie Ihren Erinnerungen freien Lauf. Falls Sie sich nicht entscheiden können, welches Erlebnis Sie auswählen, dann entscheiden Sie sich entweder für jenes, das Sie am intensivsten erlebt haben oder Sie gehen der Reihe nach alle Erlebnisse durch.

3. Erleben Sie das Erlebnis *assoziiert*. Tun Sie so, als ob Sie sich *jetzt* in der damaligen Situation befinden.

- *Sehen* Sie mit Ihren Augen, was es zu sehen gibt.
- *Hören* Sie mit Ihren Ohren, was es zu hören gibt.
- Spüren Sie die *Temperatur*, die vorherrscht.
- Nehmen Sie den *Geruch* und den *Geschmack* wahr.
- Nehmen Sie dann das *Gefühl* und die *Körperempfindungen* wahr.

Bleiben Sie so lange in dem Erlebnis, bis Sie das Gefühl und die Körperempfindungen deutlich wahrnehmen, und *intensivieren* Sie dann das Gefühl!

4. Reorientieren Sie sich, indem Sie von Ihrem Platz aufstehen und sich bewegen.

Hinweis: greifen Sie in den folgenden Übungen immer wieder auf diesen Ablauf zurück und achten Sie darauf, daß Sie Ihre Talente und Ressourcen assoziiert mit allen Sinnen erleben!

Ihre Ressourcen und Talente sind verknüpft mit Ihrer eigenen Lebens- und Lerngeschichte. Für die kommende Übung halten wir es für sinnvoll, wenn Sie einmal für einige Minuten den Scheinwerfer nur auf jene Situationen in Ihrer Vergangenheit richten, in denen Sie wertvolle, positive Erfahrungen gesammelt haben. Nutzen Sie für den Zweck dieser Übungen Ihre Fähigkeit zu tilgen, und konzentrieren Sie sich auf Ihre positiven beruflichen Erfahrungen und Erlebnisse. Ihr bewußtes und unbewußtes Erinnerungsvermögen haben Sie ja bereits im Kapitel "Die Lagerverwaltung" aktiviert.

ÜBUNG: Das Erleben beruflicher Talente und Ressourcen

INHALT UND ZIELE
Mit dieser Übung beginnen Sie die Entdeckungsreise zu Ihren beruflichen Kraftquellen. Achten Sie bei der Suche nach solchen Erfahrungen darauf, daß es oftmals alltägliche Erfahrungen sind, in denen starke sinnliche Erfahrungen verborgen sind. Ziel dieser Übung ist es, daß Sie die vorangegangene Übung jetzt auf den beruflichen Kontext anwenden. Eine Erweiterung erfährt diese Übung jedoch, indem Sie mit dem positiven Gefühl eine Brücke in die Vergangenheit schlagen und diese nun unter dem Aspekt Ihrer Ressource durchleuchten. Sie können diese Übung für sich allein machen oder Sie führen sie abwechselnd mit einer Partnerin durch.

INSTRUKTIONEN
1. Nehmen Sie Ihren Übungsplatz ein und überprüfen Sie Ihren mentalen und körperlichen Zustand.

2. Erinnern Sie sich an eine Situation aus Ihrem Schulalltag, in der Sie sich wohl, zufrieden oder stark gefühlt haben. Dies kann eine Situation aus dem Unterricht, mit Kolleginnen, der Schulleitung, mit einzelnen Schülerinnen oder irgendeine andere berufliche Situation sein.

3. Erleben Sie die Situation noch einmal assoziiert mit allen Sinnen (siehe Grundübung). Vergegenwärtigen Sie sich dann, was Ihr persönlicher Anteil war, daß diese Situation positiv verlaufen ist.

Unterbrechen Sie dann den Ablauf, indem Sie aufstehen und sich bewegen.

4. Wiederholen Sie jetzt noch einmal den Ablauf (1. - 3.) und ankern Sie das Gefühl, indem Sie mit Ihrer Hand einen leichten Druck auf Ihren Oberschenkel ausüben.
- Halten Sie mit diesem "Anker" das Gefühl und machen Sie eine Rückschau auf Ihr berufliches Leben.
- Lassen Sie alle Erinnerungen auftauchen, in denen Sie dieses Gefühl schon einmal erlebt haben.

5. Notieren Sie sich anschließend alle Situationen, in denen Sie dieses Gefühl bereits erlebt haben.

Hinweis: Sie können sich auf diese Art eine Art berufliches "Ressourcenalbum" anlegen, in dem Sie all Ihre Ressourceerfahrungen sammeln, die Sie jederzeit wiederaufleben lassen können.

Wir gehen davon aus, daß Sie mit dieser Übung sich positive Erlebnisse verschaffen konnten. Erfahrungen aus der Beratung von Lehrerinnen haben gezeigt, daß diese Vorgehensweise die Selbstwahrnehmung sowie die positive Einschätzung der eigenen Person beträchtlich erweitert. Die Richtung, die Sie sich damit vorgeben, führt weg von einer negativen, problemorientierten Selbstbeschreibung. Stattdessen gelangen Sie hin zur Entwicklung eines **ressource- und talentvollen Selbstbildes**. Diese Richtung können Sie in den folgenden Übungen erweitern und spezifizieren.

ÜBUNG: Die Feinheiten meiner Talente und Ressourcen

INHALT UND ZIELE
Wir gehen davon aus, daß Sie im Verlauf Ihrer beruflichen Entwicklung zahlreiche Talente zur Entfaltung gebracht haben. Ziel dieser Übung ist es, daß Sie diese Talente erkennen und spezifizieren. Sie werden dazu die **assoziierte** und die **dissoziierte** Position nutzen. Die assoziierte Position, um sich den jeweiligen Talentzustand zugänglich zu machen, die dissoziierte Position, um wichtige Einzelheiten des jeweiligen Talentes herauszufiltern. Sie können diese Übung natürlich auch mit jedem anderen Talent durchführen.

INSTRUKTIONEN
1. Erinnern Sie sich jeweils an eine Situation aus Ihrem Schulalltag, in der Sie sich
- *kompetent* (z.B. bezüglich Ihrer methodisch-didaktischen oder pädagogischen Fähigkeiten)
- *sensibel* (z.B. bezüglich Ihrer kommunikativen Fähigkeiten)
- *selbstsicher* (z.B. bezüglich Ihrer Durchsetzungsfähigkeit gegenüber Schülerinnen, Kolleginnen, Schulleitung, Eltern) erlebt haben.

2. Erleben Sie alle drei Situationen nacheinander *assoziiert* (vgl. Grundübung).

Unterbrechen Sie den Ablauf, indem Sie sich bewegen oder umherschauen.

3. Betrachten Sie die drei Situationen nacheinander *dissoziiert*, so daß Sie sich selbst in dieser Situation sehen. Beantworten Sie sich dann folgende Fragen:
- Welches Gefühl bekommen Sie beim Betrachten Ihrer eigenen Person?
- Welche positiven Einstellungen haben Sie sich selbst gegenüber?

- Achten Sie beim Betrachten der dissoziierten Vorstellungen genau auf Ihr *Verhalten* (Gestik, Mimik, Stimme), und beschreiben Sie Ihr Verhalten unter Berücksichtigung von Gestik, Mimik und Stimme:

"Wenn ich *kompetent* bin, verhalte ich mich"

....

"Wenn ich *sensibel* bin, verhalte ich mich"

....

"Wenn ich *selbstsicher* bin, verhalte ich mich"

....

4. Beschreiben Sie, wie Sie diese Talente mit den entsprechenden Verhaltensweisen in zukünftigen beruflichen Situationen nutzen können. Machen Sie sich eine Vorstellung davon, in welchen Situationen Sie *am nächsten Schultag* diese Talente nutzen werden.

Der Ablauf dieser Übung ist sehr komplex. Falls Sie Schwierigkeiten hatten, vor allem mit der dissoziierten Vorstellung, möchten wir Ihnen noch einige Hinweise geben:

- Verzagen Sie nicht! Holen Sie sich Unterstützung bei einer Kollegin und führen Sie die Übung gemeinsam durch.
- Fällt es Ihnen schwer, aus der dissoziierten Vorstellung Ihr Verhalten zu erkennen, so können Sie Ihre innere Vorstellung auch in Zeitlupe ablaufen lassen, so daß Sie jede Körperbewegung detailliert studieren können.
- Wenn es Ihnen schwerfällt, auf Ihr sichtbares Verhalten und Ihre Stimme gleichzeitig zu achten, können Sie sich die visuellen und die auditiven Anteile getrennt vorstellen, indem Sie während der visuellen Vorstellung den Ton abstellen und während der Konzentration auf Ihre Stimme den "Vorhang" Ihres inneren Filmes schließen.
- Nutzen Sie einen Spiegel, der groß genug ist, daß Sie Ihre ganze Person darin sehen können und nehmen Sie Körperhaltungen ein, die Ihrem kompetenten, sensiblen und selbstsicheren Zustand entsprechen. Wenn Sie sich in der jeweiligen Körperhaltung "heimisch" fühlen, dann sprechen Sie einige Sätze mit der entsprechenden Stimme. Sie erhalten so ein ideales Feedback.

7.2. Berufliche Selbsteinschätzung

Nehmen Sie sich nun Ihr berufliches Selbst noch etwas genauer unter die Lupe und entdecken Sie weitere, vielleicht bisher verborgene Schätze!

Mit den vorangegangenen Übungen konnten Sie die ersten Konturen Ihres beruflichen Ressourcenprofils erkennen. In den folgenden Übungen nutzen Sie Ihre **Selbsteinschätzung** ("Wie sehe ich mich selbst") und die **Fremdeinschätzung** ("Wie sehen mich die anderen"), um die Facetten Ihres beruflichen Selbst-Konzeptes zu erweitern.

Wenn Sie in der folgenden Übung Ihr berufliches Selbst einschätzen, haben Sie die Möglichkeit, diese Einschätzung in negativer oder in positiver Richtung vorzunehmen. Weiterhin können Sie sich eher verhaltensbezogen oder fähigkeitsbezogen einschätzen (siehe die Logischen Ebenen). Wir schlagen Ihnen vor, diese Selbsteinschätzung auf der Grundlage **positiver persönlicher Eigenschaften** vorzunehmen. Für den Umgang mit negativen Eigenschaften erfahren Sie am Ende eine Möglichkeit der "Neubewertung".

ÜBUNG: Die Einschätzung meiner beruflichen Fähigkeiten

INHALT UND ZIELE
Ziel der folgenden Übung ist es, daß Sie Ihre beruflichen Eigenschaften erkennen. Sie nutzen zu dieser Selbsteinschätzung Ihre Fähigkeit, sich selbst aus den Augen eines anderen, in diesem Fall aus den Augen einer Schülerin, zu betrachten und zu bewerten.
- Position "**Ich**"   - das ist Ihre persönliche Einschätzung
- Position "**Schülerin**"   - das ist die Einschätzung aus den
                                Augen einer oder mehrerer Schülerinnen

Sie werden aus beiden Positionen eine Vielzahl beruflicher Eigenschaften entdecken, die sich zum Teil überschneiden, zum Teil aber auch unterschiedlich sind. Da Ihr Arbeitsfeld sehr komplex ist, schlagen wir Ihnen vor, daß Sie Ihre Eigenschaften auf verschiedenen Teilbereichen beschreiben:

- Ihre Eigenschaften im Umgang mit der *Lerngruppe*.
- Ihre Eigenschaften im Umgang mit *einzelnen Schülerinnen*.
- Ihre Eigenschaften im Umgang mit *Kolleginnen*.
- Ihre Eigenschaften im Umgang mit der *Schulleitung*.
- Ihre Eigenschaften bei der *Planung und Umsetzung von Unterrichtsinhalten*.

Sie erhalten auf diese Weise ein differenziertes Bild Ihres beruflichen Selbst. Falls Sie negative Eigenschaften identifizieren, halten wir es für sinnvoll, diese zunächst von Ihren positiven Eigenschaften zu trennen.

Noch ein Wort zur Durchführung. Die Übung ist sehr komplex und umfangreich. Lassen Sie sich Zeit bei der Durchführung.

INSTRUKTIONEN
1. Nehmen Sie Ihren Erlebensplatz ein und überprüfen Sie Ihren mentalen und körperlichen Zustand. Nutzen Sie, falls nötig, eine Entspannungsmethode zur Veränderung Ihres Zustandes!

2. Position "Ich"
Beschreiben Sie aus der Position des "Ich" Ihre beruflichen Eigenschaften in den verschiedenen Teilbereichen.

Unterbrechen Sie den Ablauf, indem Sie sich einige Sekunden bewegen.

3. Nehmen Sie die Position "Schülerin" ein. Beschreiben Sie aus deren Augen, welche berufliche Eigenschaften Sie haben.

4. Finden Sie für alle beschriebenen Eigenschaften *konkrete Erfahrungen bzw. Situationen*, in denen Sie diese Eigenschaften zum Ausdruck gebracht haben.

Berufliche Eigenschaft	Erfahrung/Situation
....	....

5. Nutzen Sie die Grundübung, um sich einen assoziierten, sinnlichen Zugang zu Ihren Eigenschaften zu verschaffen.

Hinweis für den *Umgang mit negativen Eigenschaften:* Falls Sie negative Eigenschaften identifiziert haben, dann distanzieren Sie sich nicht von Ihnen, sondern werfen Sie einen Blick "hinter die Kulissen". Indem Sie herausfinden, welches Ziel Sie mit dieser Eigenschaft verfolgen, bzw. was Sie mit dieser Eigenschaft für sich erreichen wollen, erhalten Sie einen nützlichen Zugang zu diesen Eigenschaften.
"Welches persönliche Ziel verfolge ich mit dieser Eigenschaft. Was möchte ich für mich damit erreichen?"

Wenn Ihnen auf Anhieb nicht genügend Eigenschaften einfallen, können Sie aus den Verhaltensweisen, die Sie Ihren Schülerinnen gegenüber täglich zeigen, die dahinter stehenden positiven Elemente identifizieren. Beobachten Sie sich an einigen Unterrichtstagen selbst und machen Sie sich zuhause Notizen darüber, wie Sie sich in den verschiedenen beruflichen Kontexten verhalten haben. Fassen Sie dann Ihre Verhaltensweisen zu übergreifenden Eigenschaften zusammen. Bei gut funktionierenden Arbeitsbeziehungen besteht auch die Möglichkeit, daß Sie sich durch Befragung einer Kollegin oder der Schülerinnen ein Feedback über Ihre beruflichen Vorzüge einholen. Verfahren Sie mit negativ identifizierten Eigenschaften dann wie in der Übung "Umwandlung negativer Zuschreibungen..." vorgeführt.

Je besser Sie Ihre beruflichen Eigenschaften kennen, desto zielorientierter können Sie diese für sich zugänglich machen und in den entsprechenden Kontexten einsetzen. Geben Sie sich deshalb die Erlaubnis, Ihre Eigenschaften mit Hilfe der Grundübung zu Beginn des Kapitels *assoziiert* zugänglich zu machen. Wie Sie dies nutzen können, erfahren Sie in den nächsten Übungen.

7.3. Aufbau eines Ressourcezustandes: der "Talent-Teppich"

Bisher haben Sie Ihre beruflichen Talente und Ressourcen aufgedeckt und ausgebreitet. Mit der folgenden Übung lernen Sie eine Möglichkeit kennen, wie Sie sich einen starken mentalen und körperlichen Ressourcezustand aufbauen können.

ÜBUNG: Der "Talent-Teppich"

INHALT UND ZIELE
Diese Übung versetzt Sie in die Lage, unter Einbeziehung mehrerer Talente einen ressourcevollen Zustand auszubauen. Dieser Zustand "persönlicher Exzellenz" kann für unterschiedliche Zwecke genutzt werden. Vor allem aber kann er Ihnen als "Selbstanker" dienen für
- mentale Vorbereitungen auf den kommenden Unterricht,
- für Zustandsveränderungen vor oder während des Unterrichts,
- für die Schaffung eines ressourcevollen Zustandes für Elterngespräche oder
  Gespräche mit der Schulleitung,

- für Zukunftsentwürfe aus einem Ressourcezustand heraus.
Führen Sie die folgende Übung im Stehen und am besten zu zweit durch.

INSTRUKTIONEN
1. Begeben Sie sich an Ihren Erlebensplatz und überprüfen Sie Ihren mentalen und körperlichen Zustand.

2. Wählen Sie *drei berufliche Talente* aus und finden Sie Situationen, in denen Sie diese Talente erlebt haben.

3. Visualisieren Sie vor sich auf dem Boden einen Teppich, auf dem Sie gleich Ihre Talente erleben werden. Beschreiben Sie Größe, Form, Beschaffenheit und Farben dieses Teppichs.

4. Beginnen Sie nun mit dem ersten Talent.
Treten Sie auf den Teppich, spüren Sie die Unterlage und erleben Sie die Situation, in der Ihr Talent zum Ausdruck kam, noch einmal *mit allen Sinnen* (siehe Grundübung). *Intensivieren* Sie das Gefühl und
- sehen Sie, wie sich das Aussehen des Teppichs verändert (Farben, Form, Größe).
- Sprechen Sie sich innerlich mit einer angenehmen Stimme das Talent vor und "weben" Sie ein Symbol dieses Talents in den Teppich. Überlassen Sie diesen Prozeß Ihrem *Unbewußten!*
- Spüren Sie, wie es sich jetzt anfühlt, auf dem Teppich zu stehen.

5. Verlassen Sie Ihren Teppich und betrachten Sie ihn noch einmal. Registrieren Sie noch einmal alle Veränderungen. Achten Sie besonders auf das "eingewebte" Symbol Ihres Talents.

6. Wiederholen Sie den Ablauf (4. und 5.) mit den beiden anderen Talenten.

7. Visualisieren Sie Ihren "Talent-Teppich" vor sich auf dem Boden. Begeben Sie sich noch einmal auf Ihren Teppich. Spüren Sie, wie es sich anfühlt darauf zu stehen, sehen Sie die "eingewebten" Symbole und sprechen Sie sich innerlich noch einmal die drei Talente vor und beantworten Sie dann folgende Fragen für sich:

- Wie denken Sie über sich als Lehrerin?
- Wie denken Sie über die Schülerinnen?
- Wie denken Sie über die Kolleginnen?
- Wie denken Sie über berufliche Probleme?

Wir sind fast sicher, daß Sie ähnliche Erfahrungen gemacht haben, wie die meisten, die sich ihren "Talent-Teppich" gewebt haben. Sie wollen diesen gar nicht mehr verlassen. Deutlich erkennbar sind auch die äußerlich sichtbaren physiologischen Veränderungen in diesem Ressourcenzustand: gleichmäßige Atmung, Durchblutung der Haut, aufrechte Körperhaltung, Symmetrie beider Körperhälften. G. LABORDE schreibt über diesen Zustand "persönlicher Exzellenz": "Wenn ich mich an eine Zeit erinnere, als ich irgend etwas Außergewöhnliches gut machte, aktiviere ich das Muster, das ursprünglich in meinem Gehirn durch diese außergewöhnliche Leistung angelegt wurde. Die Chemikalien - das raum-zeitliche Muster in meiner Neurologie - werden durch diesen Erinnerungsakt aktiviert. Wenn dieser Ressource-Zustand einmal aktiviert ist, ermöglicht er mir den Zugang zu anderen Informationen - zu Mustern, die mir im bewußten Zustand nicht verfügbar sind. Das Muster der Exzellenz aktiviert andere Muster, die in diesem Moment angemessen sind... Ich weiß, daß ich, indem ich in den Ressource-Zustand gehe, viel effektiver beim Auswählen von Verhaltensweisen werde, die zur Erreichung meines Zieles führen werden" (LABORDE 1992).

Über die Nutzung solcher Ressource- und Talentzustände haben Sie in der Einführung zu der Übung schon einiges erfahren. Wir möchten darauf noch einmal zurückkommen und Ihnen dazu noch einige Hinweise geben.

Vor Unterrichtsbeginn: schaffen Sie sich Raum und Zeit, einen Ressourcezustand aufzubauen. Visualisieren Sie Ihren "Talent-Teppich", steigen Sie hinein und erleben Sie dann mit allen Sinnen Ihren Zustand. Lassen Sie, während Sie sich im Kreis befinden, eine innere Vorstellung vom Ablauf der folgenden Stunde entstehen. Achten Sie dabei besonders darauf, wie Sie kritische Unterrichtssituationen bewältigen werden.

Während des Unterrichts: Wenn Sie während des Unterrichts bemerken, daß Sie in einen ressourcelosen Problemzustand geraten, aktivieren Sie Ihren "Talent-Teppich".
- Atmen Sie mehrmals tief durch.
- Dissoziieren Sie, indem Sie einen Schritt zur Seite treten.
- Visualisieren Sie aus der dissoziierten Position Ihren "Talent-Teppich".
- Betreten Sie ihn, spüren Sie, wie es sich anfühlt, darauf zu stehen, sehen Sie die "eingewebten" Symbole, und sprechen Sie sich innerlich

die Talente vor. Es ist günstig, wenn Sie diesen Ablauf im Klassenzimmer ohne Anwesenheit der Schülerinnen mehrmals trainieren, vielleicht mit Unterstützung einer Kollegin.

Mentale Unterrichtsvorbereitung für den nächsten Tag:
- Entwickeln Sie eine positive Zielvorstellung (siehe vom "Wunsch zur Wirklichkeit"), wie Sie den nächsten Unterrichtstag erleben möchten.
- Finden Sie heraus, welches persönliche Talent oder welche Ressource Ihnen zur Erreichung Ihres Zieles zur Verfügung stehen.
- Kreieren Sie sich einen "Talent-Teppich" (siehe Übung) und machen Sie sich aus Ihrem Talentzustand heraus eine genaue Vorstellung davon, wie Sie den nächsten Unterrichtstag erleben werden.

Eine weitere Möglichkeit, Ressourcezustände zu nutzen, erfahren Sie im nächsten Abschnitt.

7.4. Neue Sichtweisen entwerfen und Wahlmöglichkeiten schaffen

Wir halten die Fähigkeit, sich persönliche Stärken, Talente und Ressourcen zugänglich zu machen und aus einem ressourcevollen Zustand heraus zu lehren, für eine Basisfähigkeit. Die beschriebenen beruflichen Streßfaktoren fordern zu ihrer Bewältigung geradezu ein Gegengewicht heraus, um im Unterricht flexibel auf Anforderungen reagieren zu können. Unter Flexibilität verstehen wir die Fähigkeit, auf einen Stimulus mit unterschiedlichen Reaktionen antworten zu können. Diese Fähigkeit ist gerade für das schulische Kommunikationsgeschehen von zentraler Bedeutung, da Kinder und Jugendliche sehr schnell die wunden Punkte einer Lehrerin herausfinden und für ihre Zwecke nutzen.

Die folgende Übung greift darauf zurück, indem Sie sich unter Zuhilfenahme Ihrer Talente neue Wahlmöglichkeiten für solche Situationen schaffen, in denen Sie im Klassenzimmer oder im Kolleginnenkreis immer wieder in ein Verhalten abrutschen, das Sie unzufrieden macht nach dem Motto: "Das war in der Vergangenheit so, wiederholt sich in der Gegenwart und wird auch in der Zukunft so sein." Dazu das folgende Beispiel einer Lehrerin: ein immer wiederkehrendes Problem dieser Lehrerin im Unterricht war es, daß sie unruhig und hektisch wurde, wenn die Schülerinnen ihre Arbeitsanweisungen nicht auf Anhieb verstanden. Sie reagierte gereizt und aggressiv auf Verständnisfragen. Die Ursache ihres Verhaltens war ihre Angst, einen Fehler gemacht zu haben, was zu

Selbstzweifeln und zu Verhaltensunsicherheiten führte. Nachdem sie das Problem und die Ursache erkannt hatte, war sie in der Lage, jene Talente zu finden, die Sie für eine Bewältigung dieser Situation nutzen kann. Mit Hilfe des "Talentkreises" erlebte sie die Problemsituation noch einmal, jetzt jedoch auf eine ganz neue Art. Sie entwickelte neue Sichtweisen und war in der Lage, alternative Zielvorstellungen zu enwickeln. Dieser Veränderungsprozeß läßt sich anhand des P-U-S-T-E-Modells darstellen.

PROBLEM: Lehrerin wird hektisch, unruhig und reagiert auf Fragen der Schülerinnen aggressiv, wenn diese die Arbeitsanweisungen nicht verstanden haben.
URSACHE: Angst, einen Fehler gemacht zu haben, Selbstzweifel und Selbstunsicherheit.
STRUKTUR-ZIELE: Selbstsicheres Auftreten / die Fragen der Schülerinnen ernstnehmen und darauf eingehen, bis alle die Arbeitsanweisungen verstanden haben.
TALENTE: Sensibilität und Selbstsicherheit. Die Lehrerin erinnerte sich an zahlreiche Unterrichtssituationen, in denen Sie selbstsicher und sensibel zugleich war.
EFFEKTE: Der Kontakt zur Lerngruppe bleibt erhalten / die Schülerinnen lernen effektiver / Spaß am Unterrichten.

ÜBUNG: Neue Sichtweisen entwerfen und Wahlmöglichkeiten schaffen

INHALT UND ZIELE
Mit dieser Übung können Sie für schulische Ereignisse, in die Sie immer wieder hineingeraten und in denen Sie sich emotional gefangen fühlen, eine umfassende Veränderung entwickeln. Der Ablauf der Übung ist im NLP unter dem Begriff "change history" bekannt. Ziel der Übung ist es, daß Sie sich für solche festgefahrenen Situationen eine Flexibilität verschaffen, mit alternativen Verhaltensweisen darauf zu reagieren. Sie gelangen so zu einer veränderten emotionalen Einstellung gegenüber der Situation, sich selbst gegenüber und auch gegenüber den anderen. Durch die Betrachtung eines Problems aus der Ressourcenperspektive heraus wird die angelegte Reiz-Reaktionsverbindung durch die Bahnung neuer neuronaler Verbindungen abgeschwächt und durch neue Verbindungen ersetzt.

Ein Hinweis zur Durchführung. Lassen Sie sich Zeit bei der Durchführung dieser Übung und seien Sie genau sowohl bei der Problembestimmung als auch bei der Auswahl des geeigneten Talentes bzw. der geeigneten Ressource.

INSTRUKTIONEN

1. Begeben Sie sich an Ihren Erlebensplatz und überprüfen Sie Ihren mentalen und körperlichen Zustand. Es ist sinnvoll, diese Übung in einem entspannten Zustand durchzuführen. Nutzen Sie deshalb, falls nötig, eine Entspannungsmethode.

2. Bestimmen Sie ein problematisches Verhalten oder ein unangenehmes Gefühl, das Sie im Unterricht immer wieder erleben und das Sie verändern möchten.

3. Finden Sie eine für dieses Verhalten bzw. Gefühl *repräsentative* berufliche *Situation*. Falls Sie mehrere Situationen zur Auswahl haben, dann entscheiden Sie sich für jene, die Sie emotional am stärksten belastet.

- Erleben Sie noch einmal kurz die Situation. Achten Sie darauf, daß Ihr Gefühl nicht zu stark ist. Es reicht für den Zweck der Übung vollkommen aus, wenn Sie das Gefühl nur soweit erleben, daß Sie es benennen können.

Unterbrechen Sie den Ablauf, indem Sie aufstehen und sich bewegen.

3. Machen Sie sich dann ein *dissoziiertes* Bild von der Situation. Falls Ihnen dieses Bild zu nahe ist, gewinnen Sie Abstand, indem Sie es aus mehr Distanz betrachten (schieben Sie es innerlich weit weg). Welche Informationen erhalten Sie aus dieser Betrachtung? Notieren Sie sich alle wesentlichen Aspekte, besonders aber, was Sie an Talenten oder Ressourcen gebraucht hätten, um diese Situation zu Ihrer Zufriedenheit zu bewältigen.
In dieser Situation hätten mir folgende persönliche Talente bzw. Ressourcen genutzt: ....

Unterbrechen Sie dann erneut den Ablauf und lenken Sie sich für einige Sekunden ab.

4. Der "Talent-Teppich"
Greifen Sie auf die Übung "Talent-Teppich" zurück und "weben" Sie sich einen Teppich aus jener/n Ressource/n und Talente/n, die Ihnen in der Problemsituation nützlich gewesen wären.

Unterbrechen Sie dann den Ablauf noch einmal.

5. Der "Talent-Teppich" + das Problem
Begeben Sie sich dann erneut auf Ihren "Talent-Teppich" und intensivieren Sie das Gefühl. Erleben Sie dann die Problemsituation, jetzt jedoch im Zustand Ihres Talentes! Verweilen Sie so lange auf Ihrem "Teppich", bis Sie deutliche Veränderungen der Problemsituation wahrnehmen.

Verlassen Sie dann Ihren "Talent-Teppich" und beschreiben Sie dies **auf der Ebene**
- der **Gefühle**
- der **Wahrnehmungen** (was sehe, höre, rieche und schmecke ich jetzt?)
- des **Verhaltens**
- der **Bewertung** der Situation
- der **Reaktionen der anderen** (Schülerinnen, Kolleginnen etc.)

6. Stellen Sie sich vor, wie Sie sich in zukünftigen Situationen verhalten werden und stellen Sie sicher, wie Sie in diesen Situationen Zugang finden zu Ihrem Talent bzw. "Talent-Teppich".

Die hier vorgestellte Übung zielte auf einen emotionalen Ausgleich ab, aus dem heraus Sie Zugang zu neuen, alternativen Sichtweisen für Problemsituationen erhalten. Wenn Sie sich für eine umfassende, zielorientierte Veränderung entscheiden, dann greifen Sie auf die Übungseinheit "Vom Wunsch zur Wirklichkeit" zurück und entwickeln sich ein oder mehrere wohlgeformter Ziele nach den bekannten Kriterien. Führen Sie dann erneut diese Übung mit entsprechender Verstärkung durch.

Falls Sie mit dem Ergebnis der Übung nicht vollständig zufrieden sind, kann dies u.a. daran liegen, daß Ihr Talent bzw. Ihre Ressource dem Problem nicht angemessen war, bzw. nicht ausreichend war. Für den ersten Fall schlagen wir Ihnen vor, die Problemsituation noch einmal genauer zu betrachten und für eine umfassende Veränderung das P-U-S-T-E-Modell zu nutzen. Im zweiten Fall können Sie weitere Talente oder Ressourcen hinzuziehen und Ihren "Talent-Teppich" entsprechend erweitern.

Mit diesem Kapitel haben Sie sich weitere Basisfähigkeiten für effektives Unterrichten erworben, die Ihnen wertvolle Dienste bei der Bewältigung Ihres beruflichen Alltags, bei der Planung langfristiger beruflicher Perspektiven als auch im motivationsfördernden Umgang mit Schülerinnen leisten. Die in den folgenden Kapiteln beschriebenen Modelle und Methoden bauen auf diesen Grundlagen auf.

8. Modelle und Strategien für Veränderungen im Unterricht
8.1. Rapportstrategien für die Lerngruppe

Wenn zwischen Kommunikationspartnerinnen ein guter Rapport besteht, gleichen sich die Beteiligten in ihrer nonverbalen Kommunikation einander an. So haben z.B. an der Universität in Mexiko-City neuere Untersuchungen ergeben, daß "in Situationen nonverbaler Kommunikation eine Synchronizität der Gehirnwellen eintritt, die EEG-Muster der Kommunikationspartner gleichen sich erheblich an" (vgl. KLUCZNY 1991). Erinnern Sie sich an ein Gespräch mit Freundinnen, bei dem Sie und die anderen sich wohlgefühlt haben, sich gegenseitig aufmerksam zuhörten und sich verstanden fühlten? Einer außenstehenden Beobachterin wäre aufgefallen, daß sich im Verlaufe des Gesprächs die Beteiligten in ihrer Sprachführung, in ihrem kommunikativen Verhalten und in ihren Körperbewegungen so einander angeglichen haben, daß der Eindruck von Synchronizität entstanden wäre. Die Beziehung der Beteiligten untereinander basierte auf einem guten **Rapport**.

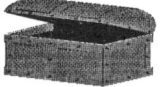
Es geht in diesem Kapitel um Rapportstrategien (aus dem Französischen "rapporter": zurückbringen, erzählen, berichten), d.h. jene Strategien, mit denen Sie an jedem Unterrichtstag, in jeder Unterrichtsstunde den Kontakt zur Lerngruppe aufbauen und, falls dieser unterbrochen worden ist, wieder herstellen.

Wir möchten zu Beginn einige Begriffe erläutern, die Ihnen im Verlauf dieser Übungseinheit begegnen. Es handelt sich um die Begriffe Pacing, Leading und Kalibrieren. **Kalibrieren** (sich eichen) heißt, sich auf die anderen einzustellen. Dies kann sich beziehen auf deren Verhalten, aber auch auf deren Sichtweisen und persönlichen Überzeugungen über sich und die anderen. Sie lernen dadurch die "innere Landkarte" Ihres Gegenüber kennen, mit dem Ziel, "eine umfassende und situationsadäquate Zustandsbeschreibung zu erhalten, diese innerlich zu speichern, um Sie gegebenenfalls wiedererkennen zu können, wenn der gleiche Zustand später wieder auftritt" (BACHMANN 1991). Damit sind zunächst nur sinnlich wahrnehmbare Informationen gemeint und keine vorschnellen Interpretationen. **Pacing** ist die Grundlage für einen guten Rapport und bezeichnet jenen Prozeß, in dessen Verlauf Sie in das "Weltbild" Ihres Gegenüber einsteigen, indem Sie Elemente Ihres eigenen

Verhaltens dem wahrgenommenen Verhalten der anderen angleichen. Dies kann auf mehreren Ebenen geschehen:
- nonverbal durch Spiegeln der Körperhaltung, der Bewegungen oder durch das Angleichen an den Atemrhythmus der anderen.
- verbal durch Angleichen an die Stimme (Sprechgeschwindigkeit, Sprechrhythmus, Lautstärke) und an die Sprachinhalte der anderen.
- Durch Spiegeln typischer Einstellungen und Glaubenssätze bzw. Einstellungen der anderen.

Pacing heißt nicht, das Verhalten der anderen nachzuäffen, sondern auf eine elegante Weise einen Gleichklang, eine Übereinstimmung mit der Gesprächspartnerin herzustellen, mit dem Ziel, Informationen über deren gegenwärtigen Zustand zu sammeln und Vertrauen herzustellen. Erst nach Herstellung eines Vertrauensverhältnisses durch Pacing kann das **Leading** erfolgen, d.h. das behutsame Führen des Gegenüber in einen anderen, den erwünschten Zustand. Voraussetzung dazu ist allerdings, daß die Gesprächspartnerinnen wissen, wohin der Kommunikationsprozeß führen soll. Pacing und Leading sind zu vergleichen mit den Bewegungen eines tanzenden Paares. Bevor die Führende in die nächste Schrittfolge übergeht, muß sie sich den Bewegungen ihres Partners angleichen. Bei einem guten Tanzpaar geschieht dieser Vorgang des Pacing und Leading auf eine so elegante Art, daß beide Partnerinnen zu einer Person zu verschmelzen scheinen. Eine wichtige Voraussetzung für einen guten Rapport ist es, mit offenen Sinnen bei seinem Gegenüber zu sein und während des Gesprächs nicht mit eigenen inneren Vorgängen oder Gedanken beschäftigt zu sein.

Ohne Rapport zur Schülerin und zur Lerngruppe findet kein Lernen statt! Die Lernbereitschaft der Schülerinnen wird bei geringem Rapport zur Lehrerin gering sein. Gelernt wird in einem solchen Fall eher Vermeidungs- oder Anpassungsverhalten. Je mehr Möglichkeiten Ihnen zur Verfügung stehen, einen guten Rapport herzustellen, desto lernbereiter, aufnahmefähiger und erfolgreicher werden Ihre Schülerinnen sein. Um den Kreis zu schließen: je erfolgreicher und effektiver Sie unterrichten, desto mehr Spaß und Zufriedenheit werden Sie sich damit bereiten!

Die Auswirkungen eines guten Rapports auf die Lernmotivation haben Sie sicherlich in Ihrer eigenen Schulzeit erfahren. Ihre Lehrerin hatte immer dann einen guten Rapport, wenn Ihnen das Lernen Spaß machte, Sie sich akzeptiert und unterstützt fühlten. Unser Ziel ist es, daß Sie sich

Ihrer Wirkungen auf andere Menschen bewußt werden und auf die Art aufmerksam werden, wie Sie Rapport zu den Lernenden herstellen, "denn nur auf einer funktionierenden und tragfähigen Grundlage können erfolgversprechend Lehr-Lerninhalte von einer Person zur anderen transportiert (vermittelt) werden" (BACHMANN 1991).

Noch ein Wort zur Frage der Manipulation. Dem NLP wird im Zusammenhang mit den Rapporttechniken häufig der Vorwurf der Manipulation gemacht. Wir sind der Meinung, daß Sie, vielleicht mehr unbewußt als bewußt, vom ersten Tag an als Lehrerin Strategien zur Rapportbildung anwenden. Vielleicht haben Sie sich manchmal gewundert, warum es Ihnen gelungen ist, an einem Tag erfolgreich mit Ihrer Klasse zu kommunizieren, an einem anderen Tag hingegen nicht. Wir meinen, daß Sie an erfolgreichen Tagen in der Lage waren, einen guten Kontakt zu Ihrer Klasse herzustellen. Wie genau Sie das erreicht haben, werden Sie in diesem Kapitel erfahren. Wir schlagen Ihnen vor: Wenn Sie schon nicht umhin können, Ihre Schülerinnen zu beeinflussen, dann machen Sie es bewußt - zum Wohle der Schülerinnen und Ihrer eigenen beruflichen Zufriedenheit.

8.1.1. Den Rapport wahrnehmen

Der Schwerpunkt in diesem Kapitel liegt auf dem Rapport mit der Lerngruppe. Rapporttechniken für die Kommunikation mit einzelnen Schülerinnen, z.B. für Beratungsgespräche, finden Sie im Kapitel "Interessenbildung an der Schülerin". Da eine präzise Sinneswahrnehmung die Grundlage für einen guten Rapport ist, möchten wir Ihnen als Einstieg eine Übung anbieten, mit der Sie Ihre Sinne sensibilisieren können.

ÜBUNG: **Die Wahrnehmung von Rapport**

INHALT UND ZIELE
Mit dieser Übung möchten wir Sie dazu einladen, Ihre Sinne zu schulen, mit dem Ziel, Ihre Fähigkeit für die Wahrnehmung von Rapport zu erweitern.

INSTRUKTIONEN
1. Beobachten Sie, z.B. während einer Pausenaufsicht, Schülerinnen, die in Gruppen zusammenstehen und sich unterhalten.

2. Schulen Sie zunächst Ihre *Augen*.
- Beobachten Sie die Schülerinnengruppe aus einer Distanz, von der aus Sie nicht hören können, was gesprochen wird. Kalibrieren Sie sich, indem Sie Körperbewegungen, Handbewegungen, Kopfbewegungen etc. beobachten.
- Nachdem Sie sich darauf eingestimmt haben, achten Sie dann auf die Bewegungen der Sprecherin und die nachfolgenden Reaktionen der anderen.

Wenn innerhalb der Gruppe ein guter Rapport besteht, werden Sie mit leichter zeitlicher Verzögerung ähnliche Bewegungen bei den anderen beobachten.

3. Sensibilisieren Sie Ihre *Ohren*.
- Nähern Sie sich der Schülerinnengruppe auf eine Entfernung, aus der Sie die Qualität der Stimmen hören können (Sprechtempo, -rhythmus, Lautstärke etc.). Der Inhalt des Gesprochenen spielt dabei keine Rolle. Kalibrieren Sie sich auf die Stimmen der Schülerinnen. Bei gutem Rapport der Schülerinnen untereinander werden Sie feststellen, daß sich deren Stimmen einander angleichen.

Falls Sie mit einer Kollegin üben, möchten wir Ihnen folgende Übungsvorschläge machen:

Übung zum visuellen und auditiven Kalibrieren:
1. Denken Sie schweigend eine Zeitlang an ein schulisches Erlebnis, das nicht ganz zufriedenstellend verlaufen ist. Ihre Kollegin hat dabei die Aufgabe, die *nonverbalen Hinweise* (Hautrötung, Atmung, Muskelbewegungen, Körperhaltung, Arm- und Fußbewegungen etc.) genau zu beobachten.
2. Denken Sie danach an ein angenehmes schulisches Erlebnis. Versetzen Sie sich wieder eine Zeitlang in das Ereignis hinein. Ihre Partnerin hat auch jetzt wieder die Aufgabe, die nonverbalen Hinweise zu beobachten und anschließend die Unterschiede zu beschreiben. Wechseln Sie anschließend die Rollen.
3. Führen Sie diese Übung dann noch einmal durch, jetzt aber sprechen Sie über beide Ereignisse. Ihre Partnerin hat nun die Aufgabe, die *verbalen Hinweise* wahrzunehmen, also die Prädikate (Verben, Adjektive, Adverbien), die Sie verwenden, die unterschiedliche Stimmqualität (Sprechgeschwindigkeit, -tempo, -rhythmus, Tonlage etc.).

Übung zum Pacing und Leading:
1. Führen Sie mit Ihrer Kollegin einen small-talk, z.b. über den Verlauf der letzten Unterrichtsstunde, Ihre Unterrichtsplanung für den kommenden Tag oder irgendein anderes Ereignis.
2. Kalibirieren Sie sich auf die verbalen und nonverbalen Hinweise Ihrer Partnerin.
3. Pacen Sie Ihre Partnerin, indem Sie sich z.B. an deren Lautstärke und Sprechrhythmus, an deren verwendete Prädikate, an ihre Körperbewegungen oder den Atemrhythmus angleichen.
4. Wenn Sie sich sicher sind, daß Sie einen guten Rapport haben, überprüfen Sie dies, indem Sie eine Veränderung in einem der o.g. Bereiche vornehmen und beobachten, ob ihre Partnerin mitzieht.

8.1.2. Persönliche Rapportstrategien entdecken

Nun zu Ihren persönlichen Fähigkeiten, Rapport zur Lerngruppe herzustellen. Für die kommende Übung ist es wichtig, daß Sie Ihr Erinnerungsvermögen für jene Unterrichtssituationen aktivieren, in denen es Ihnen gelungen ist, einen guten Rapport zur Lerngruppe herzustellen. Dies können z.B. Situationen sein wie die Einführung eines neuen Unterrichtsthemas oder die Leitung eines Klassengesprächs. Aber auch jede andere Situation, die Ihnen einfällt, ist dazu geeignet. Eine weitere Möglichkeit besteht darin, daß Sie sich einige Tage lang beobachten, wie Sie den Kontakt zur Lerngruppe herstellen und diese Beobachtungen als Übungsgrundlage benutzen.

ÜBUNG: Persönliche Rapportstrategien

ZIELE UND INHALT
Wir greifen in dieser Übung Ihre Fähigkeiten und Strategien zur Herstellung eines guten Rapports auf. Sie nehmen Ihre eigene Person als Modell und filtern die erfolgreichen Strategien heraus. Dabei greifen Sie auf Ihre Fähigkeit der Dissoziierung zurück.

INSTRUKTIONEN
1. Erinnern Sie sich an eine Situation, in der Sie einen guten Rapport zur Lerngruppe hatten. Schätzen Sie auf einer Skala von 1 (=gering) bis 10 (=stark) den Rapport ein. Falls Ihre Einschätzung für diese Situation unter 6 liegt, sollten Sie eine andere Situation auswählen.

2. Erleben Sie die Situation *assoziiert* (vgl. Grundübung im Kap. Talente und Ressourcen) so, daß Sie mit allen Sinnen einen Zugang dazu finden.
- Beschreiben Sie Ihr Gefühl. Was spüren Sie, wenn Sie einen guten Rapport zur Gruppe haben?

"Wenn ich einen guten Rapport zur Lerngruppe habe, dann empfinde ich":

....

3. Machen Sie sich dann eine *dissoziierte* Vorstellung von dieser Situation. Beobachten Sie Ihre eigene Person in dieser Situation und hören Sie, was und wie Sie sprechen.
- Beschreiben Sie Ihr beobachtbares *Verhalten (Körperbewegungen, Gestik, Mimik, Bewegungen im Raum)*.
- Beschreiben Sie Ihre *Stimme (Lautstärke, Sprechgeschwindigkeit, Wortwahl, Betonungen etc.)*.
- Beschreiben Sie, woran Sie erkennen, daß zwischen Lehrerin und Schülerinnen ein guter Rapport besteht?

"Ich erkenne den Rapport an folgenden äußeren Merkmalen":

....

Sie können diese Übung auch für die Aufarbeitung von Situationen verwenden, in denen Sie den Rapport zur Gruppe verloren haben. Wenn Sie die Ursachen dafür herausgefunden haben, dann nehmen Sie sich die Methode des "New Behavior Generator" zur Hilfe, und entwickeln Sie für solche Situationen erwünschte Verhaltensmuster.

Um Feedback von außen zu bekommen, schlagen wir Ihnen vor, daß Sie sich mit einer vertrauensvollen Kollegin zusammenschließen. Beobachten Sie sich gegenseitig im Unterricht und geben Sie sich Rückmeldung über Ihre persönliche Art, Rapport zu der Lerngruppe herzustellen. Achten Sie dabei nicht auf die gesprochenen Inhalte, sondern auf die genannten verbalen und nonverbalen Hinweise. Als weiteren Hinweis möchten wir Ihnen vorschlagen, daß Sie sich mit Kolleginnen Rapportstrategien für schwierige Unterrichtssituationen überlegen, z.B. wenn die Schülerinnen die Mitarbeit verweigern. Üben Sie Ihr Verhalten für solche Situationen zunächst in einem spielerischen Rahmen durch, bevor Sie es in die Realität übertragen.

8.1.3. Anregungen für den Schulalltag

Die folgenden Anregungen für die Praxis sind als Impuls gedacht, für sich selbst neue Rapportstrategien zu entwickeln und zu erproben. Die beschriebenen Möglichkeiten können Sie ohne großen Aufwand in Ihren Unterricht einbauen. Falls Sie die Strategien bereits anwenden, dann verstehen Sie diese Anregungen als Bestätigung Ihrer vorhandenen Fähigkeiten!

1. Führen Sie am Beginn des Unterrichts einige Minuten einen small talk. Nehmen Sie im Verlauf des Gesprächs mit allen Schülerinnen immer wieder Blickkontakt auf. Wenn Sie beobachten, daß sich die Schülerinnen in ihrer Körperhaltung einander angeglichen haben, können Sie davon ausgehen, daß Sie Rapport hergestellt haben. Sie können mit dem Unterricht beginnen.
Effekte: Der Übergang von Freizeit zu Unterricht ist dann für die Schülerinnen nicht so abrupt, eher fließend. Sie stellen sich auf das gegenwärtige Verhalten und Erleben der Schülerinnen ein (= Pacing) und können sie auf diese Weise in die Phase des Unterrichts führen (= Leading).

2. Nutzen Sie die Minuten vor Unterrichtsbeginn, um sich einen angenehmen Zustand zu verschaffen (siehe Kap. "Talente und Ressourcen") und begrüßen Sie die Schülerinnen einzeln.
Effekte: Die Schülerinnen fühlen sich persönlich angesprochen und Sie bekommen schnell einen verbalen und nonverbalen Rapport (Blickkontakt, Händedruck, Lächeln). Darüberhinaus erkennen Sie die Zustände der Schülerinnen und haben die Möglichkeit, diese zu verändern (siehe Kapitel "Suggestionen").

3. Sie erhalten Rapport zur gesamten Gruppe, indem Sie ihn zunächst zu denjenigen herstellen, die sozial am stärksten akzeptiert sind, z.B. durch ein kurzes persönliches Gespräch. Wenden Sie dabei die Methode des Pacing an, indem Sie sich in Sprache und Körperhaltung den favorisierten Schülerinnen angleichen.
Effekte: Ein guter Rapport zu denjenigen, die starken sozialen Einfluß haben, bewirkt, daß die Mitschülerinnen dies auch auf sich selbst beziehen, sie partizipieren daran und können aus der Distanz am Modell lernen. Einen ähnlichen Effekt erzielen Sie, wenn Sie Rapport zu den sozial weniger akzeptierten Schülerinnen herstellen. Es entsteht der Ein-

druck, daß niemand von ihnen übersehen wird, gleichgültig, in welcher Verfassung sich diejenige befindet.

4. Nutzen Sie Ihr Talent, Geschichten und alltägliche Begebenheiten zu erzählen. Sammeln Sie diesbezüglich alles, was Ihnen zwischen die Finger kommt, auch wenn es zunächst banal erscheint. Irgendwann werden Sie es doch verwenden können.
Effekt: Mit spannenden Geschichten und Erzählungen erhalten Sie die Aufmerksamkeit der Schülerinnen und Sie können währenddessen verbalen und nonverbalen Rapport herstellen.

5. Nutzen Sie Ihren Humor und Witz! Erzählen Sie entsprechende Begebenheiten - und lassen Sie diese von den Schülerinnen erzählen!
Effekte: Witz und Humor sind sehr effektive Strategien, eine Angleichung zu erzielen. Das gleichzeitige Lachen aller Beteiligten bewirkt, daß sich die Atemrhythmen aneinander nähern. Zudem führen Sie die Schülerinnen in einen positiven mentalen und physiologischen Zustand.

6. Beginnen Sie den Unterricht mit einer Rückschau auf den letzten Tag. Verwenden Sie dazu positive Suggestionen als Feedback (vgl. Kap. "Umgang mit Suggestionen"). Verpacken Sie Kritik in Formulierungen, die Aussagen darüber enthalten, was die Schülerinnen tun können, um beim nächsten Mal noch mehr in Richtung ihres erwünschten Ergebnisses zu gelangen (siehe Kap. "Vom Wunsch zur Wirklichkeit").
Effekte: Sie bringen die Schülerinnen nicht in einen Problemzustand, sondern in einen ressourcevollen Zielzustand. Damit einher geht eine erhöhte Selbstakzeptanz und vermehrte Lernbereitschaft der Schülerinnen.

7. Nutzen Sie Entspannungsmethoden, wie z.B. Muskelentspannung oder Fantasiereisen, zur Herstellung eines angenehmen Lernzustandes. Im Anhang des Buches finden Sie dazu Anregungen. Gestalten Sie dies am Anfang jedoch auf freiwilliger Basis. Führen Sie die Schülerinnen beim Erzählen in einen gleichmäßigen Atemrhythmus, indem Sie Ihre Stimme ruhiger und langsamer werden lassen.
Effekte: Die positiven Wirkungen von Entspannungsmethoden sind hinlänglich bekannt: Senkung des physiologischen Erregungszustandes, Veränderung des Atemrhythmus, den Kopf frei machen für zukünftige Aufgaben etc.

8. Greifen Sie die Talente und Ressourcen der Schülerinnen auf. Erwähnen Sie diese im Unterricht und weisen Sie darauf hin, wann und wie diese speziellen Talente für die Gruppe genutzt werden können.
Effekte: Das Wissen, daß ihre Stärken für das Ganze nützlich sind, vermittelt den Schülerinnen ein Gefühl des Dazugehörens. Zudem vermitteln Sie den Schülerinnen ein positives Selbstbild, das für deren Lernmotivation eine wesentliche Voraussetzung ist.

9. Greifen Sie Themen auf, die momentan in der Gruppe von Bedeutung sind. Lassen Sie die Schülerinnen berichten, hören Sie zu, ohne zu bewerten. Sammeln Sie auf diese Weise Informationen, die Ihnen sonst nicht zugänglich sind.
Effekte: Indem Sie wichtige Aspekte des "heimlichen Lehrplans" aufgreifen, signalisieren Sie den Schülerinnen Ihr Interesse an deren Anliegen. Diese fühlen sich ernst genommen und werden mit Ihnen auch auf einer persönlichen Ebene kommunizieren.

10. Stellen Sie Fragen, *wie* die Schülerinnen Probleme bewältigt haben.
Effekt: Sie vermitteln den Schülerinnen ein Gefühl von Kompetenz und Stärke. Darüberhinaus können deren Problemlösestrategien auch für andere nützlich sein.

11. Machen Sie auch Ihre Person transparent. Erzählen Sie, wie Sie Alltagsprobleme bewältigt haben, teilen Sie Ihre persönlichen Sichtweisen und Einstellungen zu politischen, sozialen und alltäglichen Ereignissen mit.
Effekt: Ob Sie wollen oder nicht, Sie sind für Ihre Schülerinnen ein Modell, von dem sie Einstellungen, Überzeugungen, Verhaltensweisen übernehmen. Auf diese Weise haben Sie einen großen Einfluß auf die Persönlichkeitsentwicklung der Schülerinnen.

12. Beziehen Sie die Schülerinnen in die Unterrichtsplanung mit ein. Übertragen Sie ihnen Entscheidungen.
Effekte: Die Schülerinnen erfahren ihre persönliche Bedeutung für das Zusammenleben in der Gruppe und Sie "umschiffen" auf diese Art mögliche Widerstände.

13. Wenn Sie vor Unterrichtsbeginn feststellen, daß die Klasse unruhig ist, dann nehmen Sie sich einige Minuten Zeit, um das Prinzip des *Pacing* und *Leading* anzuwenden:

- Gleichen Sie sich zunächst in Ihrer Lautstärke und in Ihren Bewegungen denen der Schülerinnen an, indem Sie sich ganz zwanglos mal hier oder mal dort an eine Gruppe begeben.
- Führen Sie die Schülerinnen dann behutsam in den erwünschten Zustand, indem Sie Ihre Stimme leiser, Ihre Bewegungen langsamer werden lassen. Stellen Sie sich dann ruhig hin und nehmen Sie mit jeder einzelnen Schülerin Blickkontakt auf, bis Sie die Aufmerksamkeit aller erreicht haben.
Effekte: Sie "kämpfen" nicht um Ruhe, sondern führen die Schülerinnen behutsam in den erwünschten Zustand. Außerdem gehen Sie ökonomisch mit Ihrer eigenen Energie um.

14. Geben Sie kritisches Feedback auf der Verhaltensebene. Beschreiben Sie konkret das Verhalten, das Sie mißbilligen. Verstärken Sie die Schülerinnen auf den Ebenen ihrer Fähigkeiten und persönlichen Überzeugungen (vgl. "Die Logischen Ebenen der Veränderung").
Effekte: Ein kritisches Feedback auf der Verhaltensebene ist annehmbar. Negatives Feedback auf der Ebene der Überzeugungen und der Identität erzeugt hingegen Abwehr, Aggressivität und ein negatives Selbstbild.

15. Wenn Sie im Verlauf einer Auseinandersetzung in einen starken emotionalen und körperlichen Erregungszustand geraten, dann
- unterbrechen Sie zunächst den Rapport zur Schülerin und ändern Sie Ihren Zustand, indem Sie z.B. auf Ihre Atmung achten, sich bewegen oder aus dem Fenster schauen (weitere Hinweise finden Sie im Kapitel "Streßimmunisierung").
- Halten Sie zur Schülerin einen Abstand von 1-2 Metern. Weniger als ein Meter Abstand kann Angstreaktionen oder aggressive Abwehrreaktionen hervorrufen.
- Erklären Sie der Schülerin, daß Sie später in Ruhe die Angelegenheit mit ihr klären werden.
- Gehen Sie erst dann wieder auf die Schülerin ein, wenn Sie in einem neutralen bis guten Zustand sind.
Effekt: Indem Sie Ihren Zustand verändern, können Sie den unterbrochenen Rapport wieder herstellen und das Problem auf angemessene Art lösen.
16. Versuchen Sie, bei der Vermittlung von Lerninhalten die individuellen Lernstile der Schülerinnen (visuelle, auditive und kinästhetische Lerntypen) zu berücksichtigen:
- beschreiben Sie den Lerninhalt mit Worten für auditive Schülerinnen

- zeigen Sie visuellen Schülerinnen etwas, das den Inhalt repräsentiert
- lassen Sie kinästhetische Schülerinnen etwas tun, damit sie den Lerninhalt erfühlen und erspüren können. (Vgl. GRINDER, M. 1991)

Effekt: Indem Sie alle Lerntypen berücksichtigen, halten Sie die Aufmerksamkeit der Schülerinnen aufrecht und stellen sicher, daß Sie auch verstanden werden.

Wir hoffen, daß Sie mit diesen Übungen gute Erfahrungen gemacht haben und Ihnen neue und außergewöhnliche Ideen für den Alltag in den Sinn gekommen sind. Wir schlagen Ihnen vor, zunächst in einfachen Situationen in Ihrer Klasse neue Rapporttechniken auszuprobieren oder Beobachtungen anzustellen. Dies stärkt Ihre Sicherheit im Umgang mit diesen Methoden und schafft eine Motivation, sich an schwierigere Situationen heranzuwagen. Dafür können Sie sich z.B. eine Hierarchie schwieriger Unterrichtssituationen erstellen. Auf diese Weise steigern Sie den Schwierigkeitsgrad Schritt für Schritt. Mit zunehmender Übung werden Sie feststellen, daß Sie im Umgang mit kritischen Unterrichtssituationen flexibler werden.

8.2. Interessenbildung an der Schülerin

Eine Lehrerin, die seit 12 Jahren an einer Gesamtschule unterrichtet, beschrieb während einer Beratung ihre berufliche Entwicklung:
"In letzter Zeit gehen mir seltsame Gedanken durch den Kopf. Wenn ich während einer Arbeitsphase in die Runde schaue und mir die Gesichter der einzelnen Schülerinnen betrachte, frage ich mich, was ich von diesen Menschen eigentlich weiß. Die Antworten fallen dürftig aus. Ich weiß nicht, wie sie über sich und die anderen denken, was sie sich von ihrer Lehrerin wünschen, wo ihre Stärken und Vorlieben liegen.

Als Lehrerin bin ich darin ausgebildet, die Schülerinnen zu lehren, ihnen Wissen und Fertigkeiten beizubringen. Als Berufsanfängerin war es wichtig für mich, diese Rolle der Lehrenden einzunehmen. Dies hat mir über viele Schwierigkeiten hinweggeholfen. Ich vertrat den Standpunkt, daß es für meinen Auftrag nicht von Bedeutung ist, eine Schülerin genau zu kennen, um ihr die geforderten Inhalte zu vermitteln. Ich empfand es sogar als Erleichterung, mich nicht in deren Köpfe hineinversetzen zu müssen, sondern aus einer sicheren Distanz heraus zu unterrichten. Heute denke ich anders darüber, sehe meine Tätigkeit in einem anderen Licht. Ich betrachte mich als eine Art Mentorin der Schülerinnen, die ihnen in allen Fragen mit Rat und Tat zur Seite steht, sie fördert und ihnen ihre Entwicklungsmöglichkeiten aufzeigt. Dies setzt allerdings voraus, daß ich jede einzelne Schülerin kennenlerne, mit all ihren persönlichen Facetten und Eigenarten. Um das Vertrauen der Schülerinnen zu gewinnen, mußte ich eine Nähe zu den Schülerinnen finden, die für mich und für sie akzeptabel war. Dies hat sich ausgezahlt."

Die Vorannahmen und Erwartungen einer Lehrerin üben einen großen Einfluß auf Verhalten und Leistungen der Schülerinnen aus. In der Pädagogik ist dieser Sachverhalt als *"Pygmalion-Effekt"* (WEINERT u.a. 1978, S. 570) bekannt. Ein positives Schülerinnenbild steigert deren Lern- und Leistungsmotivation, während ein negatives Bild Mißerfolgserwartungen hervorruft. Aus Sicht des NLP möchten wir hinzufügen, daß die Qualität des "inneren" Bildes über die Schülerin, d.h. dessen Submodalitäten (vgl. Kapitel "Bestandteile der Wahrnehmung"), das Gefühl der Lehrerin und deren Einstellung der Schülerin gegenüber auch auf sensorischer Ebene nachhaltig beeinflußt.

So hatte z.B. Frau F. ein inneres Bild mit folgenden Submodalitäten: Sie sieht die Schülerin im Abstand von 2 Metern vor sich, in übernatürlicher Größe, mit einer aggressiven Körperhaltung und einer lauten Stimme. Dieses Bild löste bei Frau F. starkes Unbehagen aus, was sich im Verhalten in einem Rückzug von dieser Schülerin äußerte. Im Verlauf der Beratung konnten die in diesem Bild enthaltenen Tilgungen, Verzerrungen und Generalisierungen über die Schülerin aufgedeckt werden. Darüberhinaus wurden sinnvolle Strategien zur Verbesserung der Beziehung entwickelt, die sie erfolgreich umzusetzen verstand. Dieses Vorgehen bewirkte, daß sich auch die Submodalitäten des inneren Bildes über die Schülerin änderten. Sie sah und hörte sich jetzt selbst in diesem Bild, wie sie zufriedenstellend mit der Schülerin kommunizierte.

Als Lehrerin haben Sie, ob bewußt oder unbewußt, einen großen Einfluß auf die gesamte Person Ihres Gegenübers, auf dessen Art zu lernen, zu denken, zu fühlen, sich und die anderen wahrzunehmen. Im Kapitel "Umgang mit Suggestionen" haben Sie bereits erfahren, wie Sie mittels Sprache diesen Prozeß sinnvoll steuern können. In diesem Kapitel lernen Sie nun eine Methode kennen, wie Sie die Beziehung zu Ihren Schülerinnen so gestalten können, daß Sie diese in ihrer Entwicklung unterstützen und fördern.

Die einzelne Schülerin individuell zu fördern und zu motivieren setzt voraus, daß Sie deren "innere Landkarte" entdecken und kennenlernen. Dazu ist es notwendig, einen tragfähigen Rapport zur Schülerin herzustellen. Lehrerin und Schülerin arbeiten dann mit "... einem gemeinsamen Ziel vor Augen. Die Energien können zusammengefaßt werden, um mehr Wissen zu erwerben und angemessenes Verhalten zu erlernen" (VAN NAGEL u.a. 1989, S. 14). Auf diesem Hintergrund lassen sich Strategien für eine individuelle Förderung entwickeln. Außerdem vermeiden Sie kräftezehrende Mißverständnisse in der Kommunikation mit der betreffenden Schülerin.

Unser Vorgehen beruht darauf, daß Sie zunächst den vorhandenen Rapport zu dieser Schülerin überprüfen. Darauf aufbauend entwickeln Sie Strategien, wie Sie das Bild, das Sie von der Schülerin haben, verändern sowie die Qualität der Beziehung erweitern können. Die einzelnen Übungsschritte im Überblick:

1. Sie beschreiben den gegenwärtigen Rapport zur Schülerin aus Ihrer persönlichen Sichtweise.
2. Perspektivenwechsel: Indem Sie "in den Schuhen der Schülerin" gehen, können Sie wichtige Informationen sowohl über diese als auch über sich selbst gewinnen.
3. Aus der distanzierten Sichtweise einer neutralen Beobachterin erhalten Sie zusätzliche Informationen über die Qualität der Lehrerin-Schülerin-Beziehung. Außerdem entdecken Sie Entwicklungsfelder und -potentiale der Schülerin für deren individuelle Förderung.
4. Sie entwerfen ein metaphorisches Zukunftsszenarium und leiten daraus konkrete Veränderungsschritte ab.

8.2.1. Die gegenwärtige Beziehung

Für die Durchführung der folgenden Übungen schlagen wir Ihnen vor, daß Sie sich eine Schülerin aus Ihrer Klasse aussuchen, die für Sie einen hohen Motivationsanreiz bietet und zu der Sie sich einen erweiterten Zugang verschaffen wollen. Nehmen Sie sich in den nächsten Tagen Zeit, die verbalen und nonverbalen Aspekte der Kommunikation zwischen Ihnen und der ausgewählten Schülerin vor, während und nach dem Unterricht zu beobachten. Als Hilfestellung können Sie das folgende Leitschema nutzen.

ÜBUNG: Der gegenwärtige Rapport zur Schülerin

INHALT UND ZIELE
Es geht in dieser Übung zunächst darum, daß Sie eine Bestandsaufnahme Ihrer gegenwärtigen Beziehung machen. Diese Bestandsaufnahme umfaßt sowohl den individuellen Eindruck als auch die Art, wie Sie mit der Schülerin kommunizieren. Es ist hilfreich, wenn Sie sich einige Tage selbst beobachten, wie Sie auf die Schülerin eingehen.

INSTRUKTIONEN
1. Nehmen Sie Ihren Erlebensplatz ein und entspannen Sie sich.

2. Stellen Sie zunächst fest, welches innere Bild Sie sich von der Schülerin machen.
- Beschreiben Sie die visuellen und auditiven *Submodalitäten* dieses Bildes (vgl. Kapitel Bestandteile der Wahrnehmung).

- Lassen Sie das Bild einige Zeit auf sich wirken und überprüfen Sie, welche *Gefühle* diese Vorstellung in Ihnen auslöst.

3. Schreiben Sie sich auf, was Sie über die Schülerin wissen (deren Interessen, Wünsche, Leistungen, Kontakte zu Mitschülerinnen etc.).

4. Beobachten Sie sich in den nächsten Tagen selbst, mit welchen Gefühlen und Empfindungen Sie vor Beginn des Unterrichts an die Schülerin denken (z.B. "Wenn ich vor Beginn des Unterrichts an die Schülerin denke, empfinde ich Neugier, Freude, Gelassenheit, Gleichgültigkeit, Abneigung, Angst etc.").

5. Beschreiben Sie, wie Sie die Aufmerksamkeit der Schülerin erreichen und wie Sie den Kontakt während des Unterrichts gestalten.
- Wie *verhalten* Sie sich (z.b. zurückhaltend, zuvorkommend, distanziert)?
- Was und wie *sprechen* Sie mit dieser Schülerin (z.B. loben, ermahnen, aufmuntern)?
- Wie oft und wie intensiv haben Sie *Blickkontakt* mit der Schülerin?

6. Beobachten und beschreiben Sie, wie die Schülerin *verbal* und *nonverbal* auf Sie reagiert.
- Achten Sie auf deren Sprache und Stimme.
- Achten Sie auf deren Körperhaltung, Bewegungen, auf den Blickkontakt.

7. Beobachten Sie sich, wie oft Sie mit der Schülerin über nichtschulische Themen ins Gespräch kommen und wie die Schülerin darauf reagiert.

8. Beschreiben Sie, was Sie bisher getan haben, um die Schülerin individuell zu fördern.

Die folgende Skala gibt Ihnen die Möglichkeit, den Rapport einzuschätzen. Vergegenwärtigen Sie sich noch einmal die Ausgangslage und schätzen Sie anhand des "Rapport-0-Meters" die Intensität des Rapports ein.

RAPPORT-O-METER
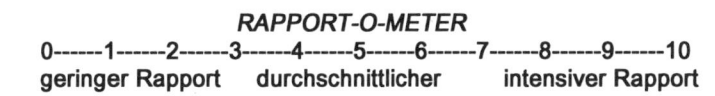
geringer Rapport   durchschnittlicher   intensiver Rapport

8.2.2. Die Beziehung aus den Augen der anderen

Sich ganz in eine andere Person hineinzuversetzen, so wahrzunehmen, zu denken und zu handeln wie die andere, ist die Grundlage des Pacing. So entwickeln Sie ein Verständnis für deren "innere Landkarte", der Sie sich in der Kommunikation angleichen können. Ihr Gegenüber fühlt sich von Ihnen verstanden und wird sich in eine gewünschte Richtung von Ihnen führen lassen.

ÜBUNG: Die Beziehung aus den Augen der Schülerin

INHALT UND ZIELE
Mit der nächsten Übung erweitern Sie Ihre persönliche Sichtweise, indem Sie sich in die Person der Schülerin hineinversetzen und aus ihren Augen betrachten. Auf diese Weise lernen Sie deren "innere Landkarte" kennen. Zur Vorbereitung schlagen wir Ihnen vor, daß Sie sich an eine Situation erinnern, in der das verbale und nonverbale Erleben der Schülerin, d.h. typische sprachliche Formulierungen, typische Bewegungen und Körperhaltungen der Schülerin zum Ausdruck kamen.

INSTRUKTIONEN
1. Nehmen Sie Ihren gewohnten Übungsplatz ein und entspannen Sie sich.

2. Machen Sie sich ein genaues Bild von der Schülerin. Stellen Sie sich vor, die Schülerin steht oder sitzt vor Ihnen:
- Achten Sie auf ihre Körperhaltung und typische Bewegungen.
- Hören Sie genau auf ihre Stimme, d.h. was sie sagt und wie sie es sagt.
Lassen Sie sich so viel Zeit, bis Sie eine detaillierte Vorstellung von dieser Schülerin haben.

3. Wechseln Sie die Wahrnehmungsposition, indem Sie in den Körper dieser Schülerin "hineinsteigen". Nehmen Sie dabei dieselbe Körperhaltung ein. Unterstützen Sie dies, indem Sie z.B. typische Bewegungen und die Sprache der Schülerin imitieren.

4. Wenn Sie sich in der Haut dieser Schülerin "heimisch" fühlen, fangen Sie an, mit deren Sinnen zu empfinden:
- Was sehe, höre und empfinde ich?
- Was denke ich über die Mitschülerinnen?
- Was denke ich über mich selbst? Welche Talente und Ressourcen habe ich?
- In welchen persönlichen oder schulischen Bereichen möchte ich von meiner Lehrerin unterstützt werden?
- Wie erlebe ich meine Lehrerin? Was wünsche ich mir von ihr?

5. Schätzen Sie anhand des Rapport-0-Meters die Intensität des Rapports ein, und legen Sie fest, welche Intensität sich die Schülerin wünscht. Beschreiben Sie in der Position der Schülerin, woran Sie erkennen würden, daß der erwünschte Rapport hergestellt ist:
- Wie verhält sich dann die Lehrerin?
- Wie genau unterstützt sie mich jetzt?
- Was kann die Lehrerin als erstes tun, um den erwünschten Rapport herzustellen?

6. Steigen Sie wieder aus dem Körper der Schülerin aus und reorientieren Sie sich, bis Sie wieder ganz in Ihrem eigenen Körper zuhause sind.

Die Wahrnehmungsposition einer Außenstehenden hat den Vorzug, daß Sie nicht in das vorhandene Beziehungsgeflecht involviert sind, sondern distanziert von Gefühlen und Empfindungen einen alternativen Blick auf das Geschehen werfen können. Wir haben dafür eine neutrale Beobachterin ausgesucht. Sie können diese Position jedoch auch mit konkreten Personen belegen, wie z.B. einer Kollegin, einer Freundin, einer Bekannten. Wählen Sie sich auf jeden Fall eine Person aus, zu der Sie eine neutrale bis positive Beziehung haben.

ÜBUNG: Die Beziehung aus der Sicht einer Außenstehenden

INHALT UND ZIELE
Inhalt und Ziele bleiben dieselben wie in der letzten Übung. Für die Durchführung der Übung ist es hilfreich, wenn Sie sich vorstellen, Lehrerin und Schülerin befinden sich mit Ihnen zusammen im Raum. Diese Vorstellung wird es Ihnen erleichtern, eine angemessene Distanz zu finden. Falls Sie bemerken, daß Sie in die Rolle der Lehrerin oder der Schülerin schlüpfen, dann unterbrechen Sie den Ablauf und beginnen von vorn. Wenn Sie die Übung zu zweit durchführen, bitten Sie die Partnerin, auf Anzeichen dieser Art zu achten.

INSTRUKTIONEN
1. Nehmen Sie Ihren Erlebensplatz ein und entspannen Sie sich.

2. Erinnern Sie sich noch einmal an eine typische Unterrichtssituation mit der Schülerin.

3. Stellen Sie sich vor, diese Situation spiele sich vor Ihnen im Raum ab. Finden Sie eine angemessene Entfernung, aus der Sie das Ganze in einem neutralen Zustand, aber aus einer *neugierigen* Haltung heraus beobachten

können. Lassen Sie die Vorstellung zunächst nur auf sich wirken. Beschreiben Sie dann, was Sie aus der Distanz *sehen* und *hören*.

4. Wenn Sie sich mit dem gesamten Ablauf vertraut gemacht haben, dann achten Sie auf Besonderheiten:
- Beschreiben Sie die Schülerin (Körperhaltung, Gestik, Mimik, Stimme etc.).
- Beschreiben Sie die Lehrerin (Körperhaltung, Gestik, Mimik, Stimme etc.).
- Beschreiben Sie, welche Beziehung die beiden miteinander haben.
- Beschreiben Sie, wie die Lehrerin die Schülerin beim Lernen unterstützt.
- Beschreiben Sie, wie die Lehrerin die Aufmerksamkeit der Schülerin erreicht.

5. Beschreiben Sie die Ressourcen der Lehrerin und der Schülerin.
- Welche besonderen Verhaltensweisen zeigt die Lehrerin in der Kommunikation mit der Schülerin?
- Welche besonderen Verhaltensweisen zeigt die Schülerin?

6. Beschreiben Sie, wie die Lehrerin den Rapport zu dieser Schülerin erweitern könnte:
- In welchem persönlichen oder schulischen Bereich ist es sinnvoll, die Schülerin zu unterstützen?
- Wie genau kann die Lehrerin die Schülerin unterstützen?

7. Beschreiben Sie die Effekte eines erweiterten Rapports.
- Wie wird sich die Schülerin entwickeln?
- Welche Auswirkungen hat dies auf die berufliche Situation der Lehrerin?

8.2.3. Entwicklung von Zielen

Damit Sie sich angesichts der Fülle an Informationen nicht in Einzelheiten verlieren, schlagen wir Ihnen vor, die Informationen zu verdichten. Fassen Sie dazu Ihre Erkenntnisse und Erfahrungen, die Sie aus den verschiedenen Perspektiven gewonnen haben, in der folgenden Übersicht zusammen.

Aus meiner *persönlichen Sicht* fällt mir auf:...
Aus der *Sicht der Schülerin* fällt mir auf:...
Aus der *Sicht der Beobachterin* fällt mir auf:..

Daraus könnte ich folgende Ziele entwickeln:
Aus Schülerinnensicht:..
Aus Lehrerinnensicht:..
Aus Beobachterinnensicht:..

Beschreiben Sie jetzt ein **Meta-Ziel**, in dem die Zielbestimmungen aller drei Wahrnehmungsperspektiven enthalten sind (überprüfen Sie Ihre Zielformulierung, ob Sie den Kriterien einer wohlgeformten Zielbestimmung entsprechen):
....

5. Beschreiben Sie, woran Sie erkennen,daß Sie Ihr Ziel erreicht haben:
....
6. Legen Sie den ersten Schritt fest, den Sie unternehmen werden.
....

8.2.4. Eine Reise in die Zukunft

Begeben Sie sich mit der Schülerin auf eine Reise in die Zukunft. Lassen Sie die Gegenwart hinter sich und tun Sie so, *als ob* Sie Ihr Ziel mit der Schülerin bereits erreicht haben. Entwickeln Sie ein Zukunftsszenarium, in dem Ihre erwünschte Beziehung zu der Schülerin vollständig zum Ausdruck kommt.

1. Stellen Sie sich vor, Sie haben Ihr Ziel mit der Schülerin erreicht. Wieviel Zeit ist bis dahin vergangen? Machen Sie sich eine lebendige und umfangreiche Vorstellung davon, wie Sie sich der Schülerin gegenüber verhalten und wie die Schülerin sich Ihnen gegenüber verhält. Betrachten Sie diese Vorstellung **dissoziiert**:
- Sehen Sie sich selbst, wie Sie mit der Schülerin kommunizieren.
- Hören Sie, wie Sie mit der Schülerin sprechen und wie die Schülerin mit Ihnen spricht.
- Beobachten Sie, wie sie sich im Klassenzimmer bewegt und Kontakt mit anderen Schülerinnen hat.
- Achten Sie darauf, wie Sie die Schülerin unterstützen und wie deren Reaktionen darauf ausfallen.

2. Gehen Sie nun von diesem Zeitpunkt aus noch *ein Jahr weite*r in die Zukunft und entwickeln Sie eine Vorstellung davon, wie sich die Schülerin bis dahin entwickelt hat. Achten Sie auf das veränderte Aussehen der Schülerin. Finden Sie dann erneut Antworten auf die o.g. Fragen.

3. Entwickeln Sie zuletzt eine Vorstellung über die Schülerin am Ende ihrer Schulzeit.

Die einzelnen Schritte lassen sich in folgendem Schema zusammenfassen:

INTERESSENBILDUNG AN DER SCHÜLERIN

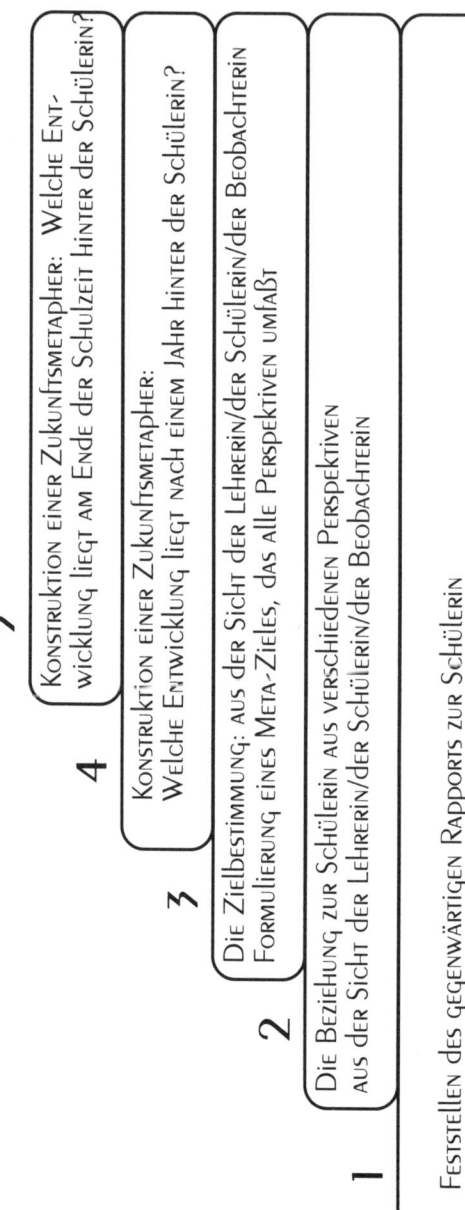

5 — Konstruktion einer Zukunftsmetapher: Welche Entwicklung liegt am Ende der Schulzeit hinter der Schülerin?

4 — Konstruktion einer Zukunftsmetapher: Welche Entwicklung liegt nach einem Jahr hinter der Schülerin?

3 — Die Zielbestimmung: aus der Sicht der Lehrerin/der Schülerin/der Beobachterin Formulierung eines Meta-Zieles, das alle Perspektiven umfaßt

2 — Die Beziehung zur Schülerin aus verschiedenen Perspektiven aus der Sicht der Lehrerin/der Schülerin/der Beobachterin

1 — Feststellen des gegenwärtigen Rapports zur Schülerin

Unseren Erfahrungen nach ist es äußerst lohnenswert, bedarf jedoch einiger Übung, sich in die Person der Schülerin und die einer außenstehenden Beobachterin hineinzuversetzen. Vielleicht empfanden Sie es als ungewöhnlich, sich so umfassend um die Entwicklung einer einzelnen Schülerin zu kümmern. Sie werden jedoch feststellen, daß Sie dieses Vorgehen nach einigen Erprobungen ohne großen zeitlichen Aufwand immer leichter werden durchführen können. Für die Schülerin kann es sehr motivierend sein, wenn Sie sich mit ihr zusammensetzen und Ihr Vorhaben schildern. Sie stärken dadurch den Rapport, vermitteln spezifische Erwartungen und geben ihr einen Rahmen, innerhalb dessen sie sich in eine erwünschte Richtung entwickeln kann.

Für den Fall, daß in Ihrem Zielentwurf Einzelberatungen der Schülerin enthalten sind, möchten wir noch einige Hinweise zum verbalen und nonverbalen **Rapport** geben.

Sie bekommen schnell und elegant einen guten Rapport, wenn Sie während des Gesprächs die *verbalen* und *nonverbalen* Ausdrucksformen der Schülerin *spiegeln*.
- Achten Sie zunächst darauf, welche *Prädikate* (Substantive, Adjektive, Adverbien) die Schülerin beim Erzählen verwendet und gleichen Sie sich dann ihrer Sprache an, indem Sie die Prädikate und bedeutende Aussagen spiegeln.
- Nonverbal gibt es verschiedene Möglichkeiten, die Schülerin zu pacen: Atemrhythmus, Körperbewegungen, Sprechgeschwindigkeit, Tonlage etc. Beobachten Sie zunächst einige Zeit den Atemrhythmus und die Körperbewegungen der Schülerin beim Sprechen. Gleichen Sie sich dann diesem Rhythmus und den Körperbewegungen unauffällig an.
- Weiterhin können Sie immer wiederkehrende Ausdrücke, Glaubenshaltungen und Überzeugungen spiegeln.
Auf diese Weise vermitteln Sie der Schülerin das Gefühl, daß Sie sie verstehen. Weitere Anregungen zum Pacing und Leading können Sie sich in den angeführten NLP-Büchern holen.

8.3. Das Verhandlungsmodell (Konflikt-Integrations-Modell)

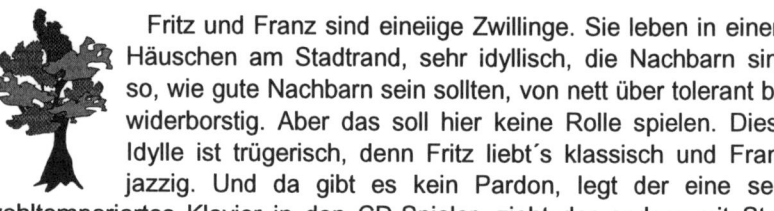
Fritz und Franz sind eineiige Zwillinge. Sie leben in einem Häuschen am Stadtrand, sehr idyllisch, die Nachbarn sind so, wie gute Nachbarn sein sollten, von nett über tolerant bis widerborstig. Aber das soll hier keine Rolle spielen. Diese Idylle ist trügerisch, denn Fritz liebt's klassisch und Franz jazzig. Und da gibt es kein Pardon, legt der eine sein wohltemperiertes Klavier in den CD-Spieler, zieht der andere mit Stan Getz nach, und zwar volle Lautstärke. Eines ist ihnen klar geworden, Musik über Kopfhörer sich reinzuziehen ist wie Bouillabaisse mit Schnupfen, es fehlen die Vibrations, der Körper hat keine Resonanz. Nun gut, darüber sind sie sich einig, aber alles andere, kein Entgegenkommen.

Fatalerweise möchte die schöne Lilofee in das Haus einziehen, von beiden heiß begehrt. Leider knüpft Lilo die Bedingung daran, die beiden sollten zuerst mal ihren Streit beilegen und für Hausfrieden sorgen, sonst könne sie es nicht aushalten. Was tun? Das Ganze ist seit Jahren schon verkorkst und im Grunde ist der Streit um die richtige Musik nur ein Dauerbrenner mit einem anderen Inhalt. Früher war es der Streit um's Fernsehprogramm, als es nur einen Fernseher gab, oder der Streit um das gemeinsam angeschaffte Studentenauto, der eine wollte dorthin, der andere in die entgegengesetzte Richtung.

Lilo bietet sich an, bei einer Klärung zu helfen, im Eigeninteresse, denn das Haus und die beiden sind sehr attraktiv.

"Ihr beide liebt Musik, richtig?" Beide nicken. "Ihr möchtet auch zusammen in dem Haus wohnen bleiben, richtig?" Beide nicken. "Ihr findet auch, daß jeder das hören darf, was er möchte, mal rein demokratisch gesehen?" Zögerndes Nicken. "Ist es so, oder gibt es eine Musik, die man hören muß, und eine andere, die man nicht hören darf?" "Nein, nein" beeilen sich beide zuzustimmen. "Und Ihr seid stolz darauf, daß Ihr Eure Musik allein für Euch entdeckt und wertschätzen gelernt habt?" Heftiges Nicken von beiden. "Also, worum geht es dann eigentlich?"

"Immer, wenn ich mir gerade den Bach zum Abschalten und Antörnen auflege, kommt er mit voller Lautstärke und knallt mir die Ohren voll, der ganze Kick ist weg, dabei mag ich Jazz manchmal, aber nur bei bestimmten Gelegenheiten, aber so, wenn er mir aufgezwungen wird, so nicht."

"Und wenn ich meinen Kick brauche und mich richtig aufheizen will, kommt er mit seinem Abtörner und läßt mir die Luft raus, dabei, Bach kann auch ganz schön aufheizen, aber dazu braucht man viel Ruhe vorher, ist aber nicht mein Stil, und er soll endlich mal kapieren, daß ich meine Art habe, mich wieder auf Vordermann zu bringen." So geht das eine Weile hin und her, bis sich Lilo wieder einschaltet. "Hört mal zu, ich mach´ Euch einen Vorschlag: Jeder von Euch sagt, wann und bei welchen Gelegenheiten es ihm wichtig ist, daß er seine Musik hören kann und wann es ihm nicht so wichtig ist" ... Die beiden überlegen eine Weile und es stellt sich heraus, daß sie meistens zu ganz unterschiedlichen Zeiten ihre Musik brauchen, nur, es gibt 1-2 Stunden am Nachmittag, in denen sie regelmäßig kollidieren.

Lilo: "Habt Ihr dafür eine Lösung, für die, sagen wir großzügig, 2 1/2 Stunden, in denen es sonst kracht?"

"Na ja, wir könnten uns abwechseln, mal er, mal ich, oder ich könnte ihm auch sagen, wenn es mir nicht so wichtig ist, meinen Jazz zu hören, wenn ich z.B. schon ganz entspannt bin und keine großen Probleme um die Ohren habe..."

"Mit dem Abwechseln, könnten wir probieren, ich wäre auch bereit, Dir zu sagen, wenn es mir egal ist, was ich höre, dann könntest Du voll zulangen."

Lilo: "Wollt Ihr das mal, sagen wir, für drei Wochen ausprobieren, ob es klappt?"

Beide nicken, Franz etwas zögerlicher. Lilo: "Franz, Einwände?" "Ich bin mir unsicher, ob wir das schaffen, immerhin, das geht schon Jahre so."

Lilo: "Was haltet Ihr davon, wenn Ihr es erst einmal ausprobiert, und jeder von Euch Zeichen gibt, wenn es nicht so läuft, wie er es sich vorgestellt hat, dann setzen wir uns sofort wieder zusammen und beratschlagen neu?"

Beide sind sofort damit einverstanden, gegen ein Ausprobieren ist nichts einzuwenden, und wenn jeder sofort seine Bedenken loswerden kann, ohne es auf die lange Bank schieben zu müssen, auch o.k.

Lilo: "Seid Ihr beide ganz sicher, daß das damit o.k. ist, daß keiner von Euch den anderen aus dem Haus graulen will oder sonst eine alte Rechnung begleichen will und die Musik nur zum Vorwand nimmt?" Beide blicken ganz entrüstet auf Lilo, schauen sich gegenseitig kurz an, keine Probleme. "Nein, alles in Ordnung, wir probieren es so", sagt Fritz, Franz nickt.

Das Konflikt-Integrations-Modell ist in seiner Grundstruktur ein Standardverfahren, das sowohl auf der innerpsychischen Ebene wie auch bei Konflikten großen Ausmaßes, etwa bei Tarifverhandlungen oder politischen Konflikten angewendet werden kann. Im großen Maßstab wurde es eingesetzt während des Israelisch-Ägyptischen Konfliktes (6 Tage-Krieg), es ist als Harvard-Modell bekannt und ist auf dem win-win-Prinzip aufgebaut, d.h. jeder Konfliktpartner muß aus der Verhandlung Vorteile ziehen können.

"Verhandlung wird in dem vorliegenden Zusammenhang verstanden als Kommunikation, Vermittlung oder Schlichtung zwischen zwei Parteien oder persönlichen Anteilen, deren Zielsetzung oder Intention als konträr zueinander erscheinen. Im Rahmen des NLP-Verhandlungsmodells kann unterschieden werden zwischen der Verhandlung zwischen persönlichen Teilen und einem interpersonalen Verhandlungsmodell. Die Verhandlung zwischen persönlichen Anteilen wird den Reframingmethoden zugerechnet. Das interpersonale Verhandlungsmodell wird den NLP Business-Modellen zugerechnet und stellt eine Methode auf fortgeschrittenem Niveau dar" (KLUCZNY 1991).

Wir empfehlen, das Konflikt-Integrations-Modell im Rahmen dieses Buches bei **manifesten Konflikten innerhalb der Klasse** anzuwenden, beispielsweise, wenn sich 2 Schülerinnen oder 2 Parteien ineinander verhakt haben. Wir werden der Übersichtlichkeit halber **zwei Versionen des Konflikt-Integrations-Modells in der Grundform** bereitstellen, die inhaltlich kongruent sind, aber zwei verschiedene Zugangswege des Lernens ansprechen. Das ist zum einen die sprachgebundene Form, die eher die kognitiv-digital-verbalen Lerntypen anspricht, und zum anderen die bildhafte Umsetzung, die für die visuell-analogen Lerntypen gedacht ist.

Version I

1. **Die Störung bekommt einen Namen** (Identifikation und Benennen der Störung).
Beispiele: a) Streit und Unfrieden in der Klasse; b) Die Klassenreise ist gefährdet; c) Klagen über Störungen beim Aufsatz schreiben.

2. **Die beiden (oder mehrere) Teile des Konfliktes werden herausgefunden und benannt.**
Beispiele: a) Mädchen wollen dies und Jungen etwas anderes; b) mehrere Kids sträuben sich, die vorgeschlagene Klassenreise mitzumachen; c) Peter und Anna tuscheln miteinander, während andere arbeiten wollen.

2a. **Falls kein Konflikt vorliegt**, also zwei konkurrierende Teile *nicht* aufzufinden sind, müßten weitere Überlegungen angestellt werden, die sich in Richtung Problembearbeitung bewegen könnten (wir schlagen vor, zur Orientierung das P-U-S-T-E-Modell zu verwenden).

3. **Trennung zwischen Absicht und offenem Verhalten.**
Die jeweiligen Absichten und positiven Funktionen beider Konfliktteile oder Konfliktpartnerinnen werden herausgearbeitet.
Beispiele: a) Mädchen möchten sich in Ruhe unterhalten und werden durch laute Jungen gestört, während die Jungen sich mit Mädchen näher beschäftigen möchten, aber von ihnen zurückgewiesen werden; b) Einige Schülerinnen möchten mal etwas vollkommen Neues erleben, während andere sich auf einen vertrauten Ort freuen; c) Peter und Anna haben sich befreundet und mögen sich sehr, tuscheln deswegen öfter miteinander, die anderen sind neidisch und können es nicht anders als durch kichern oder ärgern ausdrücken.

4. **Festsetzen eines gemeinsamen Rahmens und Erklären der Prämissen einer Konfliktverhandlung.**
Es wird ein übergeordneter Rahmen gesucht, in dem sich beide Konfliktteile wiederfinden können.
Beispiele: a) Mädchen und Jungen haben unterschiedliche Interessen, möchten aber gut miteinander auskommen; b) Verreisen möchten alle in

der Klasse, es sollte aber eine Mischung aus Vertrautheit und Abenteuer gefunden werden; c) Es ist in Ordnung, wenn sich zwei befreundet haben und es auch zeigen möchten, es sollten aber darunter nicht andere leiden.

Die Prämissen eines Konflikt-Integrations-Modells:

Jeder Konfliktteil oder Konfliktpartner hat eine wichtige Funktion innerhalb eines definierten Systems (Klasse etc.).

Es ist ausdrücklich festzuhalten, daß die Absicht der Konfliktparteien nicht darin besteht, der anderen Partei zu schaden, sondern daß es ausschließlich um die Wahrung der eigenen Interessen geht.

Hinter dem offenen, als feindselig oder aggressiv erlebten Verhalten verbirgt sich eine positive Absicht, ein Motiv, das auf den ersten Anhieb nicht erkannt wird.

Es kann nur verhandelt werden, wenn ein Rahmen gefunden wurde, in dem sich beide Konfliktparteien vollständig wiederfinden können.

An einer Lösung können nur beide Konfliktparteien beteiligt sein, die Verantwortung für das Gelingen obliegt ihnen zu gleichen Teilen (in strittigen Fällen können Modelle nach dem "Zug um Zug-Prinzip" herangezogen werden).

Es gibt keine Verlierer. Das Konflikt-Integrations-Modell fußt auf dem win-win-Prinzip, beide Parteien profitieren von dem ausgehandelten Ergebnis.

---

5. **Die Konditionen werden ausgehandelt**, mit denen beide einverstanden sein können und es wird ein zeitlicher Rahmen gesteckt, (Probezeit) der von beiden akzeptiert werden muß. Bei einem Einwand wird dazu neu verhandelt. **Einwände sind wichtig!** Sie können bei Nichtbeachtung die gesamte Konstruktion sabotieren. Die beiden Konfliktparteien werden jeweils gefragt, ob sie bereit sind, auf die Störung der anderen Konfliktpartnerin zu verzichten, wenn sie selbst bei der Realisierung der eigenen Wünsche oder Absichten nicht unterbrochen werden.

5a. **Für den Fall, daß etwas Unvorhergesehenes passiert**: Bei Störungen der Vereinbarung wird in beiderseitigem Einverständnis ein Zeichen festgesetzt, das eine erneute Verhandlung einleitet.

6. Überprüfen der Ökologie
Es wird überprüft, ob es andere Konfliktteile gibt, die bisher nicht berücksichtigt wurden und ob es negative Konsequenzen für den Organismus oder das System oder für andere Personen geben könnte, wenn die Integration im zunächst erwünschten Sinne verläuft. Diese vorausplanende Kontrolle ist wichtig, weil es durchaus sein kann, daß Veränderungen in einem Teil des Systems zu unerwünschten Irritationen im Gesamtsystem führen.

Beispiele: a) Wenn die Jungen sich zu weniger aggressivem Verhalten verpflichten, dafür von anderen Schülern der Schule aber verspottet werden, ist der Konflikt nur vordergründig gelöst;
b) werden in einer Integrationsklasse die Bedürfnisse der Rollstuhlfahrer nicht berücksichtigt oder sind Abenteueralternativen für einige Eltern zu teuer, dann nutzt die beste Klassenreisenplanung nichts;
c) versprechen Peter und Anna, im Unterricht zu schweigen, fühlen sich aber vorgeführt oder ausgegrenzt und schwänzen deswegen manchmal den Unterricht, dann ist diese Lösung nicht vollständig.

7. Neukalibrierung nach dem Probedurchlauf
Nach dem vereinbarten Zeitpunkt wird erneut überprüft, ob beide Teile zufrieden sind. Es werden bei Bedarf neue Bedingungen ausgehandelt.

Die Abfolge dieser Schritte ist vielleicht über die bloße Textakkumulation schwer nachzuvollziehen, deshalb haben wir die einzelnen Bestandteile im folgenden Schaubild - in der Version II - visualisiert.

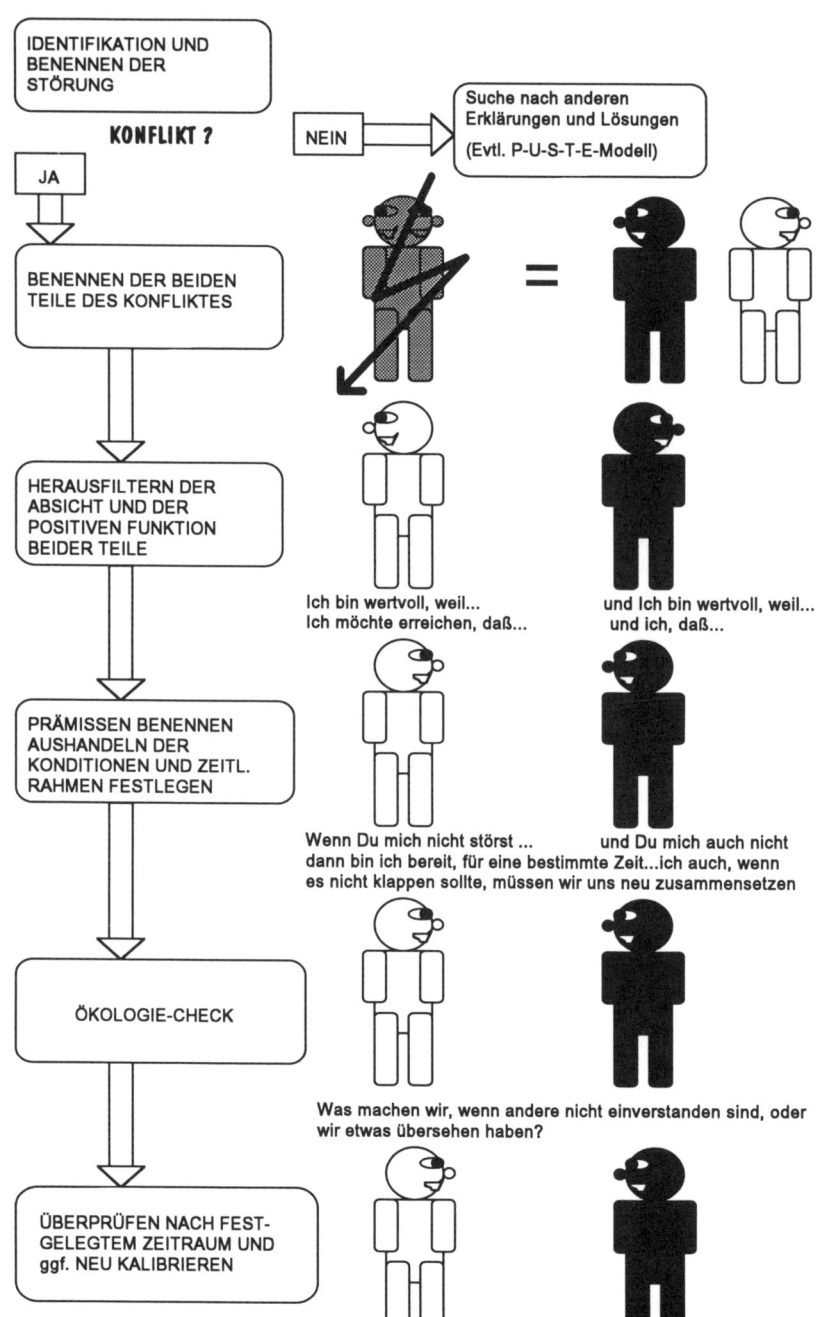

8.3.1. Konfliktverhandlung als Rollenspiel

Das Konflikt-Integrations-Modell kann nun auf eine problematische Situation in Ihrer Klasse übertragen werden. Am besten geben Sie dem Ablauf einen spielerischen Charakter, und zwar solange, bis die Tauglichkeit des Verfahrens sinnfällig geworden ist und Ihre Schülerinnen nach dieser oder einer ähnlichen Art der Bereinigung interpersoneller Konflikte verlangen. Dann können Sie dazu übergehen, dieses Modell auch im Härtefall, der einen spielerischen Ansatz ausschließen würde, anzuwenden.

ÜBUNG: Konfliktverhandlung als Rollenspiel

INHALT UND ZIEL
Diese Ausführung eignet sich besonders für die Arbeit mit und in Gruppen. Hier können Streitigkeiten zwischen Personen oder Personengruppen verhandelt werden. Das Ziel ist neben der Konfliktlösung das der modellhaften Vermittlung von Lösungsalternativen, die auch von nicht direkt Beteiligten mit erarbeitet werden können.

INSTRUKTIONEN
1. Benennen Sie die Konfliktpartnerinnen und setzen Sie sie gegenüber, lassen aber von ihnen selbst bestimmen, ob der Abstand zwischen den Stühlen der richtige ist, oder ob sie ihn noch verändern wollen.

2. Setzen Sie die Rahmenbedingungen der Verhandlung vorher fest:

- Keine möchte der anderen absichtlich schaden.
- Jede Aussage wird akzeptiert, es gibt kein "richtig" oder "falsch", nur die subjektive Wahrheit (= Sichtweise) ist entscheidend.
- Finden Sie den gemeinsamen Rahmen heraus (z.B. "Jede möchte ihre Interessen in der Klasse respektiert wissen o.ä.).

3. Bestimmen Sie **vorher** das Ergebnis, das erreicht werden soll, und beratschlagen Sie, woran alle Beteiligten erkennen werden, daß es erreicht wurde.

4. Die Beteiligten schildern aus ihrer Sicht nacheinander Ihren Anteil am Konflikt. Sie selbst achten auf die Einhaltung der Regeln einer fairen Diskussion und verfahren nach den im Grundmodell festgehaltenen Schritten des Verhandlungsmodells.

5. Für die Arbeit mit Gruppen (aber auch bei Paar-Zwistigkeiten) ist die Einführung der Techniken des Rollentausches und des Zuhilfekommens zu empfehlen.

Der Rollentausch: Er ist angebracht, wenn die Fronten zu sehr verhärtet sind und ein Aufeinanderzubewegen nicht erkennbar ist. Sein Einsatz ist auch sinnvoll, wenn die Verhandlungsergebnisse ausgearbeitet wurden, der Zeitrahmen für die Probe festgelegt wurde und noch leichte Zweifel bestehen, ob alles auch sicher verstanden wurde. In diesem Fall kann die Gegenposition eingenommen werden und deren Part wiederholt werden, so daß diejenige noch die Möglichkeit der Nachbesserung hat.

Am Zuhilfekommen kann sich bei Bedarf jede beteiligen. Gibt es Stockungen in der Diskussion, ist eine Position nicht verständlich, dann wird die Protagonistin gefragt, ob ihr jemand zu Hilfe kommen kann. Diejenige stellt oder kauert sich hinter den Stuhl der zu Beratenden und spricht an deren Stelle. Diejenige, die beraten wurde, gibt bekannt, ob sie mit dieser Meinung übereinstimmt oder nicht. Dies wird so akzeptiert, ohne Wenn und Aber.

6. Zum Schluß geben Sie als Verhandlungsleiterin noch einmal die gesamten Ergebnisse bekannt und sammeln etwaige Bedenken ein, notieren sie sich für später, wenn sie nicht direkt den Ablauf der Probezeit behindern, sondern beispielsweise nur die Langzeiteffekte betreffen und jetzt nicht zu klären sind.

Dieses Konflikt-Integrations-Modell ist vielseitig einsetzbar. Sie werden herausfinden, ob und zu welchen Anlässen dieses Grundmodell mit seinen Varianten für Sie brauchbar sein kann. Es ist als Standardtechnik für die Annäherung von zwei etwa gleich starken Konfliktparteien sehr effektiv. Es ist für die Problembereiche nicht effektiv genug, die durch Defizite oder Exzesse (starke Verhaltensauffälligkeiten, Suchtverhalten, Ressourcenmangel etc.) geprägt sind. Diese wären dann mit anderen Methoden zu bearbeiten.

Beispielsweise könnte dieses Modell aber Verwendung finden, wenn es bei der Entscheidung über die Art der Klassenfahrt zu zwei Interessengruppierungen kommt: Die einen wollen viel besichtigen (wahrscheinlich die visuell Orientierten), und die anderen wollen Spaß, Sport, Spiele und Discobesuche (die kinästhetisch-motorisch Orientierten).

Eine spannende Anwendung im Geschichtsunterricht könnte dergestalt aussehen, daß Sie die an kriegerisch-politischen Auseinandersetzungen beteiligten Konfliktparteien von Ihren Schülerinnen nachspielen lassen (an einem fiktiven Verhandlungsort), so daß Ihre Schülerinnen zu neuen historischen Lösungen finden. Das ist eine hervorragende Schulung für die Regelung aktueller (politischer) Konflikte.

Für die Regelung körperlich aggressiver Auseinandersetzungen ist das Verhandlungsmodell dann evtl. brauchbar, wenn Sie zuvor die beiden Parteien in einem ersten Schritt getrennt, voneinander isoliert und beruhigt haben und deren Bereitschaft zu einer anderen Form der Konfliktaustragung erkundet haben. Falls Sie selbst in solchen Auseinandersetzungen als Schlichterperson fungieren, sollten Sie allerdings zuerst dafür gesorgt haben, daß Sie selbst sich in einem neutralen Zustand befinden. Das könnte über die Aktivierung von Ressourceankern in dieser speziellen Kategorie erfolgen (s. "Talente und Ressourcen").

Auf jeden Fall haben Sie mit diesem Modell ein Instrument in der Hand, das Sie als Unterrichtsmedium einsetzen können, sei es, daß Sie schwelende Konflikte bearbeiten möchten oder beispielhaft Alternativen mit Ihrer Klasse auf eine überschaubare Art ausprobieren möchten.

8.4. Streß-Immunisierungs-Training

Wir stellen Ihnen ein Modell zur Streßbehandlung und -prophylaxe vor, das auf den Kenntnissen der Streßforschung aufbaut und nach effektiven Lerngesetzmäßigkeiten organisiert ist. Trainings dieser Art werden in Kursen angeboten und enthalten drei ineinandergreifende Aneignungsprozesse:

Instruktion: Kennenlernen und Prinizipien verstehen
Übung: Individuelle Streßprobleme identifizieren und schrittweises Erlernen der einzelnen Techniken
Anwendung: Transfer und Anpassung des Gelernten auf häusliche und berufliche Bedingungen.

Wir empfehlen Ihnen, sich mit den Prinzipien vertraut zu machen. Finden Sie Gefallen daran und möchten es bei sich selbst ausprobieren, dann können Sie es natürlich behutsam und mit der nötigen Toleranz sich selbst gegenüber tun. Falls es Ihnen leicht gelingt und Sie zufriedenstellende Übungserfolge aufweisen, dann ist diese Aneignungsmethode genau richtig für Sie. Es könnte aber sein, daß unerwartete körperliche Phänomene auftauchen, daß Sie unzufrieden sind und die Methode infrage stellen usf. In diesem Fall raten wir Ihnen zu einem Kurs unter fachmenschlicher Anleitung. Unserer Erfahrung nach ist eine Immunisierung gegenüber vermeidbarem Streß außerordentlich hilfreich. Es kann nicht nur zur Folge haben, daß Sie sich gesünder fühlen und Ihr Immunsystem stabiler gegenüber Krankheitserregern wird, sondern daß Sie zusätzliche Energien gewinnen, die Sie nun in Ihre ureigenen Projekte stecken können, beispielsweise in das Projekt "Wie plane ich meine Zukunft?".

Zum Training selbst.

INSTRUKTION

Bei Belastungsreaktionen allgemein können **drei Komponenten** unterschieden werden

1. **Komponente: ein physiologischer Erregungs- und Spannungszustand**
2. **Komponente: ein spezifisches Verhalten, motorische Besonderheiten**
3. **Komponente: die kognitiv-emotionale Bewertung des Vorgangs.**

Im Belastungsfall unterscheiden sich die drei genannten Bereiche bedeutend vom alltäglichen Verhalten, wobei die individuelle Varianz der Reaktionen sehr hoch sein kann:

- **die physiologische Erregung**, die durch die Aktivierung des Sympathikus (ein Teil des autonomen Nervensystems) gesteuert wird, kann aus Schweißausbrüchen, aber auch aus massiven kardio-vaskulären Symptomen (funktionelle Herz-Kreislaufbeschwerden) bestehen (SELYE, H.: The stress concept today, 1981).

- **das Verhalten** kann aus einem der drei Reaktionstypen (Angriff/Flucht oder Verhaltenshemmung) oder aus einer Kombination dieser Typen bestehen.

- **die kognitiv-emotionale Bewertung** gibt dem Geschehen die besondere Bedeutung. Sie kann von "ärgerlich" bis "Panik" reichen, von "hilflos" bis "ausweglos". Diese Bewertungen fixieren das zunächst rein körperliche Geschehen auf den logischen Ebenen der Fähigkeiten, der Glaubenssysteme und Überzeugungen und der Identität.

In jedem dieser drei Bereiche werden Gegenmaßnahmen entwickelt, trainiert und in der Praxis erprobt, so daß Sie jeweils bei drohender oder bereits eingetretener Belastung der **Erregung gegensteuern** können.

Auf der physiologischen Ebene werden entweder **ruhigstellende Verfahren** (Entspannung, Tiefatmung) oder **aktivierende Verfahren** (isometrische Übungen, Bewegungen) vermittelt.

Auf der motorisch-verhaltensbezogenen Ebene werden speziell zugeschnittene **Verhaltensalternativen** entwickelt.

Auf der kognitiv-emotionalen Ebene wird gelernt, wie belastende **Situationen neu zu bewerten** sind, so daß eine als gefährlich eingestufte Situation durchaus nach einer *kognitiven Umstrukturierung* als prickelnd und herausfordernd erlebt werden kann.

In der Vorstellung laufen diese Ereignisse, die uns in Ausnahmezustände, in übermäßige Belastungen führen, oft rasend schnell ab, und es entsteht der Eindruck, als hätten wir keine Chance, uns ihnen entgegenstemmen zu können, ein Bein dazwischen zu bekommen. Das Ereignis wird als Block, als Alles-oder-Nichts-Geschehen erlebt. In Wirklichkeit lassen sich sehr wohl verschiedene Phasen voneinander trennen, und das ist für unseren Immunisierungsansatz von außerordentlicher Bedeutung.

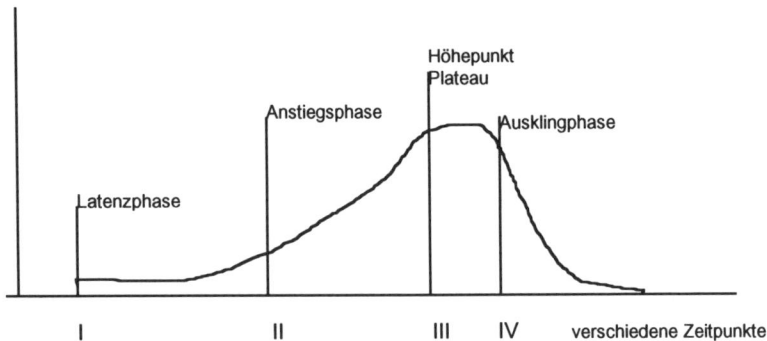

Zu jedem der genannten Zeitpunkte (I -IV) sind andere Bewältigungsformen erforderlich. Es hätte keinen Sinn, auf dem Höhepunkt des Geschehens eine Strategie anzuwenden, die im Grunde für die Ausklingphase günstig ist, und es wäre ausgesprochen unökonomisch und wenig elegant, in der Latenzphase (zwischen I und II) mit furiosen Gegenmaßnahmen aufzuwarten.

Zeitpunkt I kennzeichnet den Moment, in dem Sie mal gerade, nahezu unbemerkt, an eine befürchtete Situation denken. Eine leichte, diffuse Anspannung ist spürbar.

Zeitpunkt II ist der Moment, in dem Sie spüren, daß es gleich losgehen wird, alle Anzeichen sprechen dafür. Ihre inneren Alarmsysteme schlagen an.

Zeitpunkt III: Der Höhepunkt und das Plateau höchster Erregtheit. Der befürchtete Moment, in dem Sie gezwungen sind, auf frühe, entwicklungsbedingt einfache Vermeidensmuster zurückzugreifen.

Zeitpunkt IV: Das befürchtete Ereignis ist vorüber, Sie re-orientieren sich und fangen an, in der Rückschau das Ereignis zu bewerten. Das Ergebnis dieser Bewertung wird Ihrem Selbstbild zugefügt, bestätigt und fixiert die Meinung über sich selbst. Diese Ausklingphase nach Zeitpunkt IV ist bedeutsam, weil Sie hier praktisch vorentscheiden, wie Sie sich das nächste Mal bei einem ähnlichen Ereignis verhalten werden.

Zwei Extreme zur Illustration:

Herr N. bewertet sein Verhalten in der kritischen Situation wie folgt: "Verdammt, das darf nie wieder passieren, was ist mit mir los, so absolut die Kontrolle zu verlieren. Jetzt ist genau das eingetreten, was ich seit 20 Jahren befürchtet habe, ich bin einfach ungeeignet für den Lehrerberuf. Das darf ich gar nicht meiner Frau erzählen, sie hält mich eh für einen Schlappschwanz, und ich will ihr nicht noch einen weiteren Grund für ihren Spott geben..."

Frau M.: "Es ist doch wieder passiert, ein paar Jahre war Ruhe und jetzt rutsche ich wieder in so eine blöde Kiste rein. Ich kann mir schon denken, womit das zu tun hat, und der Jörg hat es auch ganz pfiffig angestellt, mich so auflaufen zu lassen. Na ja, er probiert´s halt, ich brauch´ ja nicht darauf reinzufallen. Jetzt werde ich wohl oder übel etwas dagegen tun, merkwürdig nur, daß die Klasse danach irgendwie ruhiger und aufmerksamer schien, irgendwie menschlich näher, es läßt sich schlecht beschreiben. Jedenfalls könnte ich Jörg dankbar sein, daß er mich auf eine unerledigte Geschichte hingewiesen hat, die ich ohne äußeren Anstoß vermutlich nicht allein angegangen wäre. Womit könnte ich denn anfangen..."

ÜBUNG

Kreisen Sie das Hauptstreßproblem ein, **finden Sie einen Namen dafür**. Als praktikabel hat sich erwiesen, daß operationalisierbare Probleme definiert werden. Also nicht: "Mir geht es ständig schlecht, das ist mein Problem", sondern "Wenn ich die Klasse 12y betrete, verliere ich die Orientierung, mir wird schwindelig".

Wenn Sie einen Namen für das Streßproblem gefunden haben, beginnen Sie damit, es **in die verschiedenen Komponenten zu zerlegen**, sozusagen die innere Struktur herauszufinden.

Körperlich-physiologische Reaktionen					
schwitzen	Übelkeit	....			

Motorik-Verhalten					
Fluchtimpuls	werde starr	....			

Kognitive-emotionale Bewertung					
Panik	bin hilflos	....			

Jetzt haben Sie das Problem eingekreist.

Nun kommt es darauf an, daß Sie für jede der vier Phasen (Latenz-, Anstiegsphase, Höhepunkt und Abklingphase) spezielle Anweisungen und

Übungen finden, die sich **unmittelbar und konfrontativ mit dem Streßereignis befassen und eine Veränderung in Richtung Beruhigung einleiten.**

Diese von Ihnen gefundenen Lösungen können Sie sich in das Schema auf der folgenden Seite eintragen. Wir raten Ihnen, diese Lösungen zunächst als Rohmaterial zu behandeln, denn erfahrungsgemäß ergeben sich in der praktischen Umsetzung neue Aspekte, die sinnvollerweise in die "szenische Anweisung für den Umgang mit Streßsituationen" einzubauen sind. Feilen Sie solange an Ihrer Anweisung, bis Sie das Gefühl entwickelt haben, die gewählte Form könnte auch unter stärkeren Belastungen zum Tragen kommen.

Da wir an diesem Ort nicht ein komplettes Streß-Immunisierungs-Training mit Ihnen durchführen können, beschränken wir uns auf die zwei Typen an Gegenstrategien, die sich als sehr brauchbar erwiesen haben:

I. eine körperliche Gegenstrategie (Entspannung oder Bewegung oder Anspannung)
II. eine gedankliche Anweisung (ein verbales Signal, das Verhalten in Gang setzt).

	KÖRPERLICHE STRATEGIE	HANDLUNGSANWEISUNG(EN)
LATENZPHASE		
ANSTIEGSPHASE		
HÖHEPUNKT		
AUSKLINGPHASE		

Während in den ersten drei Phasen körperliche Gegenstrategien (gegen die Erregung gerichtet) anzuwenden sind, kann in der 4. Phase die körperliche Reaktion (Entspannung/ Leichtigkeitsempfinden etc.) im gleichen Sinne verstärkt werden und z.B. durch den Gedanken "Ich habe es dieses Mal besonders geschickt angepackt" in ihrer Intensität gesteigert werden.

Für die 3. Phase (Höhepunkt) können Sie sich noch die Ausstiegsmöglichkeiten (Fluchtwege) notieren, mit deren Hilfe sie auf jeden Fall das befürchtete Ereignis verlassen können.

Fluchtwege:../.../../

Wir machen Ihnen nun einige Vorschläge, wie Sie sich körperlich und gedanklich-verbal auf Streßsituationen vorbereiten können.

1. **Widmen Sie sich Ihrer Streßproblematik dann, wenn Sie nicht gestreßt sind** (denn sonst würden Sie nur Vermeidungsverhalten effektivieren, uns ist jedoch an einer Konfrontation mit dem Stressor gelegen, damit Sie lernen, ihn zu entmachten). Wir schlagen Ihnen dazu die Standardübungen "Erlebensraum" und "Kopf frei machen" vor.
2. Erlernen Sie wenigstens **ein** Entspannungsverfahren (s. Anhang).
3. Achten Sie bei den verbalen Anweisungen darauf, daß keine verborgenen, negativ besetzten Antreiber darin enthalten sind. Die Formulierung "Du mußt es dieses Mal schaffen" garantiert Ihnen mehr anstatt weniger Streß. Wählen Sie beispielsweise lieber "Ich bin mit mir zufrieden, daß ich mich dem Problem überhaupt stelle".
4. Während in der Latenzphase eher mild entspannende Verfahren angezeigt sind, kommen auf dem Streßhöhepunkt mächtigere körperliche Entspannungsverfahren zur Anwendung. Ähnlich verhält es sich mit den inneren, verbalen Anweisungen, die aufgrund ihres Signalcharakters verhaltensanstoßende Wirkung haben. Wir machen Ihnen Vorschläge:

Bei leichter Unruhe (**Latenzphase**) und diffusen Gedanken an das Streßereignis:

Körperliche Strategie: Zustandswechsel durch Positionswechsel (Aufstehen und zum Fenster hinaussehen, in ein anderes Zimmer gehen o.ä.) oder durch körperliche Aktivität (Gähnen, Strecken, Räkeln, isometrische Übungen). Bewußtes, ruhiges Atmen, evtl. durch Mitzählen steuern.
Verbale Anweisungen: "Ich rufe mir noch einmal ins Gedächtnis, welche Alternativen ich habe", oder "du hast es schon x-mal überstanden, dieses Mal weißt du sogar, schon von vornherein, welche Gegenmittel besonders tauglich sind", oder "Dies ist eine Herausforderung und du magst Herausforderungen".

Wenn die Situation sich anbahnt (Anstiegsphase)

Körperliche Strategie: Tief durchatmen (Tiefenatmung, s. Anhang), stärkere körperliche Bewegungen (Fäuste ballen, den ganzen Körper in Spannung versetzen, herumlaufen), Muskel-Relaxations-Training (s. Anhang).
Verbale Anweisungen: "Es ist Zeit, mit deiner Strategie zu beginnen", oder "du weißt, was du zu tun hast, achte besonders auf...", oder "Jetzt ist die

Gelegenheit da, überprüf' mal, ob du außer Anspannung noch etwas spürst", oder "Geh' noch einmal deinen Plan für alle Fälle durch".

Wenn Sie doch, ohne es recht zu bemerken, in den befürchteten Zustand hineinrutschen (Höhepunkt, Plateau):

Körperliche Strategie: Kontrolliertes Atmen (Tiefenatmung, s. Anhang), starke Bewegung oder verdeckte muskuläre Beanspruchung (verborgenes Anspannen der Muskulatur).
Verbale Anweisungen: "Ich atme erst dreimal tief durch und zähle innerlich mit. Dann spanne ich alle Muskeln an oder stehe sofort auf und beginne herumzulaufen", oder "Jetzt kannst du überprüfen, ob dein Plan funktioniert oder ob du ihn noch verändern könntest", oder "Denk an den nächsten Schritt...", oder "Halte erst einmal durch, du kannst immer noch aussteigen", oder "Das ist deine Chance...", oder "Hinterher wirst du dich darüber freuen", oder "Es stimmt, im Zentrum des Wirbelsturmes ist Ruhe, ich erlebe mich sehr ruhig".

Für alle Fälle überlegen Sie sich einen **Notausstieg**. **Halten Sie sich Fluchtwege offen**: Sie können zwischendurch ja auf die Toilette gehen, krank werden, einen Telefontermin dringend wahrnehmen etc. Diese stille Reserve ist notwendig, um sich einen 100%igen Ausstieg aus einer dramatischen Situation zu sichern. Es kommt wahrscheinlich gar nicht dazu, daß Sie darauf angewiesen sein werden, aber allein die Tatsache, daß Sie einen Ausweg aus jeder bedrohlichen Situation wissen, verhindert, daß Sie in einen Zustand der Bedrängnis kommen, der die Suche nach sinnvollen Lösungen blockiert. (Dahinter verbirgt sich das Konzept der erlernten Hilflosigkeit. Wer sich speziell dafür interessiert, kann die Originalliteratur [SELIGMAN, M.E.P. 1975] oder Literatur zu dem gen. Stichwort zur Unterstützung heranziehen.)

Die Situation ist überstanden (Ausklingphase)

Körperliche Strategie: Entspannung genießen, das Nachlassen der Erregung bewußt wahrnehmen. Den Körper auflockern und aus der Streßhaltung herausführen.
Verbale Anweisungen: "Gut gemacht", oder "Ich freue mich, daß ich es gewagt habe", oder "Ich kann mich auf mich verlassen", oder "Beim nächsten Mal könnte ich noch folgendes...zusätzlich einfügen", oder "Bei allem Streß, eine gute Seite hatte es doch", oder "Ich bin schon in Ordnung, auch wenn nicht

alles so lief, wie ich es mir vorher ausmalte. Ich kann es ja beim nächsten Mal berücksichtigen".

5. Denken Sie daran, daß die Effektivität der Streßimmunisierung darin besteht, daß Sie sich **konfrontativ mit dem Streßereignis** befassen, daß sich **Passivität oder Flucht in Aktivität umwandelt,** daß Hilflosigkeit zu Kompetenz wird.

ANWENDUNG

Nachdem Sie in Ihrer Liste die wichtigsten Bestandteile des Streß-Immunisierungs-Trainings zusammengestellt haben, ist es an der Zeit, deren Verwertbarkeit zu testen. Bevor Sie jedoch in die Praxis einsteigen, sollten Sie **den gesamten Ablauf mental vorüben.** Gehen Sie in Ihrer Vorstellung die einzelnen Situationen so real wie möglich durch und wenden Sie unmittelbar darin Ihre elaborierten Techniken (körperliche Strategien und verbale Anweisungen) an.

Wenn Sie mit dem mentalen Durchlauf (mehrere Durchläufe sind noch günstiger) zufrieden sind, dann suchen Sie sich eine Streßsituation zur wirklichkeitsnahen Erprobung aus, die auch bei einem unerwünschten Ergebnis keine negativen Folgen für Sie haben wird, außer der Konsequenz, daß Sie mit sich selbst unzufrieden sein könnten. Aber die eigene Unzufriedenheit ist lediglich ein Zeichen dafür, daß Sie die Situation noch nicht vollständig erfaßt haben, bzw. noch nicht die wirksamsten Gegenstrategien gefunden haben, die Suche nach brauchbaren Gegenmitteln und deren Feinschliff kann also weitergehen. Haben Sie eine Situation entdeckt, anhand derer Sie Ihre Gegenmittel erproben wollen, dann lassen Sie es unter Experimentalbedingungen geschehen, **seien Sie auf das Ergebnis gespannt!** Sollten Sie mit Ihren Methoden zufrieden sein, dann können Sie sich an andere Streßereignisse heranwagen. Sie werden wahrscheinlich bald herausfinden, daß Sie für eine ganze Reihe von Streßereignissen mit einigen wenigen Gegenmitteln auskommen. Diese Verdichtung auf wesentliche Komponenten zeigt an, daß Sie beginnen, souverän mit Belastungen umzugehen.

Für den schulischen Gebrauch bietet es sich an, häufige Streßsituationen (provozierende Schülerinnen, Lärm in der Klasse, streitbare Eltern, autoritäre Vorgesetzte, mißgünstige Kolleginnen etc.) zu benennen und an ihnen exemplarisch Gegenstrategien zu entwickeln. Sie können eine Hierarchie, eine Stufenleiter in bezug auf die Belastungsfaktoren erstellen, um für den Einstieg in das Streßmanagement leicht zu bewältigende Situationen auszuwählen, ehe Sie sich an die dickeren Brocken heranmachen.

8.5. "Prima Klima"- das Unterrichtsklima als Metapher

Beim Lesen dieses Buches konnten Sie erfahren, wie wirkungsvoll Metaphern sind, sei es um einen Inhalt verständlich zu machen oder innere Suchprozesse in Gang zu setzen. In diesem Kapitel haben Sie nun die Möglichkeit, eigene Metaphern zum Klima in der Schulklasse zu entwickeln.

Der Begriff Klima bzw. Atmosphäre ist eine metaphorische Umschreibung dessen, wie der Erlebnisraum "Schulklasse" wahrgenommen und erfahren wird. In der Beschreibung des Unterrichtsklimas kommen die erlebten Stimmungen, Gefühle und sinnlichen Erfahrungen zum Ausdruck. Wie bereits beschrieben, bilden Lehrerinnen und Schülerinnen die schulische Wirklichkeit in Form einer subjektiven "inneren Landkarte" ab. In dem Begriff Unterrichtsklima kommt auf einer metaphorischen Ebene eine solche innere Abbildung der erlebten Realität zum Vorschein.

Welche Vorstellungen machen Sie sich, wenn Sie die folgenden metaphorischen Beschreibungen des Unterrichtsklimas hören? Lassen Sie die Aussagen zunächst auf sich wirken und machen Sie sich dann eine Vorstellung darüber, wie die Schülerinnen sich in dieser Atmosphäre bewegen.
- *"Bei dieser kalten Atmosphäre fällt mir das Unterrichten schwer."*
- *"Bei diesem Klima bleibt mir ja nichts anderes übrig, als hart und streng durchzugreifen."*
- *"In diesem Klima kann ich nicht lernen."*
- *"In dieser Klasse herrscht ein angenehmes, entspanntes Klima."*
Die genannten Beispiele haben in Ihnen sicherlich unterschiedliche innere Vorstellungen und Gefühle hervorgerufen.

Von Beginn der Menschheit an sind mit Hilfe von Metaphern, Geschichten, Märchen usw. "wichtige kulturelle, gesellschaftliche oder moralische Informationen von einer Generation zur nächsten weitergegeben worden" (GORDON 1986, S.15). Wenn Sie genau hinhören, werden Sie feststellen, daß Ihnen Metaphern auch im Unterricht häufig begegnen. In Ausdrücken wie "Ich fühle mich wie vor den Kopf gestoßen", "die Schülerin hat ein Brett vor dem Kopf" oder "Ihr seid heute wie ein aufgescheuchter Hühnerhaufen" kommen die subjektiven

Erfahrungen der Betroffenen zum Vorschein. Sie sind verbale Repräsentationen einer individuellen Erfahrung.

Die Kraft von Metaphern steckt darin, daß sie sowohl vom Bewußtsein als auch vom Unbewußten wahrgenommen werden. Das Unbewußte macht sich sozusagen auf den Weg, das Gehörte oder Gelesene zu verstehen (vgl. auch Kapitel "Suggestionen"). Da Metaphern rechtshemisphärische Aktivitäten des Gehirns anregen, können Lösungen auf einer einfacheren und indirekten Ebene gefunden werden. Daraus lassen sich wiederum konkrete Lösungswege ableiten. Insofern bieten sich Metaphern als hervorragende Problemlösestrategien an. Die Wirksamkeit von Metaphern liegt in deren interpretativen Offenheit. Sie geben den Inhalten einen eigenen Sinn unter Berücksichtigung der persönlichen Werte, Überzeugungen und Lebenserfahrungen. Mit der folgenden Übung können Sie sich eine persönliche Metapher für das Klima, wie Sie es in Ihrer Klasse erleben, schaffen. Die einzelnen Übungsschritte im Überblick:
- Sie finden metaphorische Beschreibungen für das gegenwärtige und das erwünschte Klima in der Schulklasse.
- Sie entwickeln anschließend eine Metapher, wie Sie das erwünschte Klima erreichen können.

ÜBUNG: **Das Unterrichtsklima als Metapher**

INHALT UND ZIELE
Unter Einbeziehung aller Sinne finden Sie metaphorische Beschreibungen für das gegenwärtige und das erwünschte Klima in Ihrer Klasse. Dies ist die Grundlage für die Entwicklung einer Lösungsmetapher, wie Sie das erwünschte Klima erreichen können.

INSTRUKTIONEN
1. Beschreiben Sie das gegenwärtige Klima in Ihrer Klasse, indem Sie Analogien für folgende Merkmale finden:

- **Klimatische** Merkmale des gegenwärtigen Klimas (Sonne, Regen, Schnee, Temperatur, Windverhältnisse, Wolkenbildung, Jahreszeit etc.):
....
- Beschreiben Sie, welche **Landschaft** diesem Klima entspricht:
....
- Beschreiben Sie, welche **Farben** vorherrschen:
....

- Beschreiben Sie, welche **Klänge, Geräusche** und /oder **Musik** vorherrschen:
....
- Finden Sie für sich als Lehrerin und die Schülerinnen
Personen (Fantasiegestalten oder Märchengestalten):
....
- Beschreiben Sie die **Gefühle**, die diese Personen erleben:
....
- Beschreiben Sie, welche **Tiere** in dieser Landschaft leben:
....
- Beschreiben Sie, welche **Früchte** zu dieser Landschaft passen:
....
- Beschreiben Sie, welche **Blumen** bzw. **Pflanzen** in diesem Klima wachsen:
....
- Beschreiben Sie, welcher **Duft** zu dieser Landschaft paßt:
....
- Beschreiben Sie, welche **Bewegungen** zu diesem Klima passen:
....
- Finden Sie ein oder mehrere **Symbole**, in denen das Klima zum Ausdruck kommt:
....

(Die Kategorien sind dem Manual zur Practitioner-Ausbildung entnommen; KLUCZNY 1992.) Sie haben mit diesen Beschreibungen zahlreiche Informationen gefunden, wie Sie das gegenwärtige Klima in Ihrer Klasse erleben. Nutzen Sie erneut diesen Übungsbogen und entwickeln Sie jetzt eine Beschreibung des erwünschten Klimas in der Klasse. Stellen Sie anschließend beide Beschreibungen gegenüber.

	Gegenwärtiges Klassenklima	**Erwünschtes Klassenklima**
Klima		
Landschaft		
Farben		
Klänge, Geräusche, Musik		
Personen/Gestalten		

Gefühle ....

Tiere ....

Früchte ....

Blumen/Pflanzen ....

Duft ....

Bewegungen ....

Symbole ....

Bevor Sie damit beginnen, eine Geschichte zu entwickeln, können Sie sich entscheiden, ob Sie die vereinfachte oder die ausführliche Version nutzen wollen. Wenn Sie sich für die *einfache Version* entscheiden, schlagen wir Ihnen folgendes Vorgehen vor:

1. Nehmen Sie die Gegenüberstellung des gegenwärtigen und erwünschten Klimas zur Hand und lassen Sie sich von Ihren Beschreibungen inspirieren. Entwickeln Sie Ideen, wie Sie vom gegenwärtigen zum erwünschten Klima kommen können.

Sie können z.B. auf Ihren Händen beide Klimabeschreibungen visualisieren. Konzentrieren Sie sich ganz auf Ihre Hände und lassen Sie Ihrem Unbewußten Raum und Zeit, eine Verbindung zwischen beiden Zuständen herzustellen. Nehmen Sie alles, was Ihnen dazu in den Sinn kommt, als einen wichtigen Hinweis auf. Ein Beispiel soll dies verdeutlichen: Lehrerin G. visualisierte das gegenwärtige und das erwünschte Klima auf ihren Händen. Sie sah, hörte und spürte einen angenehmen, kühlen Wirbelsturm, der zwischen beiden Händen eine Verbindung herstellte. Diese Metapher signalisierte ihr, für "reine Luft" in der Klasse zu sorgen. Sie entwickelte daraus konkrete Lösungen wie "Konflikte nicht unter den Tisch kehren, sondern zu Ende führen, bis alle Beteiligten zufrieden sind". Aus dieser metaphorischen Beschreibung wurden dann konkrete Lösungsschritte entwickelt.

2. Nehmen Sie sich Ihre metaphorischen Lösungen vor und "übersetzen" Sie diese für sich.

METAPHORISCHE LÖSUNG	ÜBERSETZUNG (Was bedeutet diese Metapher für mich?)
....	....

3. Sie kennen jetzt die Bedeutung Ihrer metaphorischen Lösung. Leiten Sie daraus *konkrete Lösungsschritte* ab. Falls nötig, ordnen Sie diese nach *langfristigen* und *kurzfristigen* Lösungen. Entscheiden Sie dann, was Sie als erstes tun werden, um das erwünschte Klassenklima zu erreichen.

Für die **erweiterte Version** empfehlen wir Ihnen folgendes Vorgehen:

1. Entwickeln Sie aus den Informationen des gegenwärtigen Klassenklimas eine **Geschichte**, die entweder Ihrer eigenen Fantasie entspringt oder an bekannte Märchen, Geschichten, Erzählungen angelehnt ist.
"Was ereignet sich in dieser Landschaft mit diesen Personen/Gestalten bei diesem Klima?"
2. Entwickeln Sie dann eine fantasievolle **Handlung**, die Sie zum erwünschten Zustand führt.
"Was geschieht beim Übergang zwischen dem gegenwärtigen und dem erwünschten Zustand?"
3. Entwickeln Sie aus dieser Geschichte **konkrete Lösungsschritte** wie in der ersten Version beschrieben.
"Was werde ich tun, um vom gegenwärtigen zum erwünschten Zustand zu gelangen?"

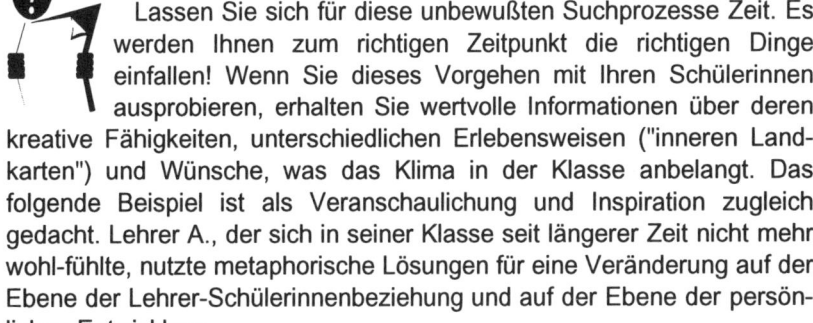

Lassen Sie sich für diese unbewußten Suchprozesse Zeit. Es werden Ihnen zum richtigen Zeitpunkt die richtigen Dinge einfallen! Wenn Sie dieses Vorgehen mit Ihren Schülerinnen ausprobieren, erhalten Sie wertvolle Informationen über deren kreative Fähigkeiten, unterschiedlichen Erlebensweisen ("inneren Landkarten") und Wünsche, was das Klima in der Klasse anbelangt. Das folgende Beispiel ist als Veranschaulichung und Inspiration zugleich gedacht. Lehrer A., der sich in seiner Klasse seit längerer Zeit nicht mehr wohl-fühlte, nutzte metaphorische Lösungen für eine Veränderung auf der Ebene der Lehrer-Schülerinnenbeziehung und auf der Ebene der persönlichen Entwicklung.

	GEGENWÄRTIGES KLIMA	ERWÜNSCHTES KLIMA
Klima	wolkig, 10°, teilweise kräftiger, kalter Wind	warm (22°), heiter, ab und an Regen
Landschaft	Tal, umgeben von kargen Bergen	See, umgeben von grünen Bergen
Personen		
Lehrer:	Rancher	Fremdenführer/
Schülerinnen:	wie Pferde im Stall/auf der Koppel	interessierte Reisende
Gefühle	Macht, Unsicherheit, Zwang	Stolz, Zufriedenheit, Kompetenz, Neugier, Freude
Farben	braun, dunkelgrün, grau	helle Farben, rot, grün, gelb
Tiere	Pferde, Greifvögel, Kriechtiere	bunte Singvögel, Adler
Früchte	Stachelbeeren, Heidelbeeren, Zuckerrüben	Ananas, Zitrusfrüchte
Blumen/ Pflanzen	Kakteen, Steppengras, kahle Bäume	blühende Pflanzen, üppige Vegetation
Geräusche/ Musik	Heulen des Windes, knarrende Äste, atonale Musik	Vogelzwitschern, ruhige und beschwingte Orchestermusik
Duft/Gerüche	verbranntes Holz	frische Luft, feuchtes Gras, würziger Duft
Bewegungen	festhalten, ruckartig	weich, rund, gleichmäßig, Wechsel von angespannt und entspannt
Symbole	Lasso	aufgehende Sonne

In der einfachen Version entwickelte er folgende Lösungswege und Handlungsschritte:

Metaphorische Lösungen **Handlungsschritte**

Kurzfristige Ziele:
Die Pferdekoppel ausbessern und vergrößern.

Das Klassenzimmer mit den Schülern gemeinsam umgestalten.

Sich intensiver um die Pferde kümmern.	Regelmäßig Gesprächsrunden durchführen.
Sich über andere Landschaften informieren.	Informationen über Fortbildungen besorgen.
Langfristiges Ziel: Mit einem alten Freund einen gemeinsamen Urlaub in einem anderen Land verbringen.	Austausch mit anderen Kolleginnen, unterrichtsbezogene Fortbildungen besuchen und Einführung und Erprobung neuer Methoden in Deutsch und Mathematik / später Planung und Durchführung kleiner Projekte.

In der erweiterten Fassung entwickelte er weitere Lösungen zur Verbesserung des Klimas in seiner Klasse. Er schrieb dazu folgende Geschichte:

Wie ein Rancher sein Leben veränderte

Ein Rancher lebte in einem weiten Tal, das umgeben war von kargen, braunen Bergen und weiten, dunkelgrünen Steppen. In diesem Tal lebten nur wenige Menschen. Da der Boden nicht sehr fruchtbar war, mußten sie jeden Tag hart arbeiten. Das Wetter tat ein übriges dazu. Es wehte fast ständig ein kühler Wind, der die Äste der wenigen Bäume krächzen ließ und ihnen die Blätter wegriß. Die Bewohner lebten vom Verkauf von Zuckerrüben und Stachelbeeren. An einigen Stellen des Tales konnte man Heidelbeeren finden, aus denen sie sich eine süße Suppe kochten. Die Temperatur betrug das ganze Jahr über nicht mehr als 10°, so daß in den Hütten das ganze Jahr über geheizt werden mußte. Der Wind trug den Geruch des brennenden Holzes durch das ganze Tal. Nur an wenigen Tagen schien die Sonne und erwärmte das Land. Die meisten Bewohner hielten sich Pferde, mit denen sie die Zuckerrüben in das nächste größere Dorf zum Verkauf karrten. Ansonsten standen die Pferde auf den Koppeln und fraßen sich an dem Steppengras satt. Die zahlreichen Kriechtiere, Mäuse und kleine Schlangen, waren für die Greifvögel, die ständig über dem Tal schwebten, eine willkommene Beute. Der Rancher, der in diesem Tal allein in einer grauen Holzhütte lebte, war mit seinem Leben schon seit längerer Zeit nicht mehr zufrieden. Seinen Pferden ließ er nur noch selten Auslauf, meistens standen sie festgezurrt im Stall. Jedesmal, wenn er ihnen freien Auslauf ließ, liefen einige der Pferde davon. Wütend über deren Unbeherrschtheit mußte er sich auf die lästige Suche nach ihnen begeben und sie mit dem Lasso wieder einfangen. Eines abends, als er vor seiner Hütte saß und die grauen und schwarzen Wolken betrachtete, sah er in der Ferne einen Reiter. Als dieser näher kam, erkannte er, daß es ein alter Freund war. Er war mit ihm in dieser Gegend aufgewachsen. Doch zog dieser dann in eine andere Gegend, die weit hinter den Bergen lag. Bis zum Morgengrauen saßen die beiden bei Rübenschnaps und Stachelbeerkuchen zusammen und erzählten sich Geschichten von früher. Schon lange nicht mehr hatte sich der Rancher so wohlgefühlt wie in dieser Nacht. Eine Sache jedoch brachte ihn zum Grübeln. Sein Freund hatte ihn nämlich eingeladen, einige Tage in seiner neuen Heimat hinter den Bergen zu verbringen. Skepsis kam in ihm auf und viele ungelöste Fragen machten den Rancher nachdenklich. Große Sorgen machte er sich um seine Pferde. Er befürchtete, diese könnten ihm entlaufen. Wovon sollte er dann leben? Stundenlang lag er wach und ging diese Fragen in seinem Kopf immer wieder durch, ohne eine befriedigende Antwort zu finden.

Während des Frühstücks am nächsten Morgen fiel ihm ein, daß sie gemeinsam die Koppel der Pferde reparieren könnten. Beim Betrachten der schadhaften Stellen bemerkte der Rancher zum ersten Mal, daß die Koppel für diese Pferde viel zu klein war. Unsicher befragte er seinen Freund, ob er es für sinnvoll hielte, die Koppel zu vergrößern. Dessen Zustimmung gab dem Rancher ein Gefühl von Sicherheit. Am nächsten Tag machten sich die beiden an die Arbeit. Erstaunt stellte der Rancher fest, daß sich seine Pferde in der neuen Koppel so richtig wohl fühlten. Jetzt konnte er sich vorstellen, einige Tage mit seinem Freund in dessen Heimat zu verbringen.

Am nächsten Morgen ging die Reise los. Unterwegs entdeckte der Rancher viele neue Dinge, die ihn faszinierten, aber auch viele Fragen aufwarfen. Geduldig ging sein Freund auf seine Fragen ein und stillte seine Neugier. Und dann sah er in der Ferne auch schon den von grünen, satten Hügeln umgebenen See, von dem sein Freund schon so viel erzählt hatte. Die angenehme Wärme der Sonne, die hinter den Wolken hervorbrach, verschaffte ihm ein Gefühl der Zufriedenheit und der inneren Ruhe. Fasziniert vom Anblick der Landschaft spürte der Rancher Freude in sich aufkommen. Kurz vor der Ankunft fuhren sie an blühenden, bunten Wiesen und Feldern vorbei und genossen den Geruch der frischen, klaren Luft und der feuchten Weiden. Zuhause servierte ihm sein Freund einen köstlichen, süßen Salat aus vielen Früchten, von dem der Rancher nicht genug bekommen konnte. Dann setzten sie sich noch auf die Terrasse, redeten miteinander, genossen die Ruhe und lauschten dem Gezwitscher der vielen bunten Vögel.

Schon früh am Morgen stand der Rancher auf und genoß den Sonnenaufgang. Über dem See kreiste ein Adler, der sich mit weichen, runden Schwüngen dahingleiten ließ. Voller Neugier auf den kommenden Tag erwartete er seinen Freund zum Frühstück. Wieder gab es diesen köstlichen Fruchtsalat und einen ebenso schmackhaften Saft aus frischer Ananas. Nach dem Frühstück nahm ihn sein Freund mit ins Dorf, wo dieser als Fremdenführer arbeitete. Heute sollte er einer Gruppe einige Sehenswürdigkeiten des Dorfes zeigen. Als die Besichtigung an der alten Dorfkirche begann, gesellte sich der Rancher unter die Teilnehmer. Sie lauschten der zunächst ruhigen, dann jedoch beschwingten Musik eines Orchesters. Danach besichtigten sie weitere Denkmäler und Naturschönheiten. Neugierig nahm der Rancher die erklärenden Worten seines Freundes auf. Ihn faszinierte die Art, wie er auf die Fragen der Teilnehmer einging und auch kritische Fragen ruhig und kompetent beantwortete. Als Teilnehmer fühlte er sich ernst genommen und verstanden. Seinem Freund war anzusehen, daß er stolz auf sich war und ihm diese Arbeit Spaß und Freude bereitete.

Für den Rancher vergingen die gemeinsamen Tage im Land seines Freundes viel zu schnell. Auf der Reise zurück in seine Heimat erinnerte er sich noch einmal an die vielen schönen Erlebnisse. Er war stolz auf sich, seine anfänglichen Ängste überwunden zu haben und bemerkte jetzt, wo er noch einmal einen Blick auf den See zurückwarf, daß er voller Ideen war, sein Leben zu verändern. Zuhause angekommen, ging er gleich zu seinen Pferden, die immer noch zufrieden in der neuen Koppel herumliefen. Einige kamen auf ihn zu und ließen sich von ihm streicheln, andere wieherten ihm zu. Als er am nächsten Tag begann, seine Hütte farbig anzustreichen, war ihm klar, daß sich sein Leben verändern wird.

8.6. Strategien für die Trennung von Arbeit und Freizeit

Die Metapher am Anfang ersparen wir uns. Es geht um etwas, das Sie sicherlich genauestens kennen: Das Problem des rechtzeitigen Abschaltens und Trennens. Sie schleppen Ihre privaten und familiären Ärgernisse mit in die Schule, denken in jeder freien Minute daran, bis sich die drängenden Erinnerungsfetzen, so steht es zu hoffen, zum Unterrichtsende hin allmählich verflüchtigen. In der Schule haben sich in der Zwischenzeit alte und neue Schwierigkeiten und ungelöste Konflikte übereinandergetürmt, so daß Sie bis zum Abend, bevor Sie sich an die Korrekturen setzen, es gerade geschafft haben, einige der Geschehnisse mental zu ordnen, in die richtigen Schubladen zu verbringen. Dann aber wieder die Klassenarbeiten oder die Anrufe aufgebrachter Eltern oder besorgter Kinder und schon haben Sie wiederum die Schule im trauten Heim.

Auch die Erörterung Ihrer speziellen Motivationslage dürfte sich erübrigen, denn wir gehen davon aus, daß Sie für sich eine optimale Trennung der beiden Bereiche wünschen. Deswegen schlagen wir Ihnen eine eklektizistische Menge an Trennungsmöglichkeiten vor, und Sie suchen sich diejenigen heraus, die Ihnen für den Moment zusagen. Wenn Sie neugierig geworden sind, können Sie ja Ihr Repertoire beliebig erweitern.

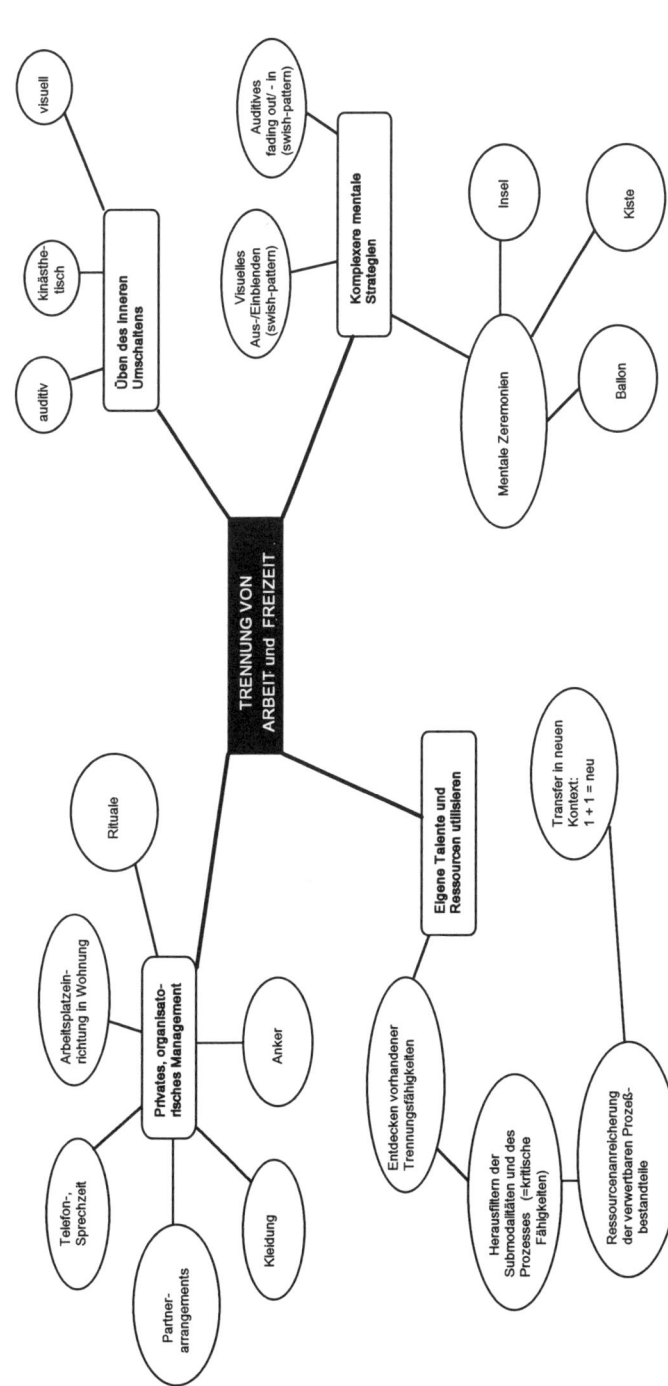

Das Schaubild einiger Trennungsmöglichkeiten

8.6.1. Maßnahmen im privat-organisatorischen Bereich

Hier werden Maßnahmen angesprochen, die hauptsächlich die Organisation des Trennenkönnens, aber auch das mit technischen Hilfsmitteln erleichterte Umschalten betreffen. Vielfach reicht es aus, kleine Korrekturen an der bisherigen Arbeitsorganisation innerhalb der Wohnung, oder verhältnismäßig geringfügige Retuschen an den bisher praktizierten Trennungsritualen vorzunehmen, um eine optimale Wirkung zu erzielen.

Telefonzeit / Sprechzeit:
Wir raten dazu, sich ganz feste Telefon- und Sprechzeiten zurechtzulegen, diese bekanntzugeben und strikt darauf zu achten, daß sie respektiert werden. Das Ausmaß Ihrer Kulanz und Großzügigkeit bzgl. Gesprächsterminen, das über die tariflich festgelegten Grenzen hinausgehen sollte, bestimmen **Sie**, und niemand anderes. Machen Sie sich klar, daß mit jeder Minute, die Sie einer anderen Person schenken, Sie sich ein Stück eigener Zeit für sich selbst, ein Stück Lebenszeit bzw. Lebensqualität, abkappen. Nur wenn Sie sicher sein können, daß Ihr Freizeitbereich respektiert wird, können Sie auch ganze Arbeit leisten. Das ist der Hintergrund des Trennenkönnens: Nur, wer säuberlich verschiedene Aktionsbereiche auseinanderhalten kann, und zwar psychisch-mental, körperlich und im sozialen Raum, kann in jedem der Bereiche vollständig anwesend sein. Stellen Sie sich einen olympischen Hochspringer im Endkampf vor, der gerade an seine unbezahlten Schuhrechnungen zu Hause denkt.

Was geschieht, wenn es trotz besten Willens nicht klappt, wenn Sie sich der Anrufe nicht erwehren können oder sie nicht rechtzeitig beenden können?

Wir schlagen Ihnen zwei Standardtexte vor, die Sie sich neben das Telefon (in Ihrer Version) legen könnten, so daß Sie nicht jedesmal neu überlegen müssen, was Sie zu sagen haben. Der erste betrifft das **Verweisen auf die Sprechzeit**. Es wäre sinnvoll, wenn Sie sich für diese Maßnahme **eine besondere Stimme** zur Verfügung halten, die neutral, aber bestimmt und sehr, sehr sachlich auf die Sprechzeit hinweist. Möglicherweise wäre es vorteilhaft, **eine adäquate Haltung am Telefon einzunehmen**. Wenn Sie die Gelegenheit haben, schauen Sie sich im

Spiegel beim Telefonieren zu und korrigieren Sie nötigenfalls Ihre Haltung, bis sie zum Inhalt der Botschaft paßt.

Dafür wäre es sinnvoll, sich eine aufgeschlossene, freundliche und zugewandte Stimme innerhalb der Sprechzeit zu reservieren, damit Ihre Schülerinnen und die Eltern **deutliche Signale** von Ihnen erhalten. Der Text für den Verweis auf die Sprechzeit könnte lauten:

Liebe......., ich habe jetzt keine Zeit und kann mich nicht mit dir beschäftigen. Bitte ruf innerhalb meiner Sprechzeit von ....bis.... an, dann habe ich ausführlich Zeit für dich.

Für das **Beendigen eines Gespräches** schlagen wir den Standardtext vor:

Liebe......., ich möchte jetzt zum Schluß kommen, wenn du noch etwas sehr Wichtiges zu sagen hast, dann fasse dich bitte kurz, da ich nur noch eine Minute zur Verfügung habe und dann das Gespräch beenden werde. Ich bitte dich, dann die nächste Sprechzeit bei Bedarf in Anspruch zu nehmen.

Bevor Sie den Text sagen, sollten Sie an eine Veränderung Ihrer Stimme denken, in Richtung sachlich und bestimmt, und Ihre dazu passende Haltung einnehmen. Proben Sie zunächst den Standardtext, bevor Sie Ihre eigene Version entwickeln. Anhand eines vorgefertigten Textes können Sie sich leichter auf verbal-tonale Ausdrucksqualitäten konzentrieren und besser Atemführung und Körperhaltung kontrollieren.

Einrichten des Arbeitsplatzes in der Wohnung:
Zum Trennenkönnen gehört auch eine eindeutige räumliche Zuordnung. Wenn Sie am Eßtisch oder in Ihrer Sitzecke unerledigte schulische Arbeiten herumliegen haben, ist eine mentale Trennung ungemein schwieriger, als wenn Sie die Arbeitsmaterialien und alles das, was in den Bereich Schule hineingehört, an einem stark abgegrenzten Ort ablegen, der zusätzlich mit Arbeitsmotivationshilfen (s. Übungseinheit "Ankern") ausgestattet ist. Die Kunst besteht darin, in der Anfangsphase, falls Sie sich zu einer strikten Trennung entschließen, darauf zu achten, daß Ihnen keine Nachlässigkeiten dazwischenrutschen. Wenn Sie die Vorzüge kennengelernt haben, reguliert sich das dann nahezu von selbst.

Partnerarrangements:
Hier ist der "Abspann" angesprochen, das Abladen nach einem anstrengenden Arbeitstag. Ungünstig ist die Erwartung an den Partner, er müsse doch schon merken, daß Sie unter Druck stehen und jemanden brauchen, der Ihnen nur still zuhört oder tröstet oder Ratschläge gibt. Die Hoffnung ist zwar verständlich, besser ist es jedoch, sie in eine Form zu kleiden, die von beiden respektiert wird. Entweder Sie arrangieren ein oder mehrere deutliche Signale, die Sie vorher beide abgesprochen haben, so daß der andere sofort weiß: Jetzt ein paar Minuten hinsetzen und zuhören, oder Sie vereinbaren (meistens organisiert sich das um eine andere Tätigkeit herum, wie Kaffee trinken, Essen vorbereiten) eine Zeit, in der Sie über berufliche Dinge reden können, aber nicht müssen.

Diese **Eingrenzung auf Notsignale und/oder feste Zeiten, bzw. Orte** ist eine wichtige **Trennungshilfe, um Reste zu verarbeiten** und sich neuen Dingen widmen zu können. Organisieren Sie das beruhigt in der Anfangsphase, auch wenn es etwas aufgesetzt klingt. Nachdem es sich eingespielt hat, können die Regularien ja in den Hintergrund treten, dann trägt sich das Arrangement von allein.

Anker:
Das Ziel ist hierbei, die Schulanker an den richtigen Ort zu packen und die Freizeitanker zu aktivieren. Wenn Ihre Aktenmappe zwischen dem Gemüse liegt, die Zeitungsschnipsel für die nächste Projektarbeit den Küchentisch blockieren, die Namensliste Ihrer Schülerinnen am Spiegel neben dem Telefon angeklebt ist, das Bild vom letzten Klassenausflug an der Scheibe Ihrer Gläservitrine hängt, dann ist es ungünstig.

Besser wäre es, die Anker schleunigst dahin zu packen, wo Sie sie benötigen, um sich arbeitsmäßig zu motivieren, an Ihren eingegrenzten Arbeitsplatz.

Lassen Sie lieber dafür Freizeitanker ihr Werk tun: Bilder vom Urlaubsort, Ihre Lieblingslektüre sichtbar im Wohnzimmer, Ihre Hobbies griffbereit usw.

Kleidung:
Die Wahl der Kleidung ist eine besondere Form der Verankerung, sie mobilisiert visuelle, olfaktorische und kinästhetisch-motorische Anker, ist also sehr wirkungsvoll. Freizeitkleidung dürfte leichter, lockerer, bunter,

geruchstypisch, schmeichelnder, weicher und insgesamt angenehmer sein als Berufskleidung. Wenn es Ihnen gleichgültig ist, bitte sehr, aber, probieren Sie es doch mal aus, welche Veränderungen sich innerlich und in der Motorik, im gesamten Verhalten abspielen, wenn von einer Kleidungsart in die andere geschlüpft wird. Eine deutliche Trennung auch hier kann eine Menge bewirken.

Rituale:
Trennungsrituale und Trennungsmittel werden Sie vielleicht haben, ohne es genau zu wissen. Wenn Sie sich im Auto auf der Heimfahrt Ihre Kassette anhören, auf der Fahrt zur Arbeit sich Ihren Morgensender und die Nachrichten unbedingt anhören müssen, auf der Hinfahrt einen anderen Weg wählen als auf der Nachhausefahrt usw.

Das Schuheausziehen ist ein Ritual, ebenso das Händewaschen, das Eincremen und Schminken (Präparationshandlungen), die Wahl des Deodorants, die aufmunternden Worte in den Spiegel am Morgen und das Betreten der Zimmer in einer bestimmten Reihenfolge, wenn Sie nach Hause kommen, das sind alles Trennungsrituale, die die unterschiedlichen Bereiche gefühlsmäßig markieren. Mit der Schärfung der Wahrnehmung für diese Prozesse lassen wir es auch dabei bewenden.

8.6.2. Schnelles Umschalten innerhalb der Sinneskanäle

Wir schieben drei Übungen dazwischen, die es Ihnen ermöglichen, den Prozeß des Umschaltens zu trainieren, sie sprechen die drei Hauptrepräsentationssysteme an, und Sie können sie immer mal in Intervallen austesten, um Ihre Fortschritte zu registrieren. Die Übungen fallen Ihnen leichter, wenn Sie vorher die Dissoziationsübungen ausführlich trainiert haben, aber auch ohne diese ist die Fähigkeit gut zu erlernen.

Visuelles Umschalten:
Bauen Sie sich zwei oder mehrere (mit zunehmender Übung können Sie die Anzahl der vorgestellten Situationen erhöhen) Situationen vor Ihrem inneren Auge auf, Situationen, die ganz unterschiedliche Gefühle und Zustände damals, als Sie sie erlebten, ausgelöst haben (lustig-ärgerlich-engagiert beispielsweise). **Fangen Sie mit einem Bild an und erleben es kurz assoziiert (Visuell-Akustisch-Kinästetisch-Temperatur-**

Olfaktorisch-Gustatorisch), bleiben aber im Bild. Verpassen Sie ihm das Format eines Dias **und legen es zur Seite.** (Wahlweise können Sie einen dazu passenden Rahmen nehmen und es an Ihrer Wand hängen.) **Nehmen Sie sich dann das nächste und evtl. die folgenden nacheinander vor und verfahren Sie in analoger Weise.** Wenn Sie sich derart präpariert haben, setzen Sie sich bequem zurück (an Ihrem Erlebensplatz) und lassen Sie die **Dias nacheinander auf einer Leinwand erscheinen** (oder holen Sie sie von der Wand vor Ihre Augen). **Wechseln Sie, wenn Sie das eine assoziiert erleben können, packen es sofort an die alte Stelle zurück, holen sich sofort das nächste auf die Leinwand** (vor die Augen). Wiederholen Sie den Vorgang mehrmals, erschweren Sie ihn, indem Sie die Bilder in einer anderen Reihenfolge projizieren oder sie sich unmittelbar anschauen.

Akustisches Umschalten:

Verfahren Sie wie in der visuellen Übung, nur nehmen Sie hier stattdessen Musikstücke oder typische Klänge oder Geräusche (Urlaubsort-Straße-Konzertsaal), die unterschiedliche Emotionen bei Ihnen ansprechen. Versetzen Sie sich wiederum in die Lage, in der Sie dies erlebten, assoziieren Sie über die V-A-K-O-G-Systeme und legen Sie die einzelnen Hörstücke auf Platte/CD beiseite, wenn Sie sie voll assoziiert erlebt haben. Dann präsentieren Sie sie sich in analoger Weise wie oben und beachten Ihre jeweiligen Körperreaktionen.

Falls es schwierig sein sollte, greifen Sie sich unterschiedliche Musikstücke heraus, hören Sie sich realiter an, lassen sich von ihnen ein wenig aufsaugen, so daß Sie **gefühlsmäßig** darauf reagieren und die **Resonanz in Ihrem Körper spüren.** Dann wechseln Sie sie immer schneller, sobald Sie im jeweiligen Zustand sich befinden. Versuchen Sie dasselbe dann innerlich zu hören und wechseln Sie ebenso, wenn Sie spüren, daß Sie *hineinkommen.*

Kinästhetisches Umschalten:

Dieselbe Art wie vorher. Sie brauchen zwei oder mehrere Situationen, die von ihrer taktilen-kinästhetischen Provenienz her sehr differerieren (kalte Winternacht/Schlafen im Stroh/zärtliches Streicheln o.ä.). Bauen Sie sich die Situationen auf, erleben sie voll assoziiert nacheinander, verwenden einen Unterbrecher und legen sie zunächst beiseite. Falls es abzusehen ist, daß das Wiederhervorrufen schwierig sein wird, markieren Sie die Situationen mit einem spezifischen visuellen oder akustischen

Anker (der leuchtend-klare Sternenhimmel, die Strohballen, Stallgeräusche etc.). Dann wechseln Sie wie oben mehrmals hintereinander, und zwar immer dann, wenn Sie in einer Situation vollständig assoziiert drinstecken. Wechseln Sie auch die Reihenfolge, lassen das Tempo immer schneller werden.

8.6.3. Eigene Fähigkeiten utilisieren

Wenn Sie behaupten, Sie könnten nicht umschalten von einem Zustand in den anderen, dann zeigt das nur, daß Sie Ihrem eigenen Glaubenssystem aufgesessen sind. Wir glauben fest an Sie und Ihre Fähigkeiten. Brauchen Sie Beweise?

Wenn Sie bei einem vorzüglichen Essen sind und Sie verspüren ein dringendes, darmmäßiges Bedürfnis und begeben sich an den Ort der Erleichterung, denken Sie dann in dem Moment an das Essen? Wenn Sie bei einem unangenehmen Pflichtbesuch es geschafft haben, in angemessener Form, so schnell es nur geht, das Weite zu suchen, atmen Sie da nicht auch erstmal kräftig durch und gehen beschwingt weiter. Wenn Sie einen anstrengenden Arbeitstag gerade hinter sich haben, so richtig kaputt sind und es klingelt an der Wohnungstür und Ihre liebste Freundin steht da, strahlt und hat für Sie einen wunderschönen Blumenstrauß in der Hand? Noch mehr Beweise?

Solche Fähigkeiten werden benötigt. Dabei spielt es keine Rolle, ob Sie diese Fähigkeiten schon im Freizeit-/Schulbereich verwenden oder nicht. Wichtig ist, daß Sie diese Fähigkeiten haben. Die Aufbereitung folgt dann, wenn Sie sich einige davon zusammengesammelt haben.

1. Sammeln Sie, wie gesagt, **solche Fähigkeiten des klaren Trennens** von einem Zustand zum nächsten, so exotisch die Gelegenheiten auch immer gewesen sein mögen.

2. Filtern Sie die Repräsentationssysteme und Submodalitäten heraus (mentale Basisfähigkeiten) und analysieren Sie, soweit Sie kommen, den dazugehörigen inneren Prozeß. Wer es ausführlich machen möchte, kann es in: DILTS, BANDLER, GRINDER u.a. (1985) nachlesen. Die inneren Prozesse bestehen aus einer Abfolge von Bildern, Geräuschen, inneren Stimmen, kinästhetischen Überprüfungen und Vergleichen sowohl der erinnerten wie der konstruierten Art. Wir möchten nur darauf hinweisen, daß die Prozeßanalyse sehr effektiv sein kann, aber auch viel Zeit, genaues Wahrnehmen und viel Erfahrung erfordert, deswegen vertiefen wir es nicht an dieser Stelle.

3. Haben Sie einige Details erfaßt, die aller Wahrscheinlichkeit nach den Trennungsprozeß einleiten oder begünstigen ("Ich mache mir ein scharfes, farbiges Bild von der nächsten Aktivität", "Ich spreche mit meiner Aufforderungsstimme zu mir", "Ich dehne und recke mich kräftig und atme tief durch" beispielsweise), dann **reichern Sie die identifizierte "kritische" d.h. höchst wirksame Teilfähigkeit mit Ihren Talenten und Ressourcen an**, die auf derselben Dimension liegen (s. Kapitel "Talente und Ressourcen"), oder stapeln Sie Anker aus unterschiedlichen Kraftquellen übereinander auf und assoziieren sie in diese Teilfähigkeit hinein. Damit haben Sie ein potentes Medium in Reserve, mit dem Sie

4. nach Bedarf - nachdem Sie es sachgerecht geankert haben - sich an die Trennung der Zielbereiche Schule und Freizeit heranmachen. Als Vorlage dient die Übungseinheit **1+1 = neu** (mentale Basisfähigkeiten). Suchen Sie sich Situationen aus, in die hinein Sie Ihre angereicherten Trennungsfähigkeiten **transfer**ieren. Ein weiterer Vorschlag: Sie können auch mit dem New-Behavior-Generator (Anhang) gutes Trennungsverhalten erlernen.

8.6.4. Komplexe mentale Strategien

8.6.4.1. Das visuelle Aus- und Einblenden (swish-pattern)

Die Technik wird in der NLP-Veränderungsarbeit für die Auflösung und Ersetzung belastender Zustände verwendet. Wir variieren sie hier dergestalt, daß wir zwei positiv besetzte Ausgangslagen (statt einer negativen und einer positiven) abwechseln lassen.

1. Gewöhnen Sie sich an, sich ein **letztes inneres Bild von dem Ort zu machen, von dem Sie sich gerade entfernen** - und von dem Sie sich trennen möchten. **Verkleinern** Sie das, was Sie innerlich sehen, auf die Größe eines winzig kleinen Bildes, auf dem keine Details mehr zu sehen sind und lassen das Bild wieder auf Normalgröße anwachsen. Wiederholen Sie den Vorgang "normal groß - klein machen - normal groß werden lassen" einige Male, bis Sie sicher sind, daß Sie ihn beherrschen.

2. Suchen Sie sich nun **einen Ort und die dazugehörigen positiven Umstände** aus dem Schulbereich **und einen positiv besetzten Ort** aus dem Freizeit-Heimbereich.

3. **Laden Sie beide Orte, getrennt mit Unterbrecher, nun sinnesspezifisch auf**, indem Sie die einzelnen Sinnessysteme assoziiert abrufen (V-A-K-O-G), bleiben Sie aber zum Schluß auf dem visuellen Kanal, d.h. Sie haben den jeweiligen Ort vor Augen.

4. **Trainieren Sie auch hier das Verkleinern-Vergrößern im Bildformat** solange, bis Sie sich der Technik sicher sind.

5. Nun zum eigentlichen Prozeß des Trennens: **Markieren Sie sich** am besten **eine Stelle beim Weggehen** (Hausecke, Schulpforte etc.), an der Sie den Trennungsprozeß einleiten. Werfen Sie einen letzten Blick, wenn nötig, auf den Ort, **drehen sich um und verkleinern das innere Bild** *sofort* **und schieben es in eine Ecke Ihrer inneren Leinwand. Im gleichen Moment ziehen Sie sich das kleine, positiv besetzte Bild des Zielortes mit einem "swish"** (wie bei den Videospielereien auf dem Bildschirm, bei denen Bilder in eine Ecke verschwinden und kleine nach vorn gezogen werden und sich vergrößern) **vor das innere Auge und steigen assoziiert hinein. Drehen Sie sich nicht um, Sie würden sonst noch einmal nicht mehr benötigte Sichtanker mobilisieren.**

8.6.4.2. Das akustische fading out / fading in (swish-pattern)

1. Gewöhnen Sie es sich an, die **Geräusche des Ortes, den Sie verlassen,** in Ihrem Kopf zu lokalisieren (rechtes Ohr, linkes Ohr, Hinterkopf, weit hinten etc.) und sie, die Stimmen, typische Geräusche o.ä., **sich entfernen zu lassen oder sich abschwächen zu lassen, während Sie im gleichen Moment Ihre Wahrnehmung auf ein anderes Klangambiente richten.** Zur Übung wäre es angebracht, die Wahrnehmung primär auf die realen Umgebungsgeräusche zu lenken und erst später auf die erinnerten Klang- , Stimmen- und Geräuschwelten des Ortes, den Sie aufsuchen wollen und auf den Sie sich damit vorbereiten.

2. Suchen Sie sich jeweils **angenehme Klangvorstellungen oder angenehme typische Geräusche der beiden Orte aus und erleben Sie sie assoziiert** (V-A-K-O-G) nach, bleiben aber bei der akustischen

Vorstellung. **Trennen Sie die beiden Höreindrucke durch einen wirksamen Unterbrecher.**

3. Trainieren Sie dann, **das eine Geräuschambiente in eine Richtung hin entschwinden oder leiser werden zu lassen**, während Sie den Lautstärkeknopf des anderen Ambiente langsam aufdrehen und dessen Akustik aus einer anderen Richtung in Ihrem Kopf sich ausbreiten lassen, bis Sie im ganzen Körper assoziiert die Klänge und Geräusche spüren.

4. Wenn Sie jetzt den einen **Ort verlassen** und sich einen **Markierungspunkt** ausgesucht haben, an dem Sie Ihre **Strategie beginnen** möchten, dann lassen Sie die jeweiligen realen Geräusche in den Hintergrund (oder nach rechts oder links) verschwinden und holen sich in die bewußte Wahrnehmung die positiven Geräusche des Ortes, den Sie erwartungsvoll aufsuchen wollen.

5. Sie können natürlich die **beiden Übungen miteinander kombinieren**, das hängt von Ihrer Präferenz für bestimmte Repräsentationssysteme und von Ihrer Neugier ab, inhaltliche Vorbehalte gibt es nicht, im Gegenteil. Für die stark kinästhetisch-motorisch Orientierten unter Ihnen ließe sich eine ähnliche Strategie entwickeln. Dazu wäre es notwendig, herauszufinden, ob Sie verschiedene kinästhetische Empfindungen an den beiden Orten haben, und ob sich Ihre ortstypischen Bewegungen sehr voneinander unterscheiden. Wenn dies der Fall ist, könnte nach dem o.g. Muster verfahren werden: Daß Sie an einem Markierungspunkt "in die Haut des anderen Menschen" schlüpfen. Weil wir noch keine ausgeprägte Erfahrung damit haben, möchten wir diese Übung nicht vertiefen.

8.6.5. Mentale Zeremonien

Wir bieten Ihnen drei Möglichkeiten, sich mit Hilfe der Phantasie von einem Ort, von einer Person oder von belastenden Erlebnissen zu trennen, um sich ganz dem Zukünftigen widmen zu können. Wir halten die Instruktion knapp, da Sie mittlerweile genügend Übung darin haben, die Vorstellungskraft zielgenau und so reichhaltig wie möglich einzusetzen.

Insel
Sie haben die Wahl: Entweder lassen Sie die Person oder das Problem auf der Insel zurück, oder Sie bleiben auf der Insel für eine bestimmte Zeit. Machen Sie sich zunächst ein Bild von dem Problem, dem Ort, der

Person, die Sie verlassen möchten und projizieren Sie es auf das Ufer der Insel oder des Festlandes, je nachdem. Festland und Insel sind durch einen tiefen Graben (Siel) getrennt und gleich kommt die Flut und wird diesen Graben mit Wasser füllen, so daß Sie frühestens bei der nächsten Ebbe wieder mit der Person Kontakt aufnehmen können. Nun Ihre Phantasie: Sie verlassen die Person (Problem, Ort) und gehen auf Ihre Seite, verabschieden sich vorher und geben bekannt, daß Sie sich erst wieder bei der nächsten oder übernächsten Ebbe damit beschäftigen können (wenn Sie es dann noch wollen). Von Ihrer Seite aus sehen Sie, wie sich das Wasser ansammelt, höher steigt und die Passage unüberbrückbar macht. Die andere Seite verschwindet im aufkommenden Nebel. Es ist nichts mehr davon zu sehen und zu hören. Sie können sich ganz Ihren eigenen Dingen zuwenden.

Kiste

Wenn Sie merken, daß Sie an einem Ort, an dem Sie eigentlich vorhatten, sich zu entspannen, zu amüsieren oder sonstige Dinge zu tun, eben genau dies nicht tun können, weil Sie etwas von vorhin beschäftigt, dann: Ordnen Sie jedem Problem ein Symbol zu oder, wahlweise, versinnbildlichen Sie es in Form eines dazugehörigen Gegenstandes (das Messer, das von einem Schüler mitgebracht wurde; der Zeitungsausschnitt, der zum Streit geführt hat etc.) und legen Sie Symbole oder Gegenstände oder auch nur den auf Papier geschriebenen Titel des Problems in eine Kiste, die an einem bestimmten Ort in Ihrer Wohnung, in Ihrem Klassenzimmer steht. Verschließen Sie die Kiste mit dicken Vorhängeschlössern, nachdem Sie alles Belastende hineingepackt haben und öffnen Sie sie erst wieder, bis Sie sich wirklich dazu entschlossen haben, sich mit einem der darin enthaltenen Probleme weiter zu beschäftigen. Machen Sie die Kiste sofort wieder zu, packen Sie neue Probleme hinein, solange, bis Sie Zeit dafür gefunden haben, sie einer Lösung zuzuführen.

Ballon

Das Verfahren ähnelt der Übung "Kiste". Statt die Probleme in die Kiste zu packen, legen Sie sie in den Korb des Heißluftballons und lassen Sie ihn nach oben steigen, höher und höher, bis Sie ihn nicht mehr am Himmel ausmachen können.

8.7. Vom Üben zur Praxis, der Transfer in die Wirklichkeit

Wir möchten Ihnen einige Tips und ein Mind-Map mit auf den Weg geben, die Ihnen die Umsetzung des Wissens- und Übungsstoffes in die rauhe Wirklichkeit erleichtern können. Ansonsten hoffen wir, daß die Übungen selbst genügend Hinweise für einen Transfer in die Realität enthalten. Denn, neue Unterrichtsmodelle, brillante didaktische Fähigkeiten, in Fachseminaren demonstriert, regen an und wecken Begehrlichkeiten, aber ihnen fehlt dann ein entscheidender Teil, wenn sie es nicht vermögen, den steinigen Weg zu ihrer lockeren Handhabung zu beschreiben und Umsetzungshilfen als Bestandteil der Vermittlung gleichzeitig anzubieten. Wir bemühen uns, beides zu tun. Sie nur können anhand Ihrer Erfahrungen dann entscheiden, inwieweit dies gelungen ist. Wir warten auf Rückmeldungen, die wir wiederum systemisch in die Weiterentwicklung dieser lehrerinnenzentrierten Unterrichtsgestaltung einbauen werden.

Sie können sich zwei Fragen stellen, bevor Sie sich mit unseren Vorschlägen befassen, so haben Sie einen internen Vergleichsmaßstab, der Ihnen Fehlversuche und unerfüllbare Hoffnungen ersparen könnte.

Die erste Frage lautet:
Was hat es bisher verhindert, daß ich brauchbare Veränderungen zu meiner Zufriedenheit in die Unterrichtspraxis integrieren konnte?

Die zweite Frage:
Wie genau habe ich es gemacht, daß ich meine Ideen schulisch umsetzen konnte?

Nun zu den unsystematisierten Ratschlägen:
- Planen Sie nur einen kleinen Schritt und dann verwerfen Sie ihn, er ist noch zu groß.

- Gleichgültig, was Sie planen, Sie können nicht die Umstände der Anwendung (Stimmung in der Klasse, eigener Schnupfen etc.) bis ins Detail mitplanen. **Der Erfolg** eines kleinen Schrittes ist dadurch bestimmt, **daß** Sie diesen Schritt getan haben. Mehr können Sie nicht erwarten.

- **Jede spürbare Veränderung** in der Klasse oder bei einzelnen Personen ist **eine Reaktion** auf Ihre Maßnahme. Es ist zunächst unerheblich, ob Sie damit zufrieden sind oder nicht. Wenn Sie es nicht sind, planen Sie neu und verringern Sie Ihre Erwartungen in bezug auf das Gelingen.

- **Jeder neue Versuch benötigt viel Toleranz und Zeit.**
Toleranz sich selbst gegenüber und Zeit, damit die neuen Muster im Gehirn und im Verhalten sich ausbreiten und festigen können.

Ihre strategischen Überlegungen bzgl. des Umsetzens erlernter und für gut befundener Übungen hängen von Faktoren ab, die mit Ihnen, mit Ihrem Arbeitsfeld und mit vielen anderen Dingen noch zu tun haben. Wir verstehen das Mind-Map daher eher als eine Motivierungs- und Überprüfungshilfe denn als konkrete Anleitung "Was muß ich machen, wenn...". Solcherlei konkrete Fragen lassen sich besser in Kleingruppen oder im Beratungssetting bearbeiten.

Falls Sie versucht haben, eine von Ihnen für gut befundene Maßnahme in die Praxis umzusetzen und Sie sind Ihrer Meinung nach damit gescheitert, dann prüfen Sie lieber genau nach, ob wirklich Sie diejenige waren, die dieses Ergebnis verursachte, oder ob es nicht doch Umstände außerhalb Ihrer Person gab, die daran beteiligt waren. Wie auch immer, ein nicht zufriedenstellendes Ergebnis ist kein Grund, die Maßnahme selbst zu verwerfen. Halten Sie es stattdessen mit einer goldenen NLP-Regel:

*Wenn Dir eine Sache nicht gelingt, versuch es mal auf eine andere Art, denn, wer für ein Problem **eine** Lösung hat, ist ein Roboter, wer **zwei** Lösungen dafür hat, steckt in einem Dilemma. Wer hingegen über **mehrere Alternativen** verfügt, kann anfangen, sich kreativ zu nennen.*

Greifen Sie also in diesem Sinne zu dem folgenden Schaubild und lassen Sie sich davon motivieren.

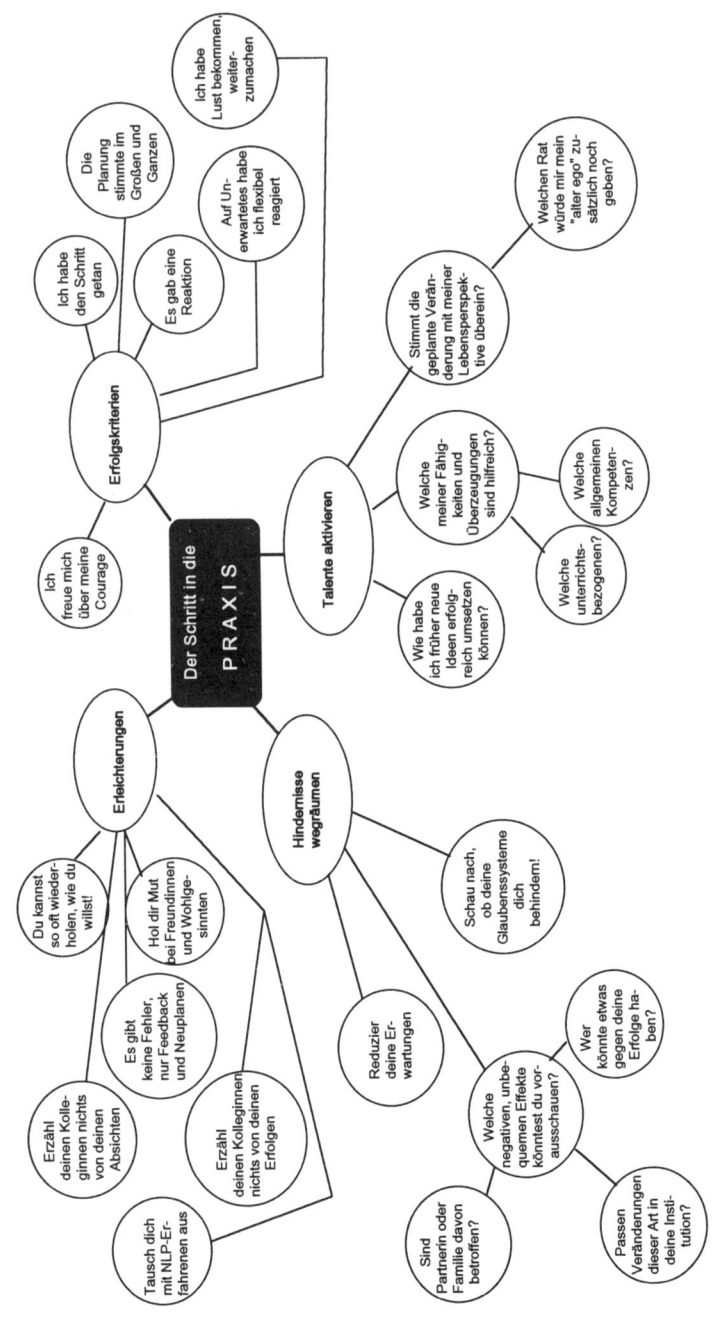

Nachwort und Ausblick

Mit den in diesem Buch dargestellten Modellen und Methoden verfügen Sie über ein Handwerkszeug für effektives Unterrichten. Unser Anliegen ist es, daß Sie sich die Zeit nehmen, mit diesen Methoden vertraut zu werden. Unsere eigenen Erfahrungen während der Ausbildung in NLP-Methoden haben gezeigt, daß mit zunehmender Vertrautheit eine Flexibilität erreicht wird, die den Weg frei macht für die bewußte und unbewußte Übernahme neuer Sichtweisen und Einstellungen sich selbst und anderen gegenüber. Häufig verliefen diese Veränderungen nicht dramatisch ab, sondern vollzogen sich auf eine "heimliche" Art, wobei deren Auswirkungen auf unser berufliches und privates Leben vom Bewußtsein oftmals erst sehr viel später registriert wurden.

Wir haben geplant, in einem nachfolgenden Band fortgeschrittene Methoden und Modelle aus dem NLP für die Hand der Lehrerin aufzuarbeiten. Unsere Ziele dabei betreffen praxisbezogene Erweiterungen auf den logischen Ebenen, speziell auf den Ebenen der Werte und Glaubenssysteme und der Identität. Vorgesehen sind folgende Inhalte:

- Konflikthafte berufliche Persönlichkeitsteile: Modelle und Methoden zur Konfliktintegration
- Die berufliche Identität der Lehrerin: Methoden zur Veränderung hinderlicher Glaubenssätze und Überzeugungen
- Berufliche Werte und der persönliche berufliche Auftrag: Methoden zur Verwirklichung beruflicher Werte und des persönlichen beruflichen Auftrages
- Unterrichtsvorbereitung: Mentale Vorbereitungen auf den Unterricht
- NLP-Modelle zur Präsentation von Lerninhalten - Berücksichtigung visueller, auditiver und kinästhetischer Lerntypen, Chunking, Match und Mismatch
- Modelle und Methoden zur Erzeugung optimaler Lernzustände (Metaphern, Spiele, Körperübungen)
- Lernstile der Schülerinnen: Diagnose, Merkmale auditiver, visueller und kinästhetischer Lernerinnen/Individualisierung und Abstimmung auf den Unterrichtsstil/Veränderung lernhemmender Glaubenssätze
- Strategien für den Umgang mit Problemschülerinnen
- NLP-Modelle für die Durchführung von Konferenzen und die Praktizierung von Teamarbeit bei Lehrerinnen...

Anhang I: Kurzanleitung für die Einrichtung des Erlebensraumes

Suchen Sie sich einen Platz in Ihrer Wohnung, der ausschließlich für Sie und für Ihre mentalen, kreativen und zukunftsgestaltenden Übungen reserviert bleibt.

Präparieren Sie sich den Platz, indem Sie ihn von Vermeidungs- und Routineankern befreien (s. dort) und ihn mit Ihren persönlichen, lernfördernden Ankern ausstatten.

Suchen Sie sich einen günstigen Zeitpunkt aus, an dem Sie nicht gestört werden.

Sorgen Sie dafür, daß keine unerwarteten Ereignisse Sie überraschen können.

Stellen Sie ein akustisches Raumklima her, das das Lernen stimuliert (das können Musikstücke sein, das kann aber auch Fenster öffnen oder - schließen heißen. Auch das Abstellen von Elektrogeräten o.ä. kann dazu beitragen).

Versetzen Sie sich in einen neugierig-entspannten Zustand, indem Sie sich, wenn nötig, an andere, geglückte Erfahrungen mit neugierigem Verhalten und an Selbstüberraschungen erinnern (das letzte Mal, als ich so richtig überrascht von mir und meinen Fähigkeiten war.../ oder als Peter/Ursula es nicht begreifen konnten, wie locker ich die Sache genommen hatte...).

Lassen Sie sich Zeit bei der Übung und erwarten Sie nicht gleich überraschende Ergebnisse.

DAS Kriterium für den Erfolg einer Übung ist: daß Sie die Übung überhaupt angefangen haben.

Tolerieren Sie, daß jedes gute Gelingen eine Trainingsphase voraussetzt.

Wenn Sie gute Erfahrungen gemacht haben, dann behalten Sie sie soweit wie möglich für sich und freuen sich daran (andere könnten neidisch werden).

Anhang II: New behavior generator

Ich möchte ...?

I. Stadium der Unzufriedenheit mit einem bestehenden Zustand

Du gefällst mir.
Ich möchte manchmal
so sein wie Du.

II. Ausschau nach geeigneten Modellen/Vorbildern

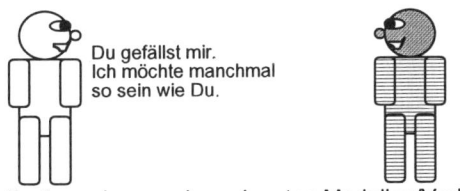
Schau mir mal ganz
genau zu, wie ich
es mache.

III. Genaues Beobachten des Modells

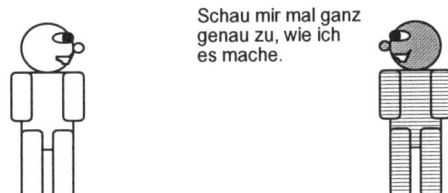
Jetzt weiß ich's.
Wie würde es denn aussehen,
wenn ich an Deiner Stelle wäre?

IV. Dissoziiertes Betrachten der eigenen Person anstelle des Modells

Ah, gut...
Wie würde ich mich
dann fühlen?

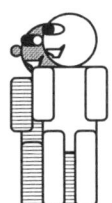

V. Überprüfen der Stimmigkeit des eigenen, beobachteten Verhaltens und Positionswechsel

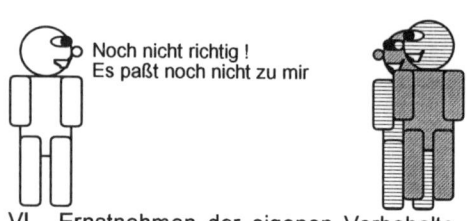

VI. Ernstnehmen der eigenen Vorbehalte, nicht jedes Modell ist vollständig geeignet

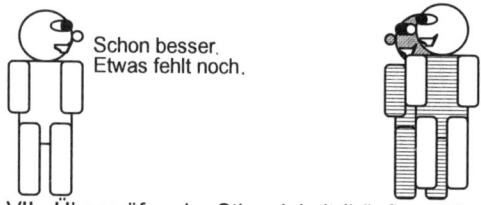

VII. Überprüfen der Stimmigkeit (häufiger Wechsel der Positionen)

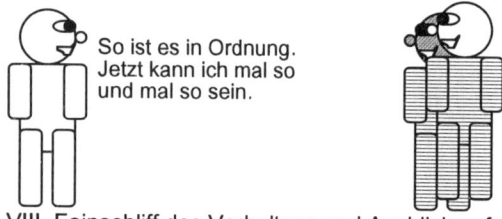

VIII. Feinschliff des Verhaltens und Ausblick auf Anwendungsbereiche

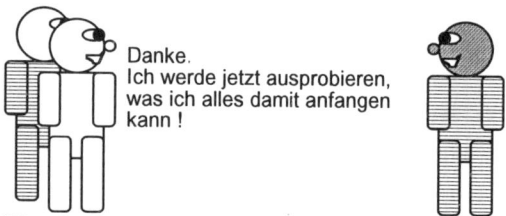

IX. Planung der Einsatzmöglichkeiten des neuen Verhaltens und Einbau von Effektivitätskontrollen (Ökologie-Check)

Anhang III: Persönliche Lebensplanung und Effektivitätskontrolle
(s.a. "Hallo Alter", Kapitel "Zukunftsperspektiven")

1. Schritt: Zukünftigen Ort visualisieren

2. Schritt: Das alter ego entstehen lassen

3. Schritt: Aus der Zukunft die Gegenwart bewerten und Perspektiven entwickeln.
Alter ego: "Ich blicke auf ein erfülltes Leben zurück, ich helfe dir so zu werden, wie ich es bin."

4. Schritt: Veränderungen planen und Durchführungsschritte überprüfen (Plausibilitäts-/ Realisierungsüberprüfung)
Ich: "Was muß ich dafür tun, worauf muß ich achten?"

5. Schritt: Konkrete Planung für einen kleinen Zeitraum und schließen einer Motivationsschleife
Alter ego: "Ich werde immer da sein, wenn du meinen Rat brauchst. Jetzt könntest du schon mal auf folgendes...achten."

6. Schritt: Einbetten der Veränderungen in die gesamte Lebensplanung
Ich: "Vielleicht muß ich etwas anders machen als bisher." Alter ego: "Könnte sein, nur Mut. Das wichtigste, akzeptier dich, so wie du bist!"

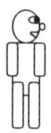

7. Schritt: Zweifel ernstnehmen und Kontrollstrategien einbauen
Ich: "Du bist mir noch so fern."
Alter ego: "Ich geb dir einen Tip, du näherst dich mir und ich sage dir, ob du auf dem richtigen Weg bist."

8. Schritt: Korrekturhilfen und Ökologie-Check
Ich: "Jetzt habe ich mir dich vorgestellt, ein halbes Jahr, ein Jahr, 5 Jahre und 20 Jahre später."

9. Schritt: Etablierung des gesamten Veränderungsprozesses in die Lebensplanung und Aufbau einer umfassenden Motivationsstrategie
Ich: "Mal sehen, ob ich mich mit euch allen anfreunden kann...oh, interessante Lebenspartnerinnen...nie allein und meistens zu wissen, wo ich aus eigener Vorstellungskraft hinkommen kann, guuuuuuut!"

Anhang IV: Methode der kollabierenden Anker

1. Suchen Sie sich einen Platz aus, an dem Sie alle positiven Erlebnisse nacheinander in die Erinnerung holen, die für die Übung brauchbar sind (das könnte z.B. Ihr Erlebensplatz sein).

2. Fangen Sie mit einem Erlebnis an, bei dem Sie sicher sind, daß, sagen wir, 90 % der Erfahrungen positiver Natur waren.

3. Erleben Sie es - assoziiert - durch. Achten Sie also auf:
   - das, was Sie genau gesehen haben
   - das, was Sie gehört und gesprochen haben
   - auf die Temperatur
   - die Geruchsempfindungen
   - den Geschmack
   - sämtliche körperlichen Empfindungen, derer Sie habhaft werden können.

4. Wenn Sie wollen, ankern Sie diesen dann erreichten Zustand am Höhepunkt der Empfindung kinästhetisch, indem Sie sich eine Stelle an Ihrem Arm, an Ihrer Hand aussuchen und eine Hand oder einen Finger nehmen und diese Stelle spürbar drücken. (Dies ist dann hilfreich, wenn Sie in der späteren Realsituation Unterstützung brauchen: Drücken Sie genau die vorher verankerte Körperstelle zum richtigen Zeitpunkt. Der Zweck des Ankerns wird im Kapitel gleichen Namens erläutert.)

5. Nehmen Sie nun eine nächste Situation und verfahren genauso, wie oben beschrieben. Ankern Sie an derselben Körperstelle.

6. Schätzen Sie ab, ob die Empfindungsstärke des positiven Zustands, den Sie sich gerade aufbauen, schon ausreicht, um mit einem Erlebnis der unangenehmeren Art fertig zu werden. (Überschätzen Sie sich bitte an dieser Stelle nicht. Es hilft Ihnen nichts, wenn Sie sich sagen: "Das schaff´ ich schon" und Sie spüren hinterher, daß das unangenehme Erlebnis doch eine stärkere Wirkung haben wird oder hatte, als Sie vermuteten.)

7. Nehmen Sie noch so viele positive Situationen mit in den dafür vorgesehenen Platz hinein, bis Sie sicher sind, daß Sie die Integration mit dem negativen Ereignis schaffen werden.

8. Wechseln Sie den Platz und u n t e r b r e c h e n Sie die Situation durch einen Blick nach draußen oder durch Bewegung im Zimmer.

9. Stellen Sie sich die unangenehme Situation ähnlich konkret vor wie die angenehmen. Allerdings, gehen Sie bei sehr unangenehmen Begleiter-

scheinungen nicht bis an den Höhepunkt des Erlebens heran. Das hat für den Erfolg der Übung keine negativen Auswirkungen und schont Sie zudem.

10. Ankern Sie diesen Zustand n i c h t, weder kinästhetisch noch sonstwie (er ist es schon genügend).

11. U n t e r b r e c h e n Sie wieder.

12. Gehen Sie dann an den Platz des positiven Zustands, aktivieren Sie den Anker an Ihrem Körper durch Berührung und gehen dann, wenn Sie sich wieder so gut fühlen wie zuvor, langsam an den zweiten, negativ besetzten Platz und nehmen die dazugehörige Haltung ein.

13. Registrieren Sie die Veränderung und machen Sie eine abschließende Bewertung.

Im Körper habe ich gespürt:

Wenn ich jetzt die negativ besetzte Situation bewerte, dann läßt sich festhalten:

....

....

Ich könnte mir vorstellen, daß ich in Zukunft eine ähnliche Situation so gestalten würde:
Meine Haltung..
Meine Atmung..
Mein Auftreten..
Meine Sprache..
Mein Blickkontakt..
Die Beendigung der Situation..

Anhang V: Notfallmaßnahme bei Reorientierungsstörungen

BEGINNEN SIE SOFORT HERUMZULAUFEN

NEHMEN SIE KONTAKT ZU DEM BODEN UND ZU DER SITZGELEGENHEIT AUF

BETÄTIGEN SIE SO KRÄFTIG WIE MÖGLICH IHRE MUSKELN

HOLEN SIE EIN PAAR MAL (nicht mehr als 5 mal) TIEF UND KRÄFTIG ATEM

SCHAUEN SIE SICH INTENSIV VERTRAUTE GEGENSTÄNDE IN IHRER UMGEBUNG AN

SCHAUEN SIE AUF IHRE UHR ODER AUF DEN KALENDER UND VERGEWISSERN SICH, WELCHES DATUM WIR GERADE HABEN

RUFEN SIE BEKANNTE/VERWANDTE AN UND REDEN SIE MIT IHNEN ÜBER DAS ERLEBNIS

SOLLTEN RESTE NOCH WEITERBESTEHEN, SUCHEN SIE EINEN FACHMENSCHEN AUF

Anhang VI: Günstige Bedingungen des Lernens

Faktor	Ungünstig	Günstig	Hilfsmittel
Geräuschkulisse	Lärm, ungewohnte Geräusche, aufmerksamkeitsfordernde Geräuschspitzen (Schreie, Quietschen)	Gewohnte Stille, gleichbleibender Geräuschpegel. Vertraute, nichtstörende Geräusche	akustisches Lernklima schaffen (lernförderliche Musik, Kopfhörer)
Zeitplanung	"Zwischendurch", weniger als 10 Min., anschließend aufregende Aktion	20 - 30 Minuten in Ruhephasen ohne feste Zeiten	Auf Morgen- oder frühe Abendstunden verlegen
Umgebung	Grelles Licht, starkes visuelles Überangebot (unruhige Tapete etc.) Durchgangszimmer	Gedämpftes Licht, ruhige Farben, Ausruhezonen für die Augen	Eine Zimmerecke ruhigstellen (Vorhang, Blumen, Raumteiler) oder "Bitte nicht stören"-Schild, abgelegenes Zimmer
Subjektiver Zustand	Aufgeregt, angespannt, überarbeitet, müde lustlos, selbstzweifelnd	Entspannt-erwartungsvoll, angenehme Tätigkeit anschließend in Aussicht. Zuversichtlich, neugierig, an gelungene Sitzungen sich erinnernd	Entspannungstraining vorweg, Sport o.ä. als Puffer zwischen Arbeit und Übung schieben
Erwartungen	Möglichst viel schaffen, alles sofort verstehen wollen, es muß beim ersten Mal klappen	Offen, tolerant sich selbst gegenüber, Erwartungen herunterschrauben, sich als "beginner" nicht als "Fortgeschrittene" begreifen	Sich in den Stand eines neugierigen Kindes versetzen, eigene Lücken als Lernchance begreifen, sich den zeitlichen Veränderungsrahmen sehr weit stecken
Anker	Wenn der Übungsplatz mit Vermeidungs- und Routineankern belegt ist	Ein vertrauter Lernplatz mit nützlichen persönlichen Accessoires (Kerze, Lieblingsgegenstände)	Hinderliche Anker (s. dort) beseitigen, einen neuen Platz verankern
Frequenz	Gelegentlich oder unregelmäßig, große Abstände zwischen einzelnen Sitzungen	Mehrmals die Woche regelmäßig, lieber kleinere, dafür häufigere Einheiten	Sich die ruhigeren Tage markieren und sie nutzen
Kommunikation mit anderen	Möglichst viel über Lernfortschritte berichten. Ausführlich erklären, was bisher gemacht wurde. Überzeugen wollen	Mit denjenigen sich austauschen, die ähnliche Erfahrungen machen möchten. Das Lernen eher beiläufig erwähnen	Sich Zurückhaltung auferlegen, jeden Druck aus dem Lernprozeß draußen halten. Subjektive Erfolge herunterspielen

Anhang VII: Kurz-Entspannungsmethode "Tiefenatmung"

Setzen Sie sich aufrecht hin oder legen sich in eine bequeme Position, in der Ihr Brustkorb nicht eingezwängt wird.

Atmen Sie so tief ein, wie es Ihnen nur möglich ist, und zählen Sie dabei im Sekundenrhythmus ---1---2---3---bis zu dem natürlichen Stopp.

Machen Sie dann eine kleine Pause ohne auszuatmen.

Beginnen Sie mit gespitztem Mund die Luft auszuatmen und zählen Sie wieder ---1---2---3---. Die Ausatmungsphase sollte mindestens gleich lang, besser jedoch etwas länger als die Einatmungsphase sein.

Machen Sie nach der vollständigen Ausatmung wieder eine kleine Pause ohne Atemaktivität ... und warten auf den Einatmungsimpuls.

Wiederholen Sie das Ganze nicht mehr als 4-mal, da sonst Flimmern vor den Augen und Schwindelgefühle auftreten können.

(Machen Sie unangenehme Erfahrungen, dann gehen Sie sofort wieder in den normalen Atemrhythmus über!)

Nach dem Übergang in den normalen Atemrhythmus entspannen Sie noch ein wenig weiter und benutzen dazu Ihren normalen Atem: Jeder Atemzug vertieft meine Entspannung ein kleines Stückchen mehr !

Anhang VIII: DREI WEITERE WEGE ZUR ENTSPANNUNG

Aus der Vielzahl der Entspannungsvariationen haben wir drei Möglichkeiten ausgewählt, die auf unterschiedliche Art den **Zugang zu einer generalisierten Entspannungsreaktion** eröffnen. Wenn Sie sich ein wenig mit der Materie auskennen, werden Sie bekannte Verfahren entdecken. Gemeinsam ist unserer Auswahl, daß sie zunächst einmal die Muskulatur in den Blick nimmt. Wir haben uns dafür entschieden, weil Menschen, die wenig Übung im Umgang mit ihren Körpersignalen haben, am leichtesten über diejenigen Körpersysteme zu sensibilisieren sind, die der willentlichen Kontrolle unterliegen (die quergestreifte Muskulatur). Diesen Umstand machte sich E. JACOBSON zunutze und entwickelte die Progressive Muskelrelaxation, die heute mittlerweile ein hochrangiges Verfahren nicht nur in der Behandlung von psychosomatischen Störungen, Schmerzen, Ängsten und Burn-Out-Phänomenen ist, sondern ebenfalls in der Rehabilitation und der Krankheits- und Streßprophylaxe Verwendung findet.

Die erste Variante benutzt Ihre Vorstellungskraft, es ist der **mentale Weg.**
Die zweite spricht direkt Ihre Muskulatur an, es ist der **muskulär-aktive Weg.**
Die dritte ist für die Genießer gedacht, es ist der **sanfte, bzw. passive Weg,** hier werden die Muskelpartien von außen berührt oder massiert. Das können bei Bedarf dann die Partner übernehmen.

Für alle drei Zugangswege können Sie folgende **allgemeine Instruktion** verwenden

1. NEHMEN SIE SICH NUR EINE MUSKELGRUPPE AUF EINMAL VOR
2. WENN SIE GLAUBEN, DEN KONTAKT ZU IHR ZU HABEN, DANN INTENSIVIEREN SIE DIE ENTSPRECHENDE EMPFINDUNG (hier können wir leider keine Anweisung geben, wie das zu geschehen hat, da jede unterschiedlich mentale Methoden anwendet. Auf jeden Fall wird hier eine Rückkoppelungsschleife zwischen muskulärem Signal, Registrierung und Steuerung der Empfindungsstärke etabliert).
3. WENN SIE AUF EINEM WEG NICHT WEITERKOMMEN, WÄHLEN SIE EINE DER BEIDEN ANDEREN METHODEN.
4. WIEDERHOLEN SIE DIESEN VORGANG MEHRFACH HINTEREINANDER
5. ÄRGERN SIE SICH NICHT, WENN ES NICHT AUF ANHIEB GELINGT, MACHEN SIE LIEBER EINE PAUSE UND FORSCHEN NACH, AN WELCHER STELLE SIE SICH UNTER DRUCK GESETZT HABEN, bzw.: WIE ES KOMMEN KANN, DASS ES GERADE BEI DIESER MUSKELGRUPPE SO SCHWER IST.

ZUSATZINSTRUKTION FÜR DIE *MENTALE* METHODE

1. NEHMEN SIE KONTAKT ZU EINER MUSKELGRUPPE AUF, DIE IHNEN SEHR BEWUSST UND ANGENEHM VERTRAUT IST UND REGISTRIEREN SIE ALLE EMPFINDUNGEN.

2. BEOBACHTEN SIE BEWUSST DIE ART UND WEISE, WIE SIE ES MACHEN. VERSUCHEN SIE, DEN VORGANG AUF EINE WENIGER BEWUSSTE MUSKELGRUPPE ZU ÜBERTRAGEN.

3. FALLS ES NICHT KLAPPT, SUCHEN SIE SICH ZUNÄCHST EINE MUSKELGRUPPE AUS, DIE GERADE NOCH BEWUSST IST UND VERSUCHEN SIE, SIE ZU ENTSPANNEN UND ACHTEN SIE AUF DIE ENTSTEHENDEN EMPFINDUNGEN.

4. WENN SIE SICH NACH EINER WEILE SENSIBILISIERT HABEN, WERDEN SIE SIGNALE AUS DER VERNACHLÄSSIGTEN REGION ERHALTEN.

5. WENN SIE SICH ETWAS GUTES ANTUN MÖCHTEN, MACHEN SIE EINE REISE DURCH IHREN KÖRPER UND ENTSPANNEN SIE NACH UND NACH ALLE REGISTRIERBAREN MUSKELGRUPPEN, GEHEN SIE DABEI IN EINER GLEICHBLEIBENDEN REIHENFOLGE VOR (falls Sie diese Übung öfter durchführen). VERWENDEN SIE DAZU DAS SCHEMA: KÖRPER-CHECK (Kapitel: Wenn ich mir begegne).

ZUSATZINSTRUKTION FÜR DIE *MUSKULÄR-AKTIVE* METHODE

Da die Möglichkeiten der aktiven Stimulation recht vielfältig sind, möchten wir Ihnen hier nur ein paar Vorschläge unterbreiten, in welcher Weise Sie Ihre Muskulatur beanspruchen können. (Wenn Sie es gründlich lernen wollen, nehmen Sie entweder eine Anleitung für das Jacobson-Training zu Hilfe oder belegen einen Kurs an einer Bildungseinrichtung in Ihrer Nähe.) Wenn Sie eine Weile konzentriert auf den Anspannungs- und Entspannungsablauf geachtet haben und dabei sorgfältig vor allem die Empfindungen registrieren, die beim Lösen der Muskulatur (nach der Anspannung) entstehen, Sie auch registrieren, wie sich weiche Muskulatur anfühlt, wie Unterschiede in ähnlichen Muskelgruppen (z.B. linke und rechte Hand zum Vergleich) deutlich werden, dann geraten Sie unmerklich in einen anderen Zustand, die generalisierte Entspannungsreaktion baut sich auf.

Auf jeden Fall können Sie:

1. ANHAND DES KÖRPER-CHECK-SCHEMAS (Kapitel: Wenn ich mir begegne) **JEDE** DORT GENANNTE **MUSKELGRUPPE KURZ ANSPANNEN** (NICHT LÄNGER ALS 3-5 SEKUNDEN) **UND SOFORT WIEDER GANZ LOCKER LASSEN.** (Der Kontrasteffekt zwischen Anspannung und Entspannung ist deutlicher als Entspannung allein.)

2. BEI ANDEREN BEOBACHTEN, WIE DIESE DIE BEWEGUNG AUSFÜHREN (z.B. das Stirnrunzeln) UND DANN VERSUCHEN, SIE ZU IMITIEREN.

3. SIE KÖNNEN SICH AUCH VOR DEN SPIEGEL STELLEN UND SOLANGE BEWEGUNGEN AUSPROBIEREN, BIS SIE EINE VISUELLE BESTÄTIGUNG IHRES SPIEGELBILDS BEKOMMEN, DASS NUN TATSÄCHLICH SICH BEISPIELSWEISE IHRE STIRNMUSKULATUR VERÄNDERT HAT.

4. WICHTIG AUCH HIER: REGISTRIEREN SIE ALLE EMPFINDUNGEN, DIE ÜBER DIE BEWEGUNG AUSGELÖST WERDEN, DENN DIE ART DER EMPFINDUNG LÄSST RÜCKSCHLIESSEN AUF DIE SPEZIELLE FORM DER MUSKULÄREN BELASTUNG ODER VERNACHLÄSSIGUNG (ein krampfartiges Gefühl deutet auf Überbeanspruchung, ein Schwächegefühl auf Unterforderung hin usw.).

ZUSATZINSTRUKTIONEN ZUR *SANFTEN UND PASSIVEN* METHODE

1. SIE KÖNNEN ÜBER HANDAUFLEGEN UND MASSIEREN (oder die jeweils passive Form über einen sanften Massagepartner) ERST EINMAL IHRE MUSKULATUR ORTEN, DEN KONTAKT ZU IHR HERSTELLEN UND DANN VERSUCHEN, DIE GEFUNDENE MUSKELGRUPPE VON I N N E N ANZUSCHAUEN, SOZUSAGEN DEN WAHRNEHMUNGSBOGEN VOM GEHIRN ÜBER DIE HAND ÜBER DIE MUSKELGRUPPE ZUM GEHIRN ZU SCHLIESSEN (das ist eine auch therapeutische Methode, die z.b. bei chronischen Verspannungen angezeigt ist und mit Biofeedback-Geräten, d.h. mit der Sichtbarmachung von Körpersignalen unterstützt wird).

2. KOMMEN SIE AN EINIGE PARTIEN NICHT HERAN (RÜCKEN USW.), DANN SUCHEN SIE SICH EINE UNTERLAGE ODER EINEN FESTEN STUHL o.ä. UND BEWEGEN DIE ENTSPRECHENDE PARTIE GEGEN DEN WIDERSTAND DER UNTERLAGE SOLANGE, BIS SIE EINE RÜCKMELDUNG ERHALTEN. SEIEN SIE SANFT DABEI UND MACHEN SIE KEINE HEFTIGEN BEWEGUNGEN.

Anhang IX: Methode des Kopf-frei-Machens

EINLEITUNG

Ein großes Problem des alltäglich erforderlichen Belastungsmanagements besteht darin, daß es ungemein schwer ist, von einem Zustand in einen anderen umzusteigen: Von Arbeit zu Ruhe, von Anstrengung zu Lösung, von Ärger zu Freude, von Schülerinnen zu Partnern usw. Wir schleppen in der Tat, falls wir es nicht gelernt haben, den einen Zustand in den anderen hinüber und wundern uns dann, wenn wir überlastet sind, uns unruhig oder durcheinander fühlen.

Das, was wir vorher artifiziell, absichtlich zum Zwecke des Aufbaus eines neuen Zustandes durchgeführt haben, nämlich die Koppelung zweier Zustände, kann, wenn es ohne unsere Kontrolle geschieht, ganz schön zu schaffen machen.

Aus diesem Grunde sind die Unterbrecher so wichtig, die den einen Zustand beenden, ihm sozusagen eine vollständige "Gestalt" geben und einen neuen anfangen lassen.

Ein ausgeklügelter "Unterbrecher", der in therapeutischen Methoden Eingang gefunden hat, ist die Technik des Kopfentleerens. Wir finden sie bei den verschiedenen Meditationstechniken wieder, bei Entspannungsverfahren wie auch bei Verfahren, die unbewußte emotionale Gehalte an die Oberfläche befördern sollen, beispielsweise beim Fokussing.

Wir haben für unsere Zwecke die Technik adaptiert, so daß sie schnell erlernt und vielseitig verwendet werden kann.

1. Suchen Sie sich einen Platz, an dem Sie sich für eine Weile nicht stören lassen.
2. Verwenden Sie Ihre Entspannungsmethode, um den Körper "umzuschalten".
3. Registrieren Sie zuerst Ihre Gedanken und nehmen Sie ein Zwiegespräch mit sich selbst auf, etwa folgenden Inhalts:

    - Meine Gedanken sind in Ordnung.
    - Sie kommen... und gehen auch wieder.
    - Ich kann sie mir in aller Ruhe anschauen oder anhören und sie wieder zur Seite legen.
    - Mit einigen werde ich mich später intensiver befassen.
    - Jetzt möchte ich ruhiger und entspannter werden.

4. Holen Sie sich dann in der Vorstellung ein leeres Gefäß, stellen es neben sich auf und packen einen Gedanken nach dem anderen hinein, mit dem Versprechen, sich später wieder damit zu beschäftigen.

5. Wenn während der Sitzung neue Gedanken hinzukommen, begrüßen Sie sie freundlich und legen Sie sie zu den anderen hinzu.

Anhang X: Kurzfassung "Zielbestimmung"

1. Legen Sie fest, in welchem beruflichen Bereich Sie sich verändern möchten und beschreiben Sie dafür ein positiv formuliertes Ziel.

2. Präzisieren Sie die Zielformulierung. Verändern Sie ggf. unspezifische Benennungen in Richtung handhabbarer Beschreibungen und nehmen Sie dazu die Frage zu Hilfe: **Wie genau** möchte/werde ich...?

3. Tun Sie so, als ob Sie Ihr Ziel bereits erreicht haben und festigen Sie das dadurch, daß Sie diesen zukünftigen Zustand in allen Sinneskanälen (sehen, hören, fühlen, riechen, schmecken) erleben.

4. Beschreiben Sie, woran Sie erkennen können, daß Sie Ihr Ziel erreicht haben.

5. Überprüfen Sie, ob die Erreichung Ihres Zieles sich mit allen persönlichen und beruflichen Seiten vereinbaren läßt und formulieren Sie ggf. Ihr Ziel nach den neueren Erkenntnissen um.

6. Legen Sie die ersten Schritte fest und berücksichtigen Sie evtl. auftretende Hindernisse und Zweifel.

Anhang XI: Antwortmöglichkeiten zur ÜBUNG: Negative in positive Botschaften verwandeln (Kapitel "Suggestionen")

Noch eine Erläuterung. Sie werden merken, daß die Antwortalternativen sich z.T. gar nicht inhaltlich auf die negative Botschaft beziehen. Das hat folgende Bewandnis:

Wir haben prinzipiell die freie Auswahl, welchen Aspekt der anderen Person wir wahrnehmen. Es liegt also an uns, ob wir unseren "Kritikfilter" eingeschoben haben, weil es uns selbst mies geht oder wir ärgerlich sind, oder ob wir unseren "Wohlwollen- oder Heiterkeitsfilter" aufgelegt haben. Welche Art von Filter wir gerade selbst benutzen hängt von Faktoren ab, die sich weitgehend unserer bewußten Kontrolle entziehen. Haben wir z.b. gerade vorher einen Zehnmarkschein auf der Straße gefunden, so sind wir geneigter, alles folgende gelassener wahrzunehmen. Um unsere bewußte Wahrnehmung anzukurbeln, empfiehlt es sich in dieser Übung, den ersten, auf Kritik ausgerichteten Impuls zu unterdrücken, und einer zweiten, positiv gefärbten Idee zum Durchbruch zu verhelfen. Das heißt nichts anderes, als daß wir Kontrolle über unbewußte Dispositionen erlangen. In diesem Sinne...

Du siehst heute aber schlecht aus

a) Die Farben deiner Kleidung gefallen mir/ Ich habe gestern ein dickes Lob über dich gehört/ Kollege Z. arbeitet gern mit dir zusammen
b) Ich weiß, du hast heute einen anstrengenden Tag, kann ich dir was abnehmen?

Du hast schon wieder mehr als 10 Fehler gemacht

a) Die Arbeit war schwerer als sonst, gemessen daran hast du mehr geleistet / Mir ist aufgefallen, daß du in der Zwischenzeit Fehler von damals ausgebügelt hast/ Du holst kontinuierlich auf.
b) Ich könnte dir einen Tip geben, wie du dich bei Zweifeln noch sicherer machen kannst, magst du?/ Du wirst deine Leistungen noch verbessern, wenn du unklare Worte vorher auf Schmierpapier schreibst und überprüfst, ob sie "gut" oder "schlecht" aussehen.

Von Sauberkeit hältst du nichts, oder?

a) Du strahlst vor Lebensfreude/ Du siehst herrlich frisch aus / Sehr verwegen dein Ohrring.
b) Wir werden gleich feine, weiche Stoffe (weißes, glattes Papier etc.) anfassen, mit gewaschenen Händen fühlt es sich doppelt so gut an. / Achtet mal drauf, ob ein Apfel mit schmutzigen oder mit gewaschenen Händen besser schmeckt/ Manche Leute, mich eingeschlossen, fassen lieber gewaschene Hände an.

Manche lernen es nie

a) Du arbeitest besonders gründlich/ Ich weiß, daß dir dieses hier keinen Spaß macht. Dafür magst du andere Dinge mehr, bei denen bist du ganz fix.
b) Ich überlege mal mit dir zusammen, wie wir den trockenen Stoff leichter verdaulich machen können.

Nimm dir ein Beispiel an Silvia

a) Nimm dir die Zeit, die du brauchst, um deine eigene Einstellung zu dem Thema zu finden/ Du machst dir mehr Gedanken als andere.
b) Kann ich dir helfen, noch schneller voranzukommen?

Trägst du eigentlich immer schwarz?

a) Deine Kleider sind edel / Schwarz ist dein Markenzeichen/ Du siehst elegant aus/ Niemand, den ich kenne, ist in puncto Kleiderfarbe so konsequent wie du.
b) Hilfestellungen und Ratschläge sind unseres Erachtens nach hier nicht angebracht, da keine Rat**schläge** verlangt sind.

Der Direktor mag dich wohl besonders?

a) Ich schätze dich sehr, aber manchmal habe ich das Gefühl, daß du an Sachen beteiligt bist, die mich betreffen und das stört mein Verhältnis zu dir.
b) Ich möchte weiter in gutem Kontakt zu dir bleiben, deswegen wäre es hilfreich, wenn du alle Sachen, die mit mir zu tun haben, auch zuallererst mit mir besprichst.

(Eine Kritik kann auch eine positive Botschaft sein, vor allem dann, wenn sie zur eigenen Positionsbestimmung beiträgt und das gegenseitige Verhältnis verbessern möchte ohne abwertend zu sein.)

Was willst du denn noch hier?

a) Ich habe den Eindruck, du bist neugierig.
b) Kann ich dir helfen?/ Möchtest du noch etwas mit mir besprechen?

Erdkunde ist nicht dein Fach, oder?

a) Dir geht es so wie mir, manches mag ich nicht, dafür anderes umso mehr.
b) Wenn du dich in Erdkunde noch verbessern möchtest, hätte ich einen guten Tip für dich.

Auf dich kann man sich aber auch nicht verlassen !

a) Ich habe schon viele schöne Dinge mit dir erlebt. In dem einen Fall bin ich ganz offensichtlich von anderen Voraussetzungen ausge- gangen. Ich habe wohl nicht deutlich gemacht, daß ich etwas ganz Bestimmtes von dir erwartet hatte.
b) Wärst du bereit, beim nächsten Mal, wenn mir etwas sehr wichtig ist, mich zu unterstützen, so daß ich mich 100%ig darauf verlassen kann? (Eine ähnliche Situation wie in der Kritikversion: Hier liegt der Schwerpunkt auf unterschiedlichen Erwartungen, die offenbar bestanden haben. In diesem Fall wäre es günstig, die positive Absicht zu betonen und zukünftige Absprachen konkret zu planen.)

Anhang XII: ENTSTEHUNGSPROZESS EINER INNEREN LANDKARTE

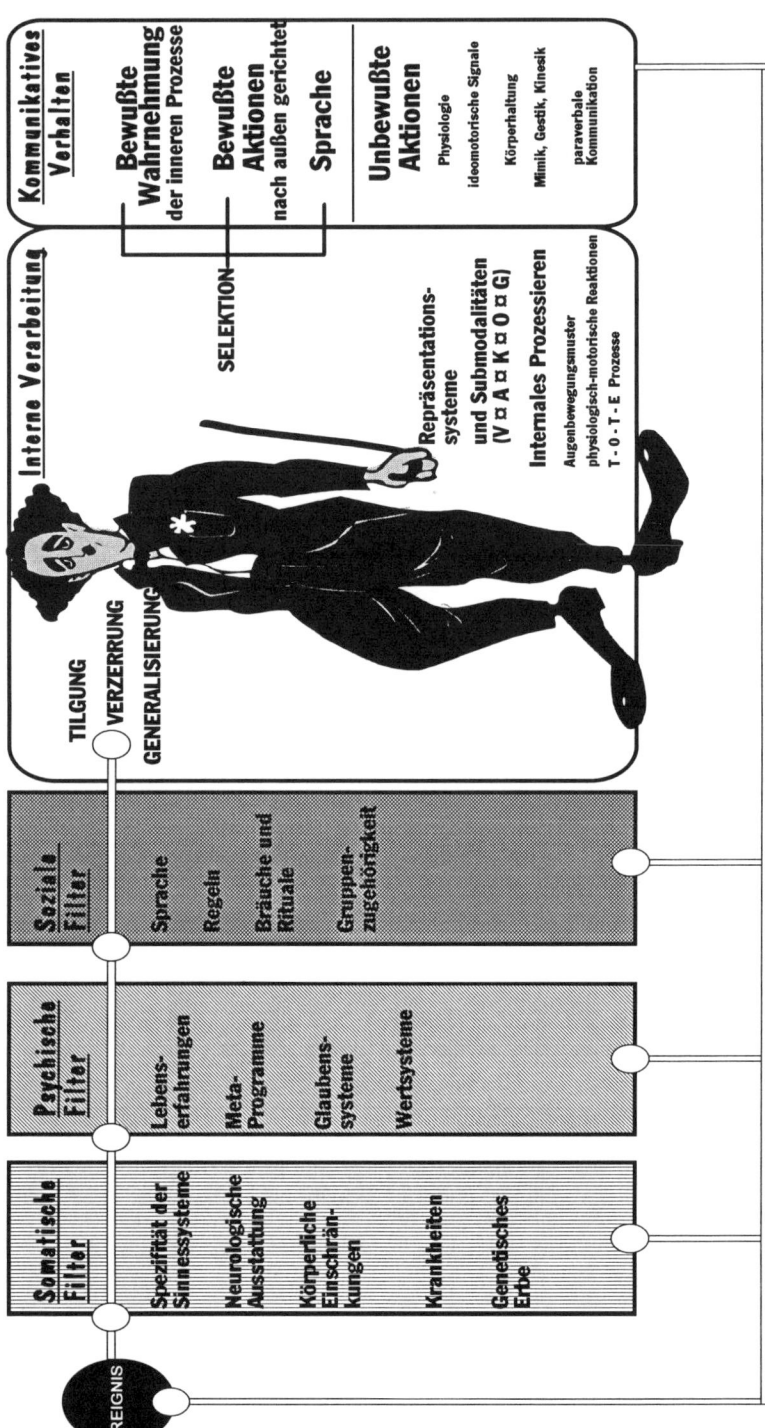

Anhang XIII: WAHRNEHMUNGSPOSITIONEN

 Position Ia
(Assoziiert)

Ich spüre mich innen (Introspektion, Meditation, Körpererfahrung)

 Position Ib (Assoziiert)

Ich orientiere mich nach draußen und spüre innen (Menschen- und Welterfahrung)

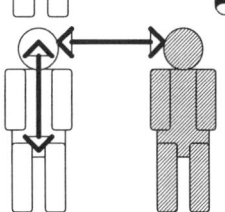 Position IIa (Dissoziiert - Metaposition I)

Ich schaue und höre mir von draußen zu. (Die dissoziierte Wahrnehmungsweise meiner Person)

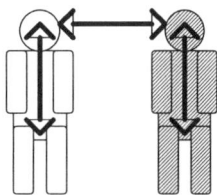 Position IIb (Dissoziiert - Metaposition I)

Ich spüre mich außerhalb meines Körpers und fühle, welche Wirkung ich auf andere ausüben könnte.
(Die dissoziierte Wahrnehmung und Beurteilung meiner Person)

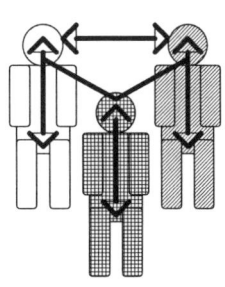 Position III (Dissoziiert - Metaposition II)

Ich schaue und höre mir zu, spüre, welche Wirkung ich auf andere ausübe, kann mich in einer neuen Rolle erleben und kann die Folgen eines neuen Verhaltens abschätzen.
(Die dissoziierte Wahrnehmung meiner alten Person und meiner neuen Modellperson. Sie läßt mich sinnvolle, zukunftsbezogene Entscheidungen treffen.)

Literatur

Sie umfaßt auch Literatur zu Grundlagen des NLP und zum Thema NLP in der Schule. Die *kursiv* gekennzeichneten Autoren und Autorinnen werden im Buch selbst erwähnt.

ACHTERBERG, J., Gedanken heilen, Die Kraft der Imagination, Grundlagen einer neuen Medizin, rororo Sachbuch, Reinbek 1990
BACHMANN, W., Das neue Lernen - eine systematische Einführung in das NLP, Junfermann, Paderborn 1991
BARTH, A.-R., Burnout bei Lehrern, Hogrefe, Göttingen, Toronto, Zürich 1992
BANDLER, R., GRINDER, J., Neue Wege der Kurzzeit-Therapie. Neurolinguistische Programme, Junfermann, Paderborn 1981
BANDLER, R., GRINDER, J., Metasprache und Psychotherapie. Die Struktur der Magie I, Junfermann, Paderborn 1981
BANDLER, R., GRINDER, J., Patterns of the Hypnotic Techniques of Milton H. Erickson, Meta Publications, Cupertino 1975
BANDLER, R., GRINDER, J., Reframing, Ein ökologischer Ansatz in der Psychotherapie (NLP), Junfermann, Paderborn 1985
BANDLER, R., GRINDER, J., Therapie in Trance, Klett-Cotta, Stuttgart 1984
BANDLER, R., McDONALD, W., Der feine Unterschied, NLP-Übungsbuch zu den Submodalitäten, Junfermann Paderborn 1990
BATESON, G., Ökologie des Geistes, Suhrkamp, Frankfurt am Main, 4. Aufl. 1983
BIRBAUMER, N./SCHMIDT, R.F., Biologische Psychologie, Springer, Berlin-Heidelberg-New York 1990
BÖSE, R./SCHIEPEK, G., Systemische Theorie und Therapie, Asanger, Heidelberg 1989
CLEVELAND, B., Master Teaching Techniques, The Connecting Link Press, Stone Mountain 1987
CLYNES, M., Communication and generation of emotion through sentic form, in: LEVI, L. (ed), Emotion, Raven, New York 1975
v. CRANACH, M., Die nicht verbale Kommunikation im Kontext des kommunikativen Verhaltens. In: Jahrbuch der Max-Planck-Gesellschaft zur Förderung der Wissenschaften, 1971
DILTS, R., Identität, Glaubenssysteme und Gesundheit, Junfermann, Paderborn 1991
DILTS, R., BANDLER, R., GRINDER, J., Strukturen subjektiver Erfahrung, Junfermann, Paderborn 1985
DILTS, R./EPPSTEIN, T., Systemic NLP - A unified field theory, Dynamic Learning Publications, Ben Lomond 1991
DUNCAN, S., Nonverbal Communication. Psychol. Bull. 1969, 72
EKMAN, P., LEVINSON, R.W., FRIESEN, W.V., Autonomic nervous system activity distinguishes among emotions. Science 221, 1208-1210, 1983

FEFFER, M. and SUCHOTLIFF, L., Decentering Implications of Social Interaction, Journ. Pers. and Soc.Psychol., 1966, 4.
GORDON, D., Therapeutische Metaphern, Junfermann, Paderborn 1986
GRELL, J. und M., Unterrichtsrezepte, Beltz Grüne Reihe, Weinheim, Basel 1983/1991
GRELL, J., Techniken des Lehrerverhaltens, Beltz, Weinheim, Basel 1983
GRINDER, M., NLP in der Schule - Ein praxisorientiertes Arbeitsbuch. Verlag für Angewandte Kinesiologie, Freiburg 1991
HÖRMANN, H., Meinen und Verstehen, Grundzüge einer psychologischen Semantik, suhrkamp taschenbuch wissenschaft, Frankfurt am Main 1988
JACOBSON, S., Meta-Cation Vol. I-III, Meta Publication, Cupertino, 1983
JAEGGI, E., Kognitive Verhaltenstherapie, Beltz, Weinheim, Basel 1979
JAMES, T./WOODSMALL, W., Time-Line, Junfermann, Paderborn 1991
JAMES, W., The Principles of Psychology. Holt, New York 1890; Nachdruck: Harvard/Univ. Press, Cambridge 1985
JENSEN, E.P., Superteaching- Master strategies for Building Student Success, Del Mar 1988
KINDERZEICHNUNGEN und Gedichte aus Terezín 1942-1944. Zweite Auflage, Herausgegeben vom Verlag Nakladatelstvi Orbis, n.p., für das Jüdische Staatsmuseum in Prag, 1962
KLUCZNY, J., Manual: NLP Master Practitioner Training unveröffentlichte Ausbildungsunterlagen, NLP-Institut Berlin, 1991 (I)
KLUCZNY, J.,Manual: NLP Practitioner Training, unveröffentlichte Ausbildungsunterlagen, NLP Institut Berlin, 1992 (II)
KLUCZNY, J., The "As-if" Technique, Anchor Point, Vol. 3, No. 10, Okt. 1989
KLUCZNY, J., Legasthenie, in: GRUBITZSCH, S. u.a. (Hrg.), Psychologische Grundbegriffe, rororo, Reinbek 1981
KLUCZNY, J., Prävention als politisches Handeln, in ZIMMER, G. (Hrg.), Persönlichkeitsentwicklung und Gesundheit im Schulalter, Campus, Frankfurt 1981
KOLB, B. & WHISHAW, I.Q., Fundamentals of Human Neuropsychology, 2nd ed. New York: Freeman 1985/ FOX, N. A., DAVIDSON, R.A. (Eds.): The Psychobiology of Affective Development, Hillsdale: Lawrence Erlbaum, 1984
LABORDE, G., Kompetenz und Integrität, Junfermann, Paderborn 1992
LAING, R.D,: Phänomenologie der Erfahrung, edition suhrkamp, 4. Auflage, Frankfurt am Main 1971
LANG, P.J., MILLER, G.A., LEVIN, P.N., Anxiety and fear: Central processes an peripherical physiology, In: DAVIDSON, G.E., SCHWARTZ, G., SHAPIRO, D (eds.), Consciousness and Self-Regulation Vol.3, Plenum Press, New York 1983
LLOYD, L., Des Lehrers Wundertüte - NLP macht Schule, Verlag für Angewandte Kinesiologie, Freiburg 1991
MEYER, H., Unterrichts-Methoden II: Praxisband 3. Aufl., Cornelsen SCRIPTOR, Frankfurt am Main 1990

MILLER, A., Du sollst nicht merken/ Das verbannte Wissen, Suhrkamp, Frankfurt 1988

MILLER, P., Nonverbal Communication, Washington D.C., 1981, zitiert in: GRINDER, M., NLP für Lehrer - ein praxisorientiertes Arbeitsbuch, Verlag für Angewandte Kinesiologie, Freiburg 1991

MILLER G.A./GALANTER E./PRIBRAM K., Plans and the Structure of Behavior, Holt, Rinehart & Winston, New York 1960, dt: Strategien des Handelns, Klett, Stuttgart 1973

van NAGEL, C./SIUDZINSKI, R./REESE, E./REESE, M., Megateaching, Verlag für Angewandte Kinesiologie, Freiburg 1989

OHM, D., Progressive Relaxation - Tiefenmuskelentspannung nach Jacobson, Thieme, Stuttgart 1992

ORNSTEIN, R., Multimind, Ein neues Modell des menschlichen Geistes, Junfermann, Paderborn 1990

PIAGET, J., Theorien und Methoden der modernen Erziehung, Fischer TB, Frankfurt 1974

ROBBINS, A., Unlimited Power, Ballantine Books, 1986

RÜHMANN, H./BUBB, H., Belastung und Ermüdung, in: STOLL, F. (Hrg), Anwendungen im Berufsleben. Die Psychologie des 20. Jahrhunderts, Bd. VIII, Kindler, Zürich 1981, S. 310-340

SELIGMAN, M.E.P., Helplessness - On depression, development, and death. Freeman, San Francisco 1975

SELYE, H., The stress concept today, in: KULASH,I.L., SCHLESINGER, L.B. et al. (eds) Handbook on stress and anxiety. Jossey Bass, San Francisco 1981

SIMONTON, O.C., SIMONTON, S., und CREIGHTON, J., Wieder gesund werden, Rowohlt, Reinbek 1982

STAHL, T., Neurolinguistisches Programmieren - Was es kann, wie es wirkt und wem es hilft, Pal, Mannheim 1992

STAHL, T., Triffst du 'nen Frosch unterwegs, Junfermann, Paderborn 1990

VESTER, F., Neuland des Denkens, dtv, München, 3. Aufl. 1985, S. 473

VESTER, F., Denken, Lernen, Vergessen, dtv, München 1978

WATZLAWICK, P., BEAVIN, J.H. & JACKSON, D.D.: Menschliche Kommunikation, Huber, Bern/Stuttg./Wien 1974

WEERTH, R., NLP und Imagination, Junfermann, Paderborn 1992

WEINERT, F.E., GRAUMANN, C.F. u.a., Funkkolleg Pädagogische Psychologie, Fischer, Frankfurt am Main 1978

WERNER, H./KAPLAN, B., Symbol formation. An organismic-developmental approach to language and the expressions of thought, New York 1963

WIENER, M. et al., Nonverbal behavior and nonverbal communication, Psychol. Rev. 1972, 79

WILSON.C, Criminal History of Mankind, Putnam, New York 1984

WILSON, R.A., Die neue Inquisition, Verlag 2001, Frankfurt am Main 1992

164 Seiten, zahlr. Farbabb., geb., DM 44,–

Mit BrainLand ist es der Autorin gelungen, die Lücke jener anwendungsfreundlichen Lern-Literatur über Mind Mapping, das mit anderen Neuro-Modellen wie dem NLP oder Mentalem Training verbunden wird, zu füllen. BrainLand ist ein übergreifendes Konzept für das Lernen und Denken in geordnet-chaotischen Gegebenheiten und Möglichkeiten.

Fast nebenbei lernt der Leser die konsequente Einübung des Mind Mapping, den sichtbar werdenden Teil einer Gedankenentfaltung eruptiver Art. Nicht sortierend, verengend, weglassend, sondern verändernd, hinzufügend, aufschäumend ist die mentale Bewegung: keine Re-, auch keine E-, sondern eine Explo-volution erwartet uns. „Mind Mapping", diese einfach geniale Denkphilosophie für jeden erlebt in diesem Buch von Maria Beyer eine neue Grundierung. So schön kann Mind Mapping sein.

Die Autorin:
Maria Beyer ist seit 1986 als selbständige Trainerin für kybernetische Mind & Brain Strategien, wie dem Mind Mapping, dem NLP oder dem Superlearning tätig. Sie ist Certified Trainer of the Society of Neuro-Linguistic Programming und von Tony Buzan ausgebildete und autorisierte Trainerin für Mind Mapping. Sie ist Autorin des Buches „Power Line – Fit for Power oder: Die feine ART der Selbst-Creation".

JUNFERMANN VERLAG • **Postfach 1840**
33048 Paderborn • **Telefon 0 52 51/3 40 34**

Neues Lernen braucht das Land!

Alexa Mohl

DER ZAUBERLEHRLING

DAS NLP

Lern- und Übungsbuch

JUNFERMANN

411 Seiten, kart.
DM 44,–
ISBN 3-87387-090-8

Lernen mit NLP ist hochwirksam. Ihre Begründer sind der Überzeugung, daß man mit NLP alles lernen kann: Prüfungsängste zu überwinden ebenso wie das Rauchen aufzugeben, sich selbst zu motivieren ebenso wie selbstbewußt aufzutreten, in der Liebe erfolgreich zu sein ebenso wie im Beruf voranzukommen. Die hohe Wirksamkeit des Lernens mit NLP zeigt sich auch in der geringen Zeit, die dafür aufgebracht werden muß. Ein einziger Übungsdurchgang kann zum Ziel führen. Ein in NLP ausgebildeter Berater oder Therapeut benötigt wenige Sitzungen, wo andere jahrelange Lern- oder Therapieprogramme durchführen.

Dieses Buch stellt die Potentiale, die die NLP-Begründer und NLP-Praktiker der ersten Generation gesammelt und entwickelt haben, in einer systematischen und leicht lernbaren Form dar, um die Chance zu vergrößern, daß die im NLP vermittelten Fähigkeiten auch von den Menschen wahrgenommen und angeeignet werden können, die sie für die Entwicklung einer kommunikativen, kreativen und produktiven Lebenspraxis nutzen können.

Alexa Mohl, Dr. phil. habil., lebt als selbständige psychologische Beraterin, Führungstrainerin und Coach in Hannover.

**JUNFERMANN VERLAG • Postfach 1840
4790 Paderborn • Telefon 0 52 51/3 40 34**